교육행정학

| 유평수 저 |

Educational Administration

학지사

머리말

대학에서 학생들과 함께 보낸 세월이 30년이 넘었다. 정년까지 얼마 남지 않은 시점에 마지막 전공 서적을 만들어야겠다고 마음을 먹고 시작한 교재가 『교육행정학』이다. 교육학이라는 학문을 접한 지 40년이 넘었지만 정말 교육학자로 훌륭한 삶을 살았는지 돌이켜 보면 많은 아쉬움이 남는다. 교사가 되고자 하는 학생들에게 교육학 혹은 교육행정학을 어떻게 가르쳐야 하는지에 대해 고민이 많았고, 매 학기, 매 해가 지날 때면 그들에게 남는 것이 무엇이 있었을까 생각해 보았다. 교사는 단순히 지식만 전달하는 존재가 아니라 삶의 자세와 태도의 바름을 보여 주고 전달하는 자임을 강조하였지만, 그 효과가 얼마나 지속되었는지는 솔직히 알 수 없었다. 변화무쌍하게 흐르는 세상 환경을 따라가거나 앞서지 못하는 완고함이나 고집이 자부심보다는 모자람으로 느낄 때도 많았다. 학자로서, 교수로서 비굴하거나 부당하게 살지 않으려고 애를 써 봤지만 철저하지도, 완벽하지도 못했으니 자랑할 것도 안 된다. 학생들을 좀 더 사랑해야 했고, 그들의 고민이 무엇인지 애써 찾아 들으려고 하지 않았으며, 내 시간을 그들에게 내어 주지 못한 점들도 후회스럽다.

교사의 길을 가고자 하는 학생은 무언가 달라야 한다고 생각했다. 나의 작은 몸짓이나 사용하는 언어가 미성숙한 학생들에게 어떤 영향을 줄 것인지를 생각해야 한다. 교사자격증이라는 날카로운 무기를 흉기가 아닌 요리 도구로 잘 활용할 수 있어야 한다. 죽어가는 학생을 살리는 교사가 될 수 있으면 좋겠다. 희망 없는 아이에게 소망을 갖게 만들어 주는 선생님이 이 시대에 필요하다. 교사는 좀 더 많은 사람에게 선한 영향력을 끼치는 세상의 리더가 되어야 한다. 교사는 자라나는 젊은 새싹들에게 꿈과 비전을 심어 주어야 한다. 변하지 않고, 영원한 진리가 무엇인지를 깨닫고 가르치는 교사가 많아져야 한다. 어둡고 소외되고 고통받는 자들에게 희망을 전하는 교사가 많아져야 한다. 생계를 중시하고 자기만의 생활을 더 우선시하기보다는 처음의 순전한 마음을 그대로 간직하면서 희생정신과 소명 의식을 가진 선생님이 절대적으로 필요한 시대이다.

부족한 원고를 기꺼이 출판하여 주신 김진환 사장님과 편집에 힘써 주신 출판 관련 직원들, 내용 교정에 도움을 준 황연우, 구은미 박사에게도 고마움을 전한다. 철부지 남편의 옆자리를 묵묵히 지켜 준 아내 김기화와 가은이, 찬영이에게도 고마움을 함께 전한다. 특히 가정, 직장 그리고 건강을 주시며 영원한 생명을 허락하신 하나님께 감사드린다.

2025년 8월

천잠산 기슭에서

유 평 수

차례

제 1 장

교육행정의 개념과 원리

가장 행복한 것은 무엇인가요?

문영

사랑은 재산을 소유하거나 물건을 갖는 게 아니예요.
많은 것을 가지고 있을수록 근심만 늘어납니다.
사랑은 갖는 것이 아닙니다.
갖는다면 그것은 집착에 불과해요.

사랑은 주는 것입니다.
줄 수 없는 마음이라면 그것은 사랑이 아닙니다.

갓난아이에게 엄마는 젖을 주는 게 아니예요.
엄마는 사랑을 주고 있어요.
튼튼히 자라달라고 하는 엄마의 마음의 사랑

마음을 열어보세요.
누가 소유되고 누가 소유하겠어요?
줄 수 있는 그 순간이 가장 행복하답니다.

시도하지 않은 성공은 없다

- 시도하지 않으면 어떤 성과도, 결과도 나오지 않는다.
- 아무리 좋은 계획이라도 실행하지 않으면 의미가 없다. 작은 목표라도 시도하는 것이 중요하다.
- 지금 시작해도 늦지 않았다.

1 교육행정의 의의

교육행정의 개념을 이해하기 위해서는, 먼저 교육의 의미와 행정의 의미를 살펴봐야 한다. "교육이 무엇입니까?" 어떤 사람은 교육의 목적이나 의도에 초점을 두기도 하고, 어떤 사람은 교육의 내용이나 교육의 기능에 초점을 두기도 한다. 따라서 교육의 의미는 접근방식이나 주장하는 사람에 따라 다를 수 있기 때문에 어떤 정답이 나오기 어렵다. 또한 교육을 한 개인에 초점을 맞추어 보면 교육은 자아를 실현하도록 돕는 활동, 또는 인격을 완성하도록 돕는 활동이다. 사회에 초점을 두고 보면 인간을 사회화하는 일이나 문명화된 삶의 세계로 입문시키는 활동이기도 하며, 종교에 초점을 맞추어 보면 신의 의지를 실현하는 과정이 된다.[1)]

교육을 그 의도나 목적을 두고 보면 교육은 훌륭한 사람, 된 사람 또는 사람다운 사람, 즉 인격을 완성한 사람을 기르는 의도적인 활동이다. 교육의 활동에 초점을 맞추고 보면 가르치고 배우는 활동이며, 교육의 기능이 무엇이냐에 초점을 맞추고 보면 지식 또는 문화유산을 다음 세대에 전달하고 계승 및 발전시켜서 새로운 문화를 창조하는 일이다.

역사적으로 유명한 학자들의 정의를 보면 칸트(Kant)는 '인간을 인간답게 형성하는 작용', 루소(Rousseau)는 '인간의 자연적 발달을 위한 모든 조성활동', 슈프랑거(Spranger)는 '비교적 성숙한 사람이 미성숙한 사람을 자연의 상태에서 이상의 상태로 끌어올리기 위하여 문화재를 통하여 유의적(有意的), 구체적, 계속적으로 이끌어 주는 작용', 듀이(Dewey)는 '계속적으로 경험을 재구성해 나가는 과정', 피터스(Peters)는 '교육받은 사람

1) 유평수, 조준수, 최태식, 한숙경, **교육학개론**(서울: 재동문화사, 1996), 23-24.

이 장차 거기에 헌신할 가치가 있는 것을 전수해 주는 일', 매슬로(Maslow)는 '자아실현을 위한 인간 형성의 과정'이라고 하였다. 우리나라에서는 정범모가 '인간 행동의 계획적인 변화'라고 교육을 정의한 바 있으며, 유평수는 '인간 행동을 바람직하고 계획적인 방향으로 변화시키는 과정'이라고 보고 있다. 따라서 교육의 개념은 가치관, 세계관, 인간관, 사회관에 따라서 다르게 규정할 수 있기 때문에 보편적인 개념 정의를 하기가 불가능하다.

행정의 개념은 이해하는 각도에 따라 여러 가지로 정의될 수 있으나 일반적으로 행정학에서 행정의 개념에 관한 학설은, ① 행정관리설, ② 통치기능설, ③ 행정행태설, ④ 발전기능설, ⑤ 국정관리설 등으로 대별되어 왔다. 이러한 학설의 기본적 특성은 행정이 정치적 성격을 내포하고 있는가, 혹은 그 기능의 성격이나 범위를 어떻게 파악할 것인가에서 찾을 수 있다. 행정의 개념에 관한 이러한 학설에는 민주주의 제도가 확립되기 이전부터 강력한 국가 관료제를 발전시켜 왔던 서구 제국이나 미국적 상황에는 적합하지만 우리나라의 역사적 배경과는 거리가 있다.

그런데 현대 국가에 있어서는 행정의 규모나 범위가 비약적으로 확대되고, 다수의 변수를 내포하고 있을 뿐 아니라 다양성, 복잡성과 문화적·환경적 제약성을 안고 있으므로 단일의 행정 개념을 제시한다는 것은 어려움이 따른다. 다시 말해 행정의 개념이나 성격은 시간적·공간적 차원이나 정치, 문화의 특징에 따라 유동적이다. 다만 행정은 어떤 나라를 막론하고 전통적으로 사회질서를 유지하는 사회 안정 기능이나 특정 국가(사회)의 체제를 유지하는 기능에 중점을 두어 왔다. 그러나 행정은 국가(사회)의 체제 유지뿐만 아니라 국민의 사회·경제 생활에 적극적으로 널리 관여하게 되고, 정책 결정 기능을 수행할 뿐 아니라 사회적·경제적 변동을 관리하는 역할까지 담당하게 되었다.

행정의 어원은 'administer'인바 이는 ad+minister의 합성어로, '~에게 제공한다'의 의미를 가지고 있다. 따라서 어원적 의미로서의 행정은 누구에게 무엇을 제공하거나 봉사하는 것이라고 할 수 있다.

그러면 교육행정의 개념은 무엇일까? 누가 당신에게 "교육행정이 무엇입니까?"라고 물을 때, 교육행정에 대한 전문적인 식견을 가지고 있지 않은 사람이라도 다음과 같이 답을 할 수 있다. 그것은 "교육에 관한 행정을 하는 것이지요" 혹은 "교육을 위한 행정이지요"라고 말이다. 이러한 초보적인 답변에는 교육행정의 의미를 파악하는 데 중요한 단서가 포함되어 있다. 전자의 답변이 '교육에 관한 행정'의 입장을 취하는 것이라면, 후자의 답변은 '교육을 위한 행정'의 입장을 취하고 있다.

'교육에 관한 행정'이라고 보는 입장은 교육행정을 일반 행정 활동의 한 부문으로 국한하여 봄으로써 행정의 통합성을 강조한다. 반면, '교육을 위한 행정'이라고 보는 입장은 교육활동을 강조하면서 그것이 잘 이루어질 수 있도록 행정적으로 지원한다는 의미를 가지고 있다. 그렇기에 교육의 자주성 내지는 교육행정의 특수성과 전문성을 중시하려는 입장이라고 볼 수 있다. 교육행정의 개념에 대한 이 두 가지 입장은 모두 의의가 있으며, 중요한 것은 교육행정가가 교육과 행정에 대해 어떤 견해를 취하고 있느냐에 따라 교육행정에 대한 개념이 달라진다고 할 수 있다.

배종근과 정태범[2)]은 교육행정의 개념을 공권설, 기능설, 경영설 등으로 구분하여 설명하였으며, 김윤태[3)]는 교육행정 영역 구분론, 기능주의론, 행정과정론, 공권적 작용론, 협동행위론 등으로 구분하였고, 윤정일 등[4)]은 조건정비론, 행정과정론, 사회과정론, 협동행위론, 분류체계론 등으로 구분하였다. 여기서는 윤정일 등이 제시한 다섯 가지 접근을 중심으로 그 개념을 살펴보고자 한다.

먼저, 조건정비론에서는 교육행정을 교육목표를 효율적으로 달성하기 위하여 필요한 인적·물적 제 조건을 정비 및 확립하는 수단적·봉사적 활동이라고 본다. 이러한 견해를 가진 대표적인 학자는 몰맨(Moehlman), 캠벨(Campbell), 리더(Reader), 그리고 김종철 등이다. 조건정비론은 정태범의 기능설에 해당되며, '교육을 위한 행정'의 입장과 유사하다고 볼 수 있다.

행정과정론에서는 교육행정 활동이 수행되는 절차, 순서, 경로, 그리고 과정 등에 근거하여 교육행정의 개념을 규정하려는 입장이다. 즉, 교육행정가가 자기가 수행해야 할 수많은 과업 및 업무에서 필수적으로 거쳐야 하는 과정을 교육행정의 본질로 보는 관점이다. 여기서 1916년 패욜(Fayol)이 일반행정과정론을 주장한 이래 귤릭과 어윅(Gulick & Urwick), 뉴먼(Newman) 등이 일반행정과정론을 주창하였고, 교육행정의 과정은 시어즈(Sears)에 의해 1950년에 처음으로 제시되었다. 그는 교육행정을 기획-조직-지시-조정-통제의 과정이라고 규정하였다.[5)]

사회과정론에서는 교육행정을 하나의 사회적 과정으로 보고 교육행정이 이루어지는 배경을 사회체제로 보고 있다. 교육행정가의 행위(B)는 그 행정가의 역할(R)과 인성(P)

---

2) 배종근, 정태범, 교육행정 · 교육경영(서울: 정민사, 1986), 14-18.
3) 김윤태, 교육행정 · 경영신론(서울: 배영사, 1986), 5-8.
4) 윤정일, 송기창, 조동섭, 김병주, 교육행정학원론(서울: 학지사, 2002), 13-17.
5) Jesse B. Sears, *The Nature of the Administrative Process*(New York: McGraw-Hill, 1950).

의 상호작용에 의해 발생한다고 본다. 여기서 행정가의 행위는 그 행정가의 조직 내 역할과 역할기대의 요소와 개인적 차원의 인성과 그로 인해 형성되는 욕구 성향 요소가 상호작용하여 결정된다는 주장이다.

협동행위론에서는 교육행정이란 조직의 목적을 효율적으로 달성하기 위하여 다른 사람과 협동하는 과정으로 보는 것이다. 어떤 일을 하든지 우리 인간은 혼자의 힘으로 할 수 있는 일이 별로 없다고 할 수 있다. 교육행정의 과업을 효과적으로 수행하기 위해서는 구성원들과의 협력이 가장 중요하다고 생각하는 것이다. 월도(Waldo)는 행정이란 고도의 합리성을 가진 집단적 협동 행위로 규정하고, 협동행위란 혼자서는 움직일 수 없는 돌을 두 사람이 굴리는 행위를 말하며, 합리성이란 최소한도의 비용으로 최대한도의 목적을 잘 성취하는 것이라고 하였다.[6)]

마지막으로, 분류체계론에서는 국가의 통치권 작용을 입법, 사법, 행정으로 나누고, 그중 행정에서 교육행정을 일반행정의 한 부분으로 보고 '교육에 관한 행정'으로 보는 견해이며, 정태범의 분류로 보면 공권설에 해당된다. 이 정의는 행정의 개념을 국가의 통치권 작용이라고 보는 법학적 개념에 근거하고 있기 때문에 법규해석적 정의 또는 교육행정 영역 구분론이라고도 한다.

2 교육행정의 원리

교육행정의 원리란 교육행정활동을 수행하는 데 있어 교육행정가가 준수해야 할 이념적 규범 혹은 지침이라고 할 수 있다. 교육행정이 일반행정과 유사한 성격을 지니고 있기 때문에 교육행정의 원리를 설정하는 데 있어서도 일반행정의 기본 원리와 유사한 성격을 발견하게 된다.

교육행정학자들이 주장하는 교육행정의 기본 원리를 살펴보면, 김종철은 법규면에서, ① 법치행정의 원리, ② 기회균등의 원리, ③ 적도집권의 원리 ④ 자주성 존중의 원리를 들었으며, 운영면에서는 ① 타당성의 원리, ② 민주성의 원리, ③ 능률성의 원리, ④ 적응성의 원리, ⑤ 안정성의 원리, ⑥ 균형성의 원리를 들었다.[7)]

6) 신중식, 강영삼, 김명한, 신철순, 윤정일, 신간 현대교육행정학(서울: 교육출판사, 1982), 12 재인용.
7) 김종철, 교육행정의 이론과 실제(서울: 교육과학사, 1991), 56-62.

김창걸은 교육행정을 하나의 종합적인 개념으로 보고, ① 민주성의 원리, ② 효율성의 원리, ③ 합법성의 원리, ④ 합목적성의 원리, ⑤ 적응성의 원리, ⑥ 안정성의 원리를 교육행정의 이념과 원리로 제시하였다.[8)]

여기서는 교육행정의 기본 원리로 민주성의 원리, 효율성의 원리, 합법성의 원리, 합목적성의 원리, 적응성의 원리, 적도집권의 원리, 그리고 안정성의 원리를 제시하고자 한다. 이러한 원리들은 그 시대와 장소에 따라 더 강조되는 바가 달라 어느 때는 민주성의 원리가 특히 강조되고, 또 다른 때는 효율성의 원리가 다른 원리보다 강조되기도 한다. 또한 이러한 원리들은 서로 상호 보완적인 관계를 지니고 있다. 합법성의 원리와 적도집권의 원리는 법규, 제도적인 측면에서 본 원리이고, 민주성의 원리, 효율성의 원리, 안정성의 원리, 적응성의 원리, 합목적성의 원리 등은 실천, 운영적인 측면의 원리라고 볼 수 있다.

1) 민주성의 원리

교육행정의 민주성(democracy)이란 민주적인 교육행정을 말하며, 여러 시대에 강조되었던 행정의 이념이다. 민주적인 교육행정이 되기 위해서는 정치의 민주화가 필수적이며, 전체 국민의 복리를 위하여 국민의 의사를 충실히 교육행정에 반영하고 국민의 참여를 높이며, 책임행정과 봉사행정이 이룩되어야 한다.

따라서 이 민주성은 국민을 위하고 국민의 뜻에 따르는 행정을 한다는 의미에서 합법성보다는 훨씬 적극적인 개념이며, 여기에는 행정에의 시민참여, 행정의 공개성, 행정과정의 민주화, 행정의 공익성, 공평한 대우 등이 포함된다.[9)]

각종 교육기관 또는 교육행정기관의 장이 그 기관의 운영에 관하여 궁극적인 책임을 가지고 있음에도 불구하고, 여러 가지 위원회나 심의회와 같은 것을 두어 시책의 결정과정에 있어서 중지를 모으는 것이나 교무회의, 교직원회 협의회·연구회 등을 통하여 의사소통의 길을 열고 일방적인 명령이나 지시보다는 협조와 이해를 기초로 하여 사무를 집행해 나가는 것은 곧 민주성의 원리에 의한 것이다.[10)]

---

8) 김창걸, **교육행정학신론**(서울: 형설출판사, 1994), 37.

9) 백완기, **행정학**(서울: 박영사, 1991), 57-58.

10) 김종철, **전게서**(1991), 60

2) 효율성의 원리

효율성(efficiency)이란 효과성과 능률성을 동시에 표현하는 말로서 가장 능률적인 방법으로 최대의 목표를 달성하는 것을 말한다. 일반적으로 효과성은 질(質)과 관련된 합목적적인 개념이며, 능률성은 양(量)과 관련된 방법과 수단에 관한 개념이라고 할 수 있다.[11)]

효과성은 투입과 산출의 비율을 따지지 않고 목표의 달성 요인을 따진다는 점에서 능률성과 다르다. 이때의 목표는 단순한 일상 행정상의 목표가 아니라 변화나 발전을 추구하는 사업성을 띤 목표를 말한다.[12)] 따라서 효과성은 목적과 수단을 연결한 상태하에서 현실적인 산출이 당초의 목적을 어느 정도 충족시켰는가 하는 목적의 달성도를 의미하는 동태적·기능적·사회학적인 개념이다. 즉, 능률성은 수단적인 개념인 반면에 효과성은 목적적인 개념이라고 할 수 있다.

능률성은 비용과 효과의 비교에서 추구되는 개념이다. 즉, 적은 비용으로 최대의 효과를 거두려고 하는 것이 능률이다. 본래 능률성은 행정학의 시작에서부터 강조되어 20세기 초엽 과학적 관리법이 행정학에 도입되면서부터는 행정학 하면 능률을 연구하는 것으로 인식되었다. 따라서 이 무렵에 능률은 일종의 복음(gospel)으로 간주되었고, 이것의 결핍은 거의 죄악(a crime)으로 보았다.[13)] 1930년대에 와서는 소위 사회적 능률성이 강조되고,[14)] 1960년대의 능률성 개념은 환경에 적응, 생존, 유지하려는 조직의 목표 달성을 위해 경제적 투입과 사회적 투입을 적절하게 유지해야 한다는 것을 말하고 있다.[15)] 따라서 능률성은 수단을 목적으로부터 분리한 상태하에서 제한된 자원과 중립적인 수단을 이용하여 산출의 극대화를 기하는 것을 의미하는 정태적·기계적·경제학적 개념이다.

교육조직을 둘러싸고 있는 여러 가지 상황의 변화는 효율성의 문제에 보다 많은 관심을 두도록 요구하고 있다. 그 하나는 교육의 책무성에 대한 일반 사회인의 인식이 높아가고 있다는 점이며, 다른 하나는 교육의 규모가 비대해지고 그 기능이 점차 복잡 및 다양하게 변하고 있다는 점이다. 효율성의 원리는 최소의 노력과 경비로 최대의 효과를 내

11) 윤정일, 송기창, 조동섭, 김병주, **전게서**(2002), 29.

12) 박동서, **한국행정론**(서울: 법문사, 1984), 98-99.

13) Marshall E. Dimock, *Free Enterprise and the Administrative State*(University of Alabama Press, 1951), 125쪽을 인용한 백완기, **전게서**(1991), 59.

14) 오석홍, **조직이론**(서울: 박영사, 2002), 29-30.

15) 안해균, **현대행정학: 행정의 기본 개념과 원리**(서울: 다산출판사, 1984), 80.

도록 하는 경제성의 원리라고도 할 수 있으나, 교육조직의 경우 이 원칙을 지나치게 강조할 때 교육의 본질이 손상될 수 있다. 왜냐하면 교육의 성과는 그 성격상 장기적이며, 또 측정이 불가능한 무형의 산출이 보다 더 중요하기 때문이다.[16)]

3) 합법성의 원리

합법성(legality)의 원리란 가장 오래된 개념으로서 행정 과정이 법률 적합성을 지녀야 하고 합법적이어야 한다는 것을 의미한다. 따라서 이 원리는 교육행정의 모든 활동이 합법적으로 제정된 법령, 규칙, 조례 등에 따라야 하는 법률의 적합성을 가져야 한다는 것을 말한다. 교육행정은 「대한민국헌법」 제31조의 조항에서 비롯하여 「교육기본법」 「초·중등 교육법」 「고등교육법」 「지방교육자치에 관한 법률」 「교육공무원법」 「사립학교법」 등의 제 법률과 그것을 기초로 하는 각종 대통령령, 교육부령 및 훈령 등에 의해 집행되어야 한다는 것이다.

합법성에 의하여 국민의 교육권이 보장되고, 국가 예산이 효율적으로 집행되며, 공무원의 부당한 직무수행과 행정재량권의 남용이 방지되며, 공무원이 소신 있게 일할 수 있도록 신분이 보장된다. 그러나 합법성을 지나치게 강조하면 행정의 합목적성, 전문성, 기술성 등이 경시되고, 법규 만능으로 인하여 형식적이며 경직화된 행정이 초래되기 쉽고, 사회적으로 능률을 저하시킬 가능성도 높다.[17)]

4) 합목적성의 원리

합목적성(fit for purpose)의 원리란 바람직한 교육행정이 목표를 세우고, 이것을 달성하기 위한 교육행정 활동이 설정된 행정 목표에 타당한 것이어야 한다는 것이다. 즉, 교육행정은 그 자체가 목적이 아니며 교육활동에 대한 지원적·봉사적·수단적 활동이기 때문에 목적과 수단 사이에 괴리가 없어야 한다는 것을 의미한다. 교육행정은 항상 올바른 교육목표를 세우고 그 목표 달성에 필요하고 충분한 조건을 정비 및 확립해야 한다는 것이 합목적성의 원리이다.[18)]

16) 배종근, 정태범(편), 교육행정 · 교육경영(서울: 정민사, 1986), 49.
17) 김윤태, 전게서(1986), 37.
18) 신종철, 전게서(1991), 60.

바람직한 교육목표가 설정되면 이를 수행하기 위한 교육정책이 수립되고, 또한 이를 달성하기 위한 교육계획이 작성되는 등의 과정이 연속된다. 즉, 목표 및 수단의 연쇄화 및 목표의 계층화에서 하위 목표가 상위 목표에 대한 수단이 되는 등 목표 및 수단의 연쇄화 과정이 계속된다. 이러한 과정에서 원래의 목표는 망각되고 목표 달성을 위한 수단이 목표 자체의 위치에 격상되는 현상이 일어나는 경우가 있다. 이와 같은 것을 목표의 전환(goal displacement)이라고 한다. 이러한 것은 법규가 목표보다 더 중요시되는 현상, 수단으로서의 권한위임이 전체 목표보다 중요시되는 경우, 상위 목표보다 하위 목표가 조직행동의 사실상 기준이 될 경우 등도 목표의 전환 현상이 일어날 수 있다.[19] 이러한 합목적성의 원리는 타당성(validity)의 원리라고도 한다.

5) 적응성의 원리

적응성(adaptability)의 원리는 새로운 사태를 충족시킬 수 있게 변화하는 유기체의 능력을 말한다. 가치 있는 사회변화에 순응할 뿐 아니라 사회변화를 질서 있게 통합 및 조절하기 위해서는 교육행정에서 적응성의 원리가 커다란 역할을 수행해야 한다. 또한 이 적응성의 원리를 통해 교육행정가는 시대적 변화에 적응하는 것뿐 아니라 공간적 변화에도 잘 적응하여야 한다. 더욱 중요한 것은 교육행정이 변화에 적응하는 것으로 만족하는 것이 아니라 변화를 선도적으로 이끌어 가는 역할을 담당해야 하는 것이다. 그러나 지나치게 변화에의 적응을 강조하다 보면 교육 내부에서 안정적으로 추구해야 하는 본질적인 것을 소홀히 취급할 우려가 있음도 인식하여야 한다. 이러한 적응성의 원리를 융통성의 원리라고도 한다.

6) 적도집권의 원리

지방분권과 중앙집권의 장점을 살려 적정한 균형을 유지하려는 원리를 말한다. 지방분권제는 지방의 특수성과 자율성을 보장해 주고 지역민의 의견을 의사결정에 최대한 반영하고자 하는 민주적인 제도인 반면에 어떤 정책의 결정이나 시행에 오랜 시간이 걸리거나 비능률이 초래될 가능성이 높으며, 행정체계의 문란과 업무 중복 등의 단점이 있

19) 김창걸, 전게서(1994), 41-42.

다. 중앙집권제는 권한의 집중화로 인해 업무의 능률성이 높은 반면에 독선적이거나 비민주적인 방법으로 의사결정이 될 가능성이 높으며, 창의성과 적극성이 결여되는 등의 단점이 있다. 적도집권(適度集權)의 원리는 지방분권이 가지는 민주적인 요소와 중앙집권이 가지는 능률적인 요소를 적절히 받아들여 균형의 묘를 살리는 제도라고 할 수 있다. 적도집권의 원리는 적도분권(適度分權)의 원리라고도 한다.

7) 안정성의 원리

안정성(stability)의 원리란 교육행정이 일관성과 지속성을 가져야 한다는 원리로서 적응성의 원리와 상충되는 개념이다. 이 원리는 일단 국민적 합의 과정을 거쳐 수립 및 시행되는 교육 정책이나 프로그램은 장기적인 안목에서 계속성과 일관성을 유지해야 한다는 것이다. 빈번한 개편이나 개혁은 행정의 낭비를 초래하고 효율성을 저하시키는 요인이 된다. 교육의 문제는 그 본질상 수십 년을 내다보는 장기적인 성격을 내포하고 있기 때문에 국가의 교육정책적 안정 기조와 일관성 있는 집행 과정을 지속적으로 유지 및 보장할 필요가 있다.[20]

교육활동에 대하여 지속성과 안정성을 주기 위해서는 의미 있고 가치 있는 전통문화 유산을 보존 및 유지하고, 계승 및 발전시켜 나갈 필요가 있다. 특히 교육활동은 모든 국민의 지대한 관심사이기 때문에 한 가지 정책의 변화는 그 파급효과가 대단히 크다. 따라서 교육행정은 안전성을 추구하면서 변화의 속도를 조절하는 중요한 역할을 수행해야 한다.

3 교육행정의 영역

교육행정의 영역이라고 함은 교육행정에서 무엇을 다루며 어디까지 다룰 것인가에 대한 범위를 한정하는 것으로, 그것은 교육행정이 수행하여야 할 업무의 내용과 한계를 말해 주는 것이다. 교육행정 영역을 통해 교육행정의 업무 활동, 대상, 방법 등의 한계가 정해진다고 볼 수 있다. 교육행정 영역에 대해 연구한 몇몇 학자의 견해를 살펴보면 다음

20) 윤정일, 송기창, 조동섭, 김병주, 전게서(2002), 31.

과 같다.

캠벨(Campbell) 등[21)]은 교육행정의 영역을 교육행정 과업(administrative tasks)이라고 하여, ① 학교와 지역사회와의 관계(school–community relationship), ② 교육과정과 교수(curriculum and instruction), ③ 학생 인사(pupil personnel), ④ 교직원 인사(staff personnel) ⑤ 시설(physical facilities), ⑥ 재정 및 사무 관리(finance and business management)의 6개 영역으로 분류했다.

고튼(Gorton)[22)]은 교육행정의 과업 영역으로, ① 교직원 인사(staff personnel), ② 학생 인사(pupil personnel), ③ 지역사회와 학교와의 관계(community–school relationship), ④ 교수와 교육과정 개발(instruction and curriculum development), ⑤ 학교재정 및 사무관리(school finance and business management), ⑥ 학교시설(school plant), ⑦ 일반과업(general task)의 7개 영역으로 구분하여 각 영역에 따라 행정가가 수행해야 할 구체적인 행동을 제시했다.

강길수 등[23)]은 학교를 중심으로 한 행정에서 이루어져야 할 과업 내용을, ① 장학의 일, ② 학교경영의 조직과 운영, ③ 인사의 관리, ④ 시설의 관리, ⑤ 재정의 일, ⑥ 사무의 관리, ⑦ 지역사회 관계의 일, ⑧ 학교장의 역할로 분류하여 설명하는 바, 학교경영의 조직과 운영의 과업 내용이 추가된 것을 제외하고는 전술한 두 명의 미국학자의 분류와 큰 차이가 없다.

김종철[24)]은 교육행정의 영역을 법규상으로 보는 것과 업무 내용상으로 보는 것으로 구분하여 설명했다. 이를 간단히 살펴보면 법규 면으로 볼 때 교육행정의 영역은 우리나라 중앙정부의 행정관청 중 교육부장관의 관할 밑에 있는 교육행정활동 영역을 말하며, 업무 내용 면에서는 교육행정의 영역을 기획행정, 조직행정, 교육내용의 행정, 장학행정, 학생행정, 교직원 인사행정, 재무행정, 시설행정, 사무관리행정과 연구평가 및 홍보에 관한 행정 등으로 구분하여 설명했다. 그는 교육행정의 영역을 논함에 있어서 유의할 점은 교육행정 단계의 중앙, 지방 및 학교 단위에 따라 그 활동 영역이 달라진다는 사실이라고 하였다.

---

21) Roald F. Campbell, John E. Corbally, Jr., & John A. Ramseyer, *Introduction to Educational Administration, 3rd ed.* (Boston: Allyn and Bacon, Inc., 1996), 96–97.

22) Richard A. Gorton, *School Administration: Challenge and Opportunity for Leadership* (Dubugue, Iowa: WMC Brown Company Publishers, 1976), 43–45.

23) 강길수, 김종철, 김영식, **교육행정**(서울: 서울대학교 출판부, 1975), 99–108.

24) 김종철, **전게서**(1991), 21–22.

한편, 조광제[25]는 교육행정학이 연구 영역 모형을 통해 5개 주요 영역을 제시하는 바, 그것을 살펴보면, ① 교육행정 대상 영역, ② 교육행정 구성원 영역, ③ 교육행정 조직 영역, ④ 교육행정 과정 및 작용 영역, ⑤ 교육행정 규범 영역으로 나누어 설명했다.

이와 같이 교육행정의 업무 내용은 광범위하고 복잡할 뿐만 아니라 교육부, 교육청 및 단위학교 조직의 업무가 서로 다르기 때문에 이를 포괄적으로 다루기는 쉬운 일이 아니다. 여기서는 주로 학교조직에서 수행되는 업무 내용을 중심으로 교육행정의 영역을 구분하여 설명하고자 한다.[26]

① **교육과정 및 교수행정**: 학교조직의 궁극적 목적은 효과적인 교수·학습활동에 있기 때문에 교육과정 및 교수행정은 교육행정의 가장 중심이 되는 영역이라고 할 수 있다. 교육과정 및 교수행정이란 교육목표의 수립, 교육내용의 선정과 조직, 학습지도 및 평가의 전 교육활동 과정을 지도하고 지원하는 일련의 교육행정 활동을 말한다.

② **인사행정**: 학교조직에서의 인사행정은 교육 주체인 교원뿐만 아니라 교육활동에 대한 지원 업무를 담당하는 교육 전문 직원과 일반 직원을 포함하는 교직원을 확보하고 관리하는 제반 행정활동을 말한다. 즉, 인사행정은 교직원의 모집, 선발, 임용, 근무, 승진, 징계, 신분보장, 능력 발전 등 광범위한 활동을 포함한다.

③ **학생행정**: 학교는 학생의 입학에서부터 졸업에 이르기까지 그의 신분에 관한 사항을 관장하며, 학생들이 건전하고 바람직한 학교생활을 영위하도록 각종 행정 업무를 수행하여야 한다. 학생행정은 이러한 활동을 말하는 것으로, 구체적으로는 학생의 입학, 진급, 졸업, 전학, 휴학 등의 학생 신분, 상담 및 생활지도와 같은 학생지도, 그리고 장학 복지에 관한 사항을 포함한다.

④ **재무행정**: 교육활동이 이루어지기 위해서는 필요한 재원을 마련하여야 하며, 그것을 합리적으로 배분하고 사용할 것이 요구되고 있다. 이와 같이 돈과 관계되는 업무 활동을 재무행정이라고 하며, 예산의 편성, 심의, 집행, 결산, 감사 등을 포함한다.

⑤ **시설행정**: 교육시설이라고 함은 교육활동에 필요한 건물, 공작물, 설비, 교지 등을 말하며, 이러한 시설은 교육활동에 알맞게 갖추어져야 하고 또 그렇게 운영되지 않

25) 조광제, **교육행정학**(서울: 원미사, 2002), 37.

26) 신철순, **교육행정 및 경영**(서울: 교육과학사, 1995), 23-24.

으면 안 된다. 시설행정은 시설의 설치, 유지, 관리, 운영을 포함하는 개념이다.

⑥ **사무관리:** 사무관리는 문서 작성, 활용 및 보전과 같은 문서 업무, 사무 분장, 사무실 관리, 사무 업무의 합리화를 포함하는 활동이다. 사무관리는 사무를 교직원의 역할이나 활동과 연결시켜 줄 뿐만 아니라 필요한 정보의 생산과 배포의 기능을 수행하기 때문에 이에 대한 관리의 중요성이 인식되고 있다.

⑦ **지역사회 관계 행정:** 학교는 지역사회에 존재하며, 지역사회와 서로 영향을 주고받는 관계에 있기 때문에 학교가 지역사회와 관계를 잘 유지하는 일은 교육행정의 중요한 과업 영역으로 새롭게 인식되고 있다. 지역사회 관계 행정은 지역사회의 인사, 학부모 및 다른 기관과의 상호 이해와 협동 관계 형성, 지역사회의 교육적 필요 인식과 충족, 지역사회 개선을 위한 봉사활동이나 프로그램 제공, 지역사회에 대한 홍보를 통하여 학교에 대해 좋은 태도를 갖도록 하는 일과 같은 교육행정 활동을 포함한다.

적용하기

❶ 교육행정을 보는 관점 중 한 가지 관점을 선택하고, 그 관점에 따라 교육행정이 무엇인지 논하시오.

❷ 교육행정의 원리 중 적도집권의 원리 측면에서 현행 교육행정 체계에서 교육부와 지자체 교육감의 갈등 시 해결 방안을 논하시오.

❸ 교육행정의 원리란 교육행정 활동을 수행하는 데 있어 교육행정가가 준수해야 할 이념적 규범 혹은 지침이라고 할 수 있다. 이런 원리들은 학자에 따라 다르게 제시하고 있는바, 본인이 중요하다고 생각하는 교육행정의 원리들과 그 필요성을 설명하시오.

❹ 교육행정의 영역 중 지역사회 관계 행정이 무엇이고, 이에 따라 학교장으로서 해야 할 일은 무엇인지 논하시오.

역량강화하기

나는 이런 사람이야!

①	이름	②	소속	③	별명
④	나의 꿈	⑤	나의 재능	⑥	나의 단점
⑦	내가 가장 소중하게 생각하는 가치는?	⑧	나를 표현하는 그림은?	⑨	이번 수업에서 기대하는 점은?
※ 다음 공간에 자유롭게 작성하고 발표해 보세요.					

교육칼럼 1

한마디의 칭찬이 한 시간 교육보다 낫다

아프리카의 한 부족은 나무가 쓸모없게 되면 톱으로 잘라 버리는 대신에 나무에 대고 "너는 살 가치가 없어!" "차라리 죽어 버려"라고 하면 그 나무는 급기야 말라 죽어 버린다고 한다. 또 물, 햇빛, 통풍 등의 환경을 차별 없이 제공한 두 개의 식물 중 한 식물에는 무관심으로 대했고, 한 식물에는 매일 예쁘다며 칭찬하고 관심을 기울였다. 그 결과, 칭찬을 받고 자라난 식물은 하루가 다르게 무럭무럭 자라난 반면, 무관심 속에 자란 식물은 시들시들하며 잘 자라지 못했다고 하는 실험 결과가 있다.

식물에도 칭찬의 효과가 나타나듯이, 인간에게 나타나는 칭찬의 힘은 대단하다. 가정에서나, 학교에서 칭찬을 받으며 자란 아이는 자신감과 자부심을 가지게 된다. 바람직한 방향으로 행동을 변화시키거나 학습의 성과를 높이는 데 칭찬만큼 좋은 방법이 없다. 그러나 오늘날 대부분의 기성세대는 칭찬에 인색한 환경에서 성장했으며, 그런 환경에서 교육을 받았기 때문에 칭찬의 말보다 마음속에 간직하는 침묵의 습관에 익숙해 있다.

"좋은 칭찬 한마디에 두 달은 살 수 있다"라는 명언이 있다. 몇 시간의 교육보다는 한마디의 칭찬이 훨씬 교육적으로 좋을 때가 많은 것이다. 한마디의 칭찬이 자긍심을 갖게 하여 잠재 능력을 끌어낼 수 있는 용기를 심어 준다. 잠자는 잠재력을 깨우는 위대한 언어가 바로 칭찬이다. 칭찬 한마디가 인생의 방향을 새롭게 정해 주고 삶의 의미를 가치 있게 만든다. 그러나 반대로 꾸중을 하거나 능력의 한계를 거론하면 그 아이의 잠재 능력은 채 꽃을 피워 보기도 전에 시들고 만다.

어떤 일을 잘했을 때 칭찬해 주는 것은 당연한 일이지만 아이들이 그들의 목표를 향해 조금이나마 앞으로 나아갔을 때에도 그 사실을 인정하고 칭찬해 주는 것이 더 중요하다. 효과적인 칭찬 방법은 무엇일까?

첫째, 칭찬은 구체적이고 간결하게 한다. 막연한 칭찬이나 장황하게 긴 칭찬이 아니라 강력한 에너지를 발휘할 수 있는 구체적이고 간단한 칭찬 언어를 개발하자.

둘째, 남이나 제3자 앞에서 칭찬한다. 제3자를 통해 전해 들은 칭찬은 직접적인 대면 관계에서 전달받은 것보다 더 큰 효과를 발휘한다.

셋째, 사소한 것이라도 찾아서 칭찬한다. 칭찬은 어떤 대단하고 거창한 것을 했을 경우에 하는 것으로 생각하기 쉽다. 그렇게 되면 칭찬에 인색한 사람이 된다.

넷째, 우연한 상황에서 칭찬한다. 예상되거나 속셈이 들여다보이는 칭찬보다는 우연하고 의외의 상황에서 칭찬할 때 더 효과적이다.

다섯째, 상대방에 따라 칭찬 언어와 칭찬 방법을 달리해야 한다. 항상 같은 언어와 같은 방법으로 하는 칭찬은 상투적이고 의례적인 것이 된다. 상대방과 상황에 맞는 적절한 칭찬 언어의 선택이 중요하다.

여섯째, 결과뿐만 아니라 과정과 노력을 칭찬한다. 좋은 결과가 나타났을 때에만 칭찬을 하게 되면 칭찬거리가 줄어든다. 비록 결과가 기대에 미치지 못했더라도 진행하는 과정이나 노력을 중시하며 칭찬해야 한다.

꾸중이나 비난도 좋지 않지만, 잘못된 칭찬도 역효과를 낼 수 있다는 점을 명심하자. 교만이나 자만에 빠져 있는 사람에게 하는 칭찬은 그를 착각의 구렁텅이에 더 깊이 들어가게 하고 자만심에 빠지게 만든다. 내면의 상처가 깊은 사람도 칭찬에 심한 거부감을 표시하는 경향이 있다. 이처럼 칭찬은 독이 될 수 있다는 것이다.

괴테는 "다른 사람을 칭찬함으로써 자기가 낮아지는 것이 아니다. 오히려 상대방과 같은 위치에 자기를 끌어올려 놓는 것이 된다"라고 하였다. 바울은 에베소 교인들에게 "무릇 더러운 말은 너희 입 밖에도 내지 말고 오직 덕을 세우는 데 소용되는 대로 선한 말을 하여 듣는 자들에게 은혜를 끼치게 하라"(엡 4: 29)라고 하였다. "너희 믿음의 시련이 불로 연단하여도 없어질 금보다 더 귀하여 예수 그리스도의 나타나실 때에 칭찬과 영광과 존귀를 얻게 하려 함이라"(벧전 1: 7)하여 베드로는 믿음 생활에서 어떤 시련이 오더라도 곧 우리에게 오실 예수님을 통해 얻게 되는 칭찬의 기쁨으로 충만해야 함을 선포하고 있다. 주님이 장차 해 주실 이 칭찬은 우리 삶에 가장 큰 기쁨이 되고, 우리 삶의 비타민이 된다. 이슬이 아침에 식물을 적셔 주는 것과 같이, 좋은 칭찬은 사람의 마음을 촉촉이 적셔 주어 생명수 역할을 한다. 세상의 빛과 소금은 생명수와 같은 것이다. 세상 사람들에게 생명수를 전하는 천국 백성이 되고 싶다.

제2장

교육행정 이론의 발달

천잠산

유평수

아침이 좋은지
저녁이 좋은지 모른다
미세먼지 있는지 없는지도 모른다
몰아쉬는 숨소리 거칠지만
관절의 아픔도 느끼지만
눈앞의 연초록 새잎이
그냥 좋다
닦을 수건 없어 마냥 흐르는
땀의 끈적함도
그냥 좋다
이른 아침 깨우고 매번 만나는
아이들의 순수함과
비온 뒤 천잠산 상쾌함이
고단한 일상을 또 깨워준다

글로 쓴 꿈(목표)은 반드시 실현된다

▶ 178권 노트 남기다.

– Pablo Picasso(피카소)

▶ 記憶(기억)을 支配(지배)하는 것은 記錄(기록)이다.

– Léonard de Vinci(레오나르도 다 빈치)

▶ 未來(미래)의 目標(목표)를 視覺化(시각화)하는 일이 가장 중요하다.

– Arnold Schwarzenegger(아놀드 슈워제네거)

교육행정학은 응용학문이다. 여타 교육학의 세부 학문들이 그러하듯이, 교육행정학도 주변 학문의 영향을 많이 받으며 발전해 왔다. 교육행정학이 행정학, 경영학, 정치학 그리고 경제학 등에서 사용하는 이론, 개념, 원리, 연구 방법 등을 원용하여 독자적인 학문체계를 형성한 지는 오래되지 않았다.

교육행정의 이론이 발달되어 가는 과정을 살펴보기 위해서는 일반 행정조직의 발달 이론과 그 이론에 대한 교육행정에의 적용 과정을 고찰할 필요가 있다. 초기에 응용학문이 독립된 학문으로 성립되기 위해서는 순수학문의 이론체계를 수용하는 것이 필연적인 현상으로 나타난다.

교육행정에서의 조직이론을 마치와 사이먼(March & Simon)은 전통적 이론, 인간관계론, 의사결정론으로 구분하였고,[1] 월도(Waldo)는 고전적 이론, 신고전적 이론, 현대적 이론으로 구분하였으며,[2] 에치오니(Etzioni)는 전통적 조직이론, 인간관계론, 구조론으로 구분하였다.[3] 조직이론의 시대적 변천 과정은 학자의 관점에 따라 여러 가지로 분류되고 있으나 여기서는 고전적 조직이론, 인간관계론, 행동과학적 이론 그리고 체제이론 등으로 분류하여 살펴보고자 한다.

---

1) James G. March & Herbert A. Simon, *Organizations*(New York: Wiley, 1958), 6.

2) Dwight Waldo, "Theory of Organization: Status and Problems". In Amitai Etzioni, *Readings on Modern Organizations*(Englewood Cliffs, New Jersey: Prentice-Hall, Inc., 1969), 10.

3) Amitai Etzioni, *Modern Organizations*(Englewood Cliffs, New Jersey: Prentice-Hall, Inc., 1964), 20-21.

1 고전적 조직이론

기계모형(machine model)으로 알려져 있는 고전적 조직이론은 1900년경부터 싹트기 시작하여 과학적 관리법의 이론과 운동의 영향 아래 성립 및 발전되어 1930년대에 이론 유형으로서 완성되었다. 고전적 조직이론의 일반적 특성을 요약해 보면 다음과 같다.[4)]

① **단일 가치 기준으로서의 능률주의관:** 고전이론은 능률이라는 단일 가치 기준에 기초를 두는 것이었다. 어떤 의미에서 고전이론은 능률 제고를 위한 노력의 부산물이라고까지도 말할 수 있다.

② **공식적 구조의 중시:** 능률 제고를 유일한 가치 기준으로 삼은 결과, 고전이론에서는 조직의 공식적인 구조와 기능을 관심의 초점으로 삼았으며, 조직 활동의 합리적 계획을 강조하였다. 고전이론에서는 조직을 연구하는 데 있어서 공식적 배열을 수정하고 제약하는 미리 계획되지 않은 비공식적 또는 역기능적 변수를 간과하는 경향을 보였다. 따라서 조직은 공식적 업무 배분을 나타내는 조직도표(organization chart)로 상징될 수 있다.

③ **폐쇄체제적 관점:** 고전이론에서는 연구 대상인 조직을 폐쇄적 체제로 보았다. 조직 현상을 연구할 때 계획적으로 예정해 놓지 않은 조직 내외의 불확실성 또는 비합리적 요인은 고려 대상에서 제외하는 경향이 있었으며, 특히 환경적 영향의 존재를 간과하였다.

④ **합리적·경제적 인간 모형에 입각한 연구:** 고전이론에서는 조직에 참여하는 인간은 합리적이고 경제적인 존재(rational economic man)로서 자기에게 이익이 가장 큰 행동방안을 이해타산적으로 선택할 수 있다고 보고 동기부여의 유인은 원칙적으로 경제적인 것이라고 가정하는 견해가 지배적이었다.

⑤ **과학성 추구의 형식성:** 고전이론에서는 조직 현상에 내재하는 보편적 법칙성을 발견하는 데 주력하였다. 관리 과정이나 조직구조 형성에 관한 소위 원리(principles)를 산출해 내는 일이 크게 유행하였고, 과학적 관리 운동은 작업의 능률 제고를 위한 과학적 기법을 많이 고안해 냈다. 그러나 고전이론의 법칙성 발견을 위한 노력은 대체로 미숙한 것이었으며, 과학 활동은 형식화되는 경향을 보였다. 조직의 원리라

4) 오석홍, **조직이론**(서울: 박영사, 2002), 15-19.

는 것들은 대부분 비조직적인 과거의 경험과 직감에 의하여 발전시킨 것으로서 비경험적이며 과학적인 법칙이라고 할 수 없는 것들이었다.

이러한 특성을 가진 고전적 조직이론은 대체로 세 가지 유형으로 구분해 볼 수 있다. 첫째는 테일러(Taylor)가 개척한 과학적 관리학파(scientific management school)이고, 둘째는 귤릭(Gulick), 어윅(Urwick) 등이 주도한 행정관리학파(administrative management school)이며, 셋째는 베버(Weber)의 관료제이론(theory of bureaucracy)이다.

1) 과학적 관리론

과학적 관리론은 간단히 말해서 과학과 과학적 방법의 이용을 그 특징으로 하는 관리이론을 말하며, 테일러주의(Taylorism)라고도 한다. 즉, 관리에 있어서 전통적 방법, 관습적 방법, 사람의 감정이나 직관에 의한 방법을 배제하고 진정한 과학적 원리를 적용해야 한다는 것이다.[5] 과학적 관리론은 원래 미국의 자본주의가 고도화됨에 따라 직면하였던 난관을 극복하고 경영의 합리화를 이룩하고자 제창되었다.

과학적 관리 운동의 창시자인 Taylor는 종래의 비능률적인 생산과 관리 방식을 비판하면서 작업 과정을 분석하여 과학화하면 능률과 생산성을 극대화할 수 있다고 생각하고, 시간연구(time study)와 동작연구(motion study)에 의하여 작업을 표준화함으로써 하루의 공정한 작업량, 즉 과업을 부과하고 과업을 기준으로 하는 과학적 관리의 원리를 체계화하였다. 그리고 과업의 달성도에 따른 성과 임금을 지불할 것을 제안했다. 그렇게 함으로써 조직의 생산성과 능률성을 확보하고, 조직의 구성원에게는 정당한 보상이 주어진다고 보는 것이다. 이 이론에서 가정하는 조직 속의 인간은 일종의 '합리적 경제인'으로서 간주되며, 객관적인 물질적 보상 등에 의해서 일에 대한 동기가 부여될 수 있다고 가정한다.[6]

한편, 과학적 관리론에 대한 평가와 비판을 살펴보면 과학적 관리론은 동작 및 시간연구를 통해서 인간의 생산활동을 정확히 측정하고 분석하여 그에 입각한 과학적 관리가 가능하다는 사실을 보여 주었으며, 조직과 인간 관리의 과학화를 주창함으로써 능률을

---

5) Frederick Taylor, *The Principles of Scientific Management*(New York: Norton, 1967), 25-26.
6) 김재기, **행정학**(서울: 법문사, 2001), 248.

극대화하는 데 크게 기여하였다고 평가한다. 특히 생산공정에서 인간의 활용을 극대화하여 기술과 지식을 체계화하는 기초를 확립함으로써 큰 반향을 일으키기도 하였다. 그러나 그것은 근본적으로 기계적 원리에 따라 조직 구성원을 관리한다는 한계로부터 다음과 같은 비판을 받고 있다.

첫째, 인간을 마치 기계처럼 인식하는 인간기계론의 입장에서 인간의 개성이나 잠재력을 고려하지 않고 단지 기계적·합리적·비인간적인 도구로 취급하고 관리함으로써 오히려 자발적인 생산성을 저하시켰다는 비판을 받고 있다. 이와 같은 비판을 통해 노동자의 개성이나 사회관계도 생산과정에 있어서 중요한 영향을 미친다는 인간관계론의 성립을 촉진시켜 주었다.

둘째, 능률의 원리를 행정에 적용하는 데 있어 나타나는 한계점을 지적할 수 있다. 전통적 행정관이론에서는 행정을 가치판단의 세계와는 엄격히 분리시켜 단순히 기술적 수단으로서 인식하였다. 그러나 과학적 관리론을 행정에 도입함으로써 행정관리에서 이윤추구를 극대화하는 기업관리와 본질적으로 동일시하는 경향이 발생하였다.

"학교의 경영을 능률적으로 해야 한다"라는 주장이 발생하면서 교육 영역에도 과학적 관리론을 도입하게 되었다. 이러한 주장의 대표적 인물은 스폴딩과 보빗(Spaulding & Bobbitt)이다. 특히 spaulding 등은 1910년 미국 교육학 교수협의회 연차대회에서 '공교육행정에서 대학 교육과정의 목적, 범위, 그리고 방법'[7]이라는 주제 발표를 통해 교육의 가장 큰 취약점은 교육행정의 비능률이기 때문에 교육행정에도 기업경영의 원리를 적용해야 한다고 주장하면서 그 핵심 원리로 학교행정에 대한 주민 통제의 원리와 능률의 원리를 제시하였다. 또 1913년에는 미국 교육연합회에서 '과학적 관리를 통한 학교체제의 개선'[8]이라는 강연을 통해 교육행정에 과학적 관리의 원리를 시급히 도입할 것을 강조하였다.

한편, Bobbitt은 1913년에 「도시 학교체제의 문제에 적용되어야 할 일반적 관리 원리」[9]라는 논문을 미국 교육학회 연보에 게재하여 학교관리는 물론 장학에도 과학적 관

7) Frank E. Spaulding, William P. Burris, & Edward C. Elliott, *The Aims, Scope and Method of a University Course in Public School Administration*(Iowa: National Society of College Teachers of Education, 1910).

8) Frank E. Spaulding, *Improving School Systems through Scientific Management*(Washington, D.C.: National Education Association, 1913).

9) John F. Bobbitt, "Some General Principles of Management Applied to the Problems of City-School Systems". In S. Chester Parker (Ed.), *The Supervision of City Schools*, The 12th Yearbook of the National Society for the study of Education, part I(Chicago: University of Chicago Press, 1913), 7-96.

리를 적용할 것을 주장하였다. 그는 학교에서의 의사결정, 과업 관리, 급여 결정, 교수방법 결정, 교사 선발 및 훈련, 시설 선정 등에 있어서도 과학적 관리의 원리가 적용되어야 한다고 강조하였다.

2) 행정관리론

과학적 관리론이 생산 및 운영적 수준에서 최적의 관리를 위해 공학적·분석적 방법을 채택하고 있으며, Weber의 관료제론은 조직 전체의 구조적 특성에 대하여 포괄적인 관심을 가진 반면, 행정관리론은 조직의 상층부에 초점을 맞추고 하향적 방식에 의한 조직의 합리화를 추구하였다.

이러한 범주에 속하는 학자들로 경영학 분야에서는 패욜(Fayol), 무니(Mooney), 뉴먼(Newman) 등이 있고, 행정학 분야에서는 Gulick, Urwick, 디목(Dimock), 피프너(Pfiffner) 등이 있다.

테일러와 비슷한 시기에 프랑스에서는 Fayol이 『산업 및 일반관리(General and Industrial Management)』라는 저서를 통해 행정이란 몇 사람의 권위의식이나 책임 의식에 의해 이루어지는 것이 아니라 조직 구성원의 협력과 협조에 의해 이루어진다고 강조하였다. 그는 기업에는 그 규모나 산업의 종류에 관계없이 본질적인 기능이 있다면서 다음과 같이 여섯 가지 기능을 제시하였다. ① 기술적 기능, ② 영업적 기능, ③ 재무적 기능, ④ 보전적 기능, ⑤ 회계적 기능, 그리고 ⑥ 관리적 기능이 그것이다. 여기서 앞에 제시된 다섯 가지 기능은 물적 자원에 관한 전문적 기능이라고 하고, 마지막에 제시된 관리적 기능은 인적 자원에 관한 기능이다. 그는 이 관리적 기능이 물적 자원을 대상으로 수행하는 활동이라고 하여 더 중요시하였다. 그는 관리적 기능의 다섯 가지 주요 요소를 다음과 같이 설명했다.

- **기획**: 미래에 대한 탐색과 활동 계획의 수립
- **조직**: 인적·물적 자원의 조직과 체계화
- **명령**: 구성원에 대한 지휘 기능
- **통제**: 이미 정해진 규정, 기준, 명령에 따르도록 감시
- **조정**: 모든 활동과 노력의 결합, 통일, 조화

한편, Gulick은 Fayol의 5개 기본 관리 기능을 더욱 확장 및 발전시켰다. 그는 미국 루스벨트(Roosevelt) 정부 행정위원회에서 봉직하는 동안 대통령의 일반적 직무를 기능적으로 분석하여 기획(Planning), 조직(Organizing), 인사(Staffing), 지휘(Directing), 조정(Coordinating), 보고(Reporting), 예산편성(Budgeting) 등 일곱 가지의 관리 기능을 확인하고, 그 머리글자를 연결하여 POSDCoRB라는 새 용어를 만들어 냈다.[10)]

① **기획**(Planning): 해야 할 일의 윤곽과 그 일을 성취하는 방법을 개발하는 것을 말하며, 장래 활동과 조직의 방향을 예측하는 일을 포함한다.

② **조직**(Organizing): 계획을 실천하기 위하여 작업을 배분하고 규정하며 조정하는 공식적 권한 구조를 수립하는 일이다.

③ **인사**(Staffing): 직원을 선발하고 훈련하며 발전시키고, 유리한 근무조건을 유지하는 인사 기능 전체를 포함한다.

④ **지휘**(Directing): 지도력과 밀접하게 관련된 것으로, 의사결정을 하고, 그 결정을 전달하고 실천하며, 부하를 적절히 평가하는 등의 계속적인 과업을 포함한다.

⑤ **조정**(Coordinating): 공동 목적을 달성하기 위하여 조직을 결합하는 데 필요한 모든 활동과 노력을 포함한다.

⑥ **보고**(Reporting): 기록, 조사 및 감독을 통해 진도를 확인하고, 일이 계획대로 되고 있음을 보증하며, 필요할 경우에는 교정 조치를 취하고, 최고 행정가가 책임지는 사람들에게 상황을 알려 주는 일이다.

⑦ **예산편성**(Budgeting): 조직의 목표 달성에 소요되는 제반 예산을 편성하고 회계, 재정 통제, 결산 등을 하는 일이다.

Gulick과 Urwick은 공공 행정의 형식적인 면에 초점을 두고 행정 전반을 폭넓게 접근하였다. 즉, 그들의 조직원리는 주로 공식조직에 관한 지식체계를 수립하는 것이었다. 그들은 행정의 중요한 국면에 관한 행정백서도 작성하였으며, 중립적인 원리에 입각하여 조직의 능률을 올리도록 강조하였다.

행정관리학파는 그들이 개척한 원리 때문에 호된 비판을 받고 있다. 이들이 제시한 조

10) L. Gulick & L. Urwick (Ed.), *Papers on the Science of Administration*(New York: Institute of Public Administration, Columbia University, 1937), 13.

직의 원칙들이라고 하는 것은 경험적으로 검증되지 않은 명제들로서 보편성이 없는 것이 대부분이며, 격언에 불과하다는 것이고, 이들 원칙들은 때때로 상호 모순된다는 것이다.[11] 그러나 행정관리학파는 조직학의 출범 초기에 그 초석을 놓는 데 크게 기여하였다. 그들의 원리가 비록 보편적인 것이 아니지만 오늘날에도 조직 설계와 운영의 실제에서 중요한 기준을 제시해 주고 있다. 아울러 과학적 관리의 전통이 없는 우리나라에서는 행정의 근대화를 위하여 반드시 거쳐야 할 단계의 하나로 보아야 할 것이다.

한편, 행정관리론을 처음으로 교육행정에 도입한 사람은 Sears이다. 그는 1950년에 『행정과정의 본질(The Nature of Administrative Process)』이라는 저서에서 Fayol의 다섯 가지 행정관리 기능을 그대로 교육행정에 도입하였으며, 1955년 미국 교육행정가협회(American Association of School Administrators: AASA)에서는 행정이란 본질적으로 어떠한 사업 목적을 성취하기 위해서 사람들과 더불어 일하는 한 과정이라고 전제하고, 이와 관련된 주요 기능으로, ① 계획(planning), ② 배치(allocating), ③ 자극(stimulating), ④ 조정(coordinating), ⑤ 평가(evaluating) 등 다섯 가지를 제시하였다.[12] 그리고 campbell 등은 『교육행정학 원론(Introduction to Educational Administration)』에서, ① 의사결정(decision-making), ② 프로그래밍(programming), ③ 자극(stimulating), ④ 조정(coordinating), ⑤ 평가(appraising) 등 다섯 가지의 행정 과정을 제시하였다. 그러나 이러한 여러 학자의 행정 과정의 요소 분석은 행정가의 과업을 체계적으로 분류하는 데에는 유용하게 이용할 수 있으나 그것이 하나의 이론으로 성립되기에는 무리가 있어 행정의 이론으로는 큰 발전을 이루지 못하였다.

3) 관료제론

관료제(bureaucracy)라는 의미는 여러 학문 분야에서 널리 쓰이고 있으나 그것이 의미하는 바는 조금씩 다르게 해석되고 있다. 관료제가 쓰이는 의미는 대략 다음과 같은 네 가지로 나누어 설명할 수 있다.[13] ① 특정한 형태의 조직을 관료제라고 하는 경우이다(조직구조로서의 관료제). ② 특정한 조직 형태에 수반되는 병폐를 지적하기 위해 관료제

11) 김재기, 전게서(2001), 250.

12) American Association of School Administrators, *Staff Relations in School Administration* (Washington: AASA, 1955), ch.1.

13) Fritz M. Marx, *The Administrative State*(University of Chicago Press, 1957), 17-33.

라는 말을 쓸 때가 있다(조직의 병폐로서의 관료제). ③ 관료제라는 말이 거대한 정부(big government)라는 뜻으로 쓰일 때가 있다(현대 정부의 성격으로서의 관료제). ④ 국민의 자유와 권리를 침해하는 해독으로 관료제를 이해하는 경우가 있다(고발 대상으로서의 현대 정부).

이 중에서 우리는 일반적으로 '특정한 형태의 조직'을 관료제의 의미로 사용한다. 이러한 관료제의 의미를 구조화한 사람은 Weber이다. 그는 관료제를 특정한 조직의 형태 혹은 구조라고 규정하였다. 즉, 계층제, 법과 규칙, 문서에 의한 행정, 비정의적인 업무의 처리, 전문가에 의한 행정이 이루어지는 조직의 형태를 관료제라고 규정했다.

Weber의 관료제 이론은 지배 유형에 관한 이론에 근거를 두고 있다. 지배(Herrschaft)란 어떤 인간 집단이 특정(혹은 모두)의 명령에 복종할 가능성을 말하며, 이러한 지배는 그 정당성의 신념에 기초를 둔다. 권위의 정당성을 기준으로 하여 Weber는 지배 유형을 다음의 세 가지로 나누었다.

① **전통적 지배**(traditionale Herrschaft): 지배의 정당성 근거가 옛날부터 존속되어 온 전통이나 지배자 권력의 신성성에 대한 신념에 입각하고 있는 지배 유형을 의미하며, 이러한 전통적 지배가 전형적으로 이루어지고 있는 것이 가산관료제라고 할 수 있다. 우리나라의 조선조 관료제는 가산관료제의 성격을 농후하게 띠고 있다.

② **카리스마적 지배**(charismatische Herrschaft): 일상적인 것을 초월한 지도자의 비범한 자질이나 능력에 대한 외경심이 추종자의 복종 근거가 되어 있는 지배 유형이다.

③ **합법적 지배**(legale Herrschaft): 지배의 정당성이 법규화된 질서 혹은 명령권의 합법성에의 신념에 입각하고 있는 지배 유형을 말하며, 합리적 지배라고 한다. 합법적 지배의 순수한 유형이 관료제적 지배이다. Weber는 관료제를 지배의 정당성 근거에 따라 첫째, 가산관료제, 둘째, 카리스마적 관료제, 셋째, 합법적·합리적 관료제로 분류하였다. 합법적·합리적 관료제는 근대 관료제로, 유럽의 근대국가에서 주로 보게 된다. 근대 관료제가 본래의 관료제에 해당된다.

고도의 기술적 합리성을 가진 조직인 관료제는 다음과 같은 순기능을 가지고 있다.

① 전문성, 능률성, 생산성을 제고할 수 있다.

② 법과 규칙에 근거를 두고 업무를 처리함으로써 조직활동의 객관성, 예측가능성, 일

관성을 확보할 수 있다.

③ 비정의성을 중시하여 인간의 감정을 배제하고 공평, 무사한 업무처리를 할 수 있다.

④ 계층제에 입각하여 명령·복종 관계와 질서를 확립할 수 있다.

⑤ 문서주의에 따라 직무수행의 객관성, 정확성, 공식성을 기할 수 있다.

⑥ 능력·성적 주의와 공직에의 기회균등을 보장할 수 있다.

한편, 관료제의 역기능을 분석하면 다음과 같다.

① **문서주의**(red tape) · **형식주의**(formalism): 대규모 조직에서는 업무처리의 비합리성을 배제하고 책임의 한계를 명확히 하기 위하여 주로 문서에 의한 업무처리를 하지만 이로 말미암아 이른바 번문욕례(繁文縟禮), 복잡한 날인 절차, 문서 다작, 형식주의, 의식주의(ritualism) 등의 현상이 나타난다.

② **동조과잉**(overconformity)**과 수단의 목표화**: 조직의 목표 달성을 위하여 규칙의 준수가 요구되는데, 관료는 목표가 아닌 수단인 규칙이나 절차에 지나치게 영합, 동조하는 경향이 있으며, 이러한 규칙지향성(rule-tropism)은 보수주의를 초래한다.

③ **전문화에 의한 제약**: 전문가는 이른바 훈련된 무능(trained incapacity)의 특징을 가짐으로써 시야가 좁고 포괄적인 통제력이 부족하다.

④ **변동에 대한 저항**: 관료제는 본질적으로 보수주의적·현상유지적인 특징을 지니고 있으며 변동에 대한 적응성이 결여되고 있다.

⑤ **할거주의**(sectionalism)**적 경향**: 관료는 자기가 소속한 조직 단위나 기관에만 관심과 충성심을 가질 뿐 다른 부서를 배려하지 않아 조정 및 협조가 잘 안 된다. 그 원인은 다른 기관에 대한 이해 부족이나 자원을 보다 많이 확보하려는 데에서 찾을 수 있다.

⑥ **인격적 관계의 상실**: 관료제의 구성원은 대규모 조직의 부속품처럼 기계화, 비정의화되어 인격적 관계를 상실하게 된다.

⑦ **무사안일주의와 상급자의 권위에의 의존**: 문제해결에 적극적·쇄신적 태도를 취하지 않으려 하고, 정책 결정을 지연시키며, 상급자의 명령 혹은 지시에만 맹종, 영합하고, 책임을 회피하기 위하여 상급자의 권위에 의존하려는 경우가 빈번하다.

⑧ **무능력자의 승진**: 계층제적 관료 조직의 구성원이 각자의 능력을 넘는 수준까지 승진한다는 '피터의 원리(Peter principle)'가 작용하여 모든 직위를 무능자로 채우는 경

향이 나타난다.[14)]

관료제의 이론이 Weber에 의해 출발하여 조직이론의 토대를 형성하는 데 많은 공헌을 했으나 그의 이론도 시대적 제약성을 벗어나지 못하여 많은 비판을 받게 된다. Weber는 행정행태의 합리적 측면만을 다루고 관료제의 내부구조에 대한 경험적 연구는 하지 않았다.

학교조직의 대부분이 Weber의 원리를 나타내고 있다고 제시한 최초의 교육행정학자는 애벗(Abbott)이다. 그는 학교조직이 관료제적 특성을 지니고 있음을 다음과 같이 설명하였다.[15)]

① 학교조직은 전문화의 필요성과 과업의 세분화에 의해 분명히 영향을 받는다. 초·중등 단위로 학교의 분리, 학교 내에 과학, 수학, 음악, 기타 학과의 설치, 생활지도 프로그램과 심리학적 서비스의 도입, 행정 기능과 수업 기능의 분리 등 모든 것은 전문화의 필요에 따른 것이다.
② 학교조직은 명백하게 규정되고 엄격한 권위의 계층을 개발한다. '계층'이란 용어는 교육행정가의 어휘로 드물게 사용되지만 실제 그 말은 일반적으로 널리 유행하고 있다.
③ 학교조직은 구성원의 행동을 통제하고 과업 수행의 합리적 통일성을 보장하는 기준을 발전시키기 위하여 일반적인 규칙 사용에 크게 의존한다.
④ 학교조직은 단합과 민주를 자주 내세우지만 합리적 배려에 근거하여 Weber의 비인격성의 원리를 폭넓게 적용한다.
⑤ 교육조직의 고용은 전문적 능력에 기초해서 이루어지며, 대부분의 구성원의 경우 전문적 경력으로 이어진다. 승진은 연공서열과 업적에 의해 결정되고, 정년(종신 재직권)이 보장되며, 고정된 보수와 연금 혜택이 보장된다.

그리고 비드웰(Bidwell)은 학교는 순수형의 관료제는 아니지만, 노동의 기능적 분업,

---

14) Lawrence J. Peter & Raymond Hall, *The Peter Principle*(New York: Bantam Books, 1969), 8.

15) Max G. Abbott, "Hierarchical Impediments to Innovation in Educational Organizations". In F. D. Carver & T. J. Sergiovanni (Eds.), *Organizations and Human Behavior*(New York: McGraw-Hill, 1969), 44-45.

직원 역할의 규정, 직무의 계층적 배열, 절차의 규칙에 따른 일정한 방식으로 업무 수행 등 적어도 기본적 형식에 있어서는 관료제적 특성을 지니고 있다고 하였다.[16)]

한편, Abbott과 코윈(Corwin)은 학교조직에서 나타나는 관료제의 부정적인 측면을 제기하였다. Abbott은 관료적 조직이 어떻게 변화 과정을 제지하고 혁신을 방해하는지 지적하였으며, 관료제는 무엇보다도 전문적 발전과 창의성을 억누르고 조직의 의사소통을 방해한다고 비난하였다. 그리고 Corwin은 관료적이고 전문적인 규범이 뚜렷하게 다른 경우와 행정가들이 어떤 과업에 있어서 자신보다 기술적으로 더 유능한 부하를 평가하는 책임을 가지게 될 경우, 관료제는 반드시 어려움에 봉착하게 된다고 주장하였다.[17)]

2 인간관계론

성공의 85%는 인간관계에 의해 결정된다

▸ 좋은 관계를 만들기 위해서는 항상 내가 먼저 손해를 본다는 생각으로 만난다.
▸ 무엇을 손해 보나요? 돈, 물질, 시간, 노력, 재능 등
▸ 지금은 손해인 것 같지만 시간이 지나면 몇 배로 반드시 나에게 돌아온다.

과학적 관리론과 관료제론 등과 같은 고전적 조직이론은 1930년대 초까지 행정관리를 체계화하고 효율화하는 데 많은 기여를 하였다. 그러나 1930년대에 이르러 경제공황이 심화되면서 고전적 조직이론은 심각한 한계를 드러냈다. 과학적 관리론은 인간을 합리적으로 설정하고 그들의 행동은 경제적·물질적 동기에 의해서만 촉발되는 것으로 전제하였다. 기계적 효율성만을 강조하여 인간의 사회적·정서적·심리적 측면을 무시하였던 것이다. 그러나 사회가 민주적인 방향으로 점차 변화되고 노동자들의 교육 정도와 생활수준이 높아짐에 따라 인간을 기계시하는 경영철학은 한계를 나타냈고, 새로운 인간

16) Charles E. Bidwell, "The School as a Formal Organization". In J. G. March (Ed.), *Handbook of Organizations*(Chicago: Rand McNally, 1965), 974.

17) Roald F. Campbell, John E. Corbally, & John A. Ramseyer, *The Organization and Control of American Schools*, 5th ed.(Columbus, Ohio: Merrill Publishing Co., 1983), 77.

관계론적 접근이 요청되었다.[18]

1) 발생 배경

1920년대를 전후해서 인간을 기계시하고, 오직 능률 향상을 위주로 한 테일러의 과학적 관리에 대한 반성이 전혀 없었던 것은 아니다. 우선 테일러 시스템의 계승자인 포드(Ford)도 노동자의 인간성을 중시해서 기업의 목적이 이윤추구만을 위한 것이 아니라 노동자 복지를 포함한 사회봉사에 있다고 하였다. 코먼스(Commons)는 『Industrial Goodwill』이라는 저서에서 노사 간의 대립, 항쟁의 해소를 위한 상호 의존의 협력관계를 강조하였다.[19] 뒤르켐(Durkheim)은 자신의 논문에서 사회를 집단의식에 의해 지배되는 기계적 사회와 노동의 전문화, 분업화 및 사회제도의 상호 의존성을 특색으로 하는 유기적 사회로 나누고, 전자는 우정 및 혈연관계 등에 의해 강하게 연결되어 있으나, 후자는 이러한 유대감이 없어서 아노미(anomie), 즉 혼란과 불안정 및 무규범의 상태에 이르게 된다고 하였다.

기업에서의 새로운 인간관계에 초점을 두고 과학적 실험을 한 것이 바로 호손 실험(Hawthorne experiments)이며, 이 연구를 기초로 인간관계론(human relations)이 전개되었다.

2) 인간관계론의 확립

호손 실험이란 록펠러 재단의 지원하에 하버드 대학의 메이요(Mayo) 교수가 중심이 되어 뢰스리스버거(Roethlisberger) 등이 협력한 시카고 교외의 웨스턴 전기회사(Western Electric Co.)의 호손공장에서 1924년부터 약 10년간에 걸쳐 실시된 일련의 실험을 말한다. 이 실험은 인간관계론의 급속한 발전을 추구하는 계기가 되었다는 점에서 그 의의가 크다. 이 실험의 주요한 내용은 다음과 같다.

① 조명 실험(1924. 11. ~ 1927. 4.): 이 실험은 조명의 질과 양이 노동자의 능률에 미치는 관계를 알아보려고 하였는데, 결과는 예상과 반대로 조명의 질과 양이 작업능률에 별다른 영향을 미치지 않은 것으로 나타났다.

---

18) 윤정일, 송기창, 조동섭, 김병주, 교육행정학원론(서울: 학지사, 2002), 47.

19) John. R. Commons, *Industrial Goodwill*(New York: McGraw-Hill, 1919).

② 릴레이 조립 실험(1927. 4. ~ 1929. 6.): 6명의 노동자를 대상으로 종래의 작업능률 향상에 도움이 된다고 생각되는 조건들(예를 들면, 작업시간의 단축, 휴식 시간의 합리적 배정, 간식의 제공, 임금제도, 작업환경의 개선)에 대하여 실험해 보았으나 결과는 조명실험과 마찬가지로 이들 조건과 생산성 향상과는 관계가 없었다.

③ 면접 실험(1928. 9. ~ 1930. 5.): 종업원들의 불만에 대한 면접조사를 실시한 결과, 물리적 조건이 근로자의 생산성에 영향을 미친다는 종래의 학설과는 달리 작업장의 사회적 조건과 근로자의 심리적 조건이 근로자의 태도와 생산성에 영향을 미친다는 결론을 얻었다.

④ 배선 작업 관찰 실험(1931. 11. ~ 1932. 5.): 비공식적인 집단행동에 대한 연구를 실시한 결과, 회사가 정한 공식조직과는 별도로 자연발생적으로 형성된 비공식조직의 존재를 인식하게 되었다.

결국 이러한 장기적인 실험에서 인간은 경제적 조건뿐만 아니라 심리적·사회적 조건에 의해서도 영향을 받는 다면적 존재(多面的 存在)라는 사고방식이 정립되었다. 인간은 그들의 기대 수준이 충족되면 만족을 느끼며 생산성 향상에 이바지하게 된다. 이러한 상태를 '높은 사기(high morale)'라고 하며, 이들 욕구를 충족시킨다는 것이 바로 일을 하게 하는 동기부여와 직결되며, 또한 이것이 곧 인간관계론의 핵심이라고 할 수 있다.

이 실험에 의하여 종래의 과학적 관리론의 주요 바탕이 되는 가설인 "공식조직의 구조, 작업조건, 금전적 유인 등이 조직목적의 달성, 생산성 향상, 근로자의 만족감을 가져온다"는 것을 수정하고, 조직 구성원의 감정, 태도, 가치관, 비공식조직 등이 주요한 매개변수로 작용한다는 사실을 확인하게 되었다.

3) 호손 실험의 주요 발견

인간관계론은 호손 실험이 있은 후에 널리 전파된 학술적 개념의 하나이다. 이 개념들 속에 내포된 뜻은 과거의 과학적 관리론에서 가정하는 인간의 비인간적 합리성과 기계적 도구관에 대한 반발과 인간 관리의 민주화를 실현하려는 것이다. 따라서 "인간관계는 종업원으로 하여금 집단의 한 구성원으로서 상호 생산적이고 협동적으로 잘 어울려 지낼 수 있도록 그들의 사회적·심리적 욕구를 만족시켜 주면서 그들을 직장의 전체적 상황 속에 통합시키는 작용이다."라고 말하고 있다. 이것은 생산성 향상을 위하여 종래의 물리적 시설의 합리화에 중점을 두던 입장으로부터 인간적 요인에 역점을 두는 관리 기술 또는 관리 방법을 의미한다고 볼 수 있다.

호손 실험을 통해 얻은 중요한 발견을 요약하면 다음과 같다.

① 비공식집단의 중요성을 발견했다. 조직 구성원들은 직장 내에서 순수하게 개인적으로 행동하는 것이 아니다. 그들은 공생을 위한 자생적인 비공식조직을 형성한다. 고전론자들에게는 인정받지 못했던 비공식집단은 집단규범(group norm)을 만들어 구성원의 태도와 작업상에서의 행동에 결정적인 영향을 미치면서 생산성을 좌우한다. 말하자면 그 집단규범이 지지적(支持的)인 것이면 생산성은 높아지는 것이다.

② 생산성은 종업원의 태도나 감정, 즉 인간적 반응에 크게 의존하고 있다는 사실이다. 다시 말하면 작업의 난이도, 물리적 조건, 시간이나 환경, 어떤 경우에는 임금이나 복지보다 종업원이 자기의 작업, 동료, 상사 및 회사 전체에 대해 갖는 태도나 감정이 생산능률에 큰 영향을 미친다는 사실이다. 결국 종업원은 감정(sentiment)을 지니고 있기 때문에 합리적이거나 논리적으로만 행동(logical behavior)하는 것이 아니라 비합리적(irrational)이거나 비논리적(nonlogical) 또는 몰논리적(illogical)이기도 하다는 것이다.

③ 이 같은 태도와 감정은 그들이 소속하고 있는 직장 내 분위기와 밀접한 관련이 있다는 사실이다. 특히 그들이 소속하고 있는 집단의 행동양식이나 사고방식과 깊은 관계가 있으며, 상급자의 감독 및 지도 방침이나 행동에 의해 그들의 태도, 감정 및 신념이 크게 변화한다.

④ 생산성은 집단의 팀워크(teamwork)와 협동 정도에 직접적으로 관련되며, 이들의 수준은 다시 집단에 대한 감독자의 관심 등에 관련된다. 따라서 테일러가 조직을 기술적·경제적 시스템으로 본 반면, 이들은 사회적 시스템(social system)으로 보았다.

⑤ "인간은 왜 일하는가?"라는 기본적인 물음에 대해 종래의 산업심리학은 '경제인'의 인간관에 입각하였으나 일련의 실험 결과는 인간을 단지 경제인이 아니라 심리적·사회적 존재라는 인식과 가치를 부여함으로써 '사회인(social man)'의 인간관에 입각하고 있다는 것이다. 이는 고전이론에 입각했던 '경제인'의 인간관에서 인간은 사회적 욕구를 강하게 지니고 있다는 '사회인'의 인간관으로의 전환을 의미한다. 하지만 이 같은 사실은 부분적으로는 새로운 발견이 아닐지도 모른다.

4) 인간관계론의 공헌과 한계

과학적 관리론의 반성으로 인해 생겨난 인간관계론은 인간의 정서적·심리적 측면에 대한 주의를 기울여서 인간은 물질적인 요인에 의해서만 움직이는 것이 아니라, 정신적 요인에 의해서도 영향을 받는다는 사실을 발견하였다. 또한 인간관계론은 전통적 관리론에서는 경시되어 온 비공식조직의 존재와 그 기능을 밝힘으로써 경영학의 발전에 큰 공헌을 하였다.

종업원의 태도, 감정, 행동을 개념적으로가 아니라 현실적으로 이해하는 새로운 입장을 개척했으며, 그 중요성을 많은 사람에게 널리 인식시키는 계기가 되었다는 점에서 호손 연구의 역사적 의의를 찾을 수 있는데 이를 요약하면 다음과 같다.

① 호손 연구는 모든 사회과학연구의 중요한 것 중의 하나이며 의심의 여지없이 경영학, 특히 조직행동론에서 가장 중요한 기반을 제공했다는 공헌을 인정받고 있다.
② 호손 연구는 종업원이 단순한 기계의 연장이 아니라는 사실을 말해 줌으로써 경영학 연구와 경영 사상의 발전에 있어 하나의 커다란 전환점(turning point)이 되었다.
③ 호손 연구는 경영관리자와 경영연구가들로 하여금 고전론자들의 기술적·구조적인 관심에서 벗어나 사회적·인간적 관심이 생산성 향상의 핵심이라고 지향성을 바꾸도록 도와주었다.
④ 호손 연구는 고전론자들의 단순한 인간관계의 관점을 부정하고, 오히려 복잡한 사회적 측면이 생산성과 집단 구성원 간의 관계에 미치는 영향력을 강조함으로써 경영학 영역의 초점을 바꾸었다.

그러나 효과적인 인간관계를 창조하는 사회적·심리적 요인을 체계적으로 발견하려는 인간관계 운동의 계기를 이룬 호손 연구는 앞에서 살펴본 바와 같은 역사적인 공헌에도 불구하고 다음과 같은 문제점과 한계 사항이 지적되고 있다.

① 조사 연구가 비과학적이며, 내려진 결론이 자료에 의해 충분히 뒷받침되지 못하고 있다.
② 연구 논자들이 자신들의 연구 결과를 지나치게 일반화하는 경향이 있다.
③ 환경적인 요인들을 충분히 고려하지 못했다.

④ 인간관에 있어서 특정한 일면을 너무 강조하고 있다. 즉, '경제인'의 인간관에 대한 부정이 지나치다. 모든 종업원의 근로 동기가 경제적인 것에 있는 것이 아닐뿐더러 인간관이 점차 발전하므로 '사회인'의 인간관이 등장함은 한편으로는 자연스러우나 모든 사람의 근로 동기가 사회적 욕구의 충족에 있는 것은 아니다. 경제적 욕구를 강하게 지닌 종업원도 얼마든지 있을 수 있다.

⑤ 비공식조직을 지나치게 강조한 나머지 공식조직에 대한 관심이 희박하고, 이를 지나치게 경시했다. 종업원이 지니고 있는 욕구, 특히 고차원 욕구 충족도 중요하나 그에 못지않게 중요한 것이 공식조직의 목적 달성임에도 불구하고, 특히 두 가지가 동시에 중시되어야 함에도 공식조직의 목적을 경시하고 있다.

⑥ 인간관계의 접근을 조직과 환경과의 조화 및 변화 관계로 다루지 않고 조직 및 조직 구성원의 내재적인 면을 연구하였다. 따라서 조직의 목표 달성은 전적으로 내적 요인에 의해서 추구된다고 보았기 때문에 조직 외적 환경 적응과 그에 대한 변화 전략을 수립할 수가 없었다.

⑦ 인간관계에서 구성원 간의 협동이나 원활한 관계만을 강조함으로써 갈등의 건설적이고 긍정적인 측면을 무시하고 있다. 즉, 발전에 대한 욕망은 개선과 개혁에 대한 갈등으로 표시될 수 있으며 그 갈등을 해소하기 위해서는 좀 더 효과적인 방안을 추구하게 되는데 갈등을 하나의 불만요소로만 취급하게 된다.

⑧ 조직과 집단 구성원을 자기 발전과 자아 성취를 위한 선의의 경쟁관계로 보는 것이 아니라 서로를 견제하고 능률을 올리지 못하게 하는 적대적 입장으로 파악하였다. 즉, 비공식조직을 공식조직에 반하는 세력으로 분류하여 서로 각각의 욕구 수준을 달리함으로써 서로 다른 자아 성취를 한다고 판단하였다.

⑨ 가장 대표적인 것으로 양호한 인간관계를 유지하고 사회적 욕구의 만족을 통해 종업원을 만족시키면 생산성(업적)이 높아진다는 단순한 준거의 기준(unitary frame of reference)에 입각한 보편타당성의 이론이다. 종업원은 경제적 욕구가 강하므로 경제적 욕구를 충족시켜 주면 생산성이 높아진다고 보는 보편타당성의 이론인 고전이론이 오류를 범하고 있듯이 이 이론도 잘못을 범하고 있다. 또한 이윤추구를 목적으로 한다는 점에서 여타의 조직과는 구분되는 기업에서 종업원의 만족이 중요한 목적이기는 하나 추구해야 할 유일한 목적으로 생각할 수 없다. "인간관계가 기업의 번영에 우선하지 않는다"라는 주장이 이를 잘 말해 주고 있다.

5) 인간관계론과 교육행정학

인간관계론은 교육행정에 민주적인 원리를 제시해 주는 등 교육행정의 민주화와 발전에 크게 공헌하였다. 특히 1930년대 이후에는 진보주의 교육 운동과 결합되면서 개성 존중, 사기 앙양, 학생과 교원의 상호 신뢰감 등을 강조하고 민주적인 교육행정, 인간주의적 장학을 위한 방법적 원리로서 크게 부각되었다. 민주적 교육행정에서는, ① 교육행정가는 교직원의 사기와 인화를 촉진하는 사람이며, ② 교육행정은 봉사활동이고, ③ 의사결정은 광범위한 참여를 통해 이루어져야 하고, ④ 행정적 권위는 집단에 의하여 주어져야 한다.[20]

인간관계론적 관점을 통해 교육행정학 발전에 기여한 대표적인 학자로는 듀이(Dewey), 쿠프만(Koopman), 야치(Yauch), 몰만(Moehlman) 그리고 그리피스(Griffiths) 등을 들 수 있다.

민주적 교육행정을 가장 일찍이 제창한 대표적 인물로는 Dewey를 들 수 있다. 그는 『민주주의와 교육(Democracy and Education)』이라는 저서를 통해 당시 학교지도자들 사이에서 인기가 있었던 과학적 관리론에 대해 심하게 비난하고, 학교경영자들이 모든 의사결정에 조직 구성원인 교사들의 동의를 얻어야 함을 강조하였다. 그는 교사에게 참여 기회를 확대하여 준다면 학교조직의 성격과 교사와 행정가 간의 관계의 질과 종류가 변할 것이라고 주장하였다. 행정가는 과업의 교육적 면과 그가 생각하는 인간적·사회적 관계와의 통합을 이루는 정도에 따라 학교 자체를 협동적 공동체로서 다루게 될 것이라고 듀이는 논하였다. 교육지도자로서는 학교경영에 대한 협동적 접근은 그의 지도성이 교육 목적과 방법을 초연한 상태에서 공식적으로 강요하는 전제적인 방식의 것이 아니라, 다른 사람과 서로 주고받음으로써 지적으로 격려하고 지시하는 것이 될 것임을 의미한다.[21]

Koopman 등은 1943년에 『학교행정의 민주화(Democracy in School Administration)』라는 저서를 통해 학교장은 인간관계론을 적용하여 학교행정을 민주화해야 한다고 주장하면서 그 과제로서, ① 교육에 대한 사회적 책임 규명, ② 민주적 지도성의 개념 발전, ③ 조직 형태의 민주화 확립, ④ 모든 사람의 적극적 참여 유도, ⑤ 교원의 역할 규명 등

20) 신중식, 강영삼, 김명한, 신철순, 윤정일, **신간 현대교육행정학**(서울: 교육출판사, 1982), 21.
21) John Dewey, *Problems of Men*(New York: Philosophical Library, 1946), 64.

다섯 가지 영역을 들었다.[22)]

Yauch는 『학교행정에서의 인간관계 개선(Improving Human Relations in School Administration)』이라는 연구를 통해 교육행정에서 인간관계의 중요성을 강조하면서 장학, 예산 배정, 교육과정 등 행정의 모든 영역에 교사의 적극적인 참여가 보장되어야 한다는 점을 강조하였다. 특히 학교장은 교사와의 원만한 관계를 유지하도록 노력해야 하며, 교사들은 민주적 활동의 중심 단위이므로 교사들이 최대의 만족을 누릴 수 있도록 학교를 운영해야 한다는 것을 골자로 하는 교육행정의 원리를 제시하였다. 학교장이 아직도 학교의 대표자이며, 최고 행정가로서 역할을 수행하지 않을 수 없다는 것을 Yauch는 인정했을지라도 그에 의하면 교장의 일차적 책임은 집단 정책의 해석자 또는 집행자로서, 또한 교사활동의 조정자로서 활동하는 것이다.[23)]

Moehlman은 『학교행정(School Administration)』이라는 방대한 저서를 통해 학교의 조직 구성과 운영의 원리를 제시하고 그것을 바탕으로 민주적인 교육행정의 관점을 체계화한 인간관계론 시기에 가장 눈부신 학술활동을 전개했던 사람이다. 그는 교육행정이 교수의 필요에 의해 발생하는 것이므로 그것은 교수의 목표들을 효과적으로 실현하기 위한 봉사활동임을 강조하였다. 이는 행정작용에 있어서 전제적·권력적·강압적 요소를 배제하고 민주적·기술적·봉사적 요소를 중시한 것으로 볼 수 있다.

Griffiths는 『교육행정에서의 인간관계(Human Relations in School Administration)』라는 저서를 통해 교육행정에서의 인간관계에 관한 여러 연구를 종합하여 교육행정에서의 인간관계론을 크게 발전시켰다. 그는 학교장이 상호작용하는 교사들은 인간적 욕구에 민감한 사회적 인간이라고 주장하면서 좋은 인간관계는 상호 존중, 호의, 인간의 권위와 가치에 대한 굳은 신념을 바탕으로 성립되는 것이라고 주장하였다. 그러한 인간관계를 발전시키기 위해서는 동기유발, 상황 인식, 의사소통, 권력구조, 권위, 사기, 집단역학, 의사결정, 지도성 등 아홉 가지 측면에 관심을 기울여야 한다고 주장하였다.[24)] Griffiths의 연구가 기존 학교경영에 관한 연구와 특히 다른 점은 1918~1939년까지 교육행정 학계에 통용되던 것과는 달리 훨씬 덜 처방적인 성격을 띠고 있다는 점이다. 즉, 그의 연구

---

22) G. Robert Koopman, A. Miel, & P. J. Misner, *Democracy in School Administration*(New York: Appleton-century, 1943), 7-12.

23) Wilbur A. Yauch, *Improving Human Relations in School Administration*(New York: Harper & Row, 1949), 40.

24) Daniel E. *Griffiths, Human Relations in School Administration*(New York: Appleton Century Crofts, 1956).

저서는 여러 상황에 폭넓게 적용될 수 있는 인간관계 규칙과 기법의 틀들을 포함한 요리책과 같은 것이 아니라, 다른 전문적 연구 분야로부터 도출된 연구 및 사회과학연구를 사용하는 학교경영 연구의 지적 기초를 제공하려는 것이었다. 이와 같이 그것은 인간관계 연구의 실제 적용으로부터 사회과학의 이론적 근거가 있는 인간 행동의 이해에 대한 관심으로 교육적 관심이 변화하기 시작하였음을 신호로 알리는 것이었다. 이 변화로 후에 교육자들은 행정을 활동의 영역으로서보다는 연구의 영역으로서 생각하기 시작하였다.[25)]

3 행동과학적 이론

1) 행동과학적 이론의 의의 및 특성

고전적 조직이론의 합리적·경제적 관점은 사회적 관계를 무시하고 있으며, 인간관계론의 사회심리적 관점은 공식적 구조의 영향을 무시하였다. 또한 고전적 조직이론과 인간관계론은 조직 내 인간의 행동을 설명하는 데 치우친 견해를 가지고 있으며, 인간을 그 자체의 목적보다는 수단으로 취급한다는 비판을 받고 있다. 이에 행동과학자들은 고전적 조직이론과 인간관계론의 장점을 살리고 조직과 개인을 조화시키고자 노력하였다. 이러한 노력으로 인해 조직 내의 인간 행동을 연구하는 데 심리학, 사회학, 경영학, 정치학, 그리고 인류학 같은 학문에서 도출된 개념, 원리, 연구 방법, 모형 등을 원용하여 학제간 접근(interdisciplinary approach)방법이 성행하게 되었다. 즉, 행동과학적 이론은 고전적 조직이론과 인간관계론을 통합하고자 하는 것이며 이론의 공통점은 조직을 전체로서 혹은 체제로서 파악하려고 한다.

Etzioni는 이러한 경향의 접근법을 구조론적 접근법(structural approach)이라고 하고, 구조론적 접근법은 합리성, 공식성에 중점을 두는 고전적 조직이론과 비공리성, 비공식성에 중점을 두는 인간관계론을 종합하여 조직에 대한 하나의 포괄적인 준거 기준을 제시하는 것이라고 주장했다.[26)]

---

25) R. F. Campbell, *op.cit.*, 58–59.

26) Amitai Etzioni, *Modern Organizations*(Englewood Cliffs, New Jersey: Prentice-Hall, 1964), 41.

행동과학적 이론들이 가지는 일반적 특징은 다음과 같다.[27)]

① **분화와 통합**: 현대적 조직이론에서는 인간이 거의 무한한 잠재력과 가능성을 지닌 복잡한 존재(complex man)임을 인식하고 조직을 복잡한 체제(complex system)로 보기 때문에 무모한 획일화나 법칙화를 피하려 한다고 주장한다. 조직 현상의 다양성, 상황적 고유성, 그리고 법칙 가변성(variability)을 인정하면서도 변화 속의 일관성(patterned variations)을 찾아 보편적인 요인을 포착하려고 한다. 균형 잡힌 관점(balanced view)에 입각한 포괄적 접근 방법(comprehensive approach)이 현대적 조직이론의 기본 태도라고 할 수 있다. 대부분의 조직연구인이 적어도 그러한 명제를 합당한 것으로 받아들이고 있으며, 실용적 가치가 있는 통합적 모형의 정립에 나서고 있다.

② **가치 기준의 다원화와 문제 선정의 다양화**: 현대적 조직이론의 가치 기준은 다원화되어 있으며, 연구 대상으로 선정되는 문제들이 크게 다양화되어 있다. 고전이론의 지배적인 가치 기준은 능률이었으며, 인간관계론의 등장은 사회적 능률을 새로운 가치 기준으로 첨가하였고, 환경유기론적 입장에서는 대외적인 적응성을 중요한 가치 기준으로 삼고 있다. 현대적 조직이론은 이와 같은 가치 기준을 다원적으로 수용하는 것이라고 할 수 있다.

③ **협동과학성**: 현대적 조직이론은 협동과학이다. 즉, 학문교호적 활동에 의하여 형성되었고 또 발전되어 가고 있는 학문 영역이다. 다른 학문 분야의 연구 결과와 연구 방법, 그리고 개념들을 조직이론에서 빌려 활용 및 발전시켜 오고 있는 것이다. 조직이론이 원용하고 있는 학문 영역으로 중요한 것은 사회학, 심리학, 사회심리학, 경제학, 정치학, 인류학 등을 들 수 있다. 이 밖에 역사학, 공학, 생물학, 수학 등도 포함된다.

④ **경험과학성의 제고**: 학제 간 연구의 확대, 국제적인 연구 정보 교류의 증가, 그리고 조직의 비교연구를 포함한 조사활동의 증가는 조직이론의 과학화 수준을 크게 향상시켜 놓았다. 사회과학일반에서 활용되고 있는 조사 방법의 발달과 관리과학, 체제분석 등의 계량 분석 기술의 응용, 그리고 컴퓨터 사용에 의한 자료처리 기술의 혁명적 발전은 오늘날 모든 사회과학에 강력한 도구를 제공하고 있으며 조직이론도

---

27) 오석홍, 조직이론(서울: 박영사, 1998), 38-49.

그러한 혜택을 받고 있다. 특히 자료를 처리하고 저장하는 기술이 발달하여 대량적인 정보가 저장될 수 있고 또 쉽게 인출될 수 있게 된 것은 학자들의 경험적 연구를 매우 간편하게 만들어 주고 있다.

2) Barnard와 Simon의 행동과학적 이론

(1) Barnard의 이론

행정을 행동과학과 관련시킨 최초의 학자는 버나드(Barnard)라고 할 수 있다. 벨(Bell) 전화 회사 사장이며, 록펠러(Rockfeller) 재단의 이사장이었던 그는 1938년에 『경영자의 역할(The Functions of the Executive)』이라는 저서를 통해 종업원과 감독자 간의 협력을 증진시키기 위한 종업원 훈련, 집단과정, 그리고 통합관리 등을 주장하였다.[28)]

그는 이 책을 통해 종래의 인간관계론과 고전적 조직이론을 하나의 틀로 통합한 협동체제의 아이디어를 제안하였다. 그는 공식조직과 비공식조직에 대해 처음으로 정의를 내렸으며, 두 조직의 불가피한 상호작용을 입증하였다. 그는 조직관리를 구조적 개념과 동태적 개념으로 구분하여 설명하면서[29)] 구조적 개념에는 개인, 협동체제, 공식조직, 복합적 공식조직 그리고 비공식조직 등이 포함되며, 동태적 개념에는 자유의지, 협동, 의사소통, 권위, 의사결정 그리고 동태적 균형 등이 포함된다고 하였다.

Barnard는 효과성(effectiveness)과 능률성(efficiency)의 개념을 구분하여 효과성은 체제지향적이며 조직 목표와 관계가 있고, 능률성은 인간지향적이며 조직 구성원으로서 가지는 만족감과 관계가 있는 것으로 정의하였다. 어떤 조직이 계속적으로 존속하기 위해서는 이 두 가지가 모두 필요하며, 개인의 의욕, 신념 및 만족감 등이 조직 목표 달성에 중요한 요인이 된다는 것이다. 그리고 그는 조직이 성립되기 위해서는 활동 주체인 인간의 공헌 의욕이 필요하며, 다음으로는 그러한 공헌 의욕에 따라 각자의 활동이 제각각이 되지 않도록 의사소통과 활동을 규합하는 공동 목표가 필요하다고 하였다. 이러한 공헌 의욕, 공동 목표, 그리고 의사소통을 공식조직의 3요소라고 했으며, 적어도 조직이 존재하기 위해서는 이러한 3요소는 필수 불가결하다고 주장하였다.

28) Chester. I. Barnard, *The Functions of the Executive*(Cambridge, Mass.: Harvard University Press, 1938).

29) Chester. I. Barnard, "Comments on the Job of the Executive". *Harvard Business Review, 18*, (1940), 398.

이와 같은 Barnard의 공헌을 울프(Wolf)는 다음과 같이 요약하였다.[30]

① 조직의 전체성(holistic nature)을 최초로 강조하면서 조직체제 개념을 관련시켰다.
② 조직 속에서 비공식적인 측면의 역할에 최초로 주의를 집중하였다.
③ 공식조직에 대해서 일반적이고도 보편적인 정의를 명백하게 내렸다.
④ 권한의 본질에 대한 전통적인 생각을 뒤바꾸었다.
⑤ 조직과 관리의 중요한 측면으로서 의사결정과정을 최초로 강조하였다.
⑥ 의사결정의 무논리적(nonlogical)인 사고 과정에 주목하였다.
⑦ 의사소통 체제로서 집행 조직(executive organization)에 관심을 기울였다.

고전적인 조직이론이 인간성을 무시한 조직 우선의 이론이며, 인간관계론이 공식조직의 문제를 경시한 인간 우선의 이론인데 비해 Barnard의 이론은 양자를 종합하고 있다는 점에서 그 의의를 찾을 수 있다.

(2) Simon의 이론

Simon은 1945년 그의 저서『행정적 행위(Administrative Behavior)』에서 행정의 과정은 결국 의사결정의 과정에 지나지 않다고 하였으며, 조직에 있어서 구성원의 의사결정과 이에 따른 조직의 반응을 분석함으로써 조직의 특성을 규명할 수 있다고 하였다.[31]

의사결정을 위한 정보에는 자연히 여러 제약이 따르기 마련인데, 이러한 제한적 정보를 분석하고 이해하는 데에도 한계가 있다. 이를 근거로 Simon은 '합리적 경제인' 가설 대신에 '행정적 인간(administrative man)' 가설을 바탕으로 하여 인간 행동을 분석하였다. 즉, 경제학에서 이야기하는 초합리적 경제인을 비현실적이라고 하면서 이를 배제하고 그 대신 정보수집 능력의 한계와 계산능력의 한계하에서 주관적, 합리적으로 선택하게 되는 '제약된 합리성'을 강조하였다.

또한 Simon은 조직이란 조직 구성원의 공헌을 노동이나 금전의 형태로서 받아들이고, 이러한 공헌의 대가로서 각종 보상을 제공하는 균형적인 시스템으로 규정하였다. 그리고 조직의 균형을 유지해야 할 사람은 조직 구성원의 상호 관계를 설정할 수 있는 권한

30) 이형행, **교육행정**(서울: 문음사, 1995), 64 재인용.
31) Herbert A. Simon, *Administrative Behavior*(New York: Macmillan Co., 1945).

을 가진 지배집단, 즉 경영자집단이라고 하였다.

Simon은 행정의 심리적·사회적 측면을 폴릿(Follett), 메이요(Mayo)와 Roethlisberger 등보다 더 깊이 있게 분석하였으며, Barnard의 기본 개념인 균형론, 의사결정, 의사소통, 권력과 권위 등의 개념을 더욱 확대 및 발전시켰다. 그의 행정에 대한 접근은 선행 학자들에 비해 정치학, 경제학, 심리학, 사회학 등을 통합한 학문 간의 협동적인 연구 방법을 사용하였기 때문에 행정을 종합적으로 다루었다는 점에서 의의를 찾을 수 있다. 그리고 그의 또 다른 공헌은 행정적 현상에 대한 개념의 정의와 그 개념들 간의 규칙적인 관계, 즉 유법칙적인 관계의 성립에 주목함으로써 체계적인 행정이론을 발전시켰다는 점에서 두드러진다.[32)]

3) 행동과학론과 교육행정

행동과학자들의 행정에 대한 관심은 교육행정 분야도 예외는 아니었다. 교육행정도 사회체제 속에서 일어나는 사회과정이면서 교육기관이라는 조직의 목표를 효과적으로 달성하기 위한 구성원들의 협동적 행위이다. 따라서 행동과학론은 교육행정의 고유의 개념과 이론을 수립하기 위한 과학적이고 체계적인 연구를 촉진하는 데 도움을 주기 시작하였다. 교육행정에서는 이를 '이론화 운동(theory movement)' 또는 '새로운 운동(new movement)'이라고 한다. 이를 계기로 1950년대와 1960년대에 걸쳐 철학과 과학, 가치와 사실을 엄격히 구분하는 논리적 실증주의에 입각한 교육행정의 이론화 작업이 활발히 전개되었다.

교육행정에서 새로운 운동을 주도했던 학자들의 공통된 주장은 다음과 같다.[33)]

- 교육행정을 연구하기 위해서는 이론의 역할이 주요하다는 것을 인정하고, 연구 방법으로 이론에 근거한 가설적 · 연역적 방법을 선택해야 한다.
- 교육행정을 일반 행정이나 사기업체 행정 등과 다르게 보려는 제한된 시각에서 벗어나 교육행정을 그 자체로서 과학적 연구 주제로 삼아야 한다.

---

32) Bertram M. Gross, "The Scientific Approach to Administration". In Daniel E. Griffiths *Behavioral Science and Educational Administration*(Chicago: The University of Chicago Press, 1964), 37–38.

33) Andrew. W. Halpin, "Administration Theory: The Fumbled Torch". In A. M. Kroll (Ed.), *Issues in American Education*(New York: Oxford University Press, 1970), 162–163.

- 교육조직은 사회체제로서 이해할 수 있기 때문에 교육행정의 연구는 행동과학적 연구 방법에 크게 의존하게 된다.

교육행정에서의 새로운 운동, 즉 이론화 운동이 전개되면서 학제 간 연구 방법을 통해 교육행정 이론이 크게 발전하게 되었다. 교육행정의 이론화 운동이 가지고 있는 본질적인 특성을 다음과 같이 요약할 수 있다.[34)]

- 이론과 연구는 행정 및 조직 행위의 기술, 설명, 예측에 관심을 집중한다. 과학과 이론은 행정가가 무엇을 해야 한다는 진술을 포함할 수 없을 뿐만 아니라, 바람직한 조직은 무엇으로 구성되는지에 대한 정답도 제공해 주지 못한다.
- 유용하고 강력한 연구는 이론에 근거를 두어야 하며, 그러한 이론에 의해 연구도 인도된다.
- 가장 강력한 최상의 이론은 수학적 모형에서 수식으로 표현되는 가설적 · 연역적 진술이다.
- 사회과학과 행동과학의 개념과 탐구 방식을 통해 효과적인 행정이론의 개발이 가능하다.
- 행정과 조직은 포괄적인 개념이며, 그것들이 설명하는 것은 모든 장소와 시간에서 동일하게 적용된다.

4 체제이론

1) 체제의 개념

오늘날 우리는 일상생활에서 체제(system), 즉 시스템이라는 용어를 많이 사용하고 있다. 전자시스템, 운영시스템, 유통시스템, 난방시스템 등 여러 용어가 자주 사용되고 있

34) J. A. Culbertson. "Antecedents of the Theory Movement". *Educational Administration Quarterly*, *17*(1), (1981), 25–47.

다. 이 체제라는 용어는 그리스어의 'systēma'에서 유래되었는데, 시스템은 각 구성 요소가 상호작용하거나 상호 의존하여 복잡하게 얽힌 하나의 집합체를 말한다. 또는 이 용어는 복잡한 사회체계의 맥락에서 구조와 행동을 통제하는 규칙들의 집합체를 일컫기도 한다.

생물학에서 생물이라는 하나의 체제는 다수의 기관으로 구성되어 있고, 그 기관은 다시 여러 개의 조직으로 구성되고, 또 그 조직은 다시 많은 세포로 구성된 것으로 본다. 살아 있는 유기체가 하나의 커다란 체제라면, 기관은 그의 하위체제(sub-system)이고, 조직은 그 기관보다 더 하위의 체제(sub-sub-system)가 되는 것이다. 체제라는 용어는 학자들에 따라 다양하게 정의되고 있으며, 몇몇 학자의 정의를 살펴보면 다음과 같다.

- 체제란 두 개 이상의 상호 의존적인 부분, 구성 요소 또는 하위체제의 조직화되고 단일화된 전체이며, 환경이라는 보다 큰 상위체제로부터 구분될 수 있는 환경에 의해 윤곽이 나타난다(Kast & Rosenzweig).[35]
- 체제란 단일화된 전체를 얻기 위한 방법으로 배열된 일련의 상호 관련적이고 상호 의존적인 부분들이다(Robbins).[36]
- 체제란 전체로부터 무엇을 받고 전체에 공헌하며, 그리고 보다 큰 환경에 독립적인 각개의 상호 의존적인 부분들로 형성된 전체이다(Huse & Cummings).[37]
- 체제란 각 부분이 다른 모든 부분과 상호 의존의 관계를 가질 뿐만 아니라 하나의 전체로 구성된 유기체이다(Roethlisberger & Dickson).[38]
- 체제란 조직화된 전체이다. 다시 말하면 단일화된 전체로 기능을 다하는 것들의 결합이다(Hodge & Anthony).[39]

이상의 학자들이 제시한 체제의 개념에서 알 수 있는 것은 체제는, ① 일련의 상호 의

35) Fremont E. Kast & James E. Rosenzweig, *Organization and Management*(New York: McGraw-Hill, 1985), 103.

36) Stephen P. Robbins, *Organization Theory: The Structure and Design of Organization*(New York: Prentice-Hall, 1983), 9.

37) Ephraim F. Huse & Thomas G. Cummings, *Organization Development and Change*(West Publ., 1985), 569.

38) Fritz J. Roethlisberger & William J. Dickson, *Management and the Worker*(Boston: Harvard Business School, 1939), 551.

39) Brian J. Hodge & William P. Anthony, *Organization Theory*(Englewood Cliffs, New Jersey: Prentice-Hall, 1984), 5-6.

존적이고 상호작용적인 요소이며, ② 어떤 체제가 있으면 그 체제의 상위체제(super-system)와 하위체제(sub-system)가 존재하며, ③ 언제든지 체제를 둘러싸고 있는 환경이 존재한다는 특징을 가지고 있다. 이상의 정의들과 특징들을 토대로 볼 때, "체제는 전체 조직의 공동 목적을 달성하기 위하여 독립적이면서 상호 의존적으로 관계를 맺고 있는 부분들의 집합"이라고 정의할 수 있다.

여기서 어떤 체제가 환경과 계속적으로 각종 정보와 물질을 자유롭게 교환하고 있다면 그 체제는 개방체제(open system)이고, 그렇지 못하다면 그것은 폐쇄체제(closed system)가 된다. 개방체제에 대해 좀 더 살펴보면 다음과 같다.

2) 개방체제

개방체제는 환경과 상호작용하면서 서로 영향을 주고받는 가운데 균형을 유지하려는 특성을 지니고 있다. 오늘날 사회과학이론 및 조직이론에서는 조직을 환경과 상호작용하는 개방체제로 파악한다. 그것은 생물학자인 베르탈란피(Bertalanffy)가 생체(living organism)를 개방체제로 파악한 것을 계기로 자연과학에서 발달한 체제 개념을 사회과학에 도입하면서 시작되었다. 학교는 그 학교가 속해 있는 국가, 지역, 문화 등과 밀접한 관련을 가지면서 상호작용이 지속적으로 이루어지기 때문에 개방체제라고 볼 수 있다. 학교가 주변의 환경과 상호작용하지 않거나 변화를 거부하는 활동을 계속하는 경우 그 학교는 폐쇄체제가 되어 문제가 발생하게 된다. Griffiths는 개방체제가 갖는 특징을 다음과 같이 설명하였다.[40)]

- 체제 환경과 상호작용한다. 즉, 투입과 산출이 있다(교호작용, reciprocal action).
- 균형 상태를 스스로 유지하려는 경향이 있다(항상성, homeostasis).
- 자기에게 영향을 미치는 모든 힘을 조절하고 통제할 수 있다(자기통제력, self-control).
- 최종 결과를 동일하게 하려는 경향을 가지고 있다. 즉, 상이한 조건하에서도 다른 과정을 밟아 동일한 결과를 달성하는 능력을 가지고 있다(이인동과성, equifinality).
- 재투입 과정을 통해 과정과 산출을 효율화한다(환류, feed-back).

40) Daniel. E. Griffiths, *Human Relations in School Administration*(New York: Appleton-Century-Crofts, 1956), 116-117; 윤정일 외, 전게서(2002), 61-62에서 재인용.

- 규모가 확장되면 새로운 기능적 하위체제들을 계층적으로 만들어 나간다(발전적 분화, progressive segregation).
- 체제는 스스로를 효율화하기 위해 그 과정과 절차들을 단순화하기도 한다(점진적 단순화, Progressive simplification).

체제가 존속하고 발전하기 위해서는 외부 환경으로부터 인력, 물자, 정보 등의 자원을 충분히 조달하고 또한 체제가 생산한 산출물을 외부에서 충분히 이용하지 않으면 안 된다.

개방체제의 기본 모형을 보면, 생물체가 ① 투입(input) 작용으로서 환경으로부터 물자, 정보, 에너지 등을 흡수하여, ② 전환(throughput) 작용을 거쳐 체내에서 출력으로 전환시키고, ③ 산출(output) 작용으로서 이 출력을 환경에 내보내면, ④ 환류(feedback) 작용으로서 그 출력이 자기 생존 혹은 성장 목적에 합치되도록 그 목적에서 이탈되는 것을 방지하는 일련의 과정을 거치게 된다. 이를 그림으로 살펴보면 [그림 2-1]과 같다.

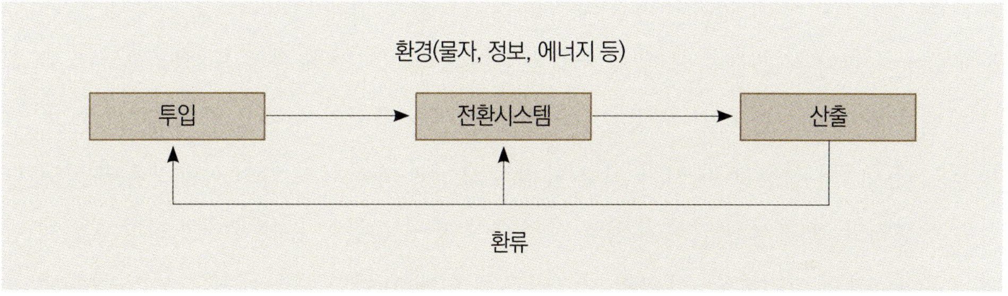

[그림 2-1] 개방체제의 기본 모형

출처: Wayne K. Hoy and Cecil G. Miskel, *Educational administration: theory, research, and practice*(New York: Random House, 1987), 20.

한편, 학교조직을 사회체제의 하나로 볼 때 학교조직이 처해 있는 상황에 따라 구성원에게 요구하는 바가 다르게 나타난다. 밖으로 드러나는 인간의 행위(B)는 단순한 게 아니라 그 사람의 인성적 특성(P)과 주어진 역할(R)의 상호작용에 의해서 결정된다는 것이 사회과정이론의 주장이다. 즉, B=f(P·R)의 공식으로 표현되고 있다. 학교조직이란 그 구성원의 인성과 역할의 상호작용에 의해 형성된 행위들의 집합체가 가지는 특성에 따라 그 조직이 관료적 조직인지, 전문적 조직인지를 구분할 수 있다. 학교조직의 특성은 고정된 모습을 그대로 가지고 있는 게 아니라 조직이 처한 상황에 따라 달라지기 때문에 구성원에게 요구되는 인성과 역할의 강조나 중요성이 변화될 수 있다. 일반적인 인성과 역할의 상호작용 모형은 [그림 2-2]와 같다.

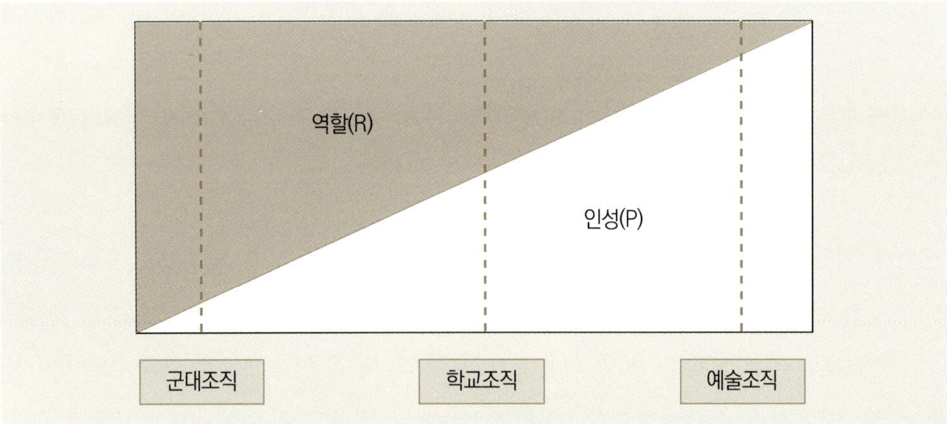

[그림 2-2] 인성과 역할의 상호작용 모형

출처: J. W. Getzels and E. G. Guba, "Social Behavior and the Administrative Process". *The School Review, 65*(4), 1957, 440.

게첼스와 구바(Getzels & Guba)는 인성과 역할의 상호작용 모형을 기반으로 인간의 관찰된 행위가 조직적 차원과 인성적 차원의 상호작용에 의해 나타난다고 주장하였다. 사회체제에서 개인은 조직의 어떤 제도에 소속되어 부여된 역할을 수행해야 하는데, 이때 그 주변 사람이 기대한 바가 무엇인가에 따라 개인의 행위가 영향을 받게 된다. 한편, 그 개인은 태어나서 성장할 때 그가 처한 환경적 요인과 유전적 요인의 상호작용에 의해 인성이 형성되고 그 형성된 인성에 의해 각기 다른 욕구 성향이 표출되어 개인의 행위에 영향을 주게 된다. 이러한 두 차원의 상호작용에 의해 개인의 행위가 표출되기 때문에 인간의 행위는 단순한 게 아니라 매우 복잡한 과정을 통해 나타난다고 할 수 있다. [그림 2-3]은 Getzels와 Guba의 사회과정 모형이다.

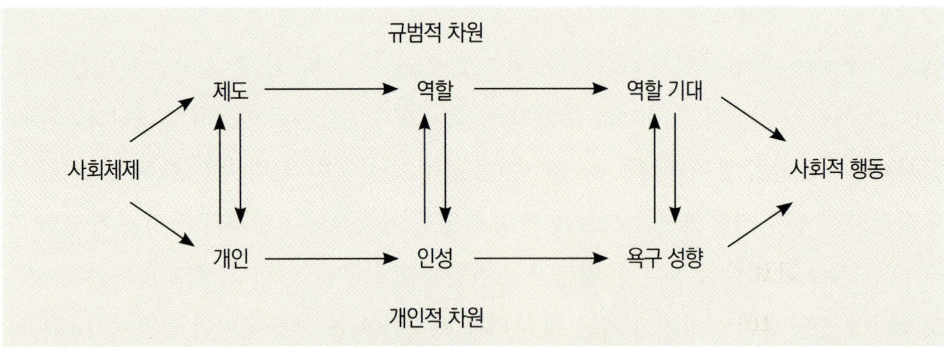

[그림 2-3] Getzels와 Guba의 사회과정 모형

출처: J. W. Getzels and E. G. Guba, "Social Behavior and the Administrative Process". *The School Review, 65*(4), 1957, 429.

3) 체제이론과 교육행정학

조직을 살아 있는 체제로 보고 환경과의 지속적인 정보교환을 강조하는 조직이론가의 등장으로 교육조직에 대한 접근과 교육행정에 대한 접근도 개방체제론적으로 이루어졌다. 학교를 개방체제로 보고, 이 관점에서 교육행정을 규정할 때 [그림 2-4]와 같이 외부 환경적 요소는 정치적 이념과 성향, 지역사회와 학부모의 특성, 각종 언론매체 등이 있으며, 투입요소에는 환경의 제약 조건, 인적·물적 자원, 학교체제의 사명과 정책, 시설과 제도 등이 있다. 산출요소에는 학업성취, 구성원의 직무만족, 출석률과 중퇴율 등이 있다. 전환 과정으로는 5개의 하위체제, 즉 교수·학습 체제, 구조체제, 개인체제, 정치체제, 문화체제 등을 설정할 수 있다.[41]

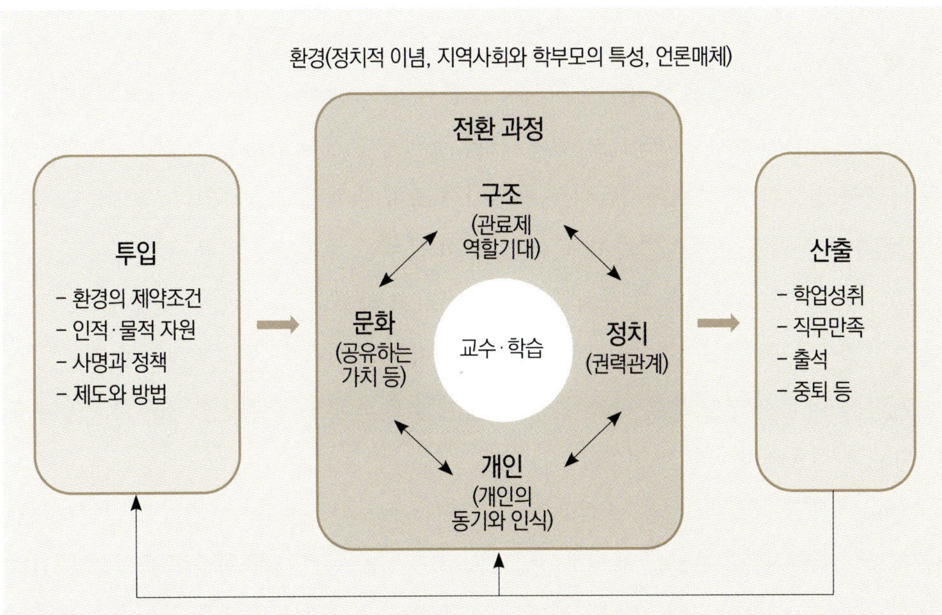

[그림 2-4] 개방체제로서의 학교 모형

출처: Wayne K. Hoy and Cecil G. Miskel, *Educational administration: theory, research, and practice*(New York: Random House, 1987), 72.

그 밖에 학교 및 교육행정을 체제론적 관점으로 바라보는 대표적인 학자로는 이스턴(Easton), 로렌스와 로쉬(Lawrence & Lorsch), 코헨, 마치 그리고 올슨(Cohen, March &

41) Wayne K. Hoy & Cecil G. Miskel, *Educational Administration: Theory, Research, and Practice*(New York: Random House, 2005), 8–33.

Olsen), 웨익(Weick) 등을 들 수 있다.

Easton은 그의 저서『정치적 분석의 틀(A Framework for Political Analysis)』을 통해 정치체제란 그것이 존재하는 환경의 더 큰 사회질서의 하위체제라고 설명하였다. 정치적 분석의 틀은 조직을 정치적 실체로서 볼 수 있기 때문에 조직 분석에도 이 틀이 적용되어 왔다. 특히 학교와 같은 공공조직은 보다 큰 사회적 환경 속에의 정치적 하위체제로 볼 수 있다. 즉, 환경은 공교육을 위한 투입을 제공한다. 예컨대, 요구라는 투입에는 어떤 것을 가르쳐야 하고 어떤 것을 가르치지 말아야 한다는 국민의 주장이 포함된다. 지지라는 투입은 교육을 위한 세수입과 학교 프로그램 또는 절차의 도덕적 승인과 같은 항목을 포함한다. 학교와 학교체제는 이들 투입을 조정하고 환경에 산출을 제공한다. 그러한 산출이 다음 투입에 영향을 주는 환류 또한 가시화될 수 있다.

Lawrence와 Lorsch는 조직구조와 외적 환경과의 관계를 실증적으로 연구하였다. 그들은 조직을 개방체제로 보고 조직은 외부 환경이 요구하는 바에 따라 독특한 속성(인지적·정의적 지향성)을 발달시키는 하위체제로 분화(differentiation)되고, 각 하위체제는 직접 관련된 환경에 적응한다고 논하였다. 또한 조직은 환경의 요청으로 조직 전체의 통일된 노력이 필요할 때 하위체제들이 통합되어 협조하게 된다고 말하였다.[42] 그는 조직은 분화될수록 통합을 이룩하기가 더욱 어렵고, 이 문제를 극복하기 위한 효과적 조직은 환경의 다양성과 일치하는 통합 장치를 갖는 것이라고 하였다. 환경이 더 다양하고 조직이 더 분화될수록 통합하는 장치는 더 정교하게 된다는 것이다.[43] 학교조직도 이러한 주장에 따라 주어진 환경이 모두 다를 것이고, 따라서 학교를 운영하는 방식도 학교마다 모두 다르게 적용해야 한다는 것이다.

Cohen 등[44]은 교육조직을 '조직화된 무질서'(organized anarchy) 상태라고 설명하면서 그 조직의 특징을 세 가지로 제시하였다. ① 그 조직의 목표가 구체적이지 않고 명료하지도 않다. ② 교육조직의 기술이 분명하지도 않다. ③ 교육조직에의 참여가 유동적이다. 그들은 조직화된 무질서 상태에서 발견된 의사결정의 과정을 이해하는 데 상당히 많은 노력을 기울였다. 그들은 조직의 의사결정이 합리적이고 체계적으로 이루어진다고

---

42) 김윤태, 교육행정·경영신론(서울: 배영사, 1986), 88.

43) Paul R. Lawrence & Jay W. Lorsch, *Organization and Environment*(Homewood, Ill.: Richard D. Irwin, 1967), 157.

44) Michael D. Cohen, James G. March, & Johan P. Olsen, "A Garbage Can Model of Organizational Choice". *Administrative Science Quarterly, 17*(1), (1972), 1.

생각하는 것이 일반적이지만 어떤 조직은 일관된 구조보다는 느슨하게 수집된 아이디어들로 더 잘 설명된다고 하면서 조직 선택에 있어서의 쓰레기통 모형을 제시하였다.

Weick[45]은 교육조직을 '느슨하게 결합된 체제'(loosely coupled systems)라고 설명하면서 느슨한 결합의 잠재적 기능과 역기능을 다음과 열거하였다. ① 느슨한 결합은 조직의 어떤 부분을 존속시킨다. ② 느슨한 결합은 예민한 감지 기제를 제공한다. ③ 느슨한 결합은 지역적인 적응을 위해 좋은 체제가 된다. ④ 느슨한 결합체제는 견고한 결합체제보다 더욱 많은 변화와 참신한 해결책을 간직할 수 있다. ⑤ 느슨한 결합체제에서 조직의 한 부분의 붕괴는 그것으로 끝나고 다른 부분에 영향을 주지 않는다. ⑥ 교육조직의 가장 중요한 요소는 교사, 교실, 교장 등이기 때문에 느슨한 결합체제에는 필연적으로 행위자가 자기결정을 하는 데 이용할 수 있는 여지가 많이 있게 된다. ⑦ 느슨한 결합체제에서는 부분 간의 조정을 위하여 비교적 소액의 경비가 요구된다.

체제이론이 단절된 사고를 지양하고, 체계적이고 총체적인 사고를 지향한다는 점에서 교육의 많은 영역에서 활용되고 있다. 이 이론이 교육행정의 이론 발전에 기여한 점을 요약하면 다음과 같다.[46]

① 교육행정 과정에서 인성의 복잡성과 그 중요성을 강조하였다.
② 조직의 공식적인 요인과 비공식적인 요인 간의 상호 관련성에 대한 분석을 체계화하였다.
③ 개인의 가치와 집단적 가치의 관계를 분석하는 데 유용한 개념적 모형을 제공하였다.

45) Karl E. Weick, "Educational Organizations as Loosely Coupled Systems". *Administrative Science Quarterly, 21*, (March 1976), 6–9.
46) 남정걸, 김창걸, 왕기항, 윤종건, 이군현, 이형행, **교육조직론**(서울: 도서출판 하우, 2002), 61.

적용하기

❶ 관료제의 특성과 그에 따른 순기능 및 역기능을 설명하고, 학교조직에서 나타나는 관료제의 특성들을 논하시오.

❷ 과학적 관리론과 인간관계론의 원리가 현재 일선 학교에서 적용되어 시행이 되고 있는 예를 찾아보고 장단점을 논하시오.

❸ 체제이론을 설명하고, 이것이 교육행정에 주는 시사점을 논하시오.

❹ 교육행정의 이론에서 과학적 관리론을 설명하고, 학교 현장에의 도입의 필요성과 적용 방안에 대해 논하시오.

역량강화하기

다음 빈칸에 3가지 이상 적어 보세요.

1. 내가 좋아하는 것, 일은?

2. 내가 잘하는(할 수 있는) 것, 일은?

3. 내가 해야 하는 것, 일은?

교육칼럼 2

나는 인생에서 성공할 수 있을까

모든 사람이 인생에서 성공하길 원한다. 그러나 많은 사람은 자신의 삶이 실패한 인생이라고 낙담하며 살고 있다. 성공의 의미는 무엇인가? 모든 이가 공감할 수 있는 단 하나의 의미를 찾기를 어렵다. 많은 학자는 성공이란 "인생에서 얻고자 하는 바를 얻는 것이요, 승부에서 승리하는 것"이라고 한다. 혹자는 성공이란 "인생의 행복을 위한 과정이지 목적이 아니다"라고 한다.

성공의 의미와 기준은 사회적 척도에 의해서라기보다는 개인적 척도에 따라 명백히 달라진다. 이는 세계 최빈국 중의 하나인 방글라데시 국민의 행복지수가 세계 최고라는 사실에서 알 수 있다. 따라서 자기 자신이 성공했다고 생각하고 행복하다고 믿으면 그는 성공한 사람이라고 할 수 있다. 누구에게나 적용되는 성공의 척도가 존재하지 않기 때문이다. 한사람에게 성공으로 보이는 것이 다른 사람에게는 실패로 보일 수 있으며, 같은 사람에게 있어서도 동일한 요소가 때로는 성공으로, 때로는 실패로 느끼기 때문에 성공에는 대표적인 하나의 평가 기준이 존재하지 않는다.

성공적인 삶을 살기 위한 방법은 무엇일까? 그것은 달성하고자 하는 목표를 향해 포기하지 않고 끝까지 달려가는 것이다. 말년에 처칠이 모교인 해로우학교에서 연설할 때, 교장선생님이 다음과 같이 말했다. "역사적인 순간이다. 윈스턴 처칠은 가장 훌륭한 연설가이다. 그의 연설을 모두 받아 적도록 해라. 잊을 수 없는 연설이 될 것이다" 처칠은 안경 너머로 학생들을 바라보며 말했다. "절대, 절대, 절대, 절대로 포기하지 마십시오!" 그는 이 말만을 남기고 자신의 자리로 가 앉았다고 합니다. 키에르케고르는 성공을 막는 가장 무서운 병은 쉽게 절망하는 버릇이라고 하였으며, 마쓰시타 고노스케는 "사업에서 실패하지 않는 유일한 방법은 성공할 때까지 포기하지 않는 것이다"라고 하였다.

청소년들이 인생에서 성공하기 위해서는 좋은 공부 습관을 기르고 뚜렷한 목표를 설정하는 것이 중요하다. 목표 설정은 빠르면 빠를수록 좋다. 목표가 있는 학생은 그것을 달성하기 위해 열심히 노력하게 되고, 하나의 목표가 달성되면 그것으로 인해 성취감을 맛보게 되어 한 차원 더 높은 목표를 계속적으로 세우게 된다. 성공하는 아이들은 뚜렷한 목표가 있을 뿐 아니라 긍정적인 사고를 하고, 자신감이 넘치고, 집중력이 뛰어나며, 성취감을 즐길 줄 알고, 자존감이 높다는 공통점이 있다. 또한 성공한 사람들의 부모가 가지는 공통적인 특징은 확고한 신념과 가치관을 가지고 아이의 소질에 맞는 목표를 세워 극진한 사랑과 엄격한 훈련으로 헌신적인 노력을 기울인다는 것이다. 부모의 헌신적인 노력과 기도만이 성공적인 자녀를 기를 수 있음을 알 수 있다. 부모는 "또 아비들아 너희 자녀를 노엽게 하지 말고 오직 주의 교훈과 훈계로 양육하라"(엡 6:4)라는 하나님 말씀에 순종해야 할 것이다.

성공하는 사람과 실패하는 사람의 결정적인 차이는 인생과 주위 환경에 대한 자신의 태도가 다르다는 사실이다. 성공하는 사람은 인생의 성공 여부가 자신에게 달렸다고 믿고 긍정적으로 인생과 일에 도전하는 반면, 실패하는 사람은 성공 여부가 세상이나 주변 환경에 달렸다고 믿고 부정적으로 인생과 일에 도전하며, 실패의 원인을 타인에게 돌린다. 성공하는 사람은 실패자보다 더 열심히 일하지만 시간의 여유가 있고, 실패자는 성공하는 자보다 게으르지만 항상 바쁘다고 말한다.

제3장

교육인사행정

슬픔에게 빚 지다

이호준

나는 언제나 슬픔에 빚지고 산다
수시로 눈물을 갖다 쓰고 친구들에게도 나눠 준다
가끔 우울이라는 얼굴도 빌려 쓰지만
값을 치르거나 돌려준 적은 없다

그녀 손잡고 마지막 꽃을 전송하던 밤이었던가
은하수에 물수제비뜨던 밤이었던가
목 짧은 새가 울음을 잃어버린 날일지도 몰라

내가 빌려다 엎지른 슬픔으로 세상이 흥건했지

스스로 불 지른 심장은 시간이 가도 재가 되지 않아
목젖까지 태울 것 같은 불꽃만 남기지

그날은 사막으로 도망치는 꿈을 꾸었어
모래산 자명 속에 곱게 부서진 나를 뉘어두고
누가 물으면 낯선 얼굴로 고개 저었어
나는 꿈에서 스스로 돌아온 적이 한 번도 없지

푸른 냉기 밟으며 창백한 달빛이 오고
핏줄마다 숨겨둔 길들 시위하듯 요동치는 걸 보면
강파른 바람 또 한바탕 불 것 같아
내 안에 전에 없던 사구들이 태어나겠어

날 밝는 대로 슬픔에게 다녀와야겠다

작은 성취 경험(몰입)을 자주 하라

- 거창한 목표를 세우고 실패하는 경험을 자주하면 자신감이 떨어지고 나중에는 패배감에 사로잡힌다.
- 마이크로마스터리(micro mastery, 작은 단위의 숙달된 지식)로 짜릿한 성취감을 맛보세요.
- 한 분야의 전문가(1만 시간 투자) VS. 넓고 얇은 지식의 소유자(마이크로마스터리): 논쟁? Micro-Degree?

교육행정의 성패를 좌우하는 중요한 활동 중의 하나가 인사행정이다. 모든 조직이 주어진 목표를 효과적으로 달성하기 위해서는 조직의 체제가 잘 갖추어지고 조직을 운영할 수 있는 능력 있는 인사를 선발해서 배치하는 것이 중요하다. 인사가 만사라는 말이 통한다.

1 교육인사행정의 기초

1) 교육인사행정의 개념

교육행정 분야에서 교육인사행정은 교육행정 활동이 이루어지는 과정 중의 하나이다. 교육목표 달성을 위한 측면에서 교육활동이 원활히 수행되기 위해서는 행정 요소들 중에서 인적자원을 관리하는 교육인사행정이 합리적으로 이루어져야 한다. 교육목적이나 교육행정 목표를 효율적으로 달성하는 데에는 교육조직 구성원의 능력, 태도 등에 따라 그 결과가 달라진다.

인사행정이란 일반 행정에서 사용하는 인사관리 혹은 인적자원관리와 유사한 용어이다. 인사관리란 조직이 필요로 하는 인력을 조달하고 이들을 유지, 발전, 활용하는 활동을 계획하고 조직하고 통제하는 관리활동의 체계라고 할 수 있다. 인적자원관리란 조직구조상에 필요한 인력의 충원과 충원된 인력의 유지 및 보임을 말한다. 더 자세히 말하면 필요한 인력의 파악과 사용가능한 보유 인력의 확인 및 모집, 선발, 보임, 승진, 평가와 앞으로의 지원자 및 현재의 조직 구성원의 생애 계획, 보수 훈련 등을 통하여 그들이 자신의 임무를 효율적이고 효과적으로 수행할 수 있게 하는 것이다.

이런 의미에서 인사행정이 갖는 의미는 인사관리나 인적자원관리의 의미와 상통하는 것이다. 그러나 행정과 관리라는 측면에서 보면 인사행정은 공인과 공공봉사의 성격이 강한 공공기관이나 공기업에 주로 사용하며, 인사관리는 종업원의 관리에 초점을 둔 사기업체에서 주로 사용한다.

교육인사행정이란 교육에 관한 인사행정을 다루는 것으로, 다른 것과 마찬가지로 그 개념에 관하여 많은 학자가 각각의 견해를 밝히고 있다.

- 캐스데터(Castetter)[1]는 교육조직에서의 인사행정의 목적을 "교육조직의 목적을 달성하고, 조직 구성원이 지위 및 성취의 기본 기준을 달성하도록 도와주며, 구성원의 능력 개발을 극대화하고, 개인과 조직의 목적을 조화시키기 위하여 인력을 개발, 유지, 동기화시키는 것"이라고 하였다.
- 레보레(Rebore)[2]는 인사행정의 목적을 "조직이 목적을 달성하고, 조직 구성원이 가능한 한 최고의 성취도를 달성하도록 하며, 경력개발을 극대화하도록 하기 위하여 직원을 채용, 유지, 개발, 그리고 동기화하는 것"을 의미한다고 하였다.
- 서정화[3]는 "교육인사행정이란 교육활동의 주체가 되는 교원과 이들이 교육활동에 전념할 수 있도록 도와주고, 제반 교육행정활동을 수행할 수 있는 유능한 교육전문직과 일반직을 확보하고, 그들의 자질을 향상시키며, 근무 의욕을 높여 주는 일련의 행정지원 활동"이라고 정의하였다.
- 윤정일 등[4]은 "교육인사행정은 교육조직의 목적을 효과적으로 달성하는 데 필요한 유능한 교육 직원의 채용과 그들의 계속적인 능력 개발 및 사기 앙양을 도모하는 일련의 과정"이라고 정의하였다.

이상 여러 학자의 정의에 근거하여 학교조직에서 행하는 교육인사행정을 정의하면

1) William B. Castetter, *The Personnel Function in Educational Administration*, 3rd ed.(New York: Macmillan Pub. Co., 1981), 6.
2) Ronald W. Rebore, *Personnel Administration in Education*, 2nd ed.(Englewood Cliffs, New Jersey: Prentice-Hall, 1987), 13.
3) 서정화, **교육인사행정**(서울: 세영사, 1989), 32.
4) 윤정일, 송기창, 조동섭, 김병주, **교육행정학원론**(서울: 학지사, 2002), 283.

"유능한 교육 직원을 채용 및 배치하여 그들의 능력을 계속적으로 계발시키고, 주어진 임무에 대한 능률을 최대화시키기 위해 제반 환경을 조성해 주는 과정"이다.

2) 인사행정관

인사행정이 추구하는 기본적인 가치로는 대응성(국민의 의사 존중), 능률(지식·기술·능력 중시), 개인의 권리(법의 정당한 절차와 신분보장), 사회적 형평성(인사행정의 공정성) 등을 들 수 있다. 이러한 가치는 끊임없이 상호작용하고 때로는 상충하면서 조화를 이루게 된다.[5] 인사행정에서 추구하는 기본적인 가치가 존재함에도 불구하고 각 나라마다 서로 다른 역사적 전통과 문화적 가치로 인해 인사행정관에 차이가 있으며, 그 가치관 또한 시대에 따라 변화되어 왔다. 인사행정관은 크게 엽관주의와 실적주의로 구분되며, 그 양자를 절충한 절충주의가 있다.

(1) 엽관주의

엽관주의(spoils system)는 사람을 임용함에 있어서 능력이나 자격이 아니라 혈연, 지연, 학연, 정치적 영향력 등을 따르는 것을 말한다. 즉, 임용의 기준을 임용권자와의 개인적·당파적 관계의 여부를 중시하는 귀속적인 것에 따른다. 이러한 엽관주의는 정실주의와 유사한 의미로 통용된다. 엽관주의는 미국에서 처음 도입되어 공직을 마치 전리품(spoils)에 비유하여 선거에 승리한 정당이 모든 관직을 전리품처럼 임의로 처리할 수 있다는 의미를 가지고 있다. 우리나라에서는 1952년 이승만 정권에서 자유당의 창당을 계기로 대두되었으나 지역 연고주의 인사정책으로 인해 많은 폐해가 야기되었다.

엽관주의가 가지는 장점에는 정당정치의 실현이 가능하고, 관직의 특권화를 배제함으로써 평등의 이념을 실현하며, 공직의 경질을 통해 관료주의와 공직의 침체를 방지할 수 있으며, 공무원의 충성심 확보와 행정에 대한 민주적 통제가 가능하다는 점이다. 그러나 공무원의 잦은 교체로 행정의 계속성 및 안정성의 위협(비능률, 비전문성 초래)을 받으며, 위인설관(爲人設官)으로 예산의 낭비가 초래될 가능성이 높으며, 집권 정당의 사병화로 행정의 국민에 대한 책임감이 떨어지고, 신분보장이 되지 않아 부정부패가 만연될 수 있

5) Donald E. Klingler & John Nalbandian, *Public Personnel Management: Contexts and Strategies*, 3rd ed.(New York: Prentice-Hall, 1993), 1-3.

다는 단점이 있다.

(2) 실적주의

실적주의(merit system)는 공직에의 임용이 당파성, 정실, 혈연, 지연 등이 아니라 개인의 능력, 자격, 성적을 기준으로 이루어지는 제도를 말한다. 실적주의는 엽관주의의 폐해를 극복하고, 정당정치의 부패에 대한 반발, 그리고 행정의 능률화에 대한 시대적 요청 등으로 발전하게 되었다. 실적주의의 성립은 영국의 1870년 제2차 추밀원령(Order-in-Council)의 개혁운동을 거쳐 1883년 미국의 「펜들턴법(Pendleton Act)」에 의해 확립되었다.

실적주의의 장점은 행정의 능률화에 기여할 수 있으며, 특수이익이 아닌 공익의 대변자로서 공평무사한 행정이 가능하며, 행정의 안정성, 지속성, 전문성의 확보가 이루어지며, 대체로 직업공무원제 확보가 용이하다는 것을 들 수 있다. 단점으로는 실적 적용의 소극화(유능한 인재 채용의 어려움 초래), 집권화(정치적 간섭 배제, 정실 방지 등에 주력하므로 인사행정의 집권화 초래), 비인간화(기술성, 과학적 관리만 강조하여 비인간화 초래), 그리고 형식화(행정의 객관성만 강조하여 형식화 초래)를 들 수 있다.

(3) 절충주의

인사행정의 임용 원칙에 엽관주의와 실적주의가 갖고 있는 장단점을 고려하여 절충의 방법을 채택하는 것이 절충주의이다. 엽관주의가 유능한 인재를 임용하는 데에는 많은 제약이 따르지만, 민주주의의 핵심인 정당정치에서 나타나는 권력의 부침에 따라 주어지는 공직에의 임명은 불가피한 현상이라고 할 수 있다. 임명권자의 가치관과 행정철학이 같은 자를 공직에 임명하는 일은 당연한 인사 행위라고 볼 수 있다. 그러나 철학이나 능력이 무시된 채 충성과 보상 차원에 이루어지는 정실인사(情實人事)는 행정의 효율을 저하시키는 일이기 때문에 사라져야 한다.

반면에 공직에의 임명 원칙을 능력 요인에 둘 경우 업무의 효율성이 나타나고, 인사과정의 공정성이 확보되는 긍정적인 측면이 있다. 그러나 지나치게 능력을 강조하다 보면 실적 위주의 행정이 이루어지거나 전시행정이 될 우려가 있으며, 조직 구성원 간의 실적 차이로 갈등 현상이 심화될 수 있다.

이러한 두 가지 임용 원칙이 가지는 장단점을 고려하여 장점을 받아들이는 임용 원칙을 세우는 일이 대단히 중요하다. 정치인에 대한 주민 통제의 효율화가 전제된다면 엽관주의도 적절하게 활용할 필요가 있으며, 공직에의 임용의 민주성을 확보하여 우수한 능력자를 선발한다는 의미에서 실적주의도 활용할 수 있어야 한다.

따라서 실적주의를 기본 이념으로 하되, 사회변화에 보다 적극적이고 신축적으로 대응하기 위해서는 엽관주의적 요소를 조화시킬 필요가 있다. 실적주의와 엽관주의가 역사적, 제도적으로 대립되어 온 것은 사실이지만, 이 두 이념이 상호 보완관계에 있는 것 또한 사실이기 때문이다.[6)]

3) 교육인사행정의 영역

교육인사행정의 영역은 인사행정에서 다루는 과업이나 인사행정의 주요 과정이라고 할 수 있다. 인사행정의 정의에서 알 수 있듯이, 인사행정의 영역 또한 학자들에 따라 조금씩 다르게 규정하고 있다.

니그로(Nigro)[7)] 등은 모집 및 선발, 배치, 훈련, 평가, 노사관계, 보수, 그리고 사기 등으로 구분하였으며, 모르페(Morphet) 등[8)]은 인력 수급 계획, 모집, 선발, 유인, 평가, 개발, 보상, 인력 서비스, 안전, 노사관계, 조직의 민주성 등으로 구분하였다. 한편, 스탈(Stahl)[9)]은 공공인사행정의 영역으로 인사 배치, 구조, 개발 및 훈련, 보상과 근무조건, 책무성, 단체협약 등을 들었다. 일반 행정이나 공공 행정에서의 인사행정 영역과 유사하게 교육조직에서 다루는 인사행정의 영역을 정리해 보면 다음과 같다.

김종철은 교육인사행정의 주요 영역으로 보충 및 임용, 근무조건, 교육과 훈련, 근무평정, 교직단체의 행정으로 구분하였으며, 서정화 등[10)]은 교원의 신분과 자격, 수요 및 공급, 양성, 연수, 선발과 임용, 근무평정, 승진 및 전보, 전직, 보수와 후생, 근무 부담, 신분보장, 징계, 퇴직제도, 사기, 인간관계, 교직단체, 윤리강령 등 광범위한 영역을 제시하였다. 이상의 학자들이 제시한 영역을 종합해 볼 때, 교육인사행정의 근간을 이루는 3대 영역을 채용, 능력 계발, 사기 앙양으로 분류할 수 있다. 여기서 말하는 3대 영역을 자세히 살펴보면 다음과 같다.

---

6) 윤정일, 송기창, 조동섭, 김병주, 전게서(2002), 285.

7) Fred A. Nigro & Linda G. Nigro, *The New Public Personnel Administration*(Itasca, Illinois: F. E. Peacock Publishers, Inc., 1976), 6-11.

8) Edgar L. Morphet, Roe L. Johns, & Theodore L. Reller, *Educational Organization and Administration*(Englewood Cliffs, New Jersey: Prentice-Hall, 1974), 418.

9) Otto G. Stahl, *Public Personnel Administration*(New York: Harper & Row Publishers, 1983), 3-4.

10) 서정화, 송광용, 신철순, 김만기, 송미섭, 교육인사행정론(서울: 도서출판 하우, 1995), 17.

① **교육직원의 채용**: 교육조직의 목표를 효과적으로 달성하는 데 필요한 유능한 교육직원의 채용, 인력 계획, 모집, 시험, 임용 등이 포함된다.

② **교육직원의 능력 개발**: 현직교육은 물론 근무 성적 평정, 승진 및 전직, 전보 등이 포함된다.

③ **교육직원의 사기 앙양**: 보수 및 근무 환경을 포함하는 물리적 조건과 사회적·심리적 요인 등이 포함된다.

교육인사행정의 주요 영역은 교직에 종사하기를 희망하는 학생들을 수급 계획에 따라 선발하는 일부터 교원의 양성, 채용, 연수, 승진, 전보, 퇴직을 포함하여 근무조건, 복지후생, 사기진작에 이르기까지의 전 과정을 포함하게 된다. 이를 제시하면 [그림 3-1]과 같다.

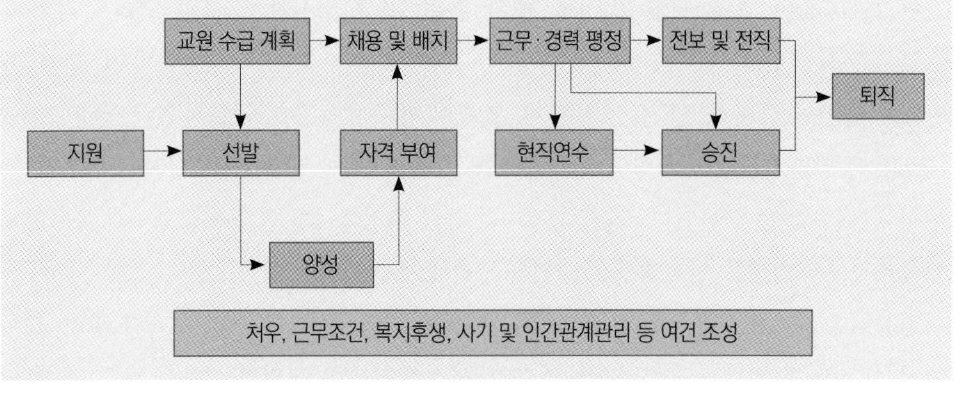

[그림 3-1] 교육인사행정의 주요 영역

출처: 서정화, **교육인사행정**(서울: 세영사, 1989), p. 39.

4) 교육직원의 분류

교육인사행정에서 교육직원은 교원, 교육공무원, 교육전문직원 등의 용어로 사용되고 있다. 광의의 교육직원은 크게 국공립 계통의 교육직원과 사립 계통의 교육직원으로 구성된다. 국공립 계통의 교육직원은 교육공무원(특정직)과 일반직 공무원, 기타(별정직)로 구분된다. 이 중 교육공무원은 국가공무원의 일종으로, 법관 및 검사, 외교관, 군인 등과 같이 경력직의 특정직 공무원에 속한다. 일반적으로 교직원이라고 하면 학교의 교육직원, 즉 교원과 기타 학교직원만을 의미한다. 교육공무원은 교원과 교육전문직으로 나뉜다. 여기서 교원은 각 학교에서 원아 및 학생을 직접 지도 및 교육하는 자를 말한다.

교원, 교육공무원, 그리고 교육전문직에 대해 구체적으로 설명하면 다음과 같다.

① 교원에는 초·중등학교의 교장, 교감, 교사, 대학의 총장, 부총장, 학장, 교수, 부교수, 조교수, 유치원의 원장, 원감, 교사 등이 포함된다.

② 교육공무원은 「국가공무원법」과 「교육공무원법」에 의해 규정된 것이므로 사립학교의 교원은 제외된다. 그러나 사립학교도 공교육기관이므로 사립학교의 교원도 복무, 신분보장, 보수와 그들의 기능 및 자격 등은 「초·중등교육법」과 「교육공무원법」에 준하도록 되어 있다.

③ 교육전문직에는 장학관, 장학사, 교육연구관, 교육연구사 등이 포함된다.

〈표 3-1〉 교육직원의 분류

<table>
<tr><td rowspan="9">교육
직원</td><td rowspan="8">국공립
계통
교육직원</td><td rowspan="5">교육공무원
(특정직)</td><td rowspan="3">교원</td><td>초·중등: 교장, 교감, 교사</td></tr>
<tr><td>대학교: 총장, 부총장, 학장, 교수, 부교수, 조교수, 조교</td></tr>
<tr><td>유치원: 원장, 원감, 교사</td></tr>
<tr><td rowspan="2">교육전문직</td><td>교육감, 교육장</td></tr>
<tr><td>장학관, 장학사
교육연구관, 교육연구사</td></tr>
<tr><td rowspan="2">일반직
공무원</td><td>사무계행정직군
(행정직렬)</td><td>교육행정직류</td></tr>
<tr><td>기술직</td><td>직군, 직렬, 직급으로 세분</td></tr>
<tr><td>기타 별정직</td><td colspan="2">비서관, 비서, 기능직, 고용직</td></tr>
<tr><td colspan="4">사립 계통 교육직원</td></tr>
</table>

2 교원의 양성과 임용

1) 교원 수급 계획

교육인사행정에서 인적자원의 원활한 수급을 위해서는 수요를 예측하고 그에 맞는 공급 계획을 수립하는 것이 중요하다. 이때 교원의 수요를 예측하는 요인으로 교육 내적인 요인과 교육 외적인 요인을 들 수 있다.

교원 수요의 결정 요인은 교육 내적 요인과 외적 요인으로 구분한다. 교육 내적인 수요 요인으로는 취학률, 진급 및 진학률, 학교의 주당 수업 시간, 교원의 주당 수업 시간 및 업무량, 교과목 구성, 교사 대 학생 수, 교원의 법정 정원 충족률, 교원의 이직 및 퇴직률 등을 들 수 있다. 교육 외적인 수요 요인으로는 인구 동향, 출생률, 교육예산, 타 직종의 취업상황 및 봉급 수준, 타 직종의 안정성 등이 있다.

교원 공급의 결정 요인은 교원양성기관의 정원, 교원 자격 제도 및 자격증 소지자 비율, 양성기관의 임용률, 임용시험제도의 변화 등을 들 수 있다.

교원의 수급 계획은 교원 수급의 결정요인을 고려하여 추정하여야 한다. 과학적으로 체계적인 수급 계획을 세웠다고 하더라도 교육정책의 급격한 변동, 교직 선호도의 변화와 같은 의외 변수로 인한 계획의 차질은 예측하기 어려움이 있다.

한편, 김영철[11]은 교원 수급 계획을 세우는 데 고려되어야 할 사항으로 다음과 같은 것을 제시하였다.

① 각급 학교의 학생 수 추정
② 각급 학교의 학급당 학생 수 결정
③ 각급 학교의 학급 수 추정
④ 연도별 증가 학급 수를 계산하고, 증가 학급 수 중 신설 학교로 설립할 학교 수 추정
⑤ 전체 학교 수와 학급 수를 산출하고, 법정 기준에 따라 직위별 교원 수요 산출
⑥ 법정 기준에 의한 교원 수요와 현재 직위별 교원 수를 비교하여 직위별 교원 수의 과부족 수 산출
⑦ 자연증가 학급분 교원과 과부족 교원을 충원하기 위한 재원의 가능성 타진
⑧ 가능한 재원의 한계 내에서 과부족 교원의 공급 교원 수 결정
⑨ 공급 교원 수를 공급원별로 배분
⑩ 교원양성기관의 학생 진급률과 취업률 추정
⑪ 공급 교원 수에 진급률과 취업률을 고려하여 교원양성기관의 학생 수 추정

11) 김영철, “교원 및 시설 추정을 위한 접근 방법”. 지역교육계획(한국교육개발원, 1995), 67-83.

2) 교원 양성 제도

교원이 전문직으로서 그 직무를 수행하는 데에는 고도의 전문적 지식과 기술이 요구되기 때문에 교원이 되기 전에 질 높은 교육을 받아야 한다. 이러한 교원을 양성하는 제도는 흔히 두 가지로 구분한다. 교육대학교나 사범대학과 같이 교사 양성을 목적으로 설립된 교육기관에서만 교사를 양성하게 하는 폐쇄체제와 일정한 조건만 갖추면 많은 교육기관에서의 교사 양성을 인정하고, 재학 중에 법에 규정된 교사자격증 취득 조건을 충족하면 본인의 신청에 의해 교사자격증을 주는 개방체제가 있다.

폐쇄체제를 직접 양성체제라고도 하는데, 이는 전국적 차원에서 교사 양성의 양과 질을 국가가 강력히 통제할 수 있고 교사 수급상의 차질을 방지할 수 있다는 장점이 있다. 그러나 특정 교육기관에만 교사 양성을 인정하는 데에서 오는 폐쇄성과 경직성이 문제가 되고, 전국적으로 교사 양성을 국가가 획일화하는 데에서 오는 비융통성이 문제시된다.

이에 반하여 개방체제는 간접 양성체제라고도 하는데, 폐쇄체제의 경직성과 비융통성을 탈피하여 양성기관의 특수성과 독자성에 따라 폭넓은 교양과 다양한 가치관 및 태도를 갖춘 교사를 양성한다는 다양성과 융통성을 특징으로 한다. 개방체제는 자격증 수여에 대한 국가의 통제를 완화하고 양성기관의 자주성이 존중되는 제도이다. 그러나 교사 양성에 대한 국가적 차원의 계획을 수립할 수 없기 때문에 교사의 수급을 고려치 않고 양성함으로써 상황에 따라 공급 부족, 공급 과잉 현상이 초래되어 심각한 문제를 야기할 수 있는 단점이 있다. 우리나라의 경우 초등교원은 목적 대학으로서 국립 교육대학교와 일반대학교의 특정학과(이화여자대학교와 한국교원대학교 초등교육과)에서 거의 전부를 양성하므로 폐쇄체제라고 하겠고, 중등교원은 국립이나 사립의 사범대학을 포함하여 비사범대학과 교육대학원에서도 폭넓게 양성하고 있는 개방체제적 양성이라고 할 수 있다. 학교급별 교원 양성 제도를 살펴보면 다음과 같다.

(1) 유치원 교사의 양성

조기교육이 강조되고 있는 현실에서 유아교육을 공교육화하려는 논의와 더불어 유치원 교사의 양성도 교사교육의 중요한 영역으로 등장하고 있다.

현재 유치원 교사의 양성은 전문대학의 유아교육과, 대학(교)의 유아교육학과나 아동학과, 교육대학원의 유아교육전공, 기타 각종 학교의 유아교육과에서 이루어지고 있다. 이처럼 유치원 교사 양성은 전문대학 과정에서 대학원 과정에 이르기까지 다양하게 이루어지고 있으나 그 주류는 아직도 3년제 전문대학이다. 그러나 양성기관의 수업 연한의 격차가 심하고, 이에 따른 교육과정 운영의 불균형과 차이에도 불구하고 졸업 후의 취득 자격은 다 같이 2급 정교사라는 동일한 자격을 부여하고 있다. 때문에 교사 자질의 차이가 발생하는 것은 당연하다. 실제로 4년제 학사과정 출신 교사와 2년제 전문대학 출신 교사와 동일한 자격을 받음으로써 4년제 학사과정 출신 교사는 상대적 지위 격하를 당하는 셈이고, 여기서 오는 좌절과 사기 저하도 문제이지만 유치원에서 교사를 채용할 때는 오히려 저학력 교사를 선호하는 경향도 나타난다.

(2) 초등교사의 양성

초등교사는 전형적인 폐쇄체제 또는 직접 양성체제로 유치원이나 중등학교의 교사와는 달리 국립의 11개 교육대학교, 이화여자대학교 그리고 한국교원대학교에서 거의 독점적으로 양성하고 있다.

초등학교 취학 대상인 아동기는 발달단계로 보아 아래에는 유치원, 위로는 중학교와의 연장선상의 중간 시기이기 때문에 저학년은 유치원, 고학년은 중학교와의 상호 불가분의 연계체제를 전제로 초등교사가 양성되어야 한다. 현실적으로 초등학교에 병설 유치원이 확대 및 설치되고 중학교까지 의무교육이 연장되고 있으나, 초등학교와 중학교를 연계 운영하는 초·중 병설학교나 영세 중학교의 경우 과목마다 전담 교사를 배정하지 못하고 있다. 그 지역의 초등학교 교사가 일부 중학교의 교과를 담당하여야 하는 상황들이 실제로 일어나고 있기 때문에 학제상의 변동에 대응할 수 있는 초등교사 양성체제로의 변화가 요구된다. 뿐만 아니라 초등학교 저학년의 교육과정은 유치원과의 연계성을 고려하여 생활 중심 통합교육과정을 운영하고 있고, 고학년은 학문 중심 교육과정의 아이디어를 크게 반영하여 모든 교과를 전담하기에는 과중하기 때문에 중학교와 같은 교과전담제를 도입하고 있는 현시점에서 초등교사 양성체제는 그 적합성을 신중히 고려해 발전적으로 개편해야 할 시점에 있다.

(3) 중등교사의 양성

현재 중등교사의 양성은 개방체제, 즉 간접 양성체제로서 종합대학교 내의 사범대학, 한국교원대학교, 일반대학(비사범대학)의 교직과정과 교육 계열 학과(교육과), 교육대학원 등에서 국립과 사립을 막론하고 다양하게 이루어지고 있다.

교직과정이란 비사범계인 일반대학에서 교육부장관의 승인을 얻어 소정의 교직과목과 전공과목을 이수한 자에게 수여하는 제도이다. 이는 원래 사범대학에서 양성하지 않거나 양성하기 곤란한 과목의 교사를 양성하여 교원의 수급을 원활히 하기 위한 것이었으나 대부분의 대학이 사범대학과 중복되는 학과에 교직과정을 설치하였고, 졸업생의 취업 기회를 확대하는 방편으로 설치하여 사범대학보다 더 많은 교사를 배출함으로써 교원 수급의 원활화라는 원래의 의도와는 다르게 오히려 수급의 불균형을 가져오고 미취업 교사를 대량 생산하고 있다. 이런 문제를 해결하기 위해 주기적으로 교원양성기관을 평가하여 기준에 미달되는 교원양성기관의 정원을 축소하고 있다. 교육대학원 또한 교사 양성 기능을 일부 가지고 있어서 학부 전공 학과와 관련된 전공에서 교직과정을 이수하고 석사학위를 취급하면 2급 정교사 자격을 얻을 수 있다.

이렇듯 중등교사 양성의 문제점으로 지적할 수 있는 것은 중학교와 고등학교의 엄연한 설립 목적과 교육내용의 차이에도 불구하고 중등교사라는 명목으로 동일한 과정으로 동일한 자격의 교사를 양성하고 있다는 사실이다. 초등교사 양성기관이 사범학교에서 2년제 교육대학을 거쳐 4년제로 개편 및 발전되어 왔음에 비하면, 중등교사 양성 기관은 해방 직후의 중·고교 미분화 시의 중등교사 양성 시절이나 마찬가지 형태를 취하고 있는 것은 문제이다. 6·3·3제의 학제에 따라 중등교사와 달리, 고등학교 교육의 질적 향상과 대학 교육과의 연계성 및 중학교 교육과정과의 차등에 알맞은 양성체제를 모색해야 할 시기에 이르렀다고 본다. 이에 대학원 수준에서 중등교사를 양성하거나 중등교사와 고등학교 교사의 자격증을 구분하여 고등학교 교사만이라도 대학원 수준에서 양성해야 한다는 개혁 논의가 일고 있다.

(4) 특수교사의 양성

전체 국민의 생활수준 향상과 의식의 고도화에 따라 특수교육 대상아에 대한 교육이 점차 보편화되고 있다. 그리하여 초등 과정만 개설하던 특수학교에 유치부, 중학부, 고등부, 그리고 직업교육을 위한 2년의 전공과까지 병설하는 경향이 대부분이며, 공립과 사립을 불문하고 이들에게 무상으로 교육을 실시하고 있다. 또한 초등과 중등의 일반 학교에도 특수학급을 병설하고 있고, 이는 더욱 확대될 전망이다.

현대 특수교육의 동향은 특수교육 대상아의 열등의식과 차등 의식을 불식하고 일반 아동과 더불어 공동체의 일원으로서 사회생활을 영위할 수 있도록 하기 위하여 정규학교의 정상아와 같은 반에서 교육을 받도록 하는 통합교육의 방향으로 나아가고 있다.

특수교사의 양성은 4년제 대학의 특수교육학과에서 주로 하고 있다. 일부 교육대학원의 특수교육 전공 분야에서도 특수교사가 양성되고 있다. 특수학교와 학급 규모의 영세성으로 인해 특수학교는 유치부와 초등부, 초등부와 중학부 또는 고등부, 또는 유치부에서 고등부에 이르기까지를 연계형으로 병설하여 운영하고 있고, 특수학급에도 특수교사가 배치되므로 현재의 특수교사 양성체제의 개혁이 검토되고 있다.

(5) 기타 교사의 양성

기타의 교사로서는 전문상담교사, 사서교사, 보건교사, 영양교사 등이 있다.

전문상담교사는 2급 정교사 자격증을 가진 자로서 3년 이상의 교육경력이 있는 자가 교육대학원 또는 대학원에서 양성되어 왔으며, 한때는 대학교에 설치된 전문상담교사 양성 과정을 통해 현직 교사에게 별도의 상담교사 자격증을 부여하기도 하였으나 지금은 그 과정이 모두 폐지되었다. 일반적으로는 대학교의 상담 관련 학과에서도 교직과정을 통해 상담교사 자격증을 취득하고 있다.

사서교사는 대학의 문헌정보학과와 도서관학과에서 교직과정을 통해 사서교사 자격증을 취득하고 있다. 이외에 교육대학원이나 교육부장관이 지정하는 대학원의 사서교육 전공 등에서도 양성한다.

보건교사는 대학 또는 전문대학의 간호학과에서 양성하고 있으며, 졸업자로서 재학 중 소정의 교직 학점을 취득하고 간호사 면허증을 가진 자에게 자격을 주고 있다.

영양교사는 대학 혹은 산업대학의 식품학 또는 영양학 관련학과 졸업자로서 재학 중 소정의 교직 학점을 취득하고 영양사 면허증을 가진 자에게 자격을 준다. 영양교사제도 도입을 위한 「초·중등교육법」 및 「학교급식법」 개정 법률안이 2003년 7월 25일자로 공포됨에 따라 각급 학교에 영양교사를 배치하도록 하고 있다.

3) 교원 자격제도

모든 교육에서 가장 중요시되는 것은 교원이다. 교원이야말로 교육활동의 심장이라고 할 수 있다. 흔히 한 나라의 교육수준은 그 나라의 교원의 질에 달려 있고, 그것을 넘어설 수 없다고 한다. 그러므로 교원의 자질과 자격은 교육에서 가장 중요시되는 원초적 문제라고 할 것이다.

우리나라의 현행 자격제도는 일정한 자격 기준을 설정하여 그 기준에 합당하면 교원으로 임명하는 경우와 일정한 자격증을 취득한 자만을 임용하는 경우로 대별되는데, 전자는 교육전문직과 조교, 조교수, 부교수, 교수 및 총(학)장 등 고등교육기관의 교원에 적용되고, 후자는 유치원, 초등학교, 중등학교의 교원에게 적용된다. 현재 교원 자격은 학교급별에 따라 약간 차이는 있지만 초·중등학교의 경우 대개, 2급 정교사, 1급 정교사, 교감, 교장, 사서교사, 전문상담교사, 보건교사, 특수교사 등으로 구분되어 있는데, 최근에는 영양교사도 등장하게 되었다. 이를 학교급별로 정리하면 〈표 3-2〉와 같다.

교원의 종별과 자격에 관한 것은「초·중등교육법」제19조와 제21조 [별표 1] [별표 2]에 규정되어 있다. 자격증의 취득 방법은 크게 무시험검정과 시험검정의 두 가지로 대별된다.

무시험검정은 교육대학과 사범대학 졸업자, 비사범대학 교직과정 이수자 등이 소정의 절차를 밟아 신청하면 자격증을 발급하는 제도이다. 또한 하위 자격증을 가지고 소정의 연수를 받으면 상급 자격증을 취득할 수 있다.

시험검정은 교사 자격의 종별에 따라, 교원 수급 계획상 필요에 따라 시행하되, 시험과목은 취득하고자 하는 자격에 상응하는 과목의 학력고사를 실시하여 합격한 자를 대상으로 실기고사와 구술고사를 실시토록 되어 있다.

〈표 3-2〉 각급 학교 교원의 종별

<table>
<tr><th>유치원</th><th>초등학교</th><th>중등학교</th><th>특수학교</th><th>대학교</th></tr>
<tr><td>원장</td><td>교장</td><td>교장</td><td>교장</td><td>정교수</td></tr>
<tr><td>원감</td><td>교감</td><td>교감</td><td>교감</td><td>부교수</td></tr>
<tr><td rowspan="3">1급 정교사
2급 정교사</td><td rowspan="3">1급 정교사
2급 정교사</td><td rowspan="3">1급 정교사
2급 정교사</td><td rowspan="3">1급 정교사
2급 정교사</td><td>조교수 2</td></tr>
<tr><td>조교수 1</td></tr>
<tr><td>(조교)</td></tr>
<tr><td></td><td colspan="3">전문상담교사</td><td rowspan="4"></td></tr>
<tr><td colspan="4">보건교사</td></tr>
<tr><td colspan="4">사서교사</td></tr>
<tr><td colspan="4">영양교사</td></tr>
</table>

4) 교사의 선발

교사는 교육의 질을 결정하는 중요한 변인이다. 그러나 아무리 좋은 교육 내용과 방법이 있다고 하더라도 교사의 질이 낮다거나, 교사의 질이 높다고 하더라도 교육활동이나 교육 행위에 투철한 사명감과 학생에 대한 관심과 사랑이 부족하여 교육자적 역량이 충분히 발휘되지 않는다면 학교교육이 추구하고자 하는 본래의 목적을 달성하기 어렵다.

그동안 우리나라에서는 교사의 선발과 임명에 국공립 대학의 사범대학 졸업자와 사립 대학 사범대학 졸업자에 대하여 차별을 두어 왔으나 1990년 10월 8일 헌법재판소의 판결에 따라 1994년 1월부터 교원자격증을 취득한 모두를 대상으로 공개 경쟁시험을 통하여 선발하게 되었다.

선발의 과정을 살펴보면, ① 모집 → ② 지원자의 접수 및 검토 → ③ 선발시험 → ④

〈표 3-3〉 현행 중등교사 임용시험 체제

<table>
<tr><th colspan="2">구분</th><th>2013년 9월 이후 시행</th></tr>
<tr><td rowspan="5">선행 조건</td><td>한국사능력 검정시험 인증서</td><td>▸ 한국사능력 검정시험(3급 이상) 인증서 제출('13. 9.1. 이후 시험부터 적용)</td></tr>
<tr><td>대학 교직 과목 이수 기준 강화</td><td>▸ 대학 교직과목 이수 기준 강화('13학년도 입학생부터 적용)
• 전공과목의 경우, 졸업평점 환산점수 100분의 75 이상
• 교직과목의 경우, 졸업평점 환산점수 100분의 80 이상</td></tr>
<tr><td>교원 양성 기간 중 교직적성·인성 검사 의무 실시</td><td>▸ (양성 및 자격 부여) 필수적으로 '교직적성·인성검사' 실시 의무 및 결과 반영
• 재학 중 2회(1~2/3~4학년) 이상 실시</td></tr>
<tr><td>응급처치 및 심폐소생술 실습</td><td>▸ 교원양성기관의 장이 실시한 응급처치 및 심폐소생술 실습 (2016년 3월 1일 시행)
• 재학 중 2회 이상 실습</td></tr>
<tr><td>성인지교육</td><td>▸ 사범대학 4회 이상, 교직과정 / 교육대학원 2회 이상('21 입학자부터 적용)</td></tr>
<tr><td colspan="2">전형</td><td>▸ 2단계 전형
〈초등〉'12학년도부터 시행
• 1차: 교직(논술), 교육과정(서답형)
• 2차: 수업실연, 심층면접 등
※ 유치원 및 초등 특수 포함
〈중등〉'13학년도부터 시행
• 1차: 교육학(논술), 전공(서답형)
• 2차: 수업실연, 심층면접 등
※ 비교과 및 중등 특수 포함
▸ 교직 적성 심층면접 강화·학생 이해 및 학교폭력 등 다양한 교실 상황에 대한 문제해결 중심 평가</td></tr>
</table>

면접 → ⑤ 신체검사 → ⑥ 경력 및 신원 조회 → ⑦ 채용의 결정 → ⑧ 배치의 순서이다.

선발시험의 기본 원칙은 정확한 직무분석에 기초해야 하고, 신뢰도와 타당도가 높아야 하며, 선발 방법상 대체적 역할이 아닌 보조적 역할을 하는 것이어야 한다. 또한 시험을 통한 선발의 경우 제1차 시험과 제2차 시험으로 나누어 실시한다. 사립학교 교사의 선발에서는 신규임용의 경우 사학의 자율성을 보장한다는 측면에서 그 임용 권한을 학교 경영자에게 부여한다. 그러나 최근에는 공정성을 확보하기 위해 국가에서 실시하는 임용시험을 통해 사립학교 교사를 선발하기도 한다. 2012학년도부터 시행된 교원임용시험 체제를 살펴보면 〈표 3-3〉과 같다.

3 교원의 능력 개발

1) 현직연수

(1) 현직연수의 개념 및 의의

교원의 현직연수는 교원들이 교직에 종사하면서 직업적 성장을 위하여 자율적으로 또는 의무적으로 하는 교육 및 제반 활동을 말한다. 또한 교직은 전문적인 지식과 기술을 습득하기 위한 장기적이고 계속적인 교육과 연찬이 필요하고, 엄격한 자격 기준이 요구될 뿐만 아니라, 교육 공급자인 교원들의 권익보다 수요자인 학생들의 권익이 우선하는 사회 공공적 및 윤리적 책임이 수반되는 직종이다. 따라서 전문직 종사자로서의 교원은 전 교직 기간을 통해 계속 교육 차원에서 전문성을 유지 및 발전시킬 필요가 있다.

1966년 유네스코와 세계노동기구에서는 세계 각국의 교원의 지위에 관하여 일련의 공통적인 기준과 척도를 설정하기 위한 목적으로 '교원의 지위에 관한 권고'를 선포하였다. 이러한 권고의 기본으로 제6항에 교직은 전문직으로 간주되어야 한다(teaching should be regarded as profession)고 규정하고 있다. 또한 제44항에 교원의 승진은 엄밀한 전문직적 기준에 비추어 새로운 직위에 대한 교원의 자격을 객관적으로 평가한 결과에 근거를 두어야 한다고 규정하여 전문직적 기준을 강조하고 있다.

교원연수의 개념은 현직교육(in-service education), 현직 교육·훈련(in-service education and training of teachers), 교직원 개발(staff development), 전문적 개발(professional development), 교원 계속교육(continuing education) 등의 여러 용어로 사용되고 있다. 현

직연수에 대한 협의의 개념으로는 '특정한 교육 프로그램의 수행이나 임용과 직접적으로 관련하여 제공되는 공식적인 교육 및 훈련'을 의미한다. 광의의 개념으로는 '교직 생활 전 기간 중에 다양한 형태로 제공되는 모든 교육 및 훈련'을 의미한다.

(2) 현직연수의 유형

교원 현직연수의 유형은 교원연수의 목적, 대상, 성격, 실시 주체 등에 따라 다양하게 유형화된다. OECD(1982)에서는 현직연수의 목적을 기준으로 하여 교직원 전체 또는 일부의 직무 능력 개선을 위한 연수, 교사 개인의 전문적 지식 및 이해의 증진을 위한 연수, 교사의 개인적 욕구 충족을 위한 연수 등으로 구분하여 다섯 가지 유형을 제시하였다.

우리나라의 현직연수는 교원 및 교육전문직을 대상으로 다양하게 운영되고 있으며, 주관하는 주체에 따라 기관 중심(center-based), 학교 중심(school-based), 그리고 개인 중심(individual-based) 연수로 구분할 수 있다. 또한 교원들이 받는 연수 성격에 따라 자격연수, 직무연수, 특별연수 등의 다양한 유형으로 구분할 수 있다.

현직교육의 유형을 기초로 하여 현재 시행되고 있는 현직연수를 유형화하면 〈표 3-4〉와 같다.

〈표 3-4〉 현직연수의 유형

종류 / 형태	기관 중심 연수	학교 중심 연수	개인 중심 연수
자격연수	○		
직무연수	○		
특별연수	○		
자체연수		○	
자율연수			○

각급 교원 연수기관에서 실시하는 교원 현직연수의 종류로는 자격연수, 직무연수, 특별연수, 자체연수 그리고 자율연수로 구분된다.

① 자격연수

1, 2급 정교사, 교감, 교장 등 상위 자격 취득을 위한 연수와 상담교사, 사서교사와 같은 특수자격을 취득하기 위한 연수가 있다. 자격연수는 다른 연수에 비해 경비와 시간이

많이 소요될 뿐만 아니라 상위의 연수 기간은 30일 이상으로 하되, 그 이수 기간은 180시간 이상이어야 한다. 유치원 교사나 특수학교 교사에게도 자격연수가 적용되며, 자격연수의 기간은 15일 이상, 90시간 이상(단, 교장 및 원장의 자격연수는 25일 이상 180시간 이상)으로 한다.

② 직무연수

직무연수는 교육의 이론, 방법 및 직무수행과 직장 적응에 필요한 능력과 자질 배양을 위한 연수를 말한다. 직무연수의 연수 과정을 직무수행 능력의 향상을 위하여 교육부장관이 필요하다고 인정하는 자, 교육과정의 개편 및 개정에 따른 연수, 교육정보화 연수, 또는「교육공무원법」제45조 제3항의 규정에 의하여 장기 휴직 후 복직을 위한 연수 등이 그 예이다. 직무연수의 연수 기간은 당해 연수원장이 정한다.

③ 특별연수

특별연수는 국가 또는 지방자치단체가 계획을 수립하여 교육공무원을 국내외의 교육기관 또는 연구기관에서 일정 기간 동안 연수를 받게 하는 것을 의미한다. 교원을 대상으로 한 국외연수가 그 대표적인 예이다.

④ 자율연수

교원 스스로 전문적 지식을 습득하기 위해 교육을 받는 것을 의미한다. 학교 내에서 또는 학교 간에 자율적으로 실시하는 자율연수로 구분할 수 있다. 자율연수는 강의, 연구 발표, 그리고 협의회 등으로 구성되는 자체연수와 수업 개선을 위한 수업연구로 나누어진다. 자체연수는 일반적 교육 발전을 위한 자체연수와 교과 수업 발전을 위한 교과 협의회로 구분된다. 대학이나 교육대학원에 등록하여 다닌다거나 개인 연구를 수행하는 것 등을 예로 들 수 있다.

2) 승진 및 근무성적평정

(1) 승진의 개념과 의의

승진이란 한 조직체 내에서 특정한 구성원이 책임과 권한의 증가, 위신의 증대, 직무수행에 소요되는 기능의 증대, 임금의 증가 내지 근무조건의 개선이 따르는 새로운 직무에 수직으로 이동되는 것을 의미한다.

「교육공무원법」 제13조에 "교육공무원의 승진임용은 같은 종류의 직무에 종사하는 바로 아래 직급의 사람 중에서 대통령령으로 정하는 바에 따라 경력평정, 재교육성적, 근무성적, 그 밖에 실제 증명되는 능력에 의하여 한다"라고 규정하고 있다. 따라서 교원의 승진은 교사가 교감으로, 교감이 교장으로, 그리고 교육전문직의 승진은 교육연구사나 장학사가 교육연구관이나 장학관으로 임용되는 경우를 말한다.

우리나라는 종합적인 평가에 의한 승진제도를 채택하고 있는데, 인사행정에 있어서 승진제도가 지니는 의의는 첫째, 보상 수단, 즉 욕구 충족 수단이 된다. 둘째, 조직 충원 수단, 즉 조직의 목표 달성을 위한 효율적 수단이다. 셋째, 능력 개발의 수단이 된다고 할 수 있다.

(2) 교원 승진의 기준

일반적으로 교원 승진은 경력(seniority)과 실적(merit)을 기준으로 교육공무원 승진 규정과 기타 관계법규에 의거하여 이루어지고 있다. 경력에는 학력, 근무연한, 경험 등이 포함되며, 실적에는 근무 성적, 연수 성적, 승진 시험 등이 포함된다. 즉, 경력평정, 근무성적 평정, 연수성적평정, 가산점 등을 포함하여 승진 후보자 명부를 작성하고, 이에 등재된 순위에 의거하여 승진이 이루어지도록 되어 있다. 「교육공무원 승진규정」의 일부개정(대통령령 제33528호, 2023. 6. 13.)이 공포됨에 따라 변화된 내용을 살펴보면 다음과 같다.

① 경력평정

경력평정은 매년 12월 31일을 기준으로 하여 정기적으로 실시한다. 다만 신규채용·승진, 전직 또는 강임된 자가 있거나 상위 자격을 취득한 자가 있는 때에는 그때부터 2개월 이내에 정기평정일 현재를 기준으로 한다. 경력은 기본경력(15년)과 초과경력(5년)으로 나눈다. 경력평정 기간은 20년이다.

기본경력 및 초과경력의 등급별 평정점은 〈표 3-5〉와 같다. 경력평정점을 계산함에 있어서 소수점 이하는 넷째 자리에서 반올림하여 셋째 자리까지 계산한다. 그러나 경력평정의 평정 기간 중에 휴직 기간·직무해제 기간 또는 정직 기간이 있는 경우 그 기간은 평정에서 제외한다.

〈표 3-5〉 경력의 등급별 평정점

구분	등급	평점만점	근무기간 1월에 대한 평정점	근무기간 1일에 대한 평정점
기본경력	가경력	64.00	0.3555	0.0118
	나경력	60.00	0.3333	0.0111
	다경력	56.00	0.3111	0.0103
초과경력	가경력	6.00	0.1000	0.0033
	나경력	5.00	0.0833	0.0027
	다경력	4.00	0.0666	0.0022

비고: 교육공무원의 경력이 기본경력 15년, 초과경력 5년인 경우에는 그 경력평정 점수는 각각 평정만점으로 평정한다.
출처: 「교육공무원 승진규정」[별표 2].

② 근무성적평정

오늘날 근무성적평정(performance evaluation or appraisal, merit rating)은 인사행정의 중요한 영역 중의 하나로서 조직 구성원들에 대한 의사결정 판단의 수단으로 평가받고 있다. 즉, 조직 구성원의 능력, 태도 및 근무하고 있는 조직체에의 가치를 판정하고 기록하는 활동으로서, 이는 조직 구성원의 과거 및 현재에 있어서의 성취를 그의 환경에 비추어 평가하고 조직을 위한 장래의 잠재력을 판정하는 활동으로 볼 수 있다.

교사 근무성적평정이란 교장과 교감이 교사의 자질과 태도, 근무 실적을 체계적으로 평가하여 인사행정상의 모든 문제를 공정하게 처리하는 데 공정한 자료로 쓰일 뿐만 아니라 교수 또는 학습의 향상을 도모하는 작용으로 볼 수 있다.

현행 우리나라의 교원 근무성적평정은 교사에 대하여는 매년 12월 31일을 기준으로 하여 해당 교사의 근무실적·근무수행능력 및 근무수행태도에 관하여 근무성적평정과 다면평가를 정기적으로 실시하고, 각각의 결과를 합산한다. 다면평가자는 근무성적의 확인자가 구성하되, 평가대상자의 근무실적·근무수행능력 및 근무수행태도를 잘 아는 동료 교사 중에서 3인 이상으로 구성한다. 이 경우 다면평가자 구성에 관한 기준 및 절차 등에 관하여 필요한 사항은 승진후보자명부작성권자가 정한다. 근무성적평정과 다면평가 결과의 합산은 근무성적의 평정자와 확인자가 행한다.

교사가 승진후보자명부 작성단위를 달리하는 기관으로 전보된 때에는 그 교사의 근무성적평정표와 다면평가표, 근무성적평정 및 다면평가 합산표를 지체 없이 그 기관에 이관하여야 한다. 교사 근무성적평정의 요소별 배점을 보면 자질 및 태도에서 교육자로서의 품성 10점, 공직자로서의 자세 10점, 근무 실적 및 근무수행능력에서 학습지도 40점, 생활지도 20점, 교육연구 및 담당 업무 20점으로 되어 있다.

2007년 개정된 승진규정의 주 내용은 근무성적평정점(교사의 경우에는 근무성적평정 및 다면평가 합산점)을 현행 80점에서 100점 만점으로 상향조정하고, 근무성적평정점의 산정기간을 교감, 장학사 및 교육연구사의 경우에는 3년으로, 교사의 경우에는 10년으로 확대하며, 평정대상자가 요구하는 경우 최종 근무성적평정점을 본인에게 공개하도록 하였다. 또한 교사에 한해 동료교사에 의한 다면평가를 실시하고, 다면평가의 결과를 근무성적평정점과 합산하여 승진후보자명부에 반영하도록 한 것이다.

③ 연수성적평정

연수성적평점은 교육성적평정과 연구실적평정으로 나눈다. 교육성적평정은 직무연수성적과 자격연수성적(당해 직위 또는 가경력으로 평정되는 직위에서 방송통신대학 초등교육과를 졸업하고 교사자격기준에 따라 교육대학원 또는 교육부장관이 지정하는 대학원 교육과에서 석사학위를 받고 교사자격기준에 따라 상위자격을 취득한 경우에는 그 성적을 말한다.)으로 나누어 평정한 후 이를 합산한 성적으로 한다. 직무연수성적의 평정은「교원 등의 연수에 관한 규정」에 의한 연수기관 또는 교육부장관이 지정한 연수기관에서 10년 이내에 이수한 60시간 이상의 직무연수성적을 환산한 직무연수환산실적 및 직무연수이수실적(교장·장학관·교육연구관승진후보자명부작성대상자는 제외한다.)을 대상으로 평정한다.

〈표 3-6〉 직무연수성적 환산점

직무연수성적	직무연수환산성적
95점 초과	100점
90점 초과 ~ 95점 이하	95점
85점 초과 ~ 90점 이하	90점
85점 이하	85점

출처:「교육공무원 승진규정」 제33조 제1항.

한편, 연구실적평정은 연구대회입상실적과 학위취득실적으로 나누어 평정한 후 이를 합산한 성적으로 한다. 연구대회입상실적평정은 해당 직위에서 국가·공공기관 또는 공공단체가 개최하는 교육에 관한 연구대회로서 교육부장관이 인정하는 전국 규모의 연구대회에서 입상한 연구실적과 특별시·광역시·특별자치시 또는 특별자치도의 교육청·지방공공기관 및 공공단체 등이 개최하는 교육에 관한 연구대회로서 시·도 교육감이 인정하는 시·도 규모의 연구대회에서 입상한 연구실적에 해당하는 실적만을 대상으로 한다. 다만 교육공무원이 전직된 경우에는 전직 이전의 직위 중의 입상실적(교육전문직원 경력이 있는 교감의 입상실적은 교감자격증을 받은 후의 연구실적에 한하며, 교육전문직원은 교감·장학사 및 교육연구사의 직위에서 입상한 실적에 한한다)을 포함하여 평정한다.

그리고 연구대회 입상실적이 2인 공동작인 경우에는 각각 입상실적의 7할로 평정하고, 3인 공동작인 경우에는 각각 그 입상실적의 5할로 평정하며, 4인 이상 공동작인 경우에는 그 입상실적의 3할로 평정한다. 연구실적평정점은 3점을 초과할 수 없도록 하였다. 연구대회 입상실적 평정표는 〈표 3-7〉과 같다.

〈표 3-7〉 연구대회 입상실적 평정표

입상등급	전국 규모 연구대회	시·도 규모 연구대회
1등급	1.50점	1.00점
2등급	1.25점	0.75점
3등급	1.00점	0.50점

출처: 「교육공무원 승진규정」 제37조 제2항.

학위취득실적평정은 교육공무원이 해당 직위에서 석사 또는 박사학위를 취득한 경우에는 그 취득학위 중 하나를 평정대상으로 하고, 교육공무원이 전직된 경우에는 전직 이전의 직위 중의 학위취득 실적을 포함하여 평정한다. 그리고 교육전문직원 경력이 있는 교감의 학위취득실적은 교감자격증을 받은 후의 학위취득실적에 한하고, 교육전문직원은 교감·장학사 및 교육연구사 직위에서의 학위취득실적에 한한다. 석사 및 박사학위 취득실적은 〈표 3-8〉과 같다.

〈표 3-8〉 석사 및 박사학위 취득실적

구 분	직무와 관련 있는 학위	그 밖의 학위
박 사	3점	1.5점
석 사	1.5점	1점

출처: 「교육공무원 승진규정」 제37조 제3항.

개정된 승진규정의 특징을 보면 직무연수성적 평점점의 경우 직무연수성적을 등급별로 환산한 환산점수를 반영하고, 연구실적평정점의 경우 총점을 그대로 유지하되 연구대회의 입상등급별 평정점과 석·박사학위의 취득실적 평정점을 각각 상향조정하여 1, 2개의 실적만으로도 총점을 획득할 수 있도록 하였다.

④ 가산점

가산점 평정에 있어서 동일한 평정 기간 중의 평정 대상 경력이 중복될 경우에는 그 중 유리한 경력 하나만을 평정한다. 가산점의 평정 경력 기간은 월수를 단위로 계산하되, 1개월 미만은 일 단위로 계산한다. 가산점은 공통가산점과 선택가산점으로 구분한다. 가산점의 평정은 매년 12월 31일을 기준으로 실시하거나 명부조정 시기에 실시한다. 선택가산점은 다음 각 호의 어느 하나에 해당하는 사유가 있는 자에게 명부작성권자

〈표 3-9〉 가산점 평정 규정

<table>
<tr><th>구 분</th><th colspan="2">주요 내용</th><th>상한점</th><th>비 고</th></tr>
<tr><td rowspan="4">공통
가산점</td><td colspan="2">교육부장관 지정 연구학교(시범·실험학교 포함) 근무 경력
-월 0.021점(1개월 미만인 경우에는 일 0.0007점)</td><td>1.25점</td><td rowspan="21">세부 내용이나
추가 가산점 산정
내용은 중등교원
인사 업무처리
요령 참고</td></tr>
<tr><td colspan="2">재외국민 교육기관 파견 경력
-월 0.021점(1개월 미만인 경우에는 일 0.0007점)</td><td>0.75점</td></tr>
<tr><td colspan="2">학점으로 기록 및 관리되는 직무연수 이수 실적
-1학점당 0.02점(명부작성권자가 0.12점의 범위 안에서 연도별 상한점을 정함)</td><td>1점</td></tr>
<tr><td colspan="2">학교폭력의 예방 및 해결 등의 기여 교원</td><td>1점</td></tr>
<tr><td rowspan="17">선택
가산점</td><td colspan="2">보직교사 근무 경력</td><td rowspan="17">10점</td></tr>
<tr><td colspan="2">장학사·교육연구사 근무 경력</td></tr>
<tr><td colspan="2">도서·벽지 학교 근무 경력</td></tr>
<tr><td colspan="2">농어촌학교 근무 경력</td></tr>
<tr><td colspan="2">중·고등학교 담임교사 근무 경력</td></tr>
<tr><td colspan="2">국립학교 담임교사</td></tr>
<tr><td colspan="2">한센병환자 자녀학교(급) 근무 경력</td></tr>
<tr><td colspan="2">특수학교 근무 경력</td></tr>
<tr><td rowspan="2">특수학급
근무
경력</td><td>1994. 9. 21. 이전
(1994. 9. 22. 현재 담당은 1995. 2. 28.까지)</td></tr>
<tr><td>1995. 3. 1. 이후 담당
(1994. 9. 22. 이후 중간 담당 포함)</td></tr>
<tr><td colspan="2">도지정 연구·시범실험학교 근무 경력</td></tr>
<tr><td colspan="2">도지정 연구·시범실험학교 근무 경력(2022. 4. 1.부터 변경, 개정된 가산점 산정 기준에 따라 평정점을 재산정)</td></tr>
<tr><td colspan="2">국가기술자격증 소지자</td></tr>
<tr><td colspan="2">교육실습협력학교 유공교원</td></tr>
<tr><td colspan="2">청소년단체 지도교사</td></tr>
<tr><td colspan="2">마이스터고 근무 경력</td></tr>
<tr><td colspan="2">신설 및 전환 학교 근무 경력</td></tr>
</table>

가 항목 및 점수의 기준을 정하여 산정할 수 있다. 이 경우 선택가산점의 총합계는 10점을 초과할 수 없고, 그 기준은 평정기간이 시작되기 6개월 전에 공개하여야 한다. 「교육공무원 승진규정」중 가산점 평정 내역은 〈표 3-9〉와 같다.

3) 전직과 전보

전직과 전보는 조직 구성원들의 능력 개발을 유도하고 조직체의 목표를 효율적으로 달성하기 위하여 직위의 위치를 변경시키는 인사이동을 말한다. 인사이동에는 승진과 같은 수직적 이동과 직무 순환의 의미를 가지는 전직과 전보와 같은 수평적 이동이 있다.

(1) 전직

전직이란 종별과 자격을 달리하는, 즉 직급은 동일하나 직렬이 달라지는 인사이동이다. 예를 들면, 교원이 장학사(관), 교육연구사(관), 기타 행정직 등으로 이동하거나 또는 이 반대의 경우를 말하며, 초등교원과 중등교원 간의 상호 교류가 이에 해당된다.

(2) 전보

「교육공무원법」 제2조 제9항에 의하면, 전보란 '교육공무원을 같은 직위 및 자격에서 근무기관이나 부서를 달리하여 임용하는 것'을 말한다. 이는 임명된 이후의 인사이동 중 동일직 계열 안에서 현 직위를 유지하면서 그 근무지만을 변경하는 동일 직위 내에서의 수평적 이동을 의미한다. 예컨대, 교장, 교감, 교사가 근무 학교를 이동하거나 장학관이나 장학사가 교육행정기관을 달리하여 이동하는 것을 말한다. 특히, 교원의 경우 지역별, 학교급별에 따라 일정 기간 근무하면서 정기적으로 근무지를 이동하는 순환 근무제가 여기에 해당된다.

조직의 입장에서 보면 전보는 부서 간의 인원수, 필요의 변동이나 조직 기능의 변화로 인한 자격 요건의 변화에 대응하기 위하여 부서의 기능과 업무의 양에 적절한 사람을 배속 및 배치시켜 조직의 목적 달성을 높이는 데 있다. 그리고 개인의 측면에서 볼 때 직무에 대한 구성원 개인의 흥미 변동, 주거지의 변동, 동료와의 인간관계 변화 등을 배려하여 줌으로써 생활 안정과 직무만족을 도모해 주는 기능을 한다고 할 수 있다.[12]

12) 서정화, 교육인사행정(서울: 세영사, 1994), 254-255.

이상에서 살펴본 전직과 전보는 관리자의 능력개발, 동기부여, 적재적소의 인사관리, 승진 이전의 교육훈련, 조직의 효율성 증대, 장기보직으로 인한 부정 예방, 부서 간의 인력 조정, 업무쇄신의 계기가 된다는 등의 장점이 있다. 그러나 현행 전직과 전보의 문제점으로 순환근무제가 너무 기계적으로 실시되고 있다는 점과 전직이 승진의 수단으로 이용되고 있다는 점, 전직 임용의 기준이 모호하다는 점, 교육전문직의 전문성이 부족하다는 점 등을 들고 있다.

4 교원의 근무조건

1) 교원의 권리와 의무

교원은 자신의 복무에 관하여 일정한 권리와 의무를 가진다. 개인적인 권익 옹호를 위한 권리로는 신분보장, 쟁송제기권, 불체포특권, 교직단체활동권이 있으며, 의무로는 적극적으로 행해야 하는 적극적 의무와 행해서는 안 되는 소극적 의무가 있다.

(1) 교원의 권리

교육권이라는 말은 매우 다양한 의미로 사용된다. 국민의 기본권으로서의 교육받을 권리, 친권자인 부모가 미성년인 자녀들을 학교에 보내고 공부하게 할 수 있는 권리, 그리고 교사가 자신의 전문적 소신과 자율성에 근거하여 아동 또는 학생을 가르칠 수 있는 권리는 모두 '교육권'이라는 이름으로 불린다. 이 중에서 교사들의 권리에 대해서는 '교권'이라는 용어도 쓰이지만, '교권'은 교육에 대한 권리로서의 의미보다는 국가나 지방자치단체 그리고 학부모 등 외부로부터의 관여에 대립하는 방어적 개념으로서의 뉘앙스가 강하다. 또한 이 단어는 '교사의 권리'라는 의미보다는 '교사의 권위나 위엄'이라는 의미로 쓰이는 경우가 많다.

그렇다면 교사의 교육권은 어디에서 유래한 것일까? 법적으로 미성년자를 양육하고 교육시키는 권리는 일차적으로 그 친권자인 학부모에게 있다. 학부모는 자녀들에 대한 교육의 권한을 공교육의 주체인 국가에게 포괄적으로 신탁하게 되는데, 국가는 학교설립, 교육행정구역 설정 등 교육기반을 확립한 다음, 실정법상의 자격증 제도와 교사 채용 등의 제도를 통해 이를 다시 직접 교육활동을 수행하는 교사에게 신탁 및 위임하게 된다. 따라서 교사가 아동 또는 학생을 가르치는 권리는 학부모들로부터 국가를 통해 간접적으로 위탁받은 것이다. 이러한 교사의 교육권은 구체적으로 학교교육 과정에 있어서 교재의 채택 및 선정권, 교육방법의 결정권, 평가의 권한, 징계권 등으로 나타나게 된다.[13)]

교사가 그들에게 부여된 책임을 다하고자 할 때 가장 중요한 조건 중의 하나는 교권이 확립되어 있어야 한다는 것이다. 교사가 권위와 권리를 인정받지 못할 때 제대로 된 교육이 행해질 수 없다는 것은 너무나 자명한 일이다. 의사의 권위가 환자에게 인정받지 못할 때 병환의 치료가 가능하지 못한 것처럼, 교사의 권위를 학생과 학부모에게서 인정받지 못할 때 교육의 영향이 효과를 제대로 발휘하기 어렵게 된다. 이 점은 특히 지식의 교육보다도 인간교육에서 그러하다.[14)]

교사가 갖고 있는 권리는 크게 두 가지로 구분할 수 있다.[15)]

① 적극적 권리

- 교육자유권

교사가 아동 또는 학생을 교육할 권리는 자연법상으로는 학부모가 교사에게 자녀 교육을 믿고 맡긴 것에 의한 것이고, 실정법상으로는 국가에 의한 교원자격증 제도와 법률에 정한 방법에 의한 채용 등으로 되는 것이다. 교사의 교육권은 교사라고 하는 법적인 지위에서 하는 기능이므로 직무상 법으로 정한 권한이며. 교사 개인의 자유권은 아니다. 학생의 교육을 담당할 때의 교육자유권은 교직의 전문직적 특성을 바탕으로 할 때 성립되며, 교육의 자율성을 추구할 권리가 발생하는 것이다. 다시 말하면 교직을 전문직적 특성에 비추어 전문직이라고 규정할 경우 교사는 직업적 활동에 있어서 권위를 인정받아야 할 것이다. 이때 권위는 교사가 교과에 대한 지식과 연령 단계에 따른 교과의 지도방법 및 평가 능력을 갖추었기 때문에 주어지는 것이다.

교원의 자율성은 「대한민국헌법」이나 「교육기본법」 등에 명문으로 규정되어 있다. 즉, 「대한민국헌법」(제31조 제4항)에 의하면, 교육의 자주성·전문성·정치적 중립성 및 대학의 자율성은 법률이 정하는 바에 의하여 보장된다. 또한 「교육기본법」(제5조)에서는 국가와 지방자치단체는 교육의 자주성과 전문성을 보장하여야 한다고 함으로써 교육의 자주

---

13) 하승수, 김진, 교사의 권리 학생의 인권(서울: 사계절, 1999), 30-31.

14) 김종서, 이영덕, 정원식, 최신 교육학개론(서울: 교육과학사, 1994), 389-390.

15) 안창선, 남경현, 이욱범, 교사론(서울: 교육과학사, 1999), 148-161.

성을 명문화하고 있다. 이와 같은 법 조항은 교육과정상 교육자들의 활동이 자유롭고 창조적이어야 함을 강조한 것으로 볼 수 있다.

그러나 교사의 자율성은 여러 가지 측면에서 많은 제약을 받고 있는 것이 현실이다. 우선, 「대한민국헌법」과 「교육기본법」의 하위 법규나 시행령 등을 검토해 보면 교사는 창의성을 발휘하여 교육내용에 대한 판단과 선택을 할 위치에 놓여 있지 않음을 알 수 있다. 그뿐만 아니라 학교운영위원회를 통하지 않은 학부모의 간섭이라든지, 교육행정 당국의 일방적·획일적인 지시 및 통제 등에서 자율성을 제한하는 예를 찾아볼 수 있다.

교직은 다른 전문직과 마찬가지로 자율성을 행사할 수 있는 여지가 많아야 한다. 그 이유는 교사의 교육적 활동은 고도의 창의성이 요구되는 것으로, 인류의 미래를 결정짓는 아동의 지적 성장과 깊이 관련되어 있기 때문이며 학습자에게 변화하는 가치 세계로 인도하고 스스로 깨우쳐 변화할 수 있도록 하는 일은 교사의 의무이기 때문이다.

- 생활보장권

교사가 가르치는 일에 몰두할 수 있도록 하기 위해서는 교사에 대한 안정된 생활 보장이 필수적이다. 교사의 역할이 교육활동에 있어서 핵심적 변인임을 인정은 하면서도 사실 이제까지 교사들이 확고한 교직관과 사명감을 가지고 오로지 교육에만 전념할 수 있도록 제반 여건을 마련해 주지 못한 것이 사실이다. 생활 보장은 일차적으로 보수 및 기타 물질적 급부(給付)에 주로 달려 있다. 대체로 교원에게 주어지는 것은 금전적 대가인 보수이며, 그것은 교사들이 법정의 직무를 수행한 결과 국가 및 지방자치단체로부터 받게 되는 금전적 보상이다.

교원 보수가 타 직종에 비하여 상대적으로 낮기 때문에 교직 사회에 대한 매력을 떨어뜨리게 되고, 결과적으로 우수하고 유능한 교사를 유인할 수 없게 되는 것이다. 이러한 사실은 교직의 매력을 떨어뜨리고, 교직의 사회적 지위를 상대적으로 하락시키는 주요한 요인의 하나가 된다. 그러므로 교사들의 생활 보장은 다른 무엇보다도 경제적 측면에서 이루어져야 할 것이다. 교원의 보수를 획기적으로 인상하는 것이 현실적으로 어렵다면 단계적으로 인상하여 기업체 봉급 수준은 유지되어야 할 것이다.

- 근무조건 개선

근무조건의 개선은 교사들이 교직에 만족스럽게 봉사할 수 있도록 하기 위한 근무조건의 정비라고 할 수 있다. 작업환경의 변화와 생산량 증가는 반드시 비례한다고 하는 보고를 찾기는 쉽지 않지만 생산량에 정적인 효과가 있음은 부인할 수 없다. 특히 전문직인 교직의 경우에는 교육의 효과와 능률을 높이기 위해 근무조건의 개선은 반드시 필요하다.

근무조건의 개선은 교사 1인당 학생 수의 변화, 학급당 학생 수의 변화, 교사의 주당 수업 시수의 변화, 교수 및 학습과 관련이 먼 잡무 등의 경감이 대상이 된다. 이 중에서 교원의 근무조건으로 가장 민감한 것은 주당 수업시수이다. 그러나 중등학교의 경우 교원 정원은 학급당 인원으로 결정되기 때문에 학교에 따라 담당 수업시수가 다르게 된다. 더구나 같은 학교 내에서도 교과에 따라 담당 수업시수가 다르기도 하다.

- 복지·후생 제도의 확충

교원의 복지·후생 제도는 교사들의 생활 안정과 함께 가족에 대한 부양 책임을 덜어줌으로써 교사가 교육활동에 전념할 수 있도록 하는 데 의의가 있다. 교사들에게 가르치는 일에 전념할 수 있게 하고, 교직의 유인구조를 개선하기 위해서는 각종 부가 혜택이 주어져야 할 것이다.

② 소극적 권리

교사의 직무를 수행하기 위한 소극적 권리의 측면은 주로 법적인 측면을 말한다. 소극적 권리로는 신분보장, 쟁소제기권, 불체포특권, 교직단체활동권 등이 있다. 이러한 권리들은 「교육기본법」「교육공무원법」「사립학교법」「소청절차규정」 등에 명문으로 규정되어 있다.

- 신분보장

일반적으로 공무원의 권리는 신분상의 권리와 재산상의 권리로 나누어지고, 신분상의 권리는 신분보유권, 직무집행권, 직명사용권, 그리고 쟁소제기권 등으로 구분한다.

교사들의 신분보장에 대해서는 「교육기본법」(제14조)에 '학교교육에서 교원의 전문성은 존중되며, 교원의 경제적·사회적 지위는 우대되고 그 신분은 보장된다'고 규정되어 있다. 그리고 「교원의 지위 향상 및 교육활동 보호를 위한 특별법」(약칭: 「교원지위법」)(제6조)에서도 교원의 신분보장을 규정하고 있다. 이렇듯 법규상으로 보면 교원의 신분보장은 거의 완벽한 상태에 있고, 외국에 비해서도 손색이 없다. 교육공무원은 「국가공무원법」에 의한 신분보장은 물론이고, 「교육공무원법」에 의하여 더욱 강력한 신분보장의 권리를 갖고 있다. 예컨대, 「교육공무원법」(제43조)에서도 교육공무원의 의사에 반한 신분조치를 금지하고, 직권휴직, 직권강임, 직권면직, 권고사직 등 그들에 대한 신분조치의 법적인 한계와 처분사유 설명서의 교부 및 절차를 명시하고 있다. 또한 「교원지위법」(제4조)과 「교육공무원법」(제48조)에서는 불체포특권을 규정하고 있어서 일반 공무원보다 더 강력한 신분보장을 받고 있다. 교육공무원에 대한 강력한 신분보장을 법으로 규정하고 있는데, 이것은 교직의 전문성과 특수성을 인정하는 법 제도의 표현이라고 볼 수 있다.

사립학교 교원의 경우 공립학교 교원과는 달리 그 임무와 특수성에 있어 교육공무원과 같은 국가와 공법상 관계에 있지 아니하고 학교법인 등과 사법상 관계에 있다. 그러나 「사립학교법」(제55조~제60조)에서는 사립학교 교원의 복무는 국공립학교의 교원에 관한 규정을 준용하도록 규정하고 있으며, 신분보장에 있어서도 학급이나 학과의 개폐(改廢)에 의한 폐직(廢職)이나 과원(過員)인 경우를 제외하고는 「교육공무원법」과 같다. 그리고 교원의 불체포특권을 교육공무원과 마찬가지로 보장하고 있다. 이와 같이 사립학교 교원도 교육공무원과 마찬가지로 신분을 보장받고 있기 때문에 교원의 법적 지위나 신분상의 권리는 공립과 사립 간에 차이가 없다.

- 쟁송제기권

쟁송제기권은 교사들이 위법, 부당한 처분을 받았을 때 소청 기타 행정상 쟁소할 수 있는 권리로서 교사들의 신분과 권익을 최대로 보장하려는 데 그 의도가 있다.

소청은 징계처분에 대하여 교원소청심사위원회에 재심을 청구할 수 있는 제도로, 징계처분권자가 징계위원회의 의결이 가볍다고 인정할 때 불복함으로써 재심을 요구하는 경우와 징계처분 대상자가 징계위원회의 의결이 과중하다고 인정될 때 이를 불복하고 재심을 청구하는 두 가지 경우가 있다.

현재 교육공무원에 대한 징계는 「국가공무원법」(제78조~제80조)에 규정되어 있다. 징계의 사유는 법령위반, 직무상 의무 위반 및 태만, 위신 손상 등이 있고, 징계의 종류는 파면, 해임, 강등, 정직, 감봉, 견책 등이 있다. 징계는 본인의 의사에 반하는 타율적이고 강제적인 처분이기 때문에 처리 절차상 신중을 기해야 한다. 징계로 인한 피해자의 신분과 권익을 최대한 보장하기 위하여 징계 절차를 세밀하게 규정하고 있다.

징계처분을 하고자 할 경우 교육기관 또는 교육행정기관의 장은 징계위원회에 징계사유를 들어 정식으로 징계를 요구하여야 하며, 징계위원회는 징계 대상자와 징계 요구자에게 구두 또는 서면으로 해명하거나 진술할 기회를 주도록 되어 있다. 징계위원회는 대통령이 정하는 교육기관, 교육행정기관, 지방자치단체 및 교육연구기관에 두도록 되어 있다(「교육공무원법」 제50조). 양측의 진술 이후 징계위원회의 심의를 거쳐 징계 결의서를 작성하게 된다. 이 때 처분이 파면일 경우에는 임용제청권자의 제청으로 임용권자가 행하고, 정직, 감봉, 견책의 경우에는 징계의결의 요구권자가 행하되 반드시 징계처분 사유 설명서를 본인에게 교부하도록 되어 있다. 그리고 사립학교 교원의 경우에도 이와 같은 절차가 준용되고 있다. 이때 징계처분이나 그 의사에 반하는 불리한 처분에 대하여 교육부에 설치된 교원소청심사위원회(「교원지위법」 제7조)에 재심을 청구할 수 있다.

징계처분과 그 밖에 그 의사에 반하는 불리한 처분에 대하여 불복할 때에는 그 처분이 있었던 것을 안 날부터 30일 이내에 심사위원회에 소청심사를 청구할 수 있다. 이때 본인의 의사에 반하여 파면 또는 해임이나 면직처분을 하였을 때에는 그 처분에 대한 심의위원회의 최종 결정이 있을 때까지 후임자의 보충 발령을 금하고 있다. 그리고 심사위원회는 소청심사를 접수한 날부터 60일 이내에 이에 대한 결정을 하여야 하며, 불가피할 경우 그 의결로 30일을 연장할 수 있다. 교원은 심사위원회의 결정서를 송달받은 날부터 30일 이내에 「행정소송법」으로 정하는 바에 따라 소송을 제기할 수 있다(「교원지위법 제9조, 제10조).

한편, 교육공무원의 고충을 심사하기 위하여 교육부에 교육공무원 중앙고충심사위원회를 두고, 임용권자 또는 임용제청권자 단위로 교육공무원 보통고충심사위원회를 두고 있다(「교육공무원법」 제49조). 교육공무원은 누구나 인사, 조직, 처우 등 각종 직무 조건과 기타 신상 문제에 대하여 인사 상담이나 고충 심사를 할 수 있도록 법률로 정하고 있다.

- 불체포특권

교원은 불체포특권을 가진다. 교원은 현행범인 경우를 제외하고는 소속 학교의 장의 동의 없이 학원 안에서 체포되지 아니한다(「교육공무원법」 제48조 및 「사립학교법」 제60조)는 것을 의미한다. 교원에게 이러한 특권을 인정하는 것은 학원의 자유를 보장하고, 학교로 하여금 교육 및 연구 활동을 수행함에 권력기관의 부당한 압력을 배제하려는 의도로 해석할 수 있다.

이러한 교원의 불체포특권은 국회의원과 선거관리위원회의 위원 외의 다른 공무원에게는 인정되지 않는 권리이다. 다시 말하면 수사기관이 비록 「형사소송법」상 교원을 체포할 수 있는 요건을 갖추었더라도 학교장의 허가 없이는 교원을 체포할 수 없도록 하고 있는데, 이것은 교원의 신분을 보호하고 그 직무수행을 보장하며 학원의 자유성과 불가침성을 강조하는 데 특별한 의의를 갖는다. 그러나 이 불체포특권은 현행범까지도 은폐하려는 데 그 목적이 있는 것이 아니다. 또 학원 내에서라도 학교장이 체포할 것을 허가할 경우에는 적용되지 않는다. 따라서 이를 허가할 때는 범죄 혐의가 확실한 경우에만 행할 수 있는 것이다. 그리고 이러한 특권은 사립학교 교원에게도 적용된다.

• 교직단체활동권

교직단체활동권은 교사가 교사로서의 권리를 확보하고 교사로서의 직업을 효과적으로 수행하기 위한 단체활동을 할 수 있음을 뜻한다. 그런데 이 단체활동권은 정치적 활동을 목적으로 하는 것은 허용되지 않으며, 극단적인 쟁의 수단도 허용되지 않는다. 교사들이 단체를 조직한 후 적극적 운영을 통하여 회원 간의 상호 유대를 강화하고, 복지를 향상시키며, 자질을 향상시키는 것을 공동 목표로 추구하는 것이다.

교원 단체와 관련하여 정부는 1998년 12월 교원노조 결성과 활동을 위한 법안을 마련하였고, 이 법안은 1999년 1월 6일 국회 본회의를 통과하였다. 그동안 교원들이 상호 협동하여 교육의 진흥과 문화의 창건에 진력하며 경제적·사회적 지위를 향상시키기 위해 각 지방자치단체 및 중앙에 교원 단체를 조직할 수 있도록 규정한 「교육기본법」에 의해 조직된 한국교원단체총연합회와 「교원의 노동조합 설립 및 운영 등에 관한 법률」이라는 새로운 입법에 기초한 교직원 노동조합과는 활동 범위와 성격이 다소 차이가 있을 것으로 보인다.

(2) 교원의 의무

교원의 의무는 적극적 의무와 소극적 의무로 구분된다.

① 적극적 의무

교원이 어떤 행위를 적극적으로 해야 하는 의무를 말한다. 교원은 항상 학생에게 모범이 되는 품성과 자질을 가지도록 노력해야 하며, 학문의 연찬과 교육의 원리 및 방법을 탐구, 연마해야 하는 의무가 있다. 그 이외에도 성실의무, 복종의무, 비밀엄수의무, 청렴의무, 교육자다운 인격과 품위를 지녀야 할 품위유지의무가 있다.

② 소극적 의무

교원이 어떤 행위를 해서는 안 되는 의무로서 교원은 소속 상관의 허가나 정당한 사유

없이 직장을 이탈하지 못하는 직장이탈금지의 의무가 있다. 또한 교원은 영리 업무 및 겸직금지의 의무, 정치운동금지의 의무, 쟁의행위금지의 의무, 집단행위의 금지가 있다.

2) 징계와 소청심사제도

공무원의 징계란 법령, 규칙, 명령의 위반에 대한 처벌로서 공무원의 신분을 변경하거나 상실하게 하는 것을 의미하는데, 그 사유는 ① 법에 의한 명령에의 위반, ② 직무상의 태만이나 의무위반, ③ 직장 내외를 불문하고 체면 또는 위신의 손상 행위 등이 있다.

징계의 종류는 견책, 감봉, 정직, 강등, 해임, 파면 등이 있다. 견책은 전과에 대하여 훈계하고 회개하게 하는 것으로, 6개월간 승진, 승급이 제한된다. 감봉은 1개월 이상 3개월 이하의 기간 동안 보수의 1/3을 감하는 처분으로, 1년간 승진, 승급이 제한된다. 정직은 1개월 이상 3개월 이하의 기간 동안 공무원의 신분은 보유하나 직무수행이 정지(경력평정에는 미포함)되고 보수의 1/3만 지급받는 것으로, 1년 6개월간 승진, 승급이 제한된다. 강등은 1계급 아래로 직급을 내리고(고위공무원단에 속하는 공무원은 3급으로 임용하고, 연구관 및 지도관은 연구사 및 지도사로 함), 공무원 신분은 보유하나 3개월간 직무수행이 정지되며, 그 기간 중 보수의 2/3를 감액 지급한다(2009. 4. 1. 신설). 해임은 공직 관계에서 배제시키는 징계로서 3년간 공무원 재임용 불가, 퇴직급여에 크게 영향을 주지 않으나 공금횡령 및 유용 등으로 해임된 경우에는 퇴직급여의 1/8~1/4를 감액 지급한다. 파면은 해임과 마찬가지로 공직 관계에서 배제시키는 징계로, 5년간 재임용이 불가하고, 퇴직급여의 1/4~1/2를 감액 지급한다. 여기서 견책과 감봉은 경징계에 해당되고, 정직, 강등, 해임, 파면은 중징계에 해당된다.

일반적으로 교원 징계사유는 무단 결강, 금품 수수, 겸직금지 위반, 간통 등의 직무상 의무위반과 직무태만, 음주 운전, 폭행, 성추행, 연구 실적 표절, 품위 손상 등이 있다. 또한 징계사유가 있다고 하더라도 만약 징계가 과하다고 판단될 경우에는 소청심사를 통해 구제받을 수 있다.

징계의결의 요구는 징계사유가 발생한 날로부터 통상 2년 이내이며, 금품 및 향응 수수, 공금의 횡령 및 유용의 경우에 5년을 경과한 때는 요구할 수 없다. 징계위원회의 구성 및 징계의결, 기타 절차상의 하자나 징계양정의 과다를 이유로 「교원지위법」에 의한 교원소청심사위원회나 법원에서 징계처분의 무효나 취소의 결정 또는 판결을 한 때는 다시 징계의결을 요구할 수 있다. 징계절차는 징계사유의 발생, 징계의결 요구, 징계의

결 요구 사유 통지, 징계심리, 징계의결, 의결 결과 통보, 징계처분, 징계처분 사유 통지 등의 순으로 이루어진다.

국·공립학교의 교원에 대한 징계의결 요구 및 요구 방법은 교육기관, 교육행정기관, 지방자치단체나 교육연구기관의 장이 그 소속 공무원의 징계사유에 해당한다고 인정한 때는 지체 없이 당해 징계사건을 관할하는 징계위원회에 그 징계의결을 요구하도록 되어 있다. 징계의결의 요구 또는 신청을 할 때는 징계사유에 대한 충분한 조사를 행한 후에 입증에 필요한 관계 자료를 관할 징계위원회에 제출하여야 하고, 징계의결의 요구는 중징계나 경징계로 구분하여 행하여야 한다.

사립학교 교원에 대한 징계의결 요구 및 요구 방법은 사립학교 교원의 임용권자가 그 소속 교원 중에「사립학교법」제61조 제1항의 징계사유에 해당하는 자가 있을 때에 미리 충분한 조사를 한 후 당해 징계사건을 관할하는 교원징계위원회에 그 징계의결을 요구해야 하며, 파면 및 해임은 교원의 임면에 속하는 것이므로 이에 관한 징계의결의 요구에는 교원인사위원회의 심의, 학교의 장의 제청, 이사회 의결을 거쳐야 한다.

한편, 징계처분이나 강임·휴직, 면직처분 등 그의 의사에 반하는 불이익처분을 받은 공무원이 그에 불복하여 이의를 제기하는 경우 이를 심사하여 구제하는 절차로 소청심사제도가 있다. 이 제도는 소송구조상 행정소송을 제기하기에 앞서 반드시 거쳐야 하는 절차로, 현재「국가공무원법」에 의해 인정되고 있으며,「행정심판법」에 따라 행하는 행정심판에 대한 특별 행정심판 절차에 해당된다. 이 제도는 공무원 개인의 권익 보호와 행정질서의 확립을 목적으로 하고, 국가공무원은「국가공무원법」에 의거하여 행정자치부 소청심사위원회에 심사·청구하고, 지방공무원은「지방공무원법」에 의거하여 지방자치단체 시도 소청심사위원회에 심사·청구할 수 있다.

소청심사제도의 유형에는, ① 해당 행정기관 내부에서 재심 또는 구제 방법이 강구되는 경우, ② 해당 행정기관 외의 중앙인사기관에서 재심하는 경우, ③ 행정기관과는 별개의 강한 독립성 및 합의성을 가진 행정재판의 방법에 의한 경우가 있다. 우리나라는 ②의 방법에 따라 중앙인사기관인 중앙인사위원회에 독립성과 합의성을 가진 소청심사위원회를 설치 및 운영하고 있다.

징계위원회에서 징계처분(파면, 해임, 강등, 정직, 감봉, 견책), 기타 본인의 의사에 반하는 불리한 처분을 받은 공무원은 징계, 강임, 휴직, 직위해제 또는 면직처분의 경우에는 처분사유 설명서를 받은 날로부터 30일 이내에 소청심사위원회에 심사를 청구할 수 있다. 소청심사의 절차는 소청심사의 청구, 심사, 결정의 3단계로 이루어진다.

3) 휴직

공무원의 휴직은 임용권자가 본인의 의사와 상관없이 휴직을 명하는 직권휴직과 공무원 본인이 휴직을 원하면 임용권자가 그것을 명하는 청원휴직이 있다.

직권휴직은 신체·정신상의 장애로 장기 요양이 필요할 때, 「병역법」에 따른 병역 복무를 마치기 위하여 징집 또는 소집된 때, 천재지변이나 전시·사변, 그 밖의 사유로 생사(生死) 또는 소재(所在)가 불명확하게 된 때, 그 밖에 법률의 규정에 따른 의무를 수행하기 위하여 직무를 이탈하게 된 때, 「공무원의 노동조합 설립 및 운영 등에 관한 법률」 제7조에 따라 노동조합 전임자로 종사하게 된 때 등이 해당된다.

〈표 3-10〉 공무원 직권휴직 유형별 휴직 기간 및 보수

유형	질병휴직	병역휴직	행방불명휴직	법정의무 수행휴직	노조전임자휴직
요건	신체·정신상의 장애로 장기 요양이 필요할 때	병역의 복무를 위하여 징소집 되었을 때	천재지변·전시·사변, 기타의 사유로 생사·소재가 불명확하게 된 때	기타 법률상의 의무 수행을 위하여 직무를 이탈하게 된 때	교원노조 전임자로 종사하게 된 때
기간	1년(공무상 3년) 이내, 1년 연장 가능	복무 기간	3월 이내 (3월 이후 면직)	복무 기간	전임 기간
재직 경력 인정	• 경력평정: 공무상 질병인 경우 산입 • 승급: 공무상 질병인 경우 인정	• 경력평정: 산입 • 승급: 인정	• 경력평정: 제외 • 승급: 제한	• 경력평정: 산입 • 승급: 인정	• 경력평정: 산입 • 승급: 인정
보수	• 봉급 7할 • 공무상 질병은 전액 지급	지급 안 함	지급 안 함	지급 안 함	지급 안 함

청원휴직은 국제기구, 외국 기관, 국내외의 대학·연구 기관, 다른 국가기관 또는 대통령령으로 정하는 민간기업, 그 밖의 기관에 임시로 채용된 때, 국외 유학을 하게 된 때, 중앙인사 관장기관의 장이 지정하는 연구기관이나 교육기관 등에서 연수하게 된 때, 만 8세 이하 또는 초등학교 2학년 이하의 자녀를 양육하기 위하여 필요하거나 여성공무원이 임신 또는 출산하게 된 때, 사고나 질병 등으로 장기간 요양이 필요한 조부모, 부모(배우자의 부모를 포함한다), 배우자, 자녀 또는 손자녀를 간호하기 위하여 필요한 때 등이 해

당된다. 다만 조부모나 손자녀의 간호를 위하여 휴직할 수 있는 경우는 본인 외에는 간호할 수 있는 사람이 없는 등 대통령령 등으로 정하는 요건을 갖춘 경우로 한정한다.

〈표 3-11〉 공무원의 청원휴직 기간 및 보수

유형	유학휴직	고용휴직	육아휴직	연수휴직	가족돌봄휴직	동반휴직	자율연수휴직
요건	학위 취득을 위한 해외 유학, 외국에서 1년이상 연구·연수	국제기구, 외국 기관 또는 재외국민 교육 기관에 임시로 고용된 때	8세 이하 자녀 양육, 여교원이 임신 및 출산하게 된 때	국내 연구기관, 교육기관 등에서의 연수	조부모, 부모, 배우자, 자녀, 손자녀 간호를 위하여 필요한 때	배우자가 국외 근무를 하거나 제5호에 해당된 때	자기개발을 위한학습연구, 신체적·정신적 회복이 필요할 때
기간	3년 이내 (3년 연장 가능)	채용 기간	3년 이내	2년 이내	1년 이내 (재직 기간 중 총 3년)	3년 이내 (3년 연장 가능)	1년 이내 (재직 기간 중 1회)
재직 경력 인정	• 경력평정: 5할 산입 • 승급: 인정	• 경력평정: 산입 • 승급: 인정 (비상근 5할 인정)	• 경력평정: 1년 이내 • 승급: 인정	• 경력평정: 5할 산입 • 승급: 제한	• 경력평정: 제외 • 승급: 제한	• 경력평정: 제외 • 승급: 제한	• 경력평정: 제외 • 승급: 제한
보수	봉급 5할 지급	지급 안 함	1년 이내 월 70~150 만 원 지급	지급 안 함	지급 안 함	지급 안 함	지급 안 함

적용하기

❶ 현행 교원의 근무평정에서 시행되고 있는 내용을 살펴보고, 개선하거나 추가로 고려해야 할 사항이 무엇인지 알아보시오.

❷ 교원의 법적인 권리와 의무, 교원의 사기 앙양 방안에 대하여 토론해 보시오.

❸ 공무원 징계의 종류는 어떤 것들이 있으며, 그 징계의 내용은 무엇인지 말해 보시오.

❹ 현재 이루어지고 있는 초등교사와 중등교사의 양성 방향을 비교해 보고, 각각의 특징이 가지고 있는 장단점을 통해 향후 교사 양성체제의 개선 방향을 논하시오.

역량강화하기

성공의 85%는 인간관계

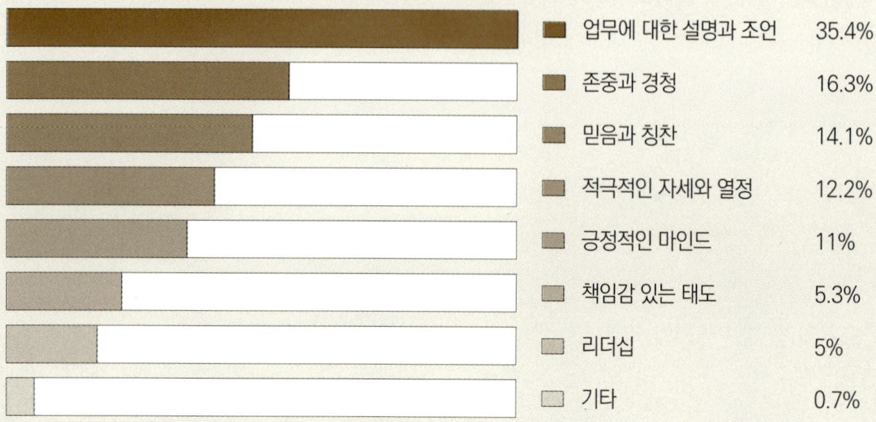

YES 같이 일하고 싶은 유형을 263명이 답했습니다.

[직장인] 꼴 보기 싫은 상사 유형

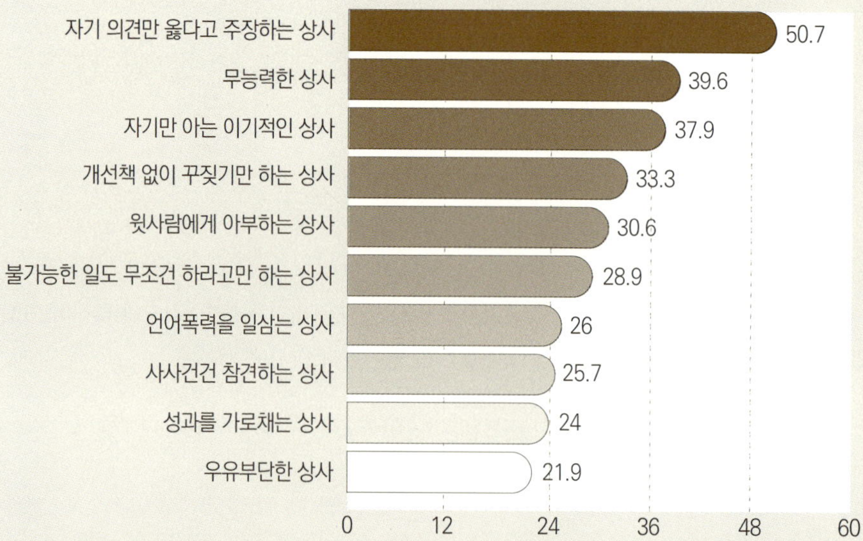

출처: 사람인 / 단위: %

교육칼럼 3

소중한 만남

대부분의 학부모는 자기 자녀가 좋은 선생님을 만나기를 기대한다. 좋은 선생님을 만나면 많은 것을 배우고 올바른 가치관을 확립할 수 있다고 생각하기 때문이다. 그런데 좋은 선생님을 만나는 것에 대해서는 많은 관심을 가지고 있으나 좋은 학생이 되는 것에 대한 부모들의 교육은 별로 없는 것 같다. 선생님의 입장에서도 좋은 학생을 만나기를 희망한다.

이렇듯 우리의 만남은 서로에 대한 기대가 다르기 때문에 처음부터 환상적인 만남이 이루어지기 어렵다. 그래서 멋진 만남이 되기 위해서는 상대방이 기대하는 바가 무엇인가를 깨달아야 하고, 상대방에 대한 이해의 폭을 넓히기 위한 노력을 기울여야 한다.

역사적으로 스승과 제자의 멋진 만남을 통해 삶이 변화된 예를 많이 볼 수 있다. 정약용과 황상, 공자와 안회, 예수와 사도 바울 등에서 알 수 있듯이, 훌륭한 선생님을 만남으로 인해 인생이 변화되어 세상에 커다란 영향력을 행사한 역사적인 인물들이 많다.

황상은 15세인 1802년에 정약용을 처음 만나 "첫째도 부지런함이요, 둘째도 부지런함이요, 셋째도 부지런함이 있을 뿐이다. 너는 평생 '부지런함'이란 글자를 결코 잊지 말도록 해라"라고 했던 스승의 말을 마음에 새기고 뼈에 새기며 한평생 학문의 길을 걸어 당대 최고의 시인이 되었다. 공자는 많은 제자 가운데 안회를 가장 사랑했다. 불행하게도 안회는 32세에 요절하고 말았는데, 이에 공자는 "아, 하늘이 나를 망치게 하는구나! 하늘이 나를 망치게 하는구나!" 하며 탄식할 정도로 그를 아꼈다고 한다. 스승의 제자 사랑이 대단하다. 한편, 목숨을 걸고 전도와 사역을 수행해 예수의 자기희생적 사랑을 전파한 사도 바울이 전 세계에 끼친 영향력은 말로 다 형용할 수 없을 것이다.

우리는 삶을 통해 수많은 사람을 만난다. 그 많은 사람 중에 누구를 만났고, 현재 누구를 만나고 있느냐가 대단히 중요하다. 왜냐하면 내가 만나는 사람을 통해 내가 죽을 수도 있고 살 수도 있기 때문이다. 그중에 필연적으로 이루어지는 소중한 만남이 있다. 부모와의 만남, 선생님과의 만남, 친구와의 만남, 배우자와의 만남, 자녀와의 만남 등이다.

우리에게는 이런 만남들과 비교할 수 없을 정도로 중요하고 역사적인 만남이 있다. 이것은 하나님과의 영적 만남이다. 천지만물을 주관하시고, 죽을 수밖에 없는 내 생명을 구원하여 주신 하나님과의 만남은 그 누구와의 만남보다 소중하다. 그러나 멋지고 환상적인 만남이 이루어지기 위해서는 일방적인 사랑으로는 안 된다. 엄청난 사랑과 은혜를 베풀어 주시는 하나님이 나에게 기대하는 것이 무엇인지 생각해야 한다.

좋은 음식이나 어떤 선물을 기대하고 계시는 것일까? 아니면 사랑과 은혜에 대한 보답으로 많은 물질을 기다리고 계실까? 아니다. 하나님이 나에게 기대하는 것은 분명하다. 아직도 하나님을 알지 못하고 살아가는 많은 인간에게 복음을 전하길 기대하고 계신다. 예수 그리스도의 삶을 본받아 세상의 빛과 소금이 되라 하신다.

세상적인 만남에도 주고받는 관계가 정확해야 하는 것처럼, 하나님과의 만남도 이 관계가 정립되어야 한다. 일방적으로 받기만 하는 하나님의 자녀가 아니라 하나님이 원하는 바, 우리에게 주신 사명을 잘 깨닫고 실천하도록 해야 한다.

제4장

교육기획과 교육정책

저수지

유평수

저수지와 호수는 뭐가 다른지 몰라도
물에 드리워진 산 그림자가
멋지다.

베스인지 붕어인지 알 수 없어도
물속에서 유유자적하는 그 놈들이
부럽다.

오리나무인지 십리나무인지 헷갈려도
물먹은 새싹과 철 지난 열매가
이쁘다.

어릴 적 언제인지 정확히 몰라도
얼음판 구멍에서 잡아 올린 물고기의 추억이
그립다.

물 위를 걷고자 하는 욕망의 끝이 어딘지 몰라도
자연의 순리에 따르는 작은 지혜 없음이
아쉽다.

말과 글로 목표를 공개 선언하라

- 목표 달성을 위해 '외부의 힘'을 이용한다.
- 공개 선언 효과(public commitment effect) 실험: 심리학자 스티븐 헤이스, 대학생 대상을 목표로 하는 시험 점수 공개 집단
- 사람들은 본능적으로 무책임하다. 이중인격자와 같은 부정적인 평가를 극도로 꺼린다.

1 교육기획

기획이란 용어를 본격적으로 사용하기 시작한 시기는 20세기라고 할 수 있다. 그 당시 만하임(Manheim)[1)]은 "우리는 자유방임주의 사회에서 기획사회로 옮아 가는 과도기적 시대에 살고 있다"라고 하였다. 오늘날 사회조직이 복잡하고 거대하게 됨에 따라 그 조직의 목표를 효과적으로 달성하기 위해서는 기획의 개념을 도입하지 않을 수 없다. 흔히 기획을 계획과 혼용하여 사용하는 경우가 많으나, 이를 엄밀히 구분하면 계획하는 과정을 기획(planning)이라고 하고, 그 기획의 과정을 거쳐서 결과로 얻은 기획의 산물을 계획(plan)이라고 한다. 이 책에서는 기획과 계획을 엄밀히 구분하지 않고 혼용하여 사용한다.

1) 교육기획의 개념과 기능

교육기획의 개념을 알아보기 위해 먼저 기획의 개념을 살펴보고자 한다. 애덤스(Adams)는 "기획을 행정의 첫 번째 단계라고 하고, 행정은 어떤 업무의 수행을 위한 단순한 방법이 아니라 그 일을 설계하고 수행하는 전 단계에서 발생하는 통제적 업무를 말한다"[2)]라고 하면서 기획의 중요성을 역설하였다. 몇몇 학자가 제시한 기획의 개념을 살펴보면 다음과 같다.

---

1) Karl Manheim, *Diagnosis of Our Time*(London: Kegan Paul, 1943), 175–176.

2) Arther M. Adams, *Pastoral Administration*(Philadelphia: Westminster Press, 1960), 32.

- **귤릭**(Gulick): 기획이란 사업을 위하여 설정된 목적을 달성하기 위하여 수행되어야 할 일과 이것을 수행하기 위한 방법들을 개괄적으로 짜내는 것이다.[3)]
- **워터스톤**(Waterstone): 기획이란 일정한 목표를 달성하기 위하여 이용 가능한 최선의 방법을 선정하는 조직적이고 지적인 시도이다.[4)]
- **사이먼, 스미스버그 그리고 톰슨**(Simon, Smithburg & Thompson): 기획이란 장래를 위한 제안, 제안된 대안의 평가 및 이러한 제 과정이 이루어질 수 있는 방법과 관련된 활동이다.[5)]
- **뉴먼**(Newman): 일반적으로 말해서 기획이란 무엇을 할 것인가를 사전에 결정하는 것이다. 따라서 계획은 설계된 행동 노선이라고 하였다.[6)]

이러한 개념을 가진 기획은 조직의 목적을 효율적으로 달성하기 위한 행동의 순서 또는 절차이며, 조직적 협동 행위에 있어서 목적과 수단, 방법을 합리적으로 연결시키는 데 불가결의 요인이다.

교육에서도 미래의 교육을 합리적, 체계적으로 준비하고 수행하기 위해 기획의 개념을 도입하였다. 교육기획은 교육목표를 구체적으로 실천할 수 있도록 행동안을 세우는 일련의 작업이다. 그러므로 목표는 기획을 규제한다. 기획은 목표 달성의 수단이며, 계획 수립의 주축이 되는 것이 목표이다. 따라서 교육기획은 교육목표의 달성을 위한 효율적인 수단과 방법을 제시해 준다고 할 수 있다.

교육기획에 대한 학자들의 견해를 살펴보면 배종근과 정태범은 "교육계획이란 최적의 수단으로 교육목적과 교육목표를 달성하기 위한 미래의 행동에 대한 일련의 의사결정이다"[7)]라고 했으며, 김종철은 "교육계획이란 미래의 교육활동에 대하여 교육목표의 달성을 위한 효율적 수단과 방법을 제시함으로써 교육정책 결정의 효율성과 안정성을 보장해 주는 지적 준비 과정 내지 그 소산을 의미한다"[8)]고 하였다.

---

3) Luther Gulick, "Notes on the Theory of Organization." In L. Gulick & L. Urwick (Eds.), *Papers on the Science of Administration*(New York: Institute of Public Administration, 1937), 13.
4) Albert Waterstone, *Development Planning: Lessons of Experience*(Baltimore: Johns Hopkins, 1965), 8.
5) Herbart A. Simon, Donald W. Smithburg & Victor A. Thompson, *Public Administration*(New York: Knopt, 1950), 423–424.
6) William H. Newman, *Administrative Action: The Technique of Organization and Management* (Englewood Cliffs: Prentice-Hall, 1951), 13.
7) 배종근, 정태범, **교육행정 · 교육경영**(서울: 정민사, 1991), 244–245.
8) 김종철, **교육계획론**(서울: 교육출판사, 1990), 20–21.

이와 같은 교육기획 혹은 교육계획에 대한 견해를 종합해 보면, "교육의 목표를 효과적으로 달성하기 위하여 이용 가능한 최선의 방법을 선택하는 합리적인 사전 준비 과정"이라고 할 수 있다.

이러한 교육계획은 다음과 같은 몇 가지 기본 성격을 가지고 있다. 첫째, 교육계획은 교육정책의 결정이 아니라 교육정책의 결정을 위한 대안의 선정을 준비하는 과정이다. 둘째, 교육계획은 교육사상이나 교육활동에 관한 단순한 예측이 아니라 합리성을 토대로 하는 조직적 예견 장치이며 교육활동에 관한 합리적 통제 규제이다. 셋째, 교육계획은 교육의 발전과 쇄신을 위한 지원구조의 강화 수단이며, 교육경영 합리화의 기술적 수단이자 도구이다. 넷째, 교육계획은 가치판단이 아니라 가치판단을 위한 자료와 기준을 제시하는 것이다. 그것은 비도덕적·비정치적·전문적 기술의 적용 과정이다. 다섯째, 교육계획은 수많은 판정을 토대로 작성한 미래에 관한 행동의 설계이며 가정의 변동과 정세의 변화에 따라서 수정되어야 하는 것이다.[9]

이와 같은 개념과 성격을 가진 교육기획이 어떠한 기능을 하는지를 요약하면 다음과 같다.[10]

① 교육정책의 중점과 우선순위를 제시한다.
② 제한된 교육재원의 합리적 배분의 기능을 한다.
③ 교육정책에 대한 합리적 통제의 기능을 한다.
④ 교육재정의 안정화에 공헌한다.
⑤ 교육개혁을 촉진하는 계기가 될 수 있다.

2) 교육계획의 원리와 유형

교육계획의 기본 원리는 학자에 따라 다양하게 제시된다. 박종렬은 연계성의 원리, 합리성의 원리, 종합성의 원리, 참여성의 원리, 현실성의 원리 등을 제시하였으며,[11] 김창걸은 합목적성, 효율성, 민주성, 전문성, 단순성, 표준화, 적응성, 안정성, 종합성, 중립성, 합리성, 계속성의 원리를 제시하고 있다. 한편, 박병량과 주철안은 연계성, 융통성,

9) 김종철, 전게서(1990), 83-84.
10) 상게서, 90-92.
11) 박종렬, 학교경영론(서울: 성원사, 1989), 55.

합리성, 종합성, 구체성, 참여성, 현실성, 형식성의 원리를 제시하였다.[12] 이상의 원리들을 종합하여 교육계획의 원리 혹은 원칙을 제시하면 다음과 같다.

- 연계성의 원리: 교육계획은 국가 수준과 지역 수준 및 단위학교 수준이 서로 연계성을 유지하면서 수립되어야 한다. 계획의 기본 방향이나 목표 설정이 상위 수준의 계획 범위 안에서 이루어져야 한다.
- 합리성의 원리: 교육계획의 수립은 합리적인 의사결정을 통해 이루어져야 한다. 문제를 파악하고, 대안을 선택하고, 해결 방안을 제시하고, 그 효과를 비교 및 분석하는 일련의 과정이 합리적인 절차를 통해 이루어져야 한다는 것이다.
- 융통성의 원리: 교육계획은 고정되어 있기보다는 상황의 변화에 따라 탄력적으로 대응할 수 있도록 신축성 있게 수립되어야 한다.
- 통합성의 원리: 교육계획의 내용이 국가의 타 부문 계획과 통합되도록 이루어져야 하며, 목표 달성을 위해 관련된 모든 요소가 포함되도록 수립되어야 한다.
- 현실성의 원리: 교육계획은 현실의 조건과 상황을 고려하여 실현 가능하도록 수립되어야 한다.
- 효율성의 원리: 교육계획은 의도하는 목표를 달성할 수 있도록 능률적이고 효과적인 수단과 방법을 동원하여 최고의 효율을 올리도록 수립되어야 한다.
- 구체성의 원리: 교육계획은 누가, 무엇을, 언제까지, 어떻게 할 것인지를 분명하고 구체적으로 기술해야 한다. 그 달성 여부를 평가하는 계획도 구체적으로 명시해야 한다.
- 계속성의 원리: 교육계획은 달성하고자 하는 목표를 실현하기 위해 계속적인 연구와 평가가 이루어지도록 수립되어야 한다.

교육계획은 기준에 따라 다양한 유형으로 분류된다. 교육계획 기간에 따라 구분하면 장기계획(6년 이상), 중기계획(3~5년), 단기계획(3년 미만)으로 구분되며, 교육계획의 내용을 기준으로 하면 자원계획, 경제계획, 사회계획 등으로 분류되며, 교육계획의 주체를 기준으로 하면 국제계획, 국가계획, 지역계획, 단위기관계획 등으로 구분된다. 또한 교육계획의 범위와 포괄성을 기준으로 하면 종합계획, 부문계획, 세부계획 등으로 구분되

12) 박병량, 주철안, 학교·학급경영(서울: 학지사, 1999), 303-304.

며, 시기에 따라 구분하면 상시계획, 임시계획 등이다. 용도의 횟수를 기준으로 구분하면 단일사용계획, 상비계획, 반복사용계획 등으로 다양하게 구분된다. 여기서는 교육계획의 유형을 계획의 주체에 따른 구분, 계획 기간의 장단에 따른 구분 그리고 계획 범위의 종합성을 기준으로 하는 구분을 중심으로 살펴보고자 한다.

① 계획의 주체에 따른 구분

교육계획의 주체는 국가를 비롯하여 지방자치단체, 단위교육기관 등이 있다. 따라서 국가교육계획, 지역교육계획, 단위학교교육계획 등으로 구분된다. 국가교육계획은 많은 신생국가와 개발도상국가 및 교육행정이 중앙집권화되어 있는 나라에서 가장 중요한 교육계획이라고 할 수 있으며, 국민교육 제도의 운영에 관한 정책 및 행정상의 발전과 쇄신을 계획하는 것이 통례이다. 지역교육계획은 우리나라의 경우 16개 시도 교육청 단위의 교육계획을 말한다. 교육의 기능이 법적으로 지방정부에 속해 있거나 국가 권력이 지방에 분산되어 있는 국가에서는 이 수준의 교육계획이 더욱 중요한 의의를 가지고 있다. 단위학교교육계획은 각급학교에서 수립하는 교육계획을 말한다. 최근에는 단위학교의 책임 경영을 강조하면서 각 학교에 자율성을 부여하고 그 지역에 맞는 교육계획 수립을 강조하고 있다. 한편, 국가 간의 협력과 연합에 의해 수립되는 국제교육계획이 있다. 국제적인 규모의 교육계획은 주로 유네스코에 의해서 추진되어 왔으며, 가장 대표적인 예는 경제협력개발기구(OECD)가 1960년대 초기에 추진한 지중해지역 교육계획(mediterranean regional project)이다.

② 계획 기간의 장단에 따른 구분

교육계획의 기간에 따라 일반적으로 장기, 중기, 단기로 구분한다. 장기교육계획은 보통 10년 이상으로 되어 있으며, 15년이나 20년의 경우도 많이 있다. 그러나 일반적으로는 6년 이상이면 장기계획에 해당된다고 본다. 중기교육계획은 3년 내지 5년으로 보는 것이 보통이며, 단기교육계획은 3년 미만의 계획을 말하지만, 대체로 1년이나 그 이내의 것을 가리킨다. 단기교육계획은 중기 및 장기교육계획에, 중기교육계획은 장기교육계획에 근거하여 수립된다.

③ 계획 범위의 종합성을 기준으로 하는 구분

계획의 범위에 따라 부무교육계획과 종합교육계획으로 구분한다. 부문교육계획은 한정된 부문이나 영역에 대한 교육계획이고, 종합교육계획은 교육의 여러 부문이나 영역을 종합적으로 다루는 교육계획이다. 부문교육계획은 여러 부문의 관련성을 소홀히 다루기 때문에 계획 간에 갈등이 존재할 수 있어 이를 해결하기 위해 종합교육계획을 선호하는 경향이 나타나기도 한다. 부문교육계획의 예는 '의무교육완성 6개년 계획' '대학교육 5개년 계획' 등이고, 종합교육계획의 예는 '장기종합교육계획'이 있다.

3) 교육계획의 접근방법

일반적으로 교육계획 수립의 접근방법은 사회수요 접근법(social demand approach), 인력수요 접근법(manpower requirements approach), 수익률 접근법(rate of return approach), 그리고 국제 비교 접근법(international comparison approach) 등이 있다. 이 접근방법을 살펴보면 다음과 같다.

첫째, 사회수요 접근법이란 사회수요는 인구의 자연 증가 추세와 교육에 대한 사회적 수요의 증가 추세에 따라서 교육의 양을 증대시켜 나가려는 방법으로서 교육기획에 있어서 가장 광범하게 사용되고 있는 방법이다.[13] 이는 국민이 교육비를 지출할 능력이 있다는 전제하에 국민이 교육에 대해 가지는 태도 및 가치관 등의 영향을 많이 받는다.

사회수요 접근법을 이용하여 교육의 양적 규모를 결정하고자 할 때 거치는 단계를 쿰스(Coombs)는 다음과 같이 세 단계로 제시하였다.[14] 먼저, 학교급별로 취학 적령기에 있는 아동의 수와 재학자 수를 비교하여 교육의 현재 취학률을 구하고, 목표 연도까지 학교급별로 취학 적령아를 추계(profection)하여 목표 연도의 초·중·고등교육 취학률을 각각 결정한 후 그때까지의 매년 취학율을 보간법에 의해 산출한다. 이렇게 하여 매년도의 학교급별 취학자 수를 정하게 되는 것이다. 여기서 마지막 단계에서 목표 연도의 취학률을 어떻게 결정하느냐의 문제가 핵심이다. 초등교육 또는 중등교육까지 의무교육인 경우에는 큰 문제가 없다. 왜냐하면 그러한 상황하에서는 인구 자료만 문제가 될 뿐 교육에 대한 사적 욕구는 전혀 고려될 필요가 없기 때문이다.

따라서 이 접근법은 주로 초·중등 교육단계의 학생 인구 추정에 유용하게 활용될 수 있다. 그러나 초등교육만 의무교육인 경우에는 중등교육까지도 얼마나 많은 사람이 진

---

13) 김종철, 전게서(1990), 138.

14) Philip H. Coombs, *What is Educational Planning*(Paris: Une-SCO IIEP, 1970), 38-39.

정으로 진학을 희망하고 있는지, 교육비는 얼마나 들며 경제가 그것을 얼마나 부담해 줄 수 있는지, 직업과 인력 전망은 어떠한지 등의 복잡한 요인들을 고려하여 목표 연도의 취학률을 결정해야 하기 때문에 그 작업은 매우 어렵다.

둘째, 인력수요 접근법이란 국가의 인력 수급 계획에 대하여 교육인구를 계획하고자 하는 방법으로, 경제성장에 필요한 인적자본(human capital)의 중요성이 인식되면서 각광을 받기 시작하였다. 이 접근법은 다음의 몇 가지 사항을 전제로 하고 있다. 경제성장이 전반적인 국가 발전의 기초를 이루며, 경제발전은 물적자원뿐만 아니라 그것을 조직 및 운영하는 인적자원도 요구된다.

따라서 교육을 통한 인적자원의 개발을 경제발전의 선결 조건이라고 할 수 있다. 경제발전에 필요한 인력의 질과 양에 맞추어 교육비 지출의 형태와 질을 결정해야 하며, 그에 따라 자원을 배분해야 한다. 특히 국가의 물적자원이 부족한 경우에는 인적자원의 배분을 효율적으로 해야 할 것이 권고되고 있다.[15] 이상과 같이 인력수요 접근법은 주로 경제적 상황에 관한 자료를 기초로 하여 이루어진다. 이 방법은 경제계획의 한 부문으로서의 교육계획을 수립하는 데 유용하게 활용할 수 있다. 그러므로 이 접근법을 활용하기 위해서는 각 직종의 특수성과 경제일반에 대한 식견이 요구된다.

그러나 인력수요 접근법은 예측이라는 작업이 본질적으로 갖는 제한점 이외에도 다음과 같은 문제점이 있다. 이 방법은 지나치게 경제발전 계획에 근거하기 때문에 교육을 통한 개인의 자아실현이나 국가적 차원의 사회·문화 발전을 소홀히 할 수 있다는 점이다. 그리고 교육정도별 소요 인력을 추정하기 위해서는 직업과 교육을 1대1로 대응시켜야 하는데, 직업은 주로 기술(technology)과 관련된 문제이고 교육은 과학(science)과 관련된 문제이기 때문에 양자를 연결시켜 추정하기가 어렵다는 점이다. 더욱이 오늘날에는 산업구조의 고도화 등으로 새로운 직종이 나날이 생겨남으로써 이를 전망할 정확한 교육수요 추정이 어렵다는 점을 들 수 있다.

셋째, 수익률 접근법은 교육에 투입된 경비와 산출된 효과를 금액으로 계산함으로써 교육활동의 경제적 효과를 산출하는 방법이다. 이 방법은 국가나 개인이 교육에 투입한 비용을 통해 얼마의 수익을 냈느냐를 추정하여 교육투자의 우선순위를 정하기 때문에 비용–편익 접근법(cost–benefit approach) 혹은 비용–효과 분석이라고도 한다. 예를 들어, 고등교육비의 수익률은 고등교육 이수자의 평생 소득에서 중등교육 이수자의 평생

15) 강무섭, 김영철, "대학교육 인구의 적정규모".(한국교육개발원, 1984), 39.

소득을 공제한 차액을 고등교육 이수에 소요된 경비로 제(除)함으로써 얻게 된다.

그 원리는 비교적 간단하지만 고등교육비 중에는 고등교육에 소비되는 실제 경비뿐만 아니라 고등교육을 받는 기간 중 취업을 하지 못함으로써 얻지 못한 기회비용(opportunity cost)도 포함해야 하며, 이외에도 평생 소득을 현재 가치로 환산하고, 교육비를 복리로 계산하는 등 고려해야 할 요인이 다양하기 때문에 고등교육비를 산출하기가 어렵다. 이 방법은 하나의 단일한 교육계획 방법이라기보다는 사회수요 접근법이나 인력수요 접근법의 보완적 의미로 활용된다.

넷째, 국제 비교 접근법으로 선진국이나 경제발전, 교육발전이 유사한 외국의 경험을 비교 및 연구함으로써 자국의 교육 발전을 위한 전략과 방향, 방법 등을 개발하는 데 참고로 하려는 것이다. 이 방법은 한 나라의 발전단계를 국제적으로 비교하여 보다 발전된 나라의 교육계획을 모방할 수 있다는 장점이 있다. 그러나 이 방법은 나라마다 특수한 사정과 배경이 있기 때문에 교육 문제나 그것을 둘러싸고 있는 정치·경제·사회 환경이 결코 동일할 수 없고, 특히 발전단계가 다른 경우에 다른 나라의 발전 모형을 그대로 답습하는 경우 자국에서도 반드시 효과적이라고 단정할 수 없는 난점을 지닌다. 그리고 통계의 표준화가 어렵고 공통의 척도가 제대로 개발되어 있지 않기 때문에 정확한 비교가 어렵다는 문제점도 있다. 그러나 최근 들어 비교교육학 연구의 방법도 향상되고 그 내용도 충실해짐에 따라 교육 기획에 있어서 이 방법의 효용가치는 점차로 늘어나고 있는 추세이다. 어느 나라이든 교육계획을 추진함에 있어서 적어도 부분적으로 이 방법을 투입 및 적용하지 않는 경우는 거의 없다고 해도 과언이 아니다.[16)]

이상의 접근법은 각각의 장단점을 지니고 있다. 따라서 각 접근법의 장단점을 고려하여 절충적인 방법을 사용하는 것이 매우 합리적일 것이다. 그러나 이 다양한 접근법이 고루 수렴되고 적용된다고 하더라도 '교육적'인 측면이 고려되지 않으면 안 된다. 따라서 교육기획을 수립하는 과정에 교육의 본질을 간과하지 않도록 하고, 교육적 측면과 여건을 고려하는 데 주의를 기울여야 할 것이다.

4) 교육계획의 과정

교육계획을 잘 짜기 위해서는 설정된 목표가 최대한으로 달성되도록 계획 과정에 의

16) 김종철, **한국교육정책연구**(서울: 교육과학사, 1989), 308.

사결정의 절차가 잘 이루어져야 한다. 교육계획의 수립은 당시의 여건과 특수성에 따라 달라질 수 있기 때문에 일률적으로 규정하기 어렵지만, 일반 기획이론에서 제시하는 과정을 참고하여 수립하는 것이 바람직하다. 교육계획의 과정은 학자들에 따라 조금씩 다르게 제시하고 있다. 거지(Gurge)는 기획 이전 단계, 기획 단계, 계획 형성 단계, 계획 정교화 단계, 계획 실천 단계, 평가와 수정 및 재계획 단계로 구분하였으며,[17] 권영찬은 계획 수립의 과정을 목표의 설정, 상황의 분석과 판단, 기획 가정의 설정, 대안의 작성과 비교평가, 최종안의 선정, 필요한 파생 계획의 수립 등으로 제시하였다.[18] 한편, 김창걸은 계획의 과정을 상황의 분석, 목표의 설정, 대안의 작성 및 평가, 활동 계획의 작성 등으로 설명하였다.[19] 이상의 계획과정을 토대로 여기에서는 단위학교에서 교육계획을 수립하는 과정을 제시하고 한다. 이를 크게 계획 수립 단계, 실행 단계, 그리고 운영 평가 단계로 구분하여 살펴보고자 한다.

(1) 교육계획 수립 단계

① 목표의 설정

학교교육 계획 수립의 첫 단계는 학교 교육목표 및 경영목표를 설정하는 작업이다. 이 목표를 설정할 때는 반드시 상위 교육목표 및 방침, 지역사회의 요구, 학교의 특수성과 당면 과제, 전년도 계획의 집행 실태 등을 종합적으로 고려해야 한다. 여기서 말하는 상위 교육목표에는 「대한민국헌법」「교육법」국민교육헌장, 교과부의 장학 방침, 시도 교육청 및 시군 교육지원청의 중점 시책 등에 나타난 교육목표 등이 포함된다.

② 상황의 분석과 판단

설정된 목표에 비추어 현재 학교가 당면하고 있는 교육 여건을 분석하여 목표와 현실 사이의 간격이 어느 정도인지를 규명하는 것이다. 즉, 학습성취 수준, 교사의 질, 학교시설 등 학교교육의 제반 여건을 정확히 분석하는 단계이다.

---

17) Andrew W. P. Gurge, *A Introduction to Educational Planning Process*(Paris: UNESCO, 1984), 3−10.

18) 권영찬, **기획론**(서울: 법문사, 1978), 102−143.

19) 김창걸, **교육행정학**(서울: 박문각, 1985), 158−159.

③ 대안의 작성 및 평가

설정된 목표를 달성하기 위한 여러 가지 대안을 비교 및 평가하는 단계이다. 제시된 대안들이 학교의 인적·물적 여건 및 재정적인 여건에 비추어 현실성이 있는지를 판단하는 일이 중요하다.

④ 최종안의 선택

교육계획 수립 단계에서는 최종안을 선택하는 단계가 가장 핵심적인 단계이다. 여기서는 단위학교의 최고 의사결정자인 학교장의 전문적인 판단과 통찰이 가장 중요하게 요청된다. 최종안의 선택을 합리적인 기준에 따라 할 수 있도록 다양한 기법이 개발되어 활용되고 있다. 예를 들어, 비용-효과 분석(cost-benefit analysis), 기획예산제도(Planning Programming Budgeting System), 선형계획기법(liner programming technique) 등이 있다.

(2) 실행 단계

아무리 좋은 계획이라고 하더라도 그것의 시행이 잘 안 되면 교육계획 수립의 의미는 상실된다. 학교교육 계획의 실행은 교육목표를 달성하기 위하여 실제로 계획에 따라 활동하고 사업을 추진해 나가며 교육을 관리해 나가는 것을 말한다. 김종철은 학교교육 계획의 실행 과정으로 사전 준비와 시행의 두 단계로 나누어 설명하였다.[20] 사전 준비의 단계에는 사업 계획의 수립, 집행 계획의 수립을 들었고, 시행 단계에는 기구, 인원, 재정의 조달, 지도와 지시, 조직적 활동의 조정, 통제와 감독 등을 제시하였다.

(3) 운영 평가 단계

학교교육 계획에서 운영 평가의 단계는 운영이 얼마나 합리적이고 효율적으로 이루어지고 있으며, 교육목표에 어느 정도 도달했는지를 평가하고, 차기 학교교육 계획 수립 시 피드백을 하는 데 목적을 두고 있다. 이 단계에서 이루어지는 평가가 제대로 이루어지기 위해서는 몇 가지 평가의 원칙이 있어야 한다. 즉, 평가될 내용이 어떠한 형식이든 계량화 또는 정성화할 수 있어야 하고, 평가 기준이 될 목표가 설정되어야 하고, 실적 및 기준과의 비교 검토로 개선 방안이 추출되어야 한다.

20) 김종철, **교육계획론**(서울: 교육출판사, 1985), 122-124.

평가의 과정은, 첫째, 평가 목표를 확정하고, 둘째, 평가 영역을 선정하고, 셋째, 평가 방법을 결정하고, 넷째, 평가 자료를 수집하고, 다섯째, 자료의 처리와 결과를 정리하고, 여섯째, 결과를 활용하는 것이다. 평가 결과를 효과적으로 활용하기 위한 구체적인 내용은 다음과 같다.

① 모든 조직 구성원이 평가를 숙독하도록 한다.
② 평가 결과를 새로운 계획과 경영의 과정에 피드백하는 절차를 공동으로 마련한다.
③ 운영상에 나타난 단점으로 인해 구성원이 위축되지 않도록 개방적인 조직 풍토를 만든다.
④ 조직 목표를 달성하는 데 기여한 구성원에게 상을 준다.
⑤ 평가 과정에서 나타난 내부 기밀에 대한 보안 유지를 철저히 하고, 개인의 비밀을 잘 지킨다.
⑥ 학교경영에 대한 정확한 평가를 위해 지속적인 연구를 수행한다.

5) 교육계획의 효용성과 한계

(1) 교육계획의 효용성

계획은 교육이 추구하는 목표를 효율적으로 달성하는 데 중요한 기능과 역할을 담당하고 있다. 교육계획의 효용성을 좀 더 구체적으로 설명하면 다음과 같다.[21]

① 교육계획은 교육정책 수행과 행정의 안정화에 기여한다. 장기적 전망하에 수립된 계획은 일관성 있는 정책을 지속적으로 수행해 나가게 한다. 계획을 통하여 뚜렷한 목표와 방법을 견지하면 조령모개식(朝令暮改式)의 정책 변경이나 방침 변경은 일어나지 않는다.
② 교육계획은 행정이나 경영의 효율성을 높인다. 설정된 목표를 가장 효율적으로 달성할 수 있는 최적의 대안을 선택함으로써 경제적 효율성을 높인다. 또한 목적과 수단을 합리적으로 연결시킴으로써 교육행정 활동의 합목적성과 타당성을 높인다.
③ 교육계획은 한정된 재원의 합리적 배분 기능을 수행한다. 한정된 재원을 가지고 두

21) 김신복, 현대교육행정이론(서울: 형설출판사, 1977), 208-209.

자지출의 우선순위에 따라 효과를 극대화하도록 배분하는 것은 계획 활동의 핵심적 기능 중의 하나이다.

④ 교육계획은 변화와 개혁을 촉진하는 계기가 된다. 여건의 변동에 따라 수동적으로 대응책을 강구하는 것이 아니라 변화를 예견하여 능동적으로 대처하고, 나아가 변화를 창의적으로 계획함으로써 발전을 촉진할 수 있다.

⑤ 교육계획은 합리적 통제를 가능하게 한다. 계획의 실천 후에는 반드시 평가 내지 심사분석이 수반된다. 그 결과를 토대로 목표 수정과 진도 조정이 가능하다. 통제활동은 계획 집행이 끝난 다음뿐만 아니라 집행 과정에도 계속적으로 시행되고, 필요한 시정조치를 적시에 취함으로써 긍정적 의미의 통제가 가능하다.

(2) 교육계획의 한계성

교육계획의 여러 가지 효용성에도 불구하고, 여러 가지 어려움 때문에 많은 저해 요인과 한계를 가지고 있다. 일반적으로 지적되고 있는 교육계획의 한계성은 다음과 같다.[22)]

① 미래 예측의 어려움: 교육계획은 미래에 관한 정확한 예측을 기초로 하는데, 인간의 예측 능력은 불완전하기 때문에 그 효용에도 한계가 있다. 최근 컴퓨터 등 기기의 발달과 예측 기법의 발전에 힘입어 예측의 정확성이 크게 제고되고 있기는 하지만, 인간의 합리성에 한계가 있기 때문에 근본적인 문제점은 여전히 남아 있다.

② 정보와 자료의 부족: 교육계획을 수립하기 위해서는 교육의 현황과 문제, 인적·물적 자원의 규모와 능력 등에 관한 다양한 정보와 자료가 필요하다. 그리고 그러한 정보와 자료는 정확성과 예측성 및 시의성을 가지고 있어야 한다. 그러나 정확하고 적절한 정보와 자료의 취득에는 한계가 있기 때문에 합리적인 교육계획을 작성하는 데 늘 어려움이 상존하고 있다. 특히 후발국에 있어서 기초연구와 통계의 미비는 좋은 교육기획을 저해하는 가장 큰 요인이 되고 있다.

③ 전제 설정의 불확실성: 교육계획에서는 각종 예측과 추정을 위해 여러 가지 상황을 전제한다. 예컨대, 취학 아동의 수가 감소하지 않을 것이라든지, 경제성장이 지속되리라는 가정 등을 전제로 미래 예측을 하고 그에 따라 교육계획을 수립한다. 그런데 급변하는 현대에 있어서는 이러한 전제 설정이 매우 어려운 일이고, 비록 설

22) 김창걸, 교육행정학 및 교육경영(서울: 형설출판사, 1986), 110-111.

정하였다고 하더라도 그 변화를 예상하기 어렵기 때문에 정확한 미래 예측을 통한 교육계획에는 많은 한계가 있다.

④ 시간과 비용 및 노력의 제약: 교육계획의 수립에는 많은 시간과 경비, 전문적 역량이 계속적으로 요구된다. 그러나 그러한 것들은 항상 한정되어 있기 때문에 교육계획의 효율적인 수립과 추진이 저해를 받는다.

⑤ 정치적 · 사회적 압력: 교육계획은 중립성의 원리에 따라 합리적으로 이루어지는 것이 바람직하다. 그러나 교육전문가에 의해 합리적으로 수립된 교육계획의 경우도 정치적·사회적 압력에 의해 변경되거나 실현되지 못하는 경우가 종종 발생한다. 모든 사람에게 이익이 되고, 만족감을 충족해 줄 수 있는 변화와 개혁은 있을 수 없기 때문에 교육기획은 대단히 어려운 것이다.

⑥ 계량화의 곤란성: 교육계획의 목표는 대체로 추상적인 경우가 많다. 그래서 이를 명확하게 계량화하기가 어렵기 때문에 목표를 설정하는 것 자체가 어렵고, 그 달성 수단을 강구하거나 달성 여부를 평가하기가 대단히 어렵다.

⑦ 교육운영의 경직성으로 인한 개인의 창의성 위축: 교육은 자율적인 활동에 의존하므로 지나치게 세부적인 교육계획은 그러한 자율성 침해를 가져오고 창의성을 위축시킬 수 있다. 특히 교육계획은 교육 발전을 최우선 목표로 하고 있기 때문에 자율성의 침해나 창의력의 위축은 심각한 교육발전 저해 요인이 된다.

2 교육정책

이 절에서는 교육정책의 개념과 내용, 교육정책의 과정, 교육정책 형성의 참여자와 제약 요인을 제시하고자 한다.

1) 교육정책의 개념과 내용

(1) 교육정책의 개념

일반적으로 현대 정책학은 1951년에 라스웰(Lasswell)이 「정책지향(Policy Orientation)」이라는 논문을 발표한 시점이 시작이라고 할 수 있다. 물론 정책에 대한 연구가 이때 처음으로 만들어진 것은 아니고, 우리 인류가 조직을 만들고 정부를 출범시킨 후 그 정부가 정책을 제대로 시행하고 있는지에 대한 각종 분석, 연구, 비평 및 건의 등을 공공정책에 대한 연구라고 볼 때 그 기원은 상당히 오래되었다고 할 수 있다.

정책에 대한 개념을 살펴보면 Lasswell은 "어떻게 정책이 만들어지고 집행되는가에 대한 체계적이고 경험적인 연구"라고 하였고, 드로르(Dror)는 정책이란 "주로 정부기관에 의해 결정되는 미래의 주요한 행동 지침"이라고 정의하였으며,[23] 정정길 등은 일반적으로 정책이란 국민 생활의 제 영역에 관한 국가의 기본 방침으로서 그 분야의 과업을 수행하는 지침이나 방향, 목표 등을 제시하는 것을 말한다고 하였다.[24] 그러나 이처럼 정책의 개념은 상황, 목적, 관점, 분석 방법 등에 따라 학자들이 다르게 사용하고 있어 간단명료하게 진술하기에는 어려움이 따른다. 다만 정책의 개념 속에는 적어도 다음과 같은 요소가 포함되어 있는 것으로 생각할 수 있다.[25]

첫째, 정책은 실현하고자 하는 특정 목표가 있다. 그것은 하나일 수도 있고, 복합적인 형태를 띤 것일 수도 있다. 그러한 목표의 내용은 정치적·경제적·사회적·문화적 특성을 반영하게 된다. 이러한 점에서 정책은 가치 함축적인 개념이다.

둘째, 그러한 목표를 실현하기 위한 바람직한 행동 경로가 있다. 이러한 점에서 정책을 행동 지향적이라고 하겠다.

셋째, 정책에는 공공성이 내포되어 있다. 정책은 주로 공공기관에 의해 이루어지는 국민에 대한 장래의 약속이다. 따라서 이것은 하부 부서의 세부적 결정 또는 다른 사적 부문에서의 결정에 대해 기본 방향을 제시하는 지침으로서의 역할을 하게 된다.

앞과 같은 정책의 가치 함축적인 특성이나 행동 지향적 특성 및 공공 지향적 특성 등은 교육정책의 경우에도 그대로 적용된다. 그러나 일반적으로 정책이 정부의 정치적 권력에 의해 결정되고 실현된다고 하더라도 교육정책은 그 대상이나 문제가 교육 분야이기 때문에 정치, 경제, 사회, 문화, 외교, 국방 등과 관련된 분야의 정책과는 다른 특수성을 가지고 있다.

교육정책에 대한 개념은 학자들에 따라 다양하게 논의되고 있다. 백현기는 교육정책을 "정치적 권력 과정을 거쳐서 형성된 어떤 교육계획이 실현되는 일체의 과정"으로 정의하였으며,[26] 이형행도 교육정책을 "일정한 교육목표를 달성하기 위하여 국가가 결정

23) Yehezkel Dror, *Public Policy Reexamined*(San Francisco: Chandley Publishing Co, 1968), 12.
24) 정정길, 최종원, 이시원, 정준금, **정책학원론**(서울: 대영문화사, 2003), 16-25.
25) 안해균, **현대행정학**(서울: 다산출판사, 1982), 211.
26) 백현기, **신고 교육행정**(서울: 을유문화사, 1964), 30.

한 기본적인 행동 방안과 지침"으로 정의하였다.[27] 한편, 김종철은 교육정책을 "사회적·공공적·조직적 활동으로서의 교육활동에 관하여 국민의 동의를 바탕으로 하면서 국가의 공권력을 배경으로 강행되는 기본 방침 또는 지침을 의미하며, 그것은 교육활동의 목적, 수단, 방법 등에 관한 최적의 대안을 의도적, 합리적으로 선택한 것"이라고 정의하였다.[28]

따라서 교육정책이란 사회적·공공적·조직적 활동으로서 교육활동을 위하여 국가와 공공단체가 국민 또는 관련 주민의 동의를 바탕으로 하여 공적으로 제시하며, 공권력을 배경으로 강행성을 가지는 기본 방침 또는 지침을 의미한다. 그것은 교육활동의 목표, 수단, 방법 등에 관한 최적의 대안을 의도적, 합리적으로 선택한 것이며, 교육이념을 구현하기 위한 수단인 동시에 교육제도와 그 운영을 위한 대안을 제시하며, 협의의 교육행정에 대해서는 그 지침이 된다.[29]

이와 같이 볼 때 교육정책은 기본적으로 다음과 같은 속성을 지닌다고 할 수 있다.[30] 첫째, 교육정책은 교육활동을 대상으로 하며, 교육활동을 위해 봉사하는 수단적인 면을 지닌다. 둘째, 교육정책의 주체는 정치체제(political system)를 형성하는 국가(중앙교육행정기관) 또는 지방자치단체(시·도 교육청 등)가 된다. 셋째, 교육정책은 교육 활동과 내용의 지침을 제시한다. 넷째, 교육정책은 교육 문제를 해결하기 위한 합리적인 의사결정과 최적의 대안을 탐색하는 과정이다. 끝으로, 교육정책은 국가나 지방자치단체가 설정하는 교육이념을 구현하는 수단이 되며, 집행 성격으로서의 교육행정에 대한 기본 지침이나 방향을 제시한다.

교육정책을 논하는 데 있어 국가 의사를 실질적으로 형성하는 권력 과정과 권력의 교육지배 형태를 정치 과정으로 분석하는 것은 매우 중요하다.

(2) 교육정책의 내용

교육정책의 개념을 밝히는 것이 외연을 규정하는 것이라면, 교육정책의 내용을 규정하는 것은 개념의 내포를 명료히 하는 것이 된다. 교육정책의 내용은 교육활동의 부문별 영역에 따라 구분할 수 있다. 사회적·공공적·조직적 특성을 지닌 교육활동은 보통 초등

---

27) 이형행, 교육행정론(서울: 문음사, 1992), 39.
28) 김종철, 전게서(1990).
29) 김종철, 전게서(1989), 680.
30) 상게서, 680-681.

교육, 중등교육, 고등교육, 교원교육, 산업교육, 유아교육, 특수교육, 해외교육, 학교 외 교육 등 9개 영역으로 구분할 수 있으며, 그 구분 기준에 따라 초등교육 정책, 해외교육 정책, 학교 외 교육정책 등으로 구분할 수 있다.[31)]

교육정책의 내용은 또한 교육의 기능별 영역에 따라 구분할 수도 있다. 여기서 기능별 영역이란 초등, 중등, 고등 등의 각 부문별 영역마다 교육의 기능 요인으로서 교육목표, 교육과정, 교과서, 장학, 교직원 인사, 학생, 재정, 시설, 사무관리, 연구, 홍보 등 여러 요인으로 구분된다. 이러한 교육의 기능에 따라 교육정책의 내용을 교육목표에 관한 정책, 교육과정 정책, 교과서 정책, 장학에 관한 정책, 인사정책, 학생 정책, 재정정책, 시설 정책, 사무관리에 대한 정책, 연구에 관한 정책, 홍보에 관한 정책 등으로 구분할 수 있다. 고명석은 교육정책의 내용과 분류를 구분 기준에 따라 〈표 4-1〉과 같이 정리하였다.[32)]

〈표 4-1〉 교육정책 영역과 내용 비교

연구자	구분 기준	교육정책 영역(내용)
김종철, 이종재 (1994)	교육활동의 영역	초등교육, 중등교육, 고등교육, 교원교육, 산업교육, 유아교육, 특수교육, 해외교육, 학교 외 교육
	교육활동의 기능	교육목표, 교육과정, 교과서, 장학, 교직원 인사, 학생, 재정, 시설, 사무관리, 연구, 홍보정책 등
김윤태 (1999)	교육체제 및 통제와 조성	학생선발제도, 교육과정 구조와 운영, 교수 인사, 재정, 학교 설립, 정원관리 정책
윤정일 외 (2002)	시대별 쟁점 사안	의무교육 정책, 고등학교 평준화 정책, 사학 정책, 교육환경 정책, 과외 정책, 대학 입학 전형제도, 대학 기여 입학제, 대학 정원 정책, 대학 평가 인정제, 납입금 정책, 대학 총장 선임제도, 교원 양성 및 임용 정책, 교육재정 정책 등
권기욱 (1996)	효과성, 효율성	학사관리, 교직원 관리, 시설·설비 관리, 재정관리
Hans (1929)	국가와 개인 간의 관계	무정부적·자유방임적 교육정책, 독재·통제주의적 교육정책, 민주주의적 교육정책
Horowits (1966)	정치이념	자유민주주의적 교육정책, 사회주의적 교육정책, 혼합형 교육정책

출처: 고명석, 한국사립대학의 설립과 정원관리정책에 관한 연구, 전북대학교 대학원 박사학위논문, 2004, 62.

31) 김종철, 이종재, 교육행정의 이론과 실제(서울: 교육과학사, 1994), 154-155.

32) 고명석, 한국사립대학의 설립과 정원관리정책에 관한 연구(전북대학교 대학원 박사학위논문, 2004), 62.

2) 교육정책의 과정

일반적으로 정책 과정은 정책 문제의 발생으로부터 정책이 종결될 때까지 일어나는 일련의 과정을 말한다. 정책 과정은 정책이 이루어지는 내부체제에서만 형성되는 것이 아니라 정치적·사회적 맥락 속에서 역동적으로 이루어지고 있으며, 복잡한 관련 변인, 요소 간의 상호작용하에서 이루어진다. 이와 같이 정책이 전개되는 과정에서는 정책을 둘러싸고 있는 정책 환경을 고려하여야 한다. 왜냐하면 정책 환경의 변화에 따라 정책 과정이 달라질 수 있기 때문이다. 정책 과정에 대한 학자들의 견해를 보면 Dror는 초정책 결정 단계(meta-policy making stage), 정책 결정 단계(policy making stage), 정책 결정 이후 단계(post-policy making stage)로 나누고 이를 다시 18개로 세분하였으며, 정책 결정의 단계를 목적의 설정, 자원 자금의 작성, 대안의 작성, 각 대안의 효과 및 손실의 예측, 각 대안의 실현 가능성 추정, 가능한 대안의 비교, 최적안 평가 및 선정 등으로 구분하였다.[33]

앤더슨(Anderson)은 정책 과정을 정책 문제 규명 및 의제 형성, 정책 공식화, 정책 평가로 구분하여 기술하였다.[34] 김신복은 정책 개발의 과정을 정책 의제의 선정, 정책목표의 설정, 모형 설정 및 영향 분석 그리고 정책 선택(결정)의 6단계로 제시하였다.[35]

이러한 교육정책의 과정은 학자마다 다양하게 제시할 수 있지만 일반적으로 그 과정은 형성, 집행, 평가의 3단계로 구분할 수 있다. 교육정책의 과정을 3단계로 구분할 때 교육정책의 형성이란 무엇을 의미하는가? 교육정책은 그 성격상 국가의 정치권력을 배경으로 하고 있기 때문에 교육정책의 과정을 논할 때는 먼저 그 주체가 되는 정치권력 작용이 어떠한가, 그다음에 정책의 대상이 누구이며, 끝으로 정책의 현실적 과정은 어떠한가 하는 세 가지 측면을 고려해야 한다. 이와 같은 의미에서 교육정책은 정치권력 과정을 거쳐서 형성된 산출이며, 이는 모든 교육활동이나 교육 프로그램 발전에 방향을 제시해 주는 일련의 지침이라고 할 수 있다.

교육정책의 형성은 일종의 정치적 과정(political process)을 거쳐서 이루어지는 것이므로 저마다 독자성을 지니고 있는 정치체제와 정치문화의 차이에 따라서 서로 다르다고 할 수 있다. 즉, 정책 결정의 주체와 환경, 정치권력의 성격과 양태 등에 따라서 정책 결

33) Yehezkel Dror, *op. cit.*, 163-169.

34) James E. Anderson, *Public Policy Making*, 3rd ed.(Austin Texas: Holt, Rinehart and Winston, 1984), 25.

35) 김신복, **정책 개발의 과정과 방법**(서울: 법문사, 1982), 11-37.

정의 과정이나 거기에 적용되는 여러 요인의 경중이 서로 다를 것임은 논리적으로 당연한 일이다. 그러나 일반적으로 민주국가에 있어서 교육정책의 형성 과정에 관하여 캠벨 등은 [그림 4-1]과 같이 설명했다.[36)]

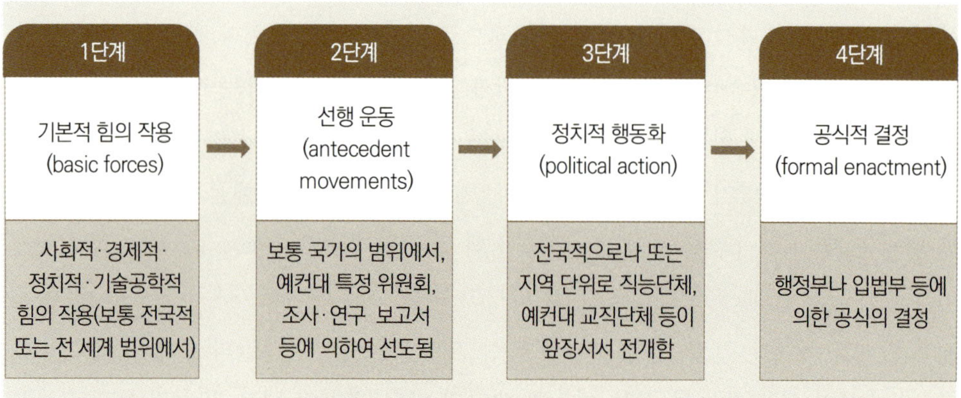

[그림 4-1] 교육정책의 형성 과정 모형

출처: Roald F. Campbell, et al., *Introduction to Educational Administration*(Boston: Allyn, Inc., 1964), 247.

즉, 교육정책은 다른 부문의 정책과 마찬가지로 기본적 힘의 작용이 선행운동을 불러일으키고, 그것이 압력단체 등의 선도에 의한 정치적 행동화를 거침으로써 마침내 교육정책 결정 주체에 의한 공식적 결정의 단계에까지 이르게 된다는 것이다. 그러나 이 모형은 교육정책 형성 과정의 흐름을 그 윤곽만 밝히고 있을 뿐 그것이 구체적으로 어떠한 요인에 의하여 어떻게 이루어지는지 밝히지 못하고 있다. 보다 구체적으로는 학부모와 일반 국민들, 교직단체와 같은 각종 이해관계 집단 또는 압력단체, 정당 등 정책 형성 과정에의 참여자들과 행정수반, 교육부장관, 국회, 행정관료 등의 당사자 및 이들을 위하여 준거집단(reference group)의 역할을 하는 전문직 단체 및 정책심의기구(위원회와 심의회 등), 그리고 전문적 지식과 정보 등을 제공하는 교육학자, 연구단체 등이 구체적으로 어떻게 여론을 형성하고 정치적 행동화의 방향을 유도해 가는지를 규명하여야 할 것이다.

3) 교육정책 형성의 참여자와 제약 요인

교육정책이 보통 사회적·공공적·조직적 활동인 만큼 그 형성 과정도 사회적 분위기에

---

36) Roald F. Campbell, John E. Corbally, & John A.Ramseyer, *Introduction to Educational Administration*(Boston: Allyn, Inc., 1964), 247.

많이 좌우될 수 있으며, 사회에 소속된 많은 관련 기관이 영향을 미친다. 교육정책 형성에 참여하는 요인과 제약 요인을 살펴보고자 한다.

(1) 교육정책 형성의 참여자

① 교육체제의 환경

교육은 사회적·문화적 제 양식을 보존하고 계승하며, 나아가 새로운 문화를 창조하기도 한다. 사회가 공인하는 가치, 규범, 지식, 기술 등 문화 내용 전반이 교육내용에 포함된다. 미신적이고 비과학적 신념과 태도로부터 개방되어 새로운 가치관과 신념을 가지고 과학적·합리적 사고와 창의력을 육성하는 것도 교육이다. 이외에도 교육은 사회혁신, 사회통합, 사회충원, 사회이동 등 다양하고 중요한 기능을 가지고 있다.

이처럼 교육체제가 그 환경과의 상호작용 과정을 보면 교육이 환경으로부터 영향을 받는 수동적 측면과 환경에 적극적으로 영향을 주는 능동적 측면 두 측면을 가지고 있음을 알 수 있다. 이러한 교육의 성격은 교육정책 형성 과정에 영향을 주는 요인이 된다. 캠벨 등이 교육정책 형성 모형에서 지적하는 '기본적인 힘'은 바로 교육정책 수립 과정에 영향을 주는 교육체제의 환경적 요인임을 알 수 있다.[37)]

② 정책결정자

정책 결정에 작용하는 요인 가운데 정책결정자의 여러 특성을 지적하지 않을 수 없다. 정책결정자의 개성, 전문적 지식, 가치관, 신념, 태도, 과거 경험, 통찰력, 판단력 등은 정책 결정에 영향을 주는 또 하나의 요인이다. 특히 교육정책은 다양한 사회적 기능을 가진 교육의 문제를 다루는 것이고, 그 대상도 전 국민을 대상으로 하고 있으며, 또한 각계각층의 지식인 또는 학자와의 이해관계에 얽혀 있는 문제를 다루고 있기 때문에 모든 계층의 필요와 요구를 조화시키고 충족시켜야 하는 특징을 가지고 있다. 예컨대, 어떠한 결정을 함에 있어서 국민 다수를 위한 정책을 내세우게 되면 소수 특권층의 압력과 반대작용에 부딪힐 가능성을 가지게 되어 이 갈등을 해소 또는 조정할 수 있는 정책이 수립되어야 한다는 것이다. 여기에 정책결정자 자신의 여러 특성이 작용한다. 예를 들어, 정책결정자의 철학, 가치관, 신념 등과 같은 그의 기존의 경험과 지식 등이 동원될 뿐 아니

---

37) 김윤태, 교육행정 · 경영의 이해(서울: 동문사, 2001), 150 151.

라 여론과 건의를 받아들이는 태도, 그리고 문제를 대하는 자세 등이 다양하게 나타난다. 인간은 전지전능하지 않기 때문에 그의 개인적 특성은 정책결정에 있어서 여러 가지 형태로 작용하기 마련이다. 따라서 이해관계 집단 간의 갈등을 조정하고 합리적 정책을 결정하기 위하여 이해관계에 무관한 학자, 연구기관, 지식인 등의 공식적 조언을 구하고 이를 정책결정에 반영하는 민주적 태도는 정책결정자가 가져야 할 기본자세이다.

③ 대통령

대통령은 국가의 최고 통치자, 행정수반으로서 교육정책 과정 전반에 걸쳐 가장 강력한 법률적 권한을 행사하는 정책결정자이다. 곧 대통령은 다른 어떤 정책결정자보다 가장 강력한 합법적 권한을 가지고 교육정책의 형성과 결정뿐만 아니라 집행과 평가 과정에 관여한다. 특히 우리나라와 같이 대통령 중심제의 중앙집권적 정치체제하에서 대통령은 정책결정의 최종적인 권위를 부여받는다. 대통령의 교육정책 결정 과정에 있어서의 활동 영역은 국회와의 관계에서의 권한 인정과 행정부 내에서의 교육부와 대통령 주변의 막료집단(대통령 비서실, 정책보좌관 등) 간의 역할 증대에서 찾아볼 수 있다.

다시 말해서 국회가 정책 의제 설정 및 결정 과정에서 특정 업무를 행정 관료에게 위임하게 되면 대통령은 「대한민국헌법」상의 고유 권한으로 인하여 교육정책 결정에 대한 영향력이 증가하게 되고, 행정부 내에서도 교육정책 결정에 있어서 교육부와 대통령 비서실 외에 정책보좌관 등의 건의와 조언을 수용하여 교육정책을 결정하게 된다.

그런데 대통령의 교육정책 결정에 있어서 대통령 자신의 가치관과 태도, 인성과 취향, 판단력과 전문적 자질 등과 같은 개인적 변인이 작용할 수 있다. 이와 같은 개인적 변인은 때때로 교육정책 결정의 제약 요인으로 작용하기도 하는데, 이런 제약 요인을 방지하기 위해 대통령의 교육정책 결정 과정에 정책 자문기구의 전문적인 보고서와 유용한 조언이 요청된다.[38)]

④ 교육부 관계자

교육정책을 기안하고 심의 및 의결하여 수립하는 교육부 내의 공무원들은 교육정책 형성에 있어서 가장 중요한 참여자이다. 이들은 교육행정 전문가로서 국가의 교육활동을 운영하면서 발생되는 교육의 문제와 쟁점을 잘 알고 있으며, 과거 및 현재의 자료와

38) 한국교육행정학회, 교육정책론(서울: 도서출판 하우, 1996), 235.

정보를 가장 많이 가지고 있는 사람들이다. 뿐만 아니라 정책을 발안하고, 발안된 정책을 검토하며, 결정된 정책을 시행하는 역할을 맡고 있기 때문에 교육정책의 형성에 중추적인 참여자라고 할 수 있다.[39)]

⑤ 국회와 정당

국회와 정당이 정책결정 과정에 미치는 영향을 파악하기 위하여 행정부와의 구조적 관계를 파악할 필요가 있다. 우리나라와 같이 행정부, 입법부 간에 통합적·계서적(階序的) 구조형태하에서는 국회의 기능이란 행정부의 입장에서나 여당의 입장에서 보면 주로 정부의 정책을 합법화하는 것, 정부 제출의 법률안을 통과시키는 것, 나아가서는 체제를 안정화시키는 것이라고 볼 수 있다. 야당은 구조적으로는 이러한 것과는 직접 관계가 없는 존재이다. 그러나 정책결정에 관련되는 것은 국회라는 합의체(合議體) 조직을 통해서인데, 야당도 다수에 의한 소수의 지배라는 형식으로 결국 계서적으로 조직화되어 그 속의 소외된 하위 계서자와 같은 존재로 되어 있다. 이러한 구조와 기능 때문에 국회는 국민의 이익을 대표하여 정책안을 심의하거나 스스로 정책개발을 통하여 합리적인 정책대안을 제출하여야 함에도 불구하고 정부의 정책결정 과정에 작용하는 행동은 소극적이며, 수동적 경향을 띠고 있다.

⑥ 이익집단

교육정책의 대상이 각계각층을 포괄하며, 그 성격도 다양하기 때문에 압력단체로서의 역할을 하는 이익집단도 적지 않다. 행정부 또는 입법부가 교육정책을 심의 또는 개발하는 과정에서 이익집단은 다양한 방법으로 영향력을 행사한다.

예컨대, 한국교원단체총연합회, 한국사학법인연합회와 같은 단체들은 단체 구성원들의 이익을 향상 또는 보호하기 위하여 여러 가지 활동을 전개하고 있다. 한국교원단체총연합회는 교권에 관하여, 한국사학법인연합회는 사학에 관하여 정책을 수립하는 과정에 각각 영향력을 투입하고 있다.

우리나라에서 이익집단 활동의 장은 일차적으로 행정부가 되며, 관련 이익집단은 그들의 요구사항을 실현시키고자 우선 개별적 비밀 접촉을 하는 경우가 많다. 인간적·정적인 유대관계를 통하여, 즉 사적 좌석이나 사적 회합에서 그들의 요구를 전달하는 때가

39) 윤정일, 송기창, 조동섭, 김병주, 교육행정학원론(서울: 학지사, 2007), 225-226.

많다. 그러나 이러한 방식으로는 성공할 가능성이 없다고 판단될 때, 진정서나 건의서 등으로 문서화해서 장관실을 공식 방문하게 되고, 그것도 실패할 때는 마지막 수단으로 신문에 성명 발표 등의 실력 행사를 한다.

이익집단은 정책 수립 과정만이 아니라 정책 산출에 있어서도 연구 및 분석 과정을 통하여 대체안과 수정안을 제시하기도 하고, 정책결정자들이 제3안의 대안을 수립 및 채택하게 할 뿐만 아니라 정책 집행 과정에 내실을 기하도록 도움을 주기도 한다.

⑦ 매스컴

신문과 방송은 정보전달과 비판의 두 가지 기능을 통하여 정책 결정 과정에 영향을 준다.[40)]

첫째, 신문과 방송은 정부와 국민 사이에서 정보전달의 기능을 한다. 정부는 신문과 방송을 통하여 정보 또는 공보를 전달한다. 그러나 신문과 방송은 정부 발표 내용을 그대로 전달하기보다는 해석 또는 비판을 가함으로써 국민들의 객관적 판단에 도움을 준다. 경우에 따라서는 정부가 원하지 않는 정보까지도 적극적으로 수립하여 정책이 실현되기 전에 여론을 조성하기도 한다. 한편, 신문과 방송은 국민 또는 이익단체의 의사를 행정부 측에 직접 전달할 수 있어 관료적·계서적 방해를 받지 않고 민의를 최고 정책결정자에게 직접 전달하기도 한다. 따라서 신문, 방송, 정부는 상호 의존적 관계에 있기도 하며, 대치관계(對峙關係)에 있기도 한다.

둘째, 신문과 방송은 비판 기능을 통하여 정책결정 과정에서 정책대안을 제시하기도 하며, 이해관계자의 의견을 직간접적으로 제시하고, 민의를 전달하여 기존의 정책 방향을 수정하기도 한다. 신문은 비판 기능 때문에 사회 내의 다른 비판 세력과 연합하여 정책결정 과정에 영향을 줄 수도 있다. 예컨대, 야당은 주요 정보원으로서 신문을 이용하고 있기 때문에 정책결정 과정에서 신문과 연합하게 되는 경우도 있다. 신문과 방송이 제시하거나 여론화해 놓은 사안이 행정부에 의하여 정책화될 때 신문과 방송은 이 정책의 발안자, 지지자로서 기능한다고 하겠다. 이때 여당과 야당 간에도 대립 관계를 풀고 똑같이 정책을 지지하게 된다.

이외에도 신문과 방송은 다른 기관에서 일어나고 있는 일을 전달해 줌으로써 행정기관 간의 횡적 조정에 도움이 될 뿐 아니라 정책결정 과정에서 다른 기관의 관련 정보를 이용할 수 있게 해 준다.

40) 김윤태, 전게서(2001), 153.

⑧ 연구기관과 학자

교육정책은 그 범위가 광범위하고, 복잡한 동적 과정을 통해 형성되며, 형성된 교육정책은 일차적으로 공익(共益)을 도모하기 때문에 정책결정자에게는 상당한 전문적 지식과 통찰이 요구된다. 더욱이 우리나라와 같이 날로 교육의 규모가 대형화되고, 교육 기능의 복잡화, 전문화가 가속화되며, 치열한 교육 경쟁 등의 상황에서 야기되는 갈등과 충돌을 완화 내지 해결하기 위하여 합리적이고 공정한 교육정책을 결정하는 일은 어렵다. 그동안 우리나라의 교육정책이 조변석개(朝變夕改)란 평을 들을 정도로 안정성과 일관성을 유지하지 못한 것도 결코 우연한 일은 아니다. 이는 우리나라 교육정책 환경상의 특수성 때문이기도 하지만 이러한 상황에 능동적으로 대처할 만큼 교육행정가나 정책결정자가 전문적 지식 또는 통찰을 충분히 갖추지 못한 데에도 그 원인을 찾을 수 있다.

물론 교육 문제 해결을 위해 고도로 전문화되고 조직화된 정보가 정책결정의 주체인 행정부에 집중되어 있지만 정책결정자는 시간, 과중한 집행 업무 등 현실적 제반 조건 때문에 그러한 정보를 정확하게 해석하고 공정하고 합리적으로 판단하는 데 미흡하다.

따라서 교육정책 문제를 전문적으로 연구하는 기관이나 학자가 합리적인 정책 결정을 내리는 데 필요한 지식, 정보, 자료를 제공함으로써 정책 결정 과정에 참여하고 있는 것이다.

교육정책 연구는 대체로 정책 결정에 필요한 연구와 정책 과정에 관한 실증적 연구로 대별할 수 있다. 전자는 합리적인 정책 결정에 필요한 지식과 정보를 제공한다. 예컨대, 교육정책 목표와 수단 간의 인과관계에 관한 지식, 정책의 전 과정에서 정책을 어떻게 결정하는가에 관한 지식, 정책 대안들의 정치적 가능성에 관한 지식 등이 이에 해당된다. 후자는 교육정책 문제의 등장에서부터 정책 문제의 채택, 대안 탐색, 정책 결정, 시행 및 환류(還流)에 이르는 정책 과정에 관한 실증적 기초연구이다. 이것은 널리 일반 국민을 각성시키고 미래의 정책결정자에게 폭넓은 능력 배양과 시야를 제공하여 교육정책 문제 해결에 대한 기본자세를 확립해 줄 수 있다.[41)]

⑨ 국민과 학부모

교육체제의 환경적 요인은 국민의 새로운 교육 요구를 형성하는 데 작용하며, 이 요구는 일반적으로 국회(정당)와 언론매체 또는 건의기구를 통하여 정책결정자에게 전달된다. 이러한 교육에 대한 새로운 요구는 갈등적 요소를 내포하고 있기 때문에 신중한 정

---

41) 정정길, 전게서(2003), 137-151.

책 결정이 필요하게 된다. 왜냐하면 하나의 교육정책 결정이 이해관계에 따라 이익이 되는 국민 내지 집단이 있는가 하면, 그렇지 않은 대상도 있기 때문이다. 교육열이 높고 교육 경쟁이 치열하며 산업사회의 교육에 대한 요구가 큰 한국과 같은 사회에서는 정책결정이 모두에게 유리하게 되기란 용이하지 않다.

정책결정자는 여론화된 교육적 요구를 규명하고 적절한 결정을 내리지 않으면 안 된다. 이처럼 국민 내지 학부모는 교육정책 결정에 영향을 주기도 하고 영향을 받기도 한다. 국민은 개인적 또는 집단적으로 그들의 요구가 교육정책 결정 과정에 반영되도록 노력한다. 또한 민주사회의 교육행정에서 민중통제(民衆統制)의 원리는 교육의 민주화를 위하여 매우 중요한 원리로 채택되고 있어 국민 또는 학부모가 교육정책 결정 과정에 참여하는 길을 제도적으로 보장하는 것이다. 정책결정자는 여론에 민감하게 반응함으로써 국민과 보다 밀착된 교육정책을 수립할 수 있을 것이다.

비록 교육정책이 국가권력을 배경으로 한다고 하여도 정책의 영향을 받는 국민과 학부모의 동의를 바탕으로 하지 않으면 안 되기 때문에 그들은 정책 결정 과정에 크게 영향을 미친다고 할 수 있다.

(2) 교육정책 형성의 제약 요인

교육정책이 형성되는 데 있어서 제약 요인을 인적 요인, 조직적 요인, 환경적 요인으로 나누어 간단히 살펴보기로 한다.[42]

① 인적 요인: 정책결정자나 참여자들이 가지고 있는 인성, 지식과 기술 및 경험, 가치관과 태도 등 개인적 요인이 합리적인 교육정책 수립을 제약한다.

- 정책결정자나 참여자들의 인성이나 사회적·경제적 배경 등의 차이가 갈등을 야기하고 비합리적 결정과 편협한 정책 수립을 야기할 수 있다.
- 정책결정자나 참여자들의 교육정책 결정에 관한 전문적 지식과 기술, 그리고 경험 등의 부족이 좋지 않은 교육정책을 수립하는 결과를 초래할 수 있다.
- 정책결정자들의 권위주의적 태도가 권위주의적 행정 풍토를 형성하여 과학적이고 합리적인 교육정책 결정을 저해할 수 있다.

42) 김창걸, 전게서(1986), 94-96.

② 조직적 요인: 중앙집권적인 조직구조와 관료제적 특성, 의사소통 체제의 미비, 자원, 정보, 시간의 부족 등 조직과 관련된 제약 요인이 합리적 교육정책 결정을 제약한다.

- 교육정책 결정이 교육부 장관을 위시한 제한된 참여자에 한정되고, 막료보다는 계선 중심의 통제 위주의 행정에 의하여 이루어지는 경우가 많다.
- 교육정책 업무만을 담당하는 기구가 존재하지 않는다. 기획조정실이 그러한 업무를 담당하고 있으나 주 업무가 조정 업무이기 때문에 효율적이지 못하다.
- 하향적 의사소통에 비해 상향적·횡적 의사소통체제가 원활하지 못하다.
- 교육정책 결정에는 많은 인적·물적 자원이 필요하나 각 부분에 걸쳐 자원이 적당히 배정되어야 하므로 자원의 제약이 뒤따르게 된다.
- 교육정책 결정에는 정확하고 신속한 정보를 필요로 하나 그러한 정보의 수집, 분석, 처리, 보관을 위한 체계가 제대로 갖추어져 있지 않다.
- 교육정책 결정에는 과정상 적당한 시간이 필요하나 긴급사태 등에 따라 많은 경우에는 시간의 제약을 받게 되므로 정책의 질이 저하될 수도 있다.
- 기존의 정책을 무시하기가 어렵다.

③ 환경적 요인: 조직을 둘러싸고 있는 정치적 풍토, 문화적 배경이 교육정책 결정에 영향을 미친다.

- 교육정책의 결정 과정에서 정치 풍토, 사회 관습, 법률적·문화적 요인 등이 교육 이외의 비합리적 요인으로 작용한다.
- 교육정책의 결정에 대해 여론, 언론, 전문가 집단, 이익단체, 정당, 국회 등이 너무 민감하게 반응함으로써 합리적인 결정을 저해한다.
- 정책결정자들의 재임 기간이 짧기 때문에 단기적인 활동에 치중하고, 책임을 모면하려는 보신주의(保身主義)적 관료 풍토가 교육정책의 질을 저하시킨다.

적용하기

❶ 교육계획의 유용성에는 어떤 것이 있으며, 교육계획을 통해 효율성을 극대화하는 데 저해되는 요인은 어떤 것이 있는지 논하시오.

❷ 교육정책을 형성하는 데 참여자나 참여 집단이 여럿 있는바, 그중에서 본인이 생각하는 가장 강력한 영향력을 행사하는 참여자나 집단은 어떤 것이고 그 이유는 무엇인지 말해 보시오.

❸ 교육계획의 과정 중 계획 수립 단계에서 이루어지는 절차를 설명하고, 학교에서 교육계획 수립 시 각각의 단계에서 행해야 할 일이 무엇인지 논하시오.

역량강화하기

글로 비전이나 목표를 작성하라

1953년 미국의 한 유명 대학에서 졸업반 학생들을 대상으로 조사한 결과, 67%의 학생들은 아무런 목표를 설정한 적이 없다고 대답했고, 30%의 학생들은 목표가 있기는 하지만 그것을 글로 적어 두지는 않았다고 대답했으며, 오직 3%의 학생들만이 자신의 목표를 글로 적어 두었다고 대답했습니다.

학력, 재능, 지능 면에서 아무런 차이가 없었음에도 불구하고 20년 후에 확인한 결과, 학창 시절 자신의 목표를 글로 썼던 3%의 졸업생이 축적해 놓은 재산은 나머지 97%의 졸업생 전부가 축적한 것보다 훨씬 더 많았다고 합니다.

한편, 맥도날드 창업자인 레이 크록은 성공의 척도가 뭐냐는 기자의 물음에 “많은 사람이 성공의 척도를 돈에 두지만, 나는 얼마나 많은 사람을 백만장자로 만들었느냐를 성공의 척도로 생각합니다”라고 답한 바 있습니다.

이 둘을 결합하면 재미있는 결론에 도달하게 됩니다. 직원의 30%, 아니 50%, 100%에게 모두 글로 쓴 확고한 비전을 갖게 하면 직원들이 성공할 것이고, 그렇게 되면 자연스럽게 회사도 성공하게 되는 원리가 바로 그것입니다. 직원 모두가 글로 쓴 확고한 비전을 갖게 하는 것이야말로 회사를 성공시키기 위한 가장 정확하고 쉬운 방법 중 하나가 될 수 있습니다.

직원들 스스로 글로 쓴 비전을 갖게 하면 개개 직원의 비전과 회사 비전의 연관성이 높아지는 부수 효과도 얻게 됩니다. 최근 여러 회사가 직원의 개인 비전 수립을 적극 지원하는 이유가 여기 있습니다.

교육칼럼 4

공부해서 남 주나

가정이나 학교에서 자녀 또는 학생들에게 자주 사용하는 언어 가운데 "공부해서 남 주냐?" 하는 말이 있다. 이는 학생들에게 학습 동기를 유발시키기 위해 사용하는 말이다. 공부해서 남 주는 것도 아닐 뿐만 아니라 부모나 선생님에게 주는 것도 아니라는 의미로 쉽게 전달된다. 그렇기에 부모나 교사가 공부하라는 이야기는 널 위해서 하는 말이기 때문에 다른 생각하지 말고 어른이 시키는 대로 공부나 열심히 하라는 말이다.

열심히 공부하여 성공하거나 출세하면 공부하는 당사자가 좋을 것이라는 멋진(?) 충고처럼 보인다. 그러나 공부해서 남 주는 것이 아니라면 그런 공부는 왜 하는 것일까? 공부해서 성공하거나 출세하여 나 혼자 잘 먹고 잘 살면 된다는 말인가? 아니다. "공부해서 남 주냐!"의 이면에는 부모에게나 교사에게도 조금의 혜택이 돌아올 것이라는 강한 기대감도 감추고 있는 게 사실이다. 공부해서 좋은 결과가 나타나면 당사자 주변의 사람들에게 유형, 무형의 혜택이 돌아가는 것은 당연하다. 그렇다고 공부하는 목적이 나와 내 주변의 몇몇 사람에게만 이익이 되어서는 안 된다.

동기이론의 새로운 전환점을 제공해 준 매슬로(Maslow)는 인간이 가지고 있는 욕구 가운데 최상위층의 욕구를 자아실현의 욕구라고 명명하였다. 자아실현의 욕구는 자신의 잠재 능력을 최대한으로 발휘하여 자기를 완성하려는 것이다. 즉, 자신이 중요하고 가치 있다고 생각하는 일이나 사람에게 최선을 다함으로써 자기의 잠재 능력을 극대화시키려는 욕구이다.

우리 인간은 보다 높은 차원의 욕구인 자존의 욕구나 자아실현의 욕구를 실현하기 위해 모든 노력과 열정을 쏟아붓게 된다는 것이다. 그럼에도 불구하고 자아실현의 욕구를 충족하고 자기의 생을 마감하는 사람은 그리 많지 않은 것 같다. 매슬로가 이야기하는 가장 기본적인 욕구에 해당되는 생리적인 욕구도 충족하지 못하고 죽어 가는 사람들이 이 세상에 얼마나 많은가?

한편, 심리학자인 허즈버그(Herzberg)는 사람들에게 만족을 주는 요인, 즉 만족요인(동기요인)과 사람들에게 불만족을 주는 요인, 즉 불만족요인(위생요인)이 별개로 존재한다는 사실을 발견하였다. 만족요인은 성취, 인정, 작업 자체, 책임, 발전 등과 같은 요인으로, 작업 내용과 직접 관련된 내적·심리적인 것들이고, 불만족요인은 직장의 정책, 감독, 임금, 인간관계, 근무조건 등과 같은 요인으로 작업환경과 관련된 외적·물리적인 것이다. 사람은 위생요인의 개선이나 제거를 통해서 만족을 얻는 것이 아니라, 동기요인을 통해서만 진정한 만족을 얻을 수 있다는 것이다.

지금 우리는 직장 생활의 만족과 기쁨을 어디에서 찾고 있는지를 점검해 볼 필요가 있다. 혹 직장인이 승진이나 보수를 통해서만 자신의 가치를 발견하려고 하거나 물질적인 욕구를 충족하는 데에만 관심을 집중하고 있는지 되돌아보아야 한다. 직장 생활의 만족은 봉급 인상이나 근무조건의 개선을 통해서가 아니라 일 자체를 통해서 얻는 것이다. 교육자는 직무 자체, 즉 학생을 가르치는 일을 통해서 그리고 그 가르침을 통해 변화되는 학생의 모습을 통해서 만족과 기쁨을 얻게 된다.

아울러 학생은 공부 그 자체를 통해 학습의 기쁨을 얻어야 한다. 학습 결과에 대한 내재적 보상과 그것을 통해 만족을 느끼게 될 때 개인의 가치를 높이려는 노력이 지속된다. "공부해서 남 주자!"로의 가치 변화가 삶의 의미와 목표를 변화시키는 것이다.

하나님께서 천지를 창조하실 때 사람을 하나님의 형상대로 남자와 여자를 창조하시고, 하나님이 그들에게 생육하고 번성하여 땅에 충만하라, 땅을 정복하라, 다스리라(창 1:27-28)는 축복의 명령을 하셨다. 고도로 문명화된 현대사회에서 정복하고 다스리라는 축복의 말씀은 많은 지식과 정보를 획득하여 인류를 움직이고 사회에 유익이 되라는 의미이다.

학업을 통해 얻은 지식과 정보, 그것을 통해 얻은 물질 등을 다른 사람과 나누는 행위를 체질화함으로써 인생의 진정한 기쁨과 행복을 누릴 수 있다. 학생들에게 학습 동기를 유발시키는 다양한 전략이 최종적으로 지향하는 목표는 공부하는 학생들이 그리스도의 마음을 품고 하나님께서 주신 지혜와 지식을 최대한 계발하고 발휘하여 정복하고 다스리는 참된 원리와 아름다움을 회복하는 일이다.

제5장

교육제도와 교육법

힘이 되어 주는 사랑

용혜원

사랑은
모든 병을 치료해 주는
놀라운 힘을
가지고 있습니다

절망에
빠져 있을 때에도
그대의 말 한마디
그대의 손길에 따라

나는 다시
힘을 얻고 일어나
열정을 다해
살기로 다짐을 합니다

사랑은
모든 것을 이길 수 있는
힘을 줍니다

그 사랑을 위하여
그대를 만나게 된 것은
행복 중의 행복입니다

홀로 이루려는 사랑보다
둘이 이루는 사랑에
아름다운
결실이 있습니다

그대가 주는 사랑은
삶에 힘이 되어 주는
사랑입니다

사용하는 언어가 그 사람의 인격이다

▶ '말'은 마음의 알갱이, 마음을 쓰는 것
▶ 말이 씨가 된다.
▶ 말에는 힘, 권세, 영향력이 있다.
▶ 말을 곱게 쓰는 사람=마음을 곱게 쓰는 사람
▶ 말을 험하게 쓰는 사람=마음을 험하게 쓰는 사람
▶ 사용하는 말의 수준이 그 사람의 품성을 결정한다.

1 교육제도

1) 교육제도의 개념

일반적으로 교육제도란 "국가의 교육이념 및 교육목적을 달성하기 위한 국가적 차원의 인위적 장치로서 교육활동(교육목적, 교육내용, 교육방법, 교육평가), 학생, 교원, 교육기관, 교과용 도서, 그리고 조직 및 기구 등에 관한 표준이나 기준을 총칭한다".[1] 다시 말해 국가가 비교적 안정된 조직과 형태를 가지고 국민교육을 가장 유효적절하게 실시하기 위하여 마련한 전체적인 법적 기제(mechanism)라고 할 수 있다.

이러한 교육제도의 개념은 넓게는 교육이념, 교육정책, 교육행정이라는 개념들과의 상호 연계 속에서 그 의미가 명료화될 수 있다. 즉, 교육 이념이나 목적 또는 정책은 어디까지나 국민 전체의 일반 의사를 반영하고 전체 국민의 복지를 증진시키는 데 기여해야만 사회적으로 그 정당성을 인정받고 법제화가 가능하다. 따라서 교육제도가 정치제도, 경제제도, 법률제도, 가족제도, 기타 기본적인 사회제도의 일환을 이루면서 독자적인 지위를 가지고 사회적 기능을 수행하면서 지속적 발전을 이룩하려면 거기에는 사회적 전통과 역사적 가치관 및 교육관을 항상 중시하지 않으면 안 된다.[2]

1) 한국교육행정학회, 교육제도론(서울: 도서출판 하우, 1996), 5.
2) 남성길, 교육행정 및 교육경영(서울: 교육과학사, 2006), 358.

교육제도는 교육 전반에 걸친 조직, 기관, 기구가 법제화된 것이기 때문에 여기에는 학교제도, 교육행정제도, 사회교육제도 등으로 구분된다. 학교제도에는 학교계통과 학교단계에 따른 학교구조가 포함되고, 교육행정제도에는 단위학교행정조직, 지방교육행정조직, 중앙교육행정조직 등이 포함되고, 사회교육제도에는 각종 학교교육제도 이외의 교육제도가 포함된다. 이를 그림으로 나타내면 [그림 5-1]과 같다.

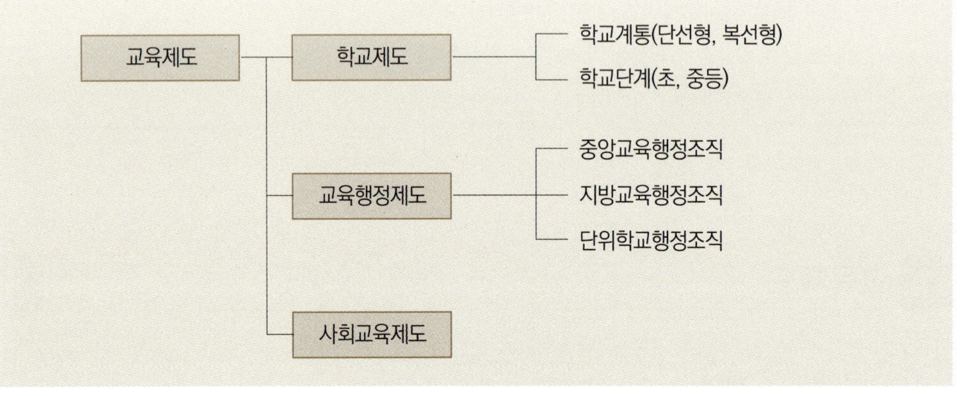

[그림 5-1] 교육제도의 구성 내용

교육제도가 수행하는 기능이 무엇인지 살펴보면 다음과 같다.[3] 첫째, 교육제도는 사회문화의 보존적 기능을 가진다. 즉, 사회제도로서의 교육은 그 사회가 추구하고 있는 가치체계와 생활양식을 한 세대에서 다음 세대로 넘겨 주는 기능을 갖는다. 둘째, 교육제도는 사회문화의 개조적 기능을 가진다. 교육에 의한 사회개조는 교육이 사회의 현실적 문제에 관여함으로 이루어진다. 셋째, 교육제도는 사회문화에 대하여 중립적·통합적 기능을 가진다. 미국의 교육제도가 다양한 이민 사회를 새로운 인간형, 곧 아메리칸으로 만드는 용광로(americanizing melting pot) 역할을 하고 있다는 분석은 이러한 견해를 의미한다. 마지막으로 교육제도는 특히 공간적으로 보편적인, 그리고 시간적으로 항구적인 가치를 포함하면서 비교적 초연한 자세로 사회적 기능을 담당한다.

3) 남정걸, 전게서(2006), 10-11.

2) 학교제도

(1) 학교제도의 의의

학교는 교육을 위해 의도적, 조직적으로 만든 사회기관 중의 하나이다. 예전에는 생활 그 자체가 교육, 학습의 장이었음에 비하여, 생활과 직업 형태가 바뀜에 따라 생활에 적응하고 직업에의 요구에 부응하는 인간을 교육하기 위해 다양한 학교가 만들어졌다. 대개 학교제도(school system)는 학제 또는 학교교육제도와 동일한 의미로 사용된다.

학교제도는 국가의 기본 제도 중 하나로, 국가의 교육목표를 실현하려는 제도적 장치로서의 학교교육을 단계별로 구분하고, 각 단계의 교육목적과 교육 기간, 교육내용을 설정하며, 종적으로는 교육단계 간의 접속 관계를, 횡적으로는 학교교육과 학교 외 교육 및 교육과정 간의 연결 관계를 정함으로써 국민교육의 운영을 제도적으로 규정하는 역할을 담당하는 것이라고 할 수 있다. 학교 상호 간의 결합 관계에 바탕을 둔 학교제도는 교육제도의 중핵적 영역이다. 학교제도는 교육제도의 하위체제 중 하나이며, 교원 양성 제도, 교육의 행정·재정 제도 및 사회교육제도와의 상호작용 속에서 유지 및 발전 될 수 있으므로 교육제도와는 불가분의 관계에 있다. 다만 교육을 협의의 학교교육에 국한시킬 때 학교제도는 교육제도와 동일시된다.[4)]

학교제도는 국가의 기본 제도로서 그 나라의 정치, 경제, 사회, 문화 등 전반적이고 본질적인 사회 여건에 의해 구조화된다. 이러한 사실은 학교제도의 연구가 단지 교육활동 자체에 국한되어 연구될 수 없다는 것을 의미하는 것은 물론, 다른 관점에서 교육 내부의 그 학교제도의 문제점을 분석하고 개선안을 제시하는 일은 단지 경험적·과학적 분석이나 기술적·계량적인 평가로 이루어질 수 없는 이유가 여기에 있다. 학교제도는 국가의 기본법에 바탕을 둔 교육이념 실현을 목표로 하여 경제, 사회의 여건과 그 변화 추세에 적합하게, 그리고 교육내적으로는 인간발달과 교육내용의 선정 및 조직에 관한 타당한 원칙들을 존중하는 방향에서 조직 및 운영되어야 한다.

따라서 학교제도는 적어도 정치적 측면에서 국가의 이념과 경제적 측면에서 산업구조의 변동과 이에 병행하는 인력 수요 구조의 양적 변화와 기술 수준, 근로 윤리가 반영된 질적 변화, 그리고 교육비의 부담 능력, 사회적 측면에서 지역 간, 계층 간의 격차와 갈등, 그리고 그 속에 내포된 인간관, 사회관, 교육관의 규범적 유형과 유형 간 갈등과의 관

---

4) 윤정일, 송기창, 조동섭, 김병주, 교육행정학원론(서울: 학지사, 2007), 242-243.

련 속에서 검토되어야 한다.[5]

학교제도의 구조는 종으로 구분되는 '계통성'과 횡으로 구분되는 '단계성'에 따라서 구성된다. 계통성은 어떠한 교육을 목표로 하고 있는가 혹은 계층, 성, 능력 등에서 어떠한 취학 학교를 대상으로 하고 있는가를 나타낸다. 단계성은 어떠한 연령층을 대상으로 하고 있는가 혹은 어느 정도의 교육단계인가를 나타낸다.

(2) 학교제도의 유형

학교제도의 유형은 계통성을 중심으로 하는 복선형과 단계성을 중심으로 하는 단선형으로 나눌 수 있으며, 복선형과 단선형의 중간적 형태로 분기형(分岐型)이 있다.[6] 역사적으로 볼 때 학교제도는 복선형→분기형→단선형의 형태로 발달하여 왔다.

① 복선형

복선형(dual ladder system)은 학교계통이 복수로 설치되어 있으며, 원칙적으로 학교계통 간의 이행이 불가능한 학교제도를 말한다. 쉽게 말해 두 개의 사다리(ladder)가 설치되어 있는 학교제도이다. 복선형 학제는 사회계층적 계통성을 강조함으로써 사회체제의 재생산 기능을 한다는 비판을 받기도 하지만 국가적 차원에서 볼 때 우수한 인력 양성에는 유리한 측면이 있다. 계급적 학교제도라고 불리기도 하는 복선형 학제는 역사적으로 유럽에서 발달한 유럽형 학제로서 영국이 대표적이다. 따라서 교육을 받는 출발에서부터 서로 구별되는 계통에서 다르게 시작하는 것이다.

② 단선형

단선형은 국민이면 누구나 계급적인 차별 없이 자신의 능력에 따라 초·중·고등교육을 받을 수 있도록 하나의 학교계통을 구축하여 놓은 제도를 말한다. 즉, 단일의 학교제도(one track school system)를 말하며, 단 하나의 사다리를 올라가는 것 같은 학제이다. 우리나라의 초등학교, 중학교와 같이 학교 간의 전학이 자유롭고 교육과정도 유사하다. 단선형 학제는 모든 국민에게 개방된 단일의 학교체계를 제공한다는 점에서 민주적이고 기회평등적이라고 할 수 있다. 계통성보다는 단계성이 강조되며, 북미에서 발달되었다.

---

5) 곽영우, 김준기, 신재철, 신철순, 안규철, 이군현, 이상기, **교육행정 및 교육경영**(서울: 삼광출판사, 1999), 507.

6) 김영식, 최희선, **교육제도 발전론**(서울: 성원사, 1988), 107-110.

③ 분기형

이는 복선형과 단선형의 중간적 형태로서 각국의 현실적인 학교제도를 설명하기 위하여 독일의 비교교육학자 힐커(Hilker)에 의해 분류된 학교제도의 한 유형이다. 즉, 공통의 기초학교 위에 동격이 아닌 복수의 학교계통이 분리 및 구축된 학교제도이다. 분기형은 복선형에서 단선형으로 학제를 변혁할 것을 목적으로 제1, 2차 세계대전 시기에 유럽 여러 나라, 특히 독일과 프랑스에서 '통일학교운동'을 거쳐 나타났다. 이처럼 분기형 학제는 복선형의 기초 부분이 통일되고, 그 위의 부분에서 복수의 학교계통이 병존하는 형태를 말한다. 우리나라의 고등학교가 분기형에 해당되는데, 초등학교와 중학교는 단선형으로 운영되고, 고등학교는 일반계와 전문계로 분리되어 복선형으로 운영된다.

④ 기간학제와 방계학제

학교제도는 무엇이 주요 골격을 이루는가에 따라 기간학제와 방계학제로 구분할 수 있다. 기간학제란 학교제도의 주축을 이루고 있는 중심적인 학교 형태를 말한다. 우리나라의 경우 초등학교, 중학교, 고등학교, 대학(교)의 6-3-3-4제를 기간으로 하는 정규 학교제도를 뜻한다. 한편, 방계학제란 기간학제의 보완적 기능을 수행하거나 사회교육의 성격을 띤 정규학교의 교육과정에 준하는 학교체제를 말한다. 예를 들면, 공민학교, 고등공민학교, 고등기술학교, 방송통신대학(고교), 각종 학교 등이 이에 속한다. 이를 특별학제라고도 부른다.

3) 학교제도의 원칙

학교교육은 특정인 혹은 특정 기관의 가치관이나 요구에 따라 구속되거나 강제로 행해서는 안 된다. 따라서 학교교육은 학습의 자유를 보장하고 그것을 방해하는 요소를 배제하는 제도적 원칙이 마련되어야 한다. 학교제도의 원칙을 크게 공교육의 원칙과 기회균등의 원칙으로 구분하여 살펴보고자 한다.

(1) 공교육의 원칙

공교육이란 국가 및 지방 공공단체 그리고 그에 준하는 기관에 의해서 관리되는 교육을 말한다. 학교제도는 국가의 발전과 국민의 복리증진을 전제로 확립되는 것으로, 이의 운영을 위해서는 국가의 모든 국민에게 교육을 받을 수 있는 기회를 공적으로 마련해 주어야 한다.

교육받을 권리를 보장한다는 측면에서 공교육이 확보해야 할 원리로는 다음과 같은 것을 들 수 있다.

① 의무성

의무성은 학생을 가정이나 직장으로부터 해방시켜 교육기관에 접근시키는 의무를 성인들이 가지고 있다는 원리이다. 학생을 교육기관에 접근시키려면 모든 학생을 교육할 만큼의 충분한 학교시설과 교육받을 권리를 실질적으로 보장할 수 있는 교사가 확보되어야 한다. 따라서 학교 설치의 의무가 국가나 지방 공공단체에 부과되는 것이다.

② 무상성

무상성은 교육에 필요한 경비는 모두 원칙적으로 공비로 처리한다는 원리이다. 무상성이 교육받을 원리의 보장을 위한 것인 만큼 그 대상이 의무교육에 한정되어서도 아니 되며, 그 내용 또한 교육받을 권리를 적극적으로 보장하도록 충실해야 한다.

③ 중립성

중립성은 교육내용이 성인 사회의 기존 종파나 당파의 가치관으로부터 자유로워야 한다는 것이다. 학교의 교육적 기능이 교육 이외의 특정한 의도에 종속되는 일이 없도록 학교의 교육적 기능을 독립적으로 확보해야 함을 의미한다. 학교교육의 중립성이 실현되기 위해서는 학문의 자유와 교육의 자주성을 지키는 교육행정의 중립성이 보장되어야 한다.

(2) 기회균등의 원칙

학교제도는 교육받을 권리 보장의 제도적 장치로서 교육의 기회균등의 원리를 실현하도록 조직되어야 한다. 기회균등의 원칙은 같은 능력을 가진 사람에 대해서는 교육의 기회가 평등하게 주어진다는 것이다. 여기서 능력은 경쟁과 선발의 원리에 따른 능력주의와 결부되며, 이 능력주의는 능력에 의한 차별을 긍정하고 용인한다. 즉, 능력에 따라 교육받을 기회란 교육받을 기회가 균등한 것을 의미하는 것이지, 균등한 교육을 의미하는 것은 아니다. 따라서 능력에 따라 균등하게 교육받을 권리를 보장하는 교육의 기회균등의 원칙은 개인의 능력발달 단계에 따라 교육받을 권리를 제도적으로 보장하는 것이다.

4) 한국의 학교제도

(1) 한국의 학제 변천 과정

해방 이후 한국의 학제는 미군정 주도하에 구성된 교육개혁심의회가 채택한 6-6-4제와 6-3-3-4제를 병행시킨 단선형 학제 구도였으나 실제 운영에서는 6-6-4제가 주를 이루었다. 6-6-4제는 6년의 국민학교, 6년의 중학교, 4년의 대학으로 구성되었다. 학기제는 종전의 3학기제를 9월부터 시작하는 2학기제를 실시하였다. 1948년 대한민국 정부가 수립되면서 제정된「교육법」(1949. 12. 31.)에서는 6-4-2-4제의 학제가 발표되었다. 하지만 이 학제가 지니는 여러 문제점으로 제대로 시행되지 못하고, 1950년의 제1차「교육법」개정(1950. 3. 10.)에 의해 6-4-3-4제의 수정 학제로 개편되었다. 그리고 1951년에는 다시 제2차「교육법」개정(1951. 3. 20.)에 의한 학제가 공포됨으로써 현행 학제의 기본 구조인 6-3-3-4제의 단선형 학제로 확정되었다.

그 후 6-3-3-4제의 기본적인 골격은 계속 유지되면서 일부 학교 유형이 신설되거나 부분적으로 수정 및 보완되면서 오늘에 이르고 있다. 그간의 주요한 학제 변화를 살펴보면 1962년에 2년제 교육대학이 신설되었고, 1963년에 고등학교와 연결되는 5년제 실업고등학교가 신설되었으며, 1972년에 초급대학 수준의 방송통신대학이 신설되었고, 1973년에 방송통신고등학교가 신설되었다. 방송통신대학은 1981년부터 학사학위를 수여하는 대학으로 승격되어 미진학 청소년과 성인들에게 고등교육의 기회를 확대하는 역할을 담당하였다. 1977년에는 산업체 부설 중·고등학교 및 특별학급이 신설되었고, 1979년에 전문대학이 신설되었으며, 1981년부터 교육대학의 4년제 승격이 이루어졌고, 1982년에는 개방대학이 신설되었다.

또한 1982년에는 과학고등학교가 신설되고, 1990년에는 외국어고등학교가 신설되었으며, 1993년에는 한국예술종합학교가 신설되었다. 1998년에는 기술대학이 신설되었다. 1998년부터 학점은행제가 시범 운영되기 시작했으며, 2001년에는 원격대학 및 사내대학이 신설되었다. 그리고 2002년에는 자립형 사립고등학교가 신설되었고, 2002년에는 국제고등학교가 신설되었다.

이처럼 1970년대까지 학제 개편 및 보완이 주로 많이 이루어진 영역은 직업기술교육 분야로, 한때는 2년제 초급대학과 전문학교, 5년제 실업고등전문학교 등이 함께 신설되었으나, 이들 학교가 1979년에 신설된 전문대학으로 통합되어 오늘에 이르고 있다. 1980년대 이후에는 과학고, 외국어고, 국제고, 영재학교 등과 같은 다양한 유형의 고등학교들이 신설되어 왔다. 그리고 1990년대 이후에는 학점은행제, 원격대학 및 사내대학 등과 같은 평생교육과 관련된 교육 프로그램이 신설되었다.[7)]

(2) 현행 학제 개편의 필요성과 문제점

현재 우리나라의 학제는 국민들에게 교육 기회를 확대하여 주고, 사회에서 필요한 인재를 양성하며, 교육의 양적 성장을 기하는 데 공헌하였다. 그러나 최근에는 현행 학제를 시대에 맞게 개편해야 한다는 목소리가 높아지면서 현 학제가 가지는 문제점을 제기하고 있다. 김영철은 학제 개편의 필요성과 문제점을 다음과 같이 제시하였다.[8)]

① 학제 개편의 필요성

첫째, 교육체제 내외의 급속한 변화를 들 수 있다. 현행 학제가 수립된 1951년 이후 초·중등 교육의 일반화에 이어 고등교육도 대중화 단계가 보편화되었다. 이와 같은 각급 학교의 성격 변화는 필연적으로 과거와 다른 교육이념, 교육제도 및 교육운영 방식을 요구하게 되었고, 이에 따라 학제 전반에 대한 검토가 불가피하다.

둘째, 지식기반사회의 심화로 인한 인적자원개발의 강조 추세를 들 수 있다. 지식기반사회에서는 지식 정보량이 폭증함에 따라 각급 학교의 교육내용인 지식 구조를 재구조화해야 하고, 지식기반사회에서 필요한 지식활동에 적극 참여하기 위해서는 학교 기능도 단순한 지식의 전수 기능에 그치지 않고, 지식의 창출과 활용까지도 담당해야 한다. 이런 측면에서 지식의 재구조화와 교육방법의 쇄신 등을 포함한 교육체제 전반의 획기적 변환이 불가피하다.

셋째, 저출산, 고령화로 대표되는 인구구조의 재편을 들 수 있다. 우리나라 인구구조는 최근의 출산율 저조 현상이 앞으로도 지속되면서 학령인구는 급속히 감소하는 데 비해, 고령인구는 급속히 증가하게 될 것이다. 이러한 학령인구 감소는 부모들의 자녀교육에 대한 기대 수준을 높이고, 동시에 양질의 교육을 요구하게 될 것이다. 한편, 고령인구의 급증은 노인교육과 같은 노인 인구층에서의 평생교육 수요를 증대시킬 것이다.

넷째, 과도한 진학 수요를 유발하는 단선형 학제의 한계를 들 수 있다. 현행의 단선형 학제가 민주적인 학제라고는 하지만, 대학 진학 수요를 과도하게 증가시켜서 과잉교육

----

7) 김영철, "미래교육을 위한 학제 발전 과제".(한국교육학회 추계학술대회, 2006), 14-15.

8) 상게 논문, 16-23.

을 초래하여 교육 낭비 현상을 낳게 하였다. 따라서 학생들의 적정 진로를 유도하여 과도한 대학 진학 수요를 억제할 수 있는 방향으로 학제가 개편되어야 한다는 주장이 나오고 있다.

다섯째, 우리나라 교육제도의 경직성과 운영의 획일성을 들 수 있다. 현행의 학제는 교육제도가 폐쇄적이거나 경직적인 요소를 많이 갖고 있고, 학교 운영까지 획일적이어서 학교 단계 간의 연계성을 낮추고, 교육제도 운영의 효율성을 낮추는 측면도 있다. 따라서 학제가 미래 사회의 변화에 적절히 대응하고, 다양한 교육적 요구를 수용할 수 있도록 유연성과 탄력성을 갖도록 해야 한다는 주장이 나오고 있다.

여섯째, 교육 기간의 장기화로 인한 사회 진출 시기의 지연을 들 수 있다. 우리나라 청소년들의 사회 진출 연령이 선진국에 비해 너무 늦은 것으로 나타나고 있다(2024년 기준, 한국의 입직 연령은 28.5세이고, 주요 선진국인 미국, 독일, 덴마크 등은 22~23세임). 이런 측면에서 볼 때 학제에서도 총 교육연한을 단축하여 사회 진출 연령을 낮추는 방안이 검토되어야 한다는 주장이 나오고 있다.

일곱째, 세계화의 가속화에 따른 국제적 표준에 맞는 학제가 필요하게 되었다는 것이다. 세계화와 국제화가 급속히 진행됨에 따라 국가별 특성을 반영했던 교육제도에서 탈피하여 국제적으로 통용될 수 있는 국제적 표준에 의한 교육제도의 도입이 절실하게 되었다.

여덟째, 고질적인 한국 교육 문제의 해결을 기대하는 차원에서 학제 개편이 필요하다는 것이다. 해방 이후 줄곧 대학 진학을 위한 입시 위주 교육으로 학교교육이 비정상적으로 운영되어 왔다. 이런 측면에서 학제 개편을 통해 교육의 수월성과 평등성의 균형적 신장을 도모하고, 교육정책의 유기적 연계를 통한 학제제도의 생산성을 제고할 필요성이 있다는 것이다.

② 현행 학제의 주요 문제점

첫째, 우리나라 학제에서 초·중·고등교육을 이수하는 데 소요되는 16년간의 수업연한이 너무 길다는 지적이 나오고 있다. 이로 인해 우리나라 청소년들의 입직 등 사회 진출이 너무 늦어지게 되고, 이는 국가 사회의 경쟁력을 낮추는 원인으로 지적되고 있다.

둘째, 6년간의 초등학교 수업연한이 너무 길다. 특히 초등학교에서 저학년 학생과 고학년 학생 간의 성장 발달 수준에서 커다란 차이를 보이고 있는데, 이러한 현격한 성장 발달 차이를 보이는 학생들을 동일 교정에서 지도한다는 것이 교육적으로 바람직하지 않다는 지적이 나오고 있다.

셋째, 국민 기본 교육을 충실히 실시하기 위해서는 의무교육 연한이 너무 짧다. 현재 초·중학교의 9년제 의무교육이 실시되고 있지만, 앞으로 국민 기본 교육을 철저히 실시해야 한다는 측면과 선진국의 의무교육 연한과의 비교 등에서 볼 때 현재의 의무교육 연한은 너무 짧다고 볼 수 있다.

넷째, 현행 학제에서는 각급 학교의 수업 연한이 획일적으로 규정되어 있어서 학생들이 개인차에 맞게 학습하기가 어렵다. 물론 현행 학제에서도 조기 진급이나 조기졸업 등이 가능하도록 되어 있지만, 학제 운영의 경직성으로 개인차를 고려하여 조기 진급이나 조기졸업을 하기가 어렵게 되어 있다.

5) 교육행정제도

(1) 중앙교육행정조직

중앙교육행정조직이란 중앙정부에서 교육행정을 담당하는 기관의 조직으로, 지방교육행정조직이나 학교행정조직과 연계되는 개념이다. 물론 중앙의 교육행정조직은 교육부가 중심이지만 대통령과 국무회의 및 국무총리도 포함시켜야 한다. 왜냐하면 교육부는 「대한민국헌법」과 「정부조직법」에서 규정한 국가행정조직 체제의 한 하위체제이기 때문이다. 따라서 교육행정에 관한 행정권은 대통령→국무총리와 국무회의→교육부장관의 체계를 통하여 행사되고 있다.[9)]

① 대통령

대통령은 정부의 수반으로서 교육행정을 포함한 모든 국가 행정권의 정점에 위치하고 있다. 대통령의 교육행정에 관한 주요한 권한은 다음과 같다.

- **대통령령의 발포**: 대통령은 법률에서 구체적으로 범위를 위임받은 사항과 법률을 집행하기 위하여 필요한 사항에 관하여 대통령령을 발할 수 있다(「대한민국헌법」 제75조).
- **주요 공무원의 임면권**: 대통령은 「대한민국헌법」과 법률이 정하는 바에 따라 공무원을 임면한다(「대한민국헌법」 제78조. 예컨대, 교육부 장차관, 부교육감, 국립대학의 총장과 학장, 국공립학교의 교장 임면).

----

9) 남정걸, 교육행정 및 교육경영(서울: 교육과학사, 2006), 119-123.

- **국무회의 의장권**: 대통령은 국무회의의 의장이 되어(「대한민국헌법」 제88조 제3항) 주요 교육정책의 심의에 영향을 발휘한다.
- **중앙교육행정기관의 지휘 및 감독권**: 대통령은 정부의 수반으로서 모든 중앙행정기관의 장을 지휘 및 감독한다(「정부조직법」 제10조).

② 국무회의와 국무총리

국무총리는 국무회의의 부의장으로서 국무회의를 통하여 교육부에 중대한 결정권과 영향력을 행사할 뿐만 아니라(「대한민국헌법」 제88조 제3항), 대통령을 보좌하고 행정에 관하여 대통령의 명을 받아 행정각부를 통할한다(「대한민국헌법」 제68조 제3항 및 동법 제86조 제2항).

교육에 관한 중요 계획이나 정책은 국무회의에 상정되기에 앞서 관련 부처의 합의를 거쳐야 한다. 예컨대, 법령안의 경우라면 그것이 조직과 관련되면 행정자치부와 협의를 거쳐야 하고, 예산과 회계에 관련되면 기획재정부와 합의를 거친 다음 법제처의 심사를 받아야 한다. 법제처의 심사를 거친 법령안은 행정자치부에 접수되어 차관회의의 심사를 거친 다음 국무회의에 상정케 된다. 따라서 중앙의 교육행정에 영향을 주는 것은 관련 부처도 해당된다는 것을 간과해서는 안 될 것이다.

③ **교육부**

중앙교육행정조직의 핵심은 교육부이다. 교육부는 교육행정의 중추적 기능을 담당하며, 교육 관계 법령과 대통령의 지시, 명령 및 국무회의의 결정에 따라 국가의 교육에 관한 정책을 입안하고 집행하는 최고의 교육행정기관이다. 교육부 장관은 전형적인 독임제 집행기관으로서 정무직 공무원이고, 차관, 실장과 국장, 과장은 장관의 보좌 기관이며, 교육부에 설치되어 있는 각종 심의회나 위원회는 자문기관의 성격을 가진다.

정부 차원의 교육행정기관은 1948년 정부 수립 직후인 11월 4일에 최초의 문교부 직제에 의해 문교부로 창설되어 42차의 개정을 거치면서 1990년까지 존속해 왔으나, 1990년 12월 12일 문교부직제 개정과 12월 18일 「정부조직법」의 개정에 의해 1991년 1월 1일부터 교육부로 명칭을 개정한 이후 1999년 5월 24일까지 크게 다섯 번이나 개편되었다. 그러다가 2000년 12월 27일 「정부조직법」 개정에 따라 교육부가 교육인적자원부로 개편되고, 교육부 장관은 부총리로 승격되었다. 교육과학기술부는 2008년 2월 29일 교육인적자원부와 과학기술부를 통합하여 출발하였다. 현행 교육부는 「정부조직법」 개정(2013.

3. 23.)에 따라 출범하였다. 현행 교육부의 조직도는 교육부 홈페이지(https://www.moe.go.kr)를 이용하면 살펴볼 수 있다.

현재 우리나라의 중앙교육행정조직은 몇 가지 문제를 갖고 있다. 첫째, 교육부 기구개편이 너무 빈번하여 업무 분담의 혼선과 정책집행 및 문서관리의 일관성이 결여되어 있다. 둘째, 특정 사항을 취급하는 담당관제를 도입함으로써 전문적 기능이 강화되어 온 것은 사실이지만 아직도 장학, 기획, 조정, 연구의 기능이 미약하다. 셋째, 그동안 직제개편과 함께 교육부 소관 업무의 대폭적인 하부 이양이 이루어졌으나 교육행정 업무는 여전히 중앙집권화 경향이 강하다. 넷째, 중앙교육행정조직은 행정조직의 원리상 지휘 및 감독과 공권력의 지배가 강조된다고 하겠지만, 교육의 독자성과 특수성에 비추어 볼 때 교육활동을 조장 및 지원하는 교육행정조직의 독특한 모습이 부각되지 못하고 있다.[10)]

(2) 지방교육행정조직

지방의 교육행정은 교육의 자주성과 중립성을 확보하고 교육행정의 민주화와 지방 분권화를 보장하기 위하여 교육자치제를 기본으로 삼고 실시되고 있다. 지방교육행정조직은 광역 자치 기관인 시·도교육청과 하급 지방교육행정기관인 시·군·자치구 교육지원청으로 분류된다. 시·도교육청은 교육감을 정점으로 부교육감, 국장, 과장, 계장 등으로 이어지며, 당해 지방자치단체의 교육, 학예에 관한 사무를 관장한다. 교육감 소속하에 국가공무원으로 보하는 부교육감 1인(인구 800만 명 이상이고, 학생 150만 명 이상인 시·도는 2인)을 두되, 대통령령이 정하는 바에 따라 고위공무원단에 속하는 일반직공무원 또는 장학관으로 보한다. 부교육감은 당해 시·도의 교육감이 추천한 자를 교육부 장관의 제청으로 국무총리를 거쳐 대통령이 임명한다. 조직은 서울특별시, 부산광역시, 경기도, 광역시, 그리고 도교육청에 따라 본청의 실, 국 및 과, 담당관의 수가 다르게 구성된다.

시·도의 교육, 학예에 관한 사무를 분장하기 위하여 1개 또는 2개 이상의 시·군 및 자치구를 관할구역으로 하는 하급 교육행정기관으로서 지역의 교육지원청을 둔다. 지역교육지원청에는 교육장을 두되 장학관으로 보하며, 교육장은 시·도의 교육, 학예에 관한 사무 중 공사립의 유치원, 초등학교, 중학교, 공민학교, 고등공민학교 및 이에 준하는 각종 학교의 운영 및 관리에 관한 지도 및 감독과 그 밖에 조례로 정하는 사무를 위임받아 분장한다. 여기서는 교육자치제도에 대해 살펴보고자 한다.

---

10) 윤정일, 송기창, 조동섭, 김병주, 전게서(2007), 260.

교육자치제도

우리나라의 교육자치제는 「대한민국헌법」 제31조 제4항과 「교육기본법」 제6조 제1항에 그 주요 골격이 나타나 있다. 「대한민국헌법」에서는 교육자치제를 "교육의 자주성과 전문성 및 정치적 중립성을 보장"하기 위한 기구와 제도로 규정하고 있으며, 「교육기본법」에서는 교육자치제를 "교육의 자주성을 확보하며 공정한 민의에 따라 각기 실정에 맞는 교육행정을 실시하기 위한 필요 적절한 기구와 시책"이라고 명문화하고 있다. 이러한 취지에 따라 교육자치제는 교육활동의 특수성 내지 전문성에 대한 인식을 전제로 하여 교육행정의 조직과 운영 면에서 자주성, 민주성 등을 보장할 수 있는 제도라고 할 수 있다. 학자들에 따라 교육자치제의 개념을 달리 해석할 수 있으나 그 본질적인 의미에서 본다면 "교육행정에 있어서 지방분권의 원칙 아래 교육에 관한 의결기관으로서의 교육감제를 두고, 민주적 통제와 전문적 지도 사이에 조화와 균형을 얻게 하며, 인사와 재정을 비롯하여 행정의 제도와 조직 면에서 교육의 자주성을 보장하려는 것"으로 정의할 수 있다. 교육자치제도의 성격과 본질을 보다 명확하게 파악하기 위해서는 교육자치제의 기본 원리를 살펴볼 필요가 있다.[11)]

첫째, 지방분권의 원리는 중앙집권의 원리에 대립되는 개념으로서 민주주의국가에서 일반행정에서와 같이 교육행정에서도 민주화가 요청되기 때문에 중앙정부에 의한 획일적인 통제와 지시를 지양하고, 지방의 실정과 특수성을 고려하여 지방교육을 위한 교육정책이 수립되어야 한다는 원리이다.

둘째, 민중통제의 원리는 지방분권의 원리와 더불어 민주주의의 원리라고 부를 수 있는 것으로서 곧 민중이 그들의 대표를 통하여 교육정책을 결정하는 것을 의미하며, 궁극적으로는 대의민주정치의 이면과 맥을 같이하는 원리이다. 따라서 이 원리는 교육위원회의 구성에는 물론 하부 조직에서 필요로 하는 각종 자문기구나 심의기관 구성에도 잘 반영하도록 하여야 할 원리이다. 이 원리를 지키면 지역 실정에 적합한 다양하고도 특색 있는 교육운영이 가능하다.

셋째, 자주성 존중의 원리는 교육이 장기적 사업으로서 이른바 국가의 백년대계에 속하기 때문에 단기적 평가를 불허하고, 또 교육은 본질적으로 가치 창조적인 활동이기 때문에 외부의 지나친 간섭이나 통제를 거부한다는 원리이다.

넷째, 전문적 관리의 원리이다. 교원은 전문교육을 받은 전문직 종사자이며, 교육의

---

11) 이형행, 고전, 교육행정론: 이론 · 법제 · 실제(서울: 양서원, 2006), 337-339.

대상인 학생도 계속적으로 성숙하고 발전하고 있으며, 신체적으로나 정서적으로 변화가 극심한 청소년들로 이 역시 특수성을 지닌 집단이다. 동시에 교육내용이나 교수·학습 방법, 교육평가 등 교육행정의 대상도 일반행정의 대상과는 그 성격이 다른 특수성을 지니고 있기 때문에 교육에 대한 깊은 이해와 교육행정에 대한 고도의 식견을 갖춘 전문가에 의해 교육활동이 효율적으로 관리 및 운영될 수 있어야 한다는 것이다.

다섯째, 분리 및 독립의 원리이다. 교육행정이 일반행정으로부터 분리되어 나와야 한다는 것을 의미한다. 교육활동의 특수성을 인정하고 그 자율성과 정치적 중립성을 보장하기 위해서는 교육행정이 일반행정의 궤도에서 벗어나야 한다. 교육행정이 일반행정의 한 부분으로 예속되어 있는 한 교육행정의 독자성과 특수성은 보장받기 어렵다. 교육은 어떤 정치적·파당적 및 개인적 편견의 선전이나 주입의 방편 혹은 수단으로 허용되어서는 안 되며, 공익을 최대한 보장해야 하기 때문에 일반행정으로부터 분리 및 독립되어야 한다.

교육자치는 「지방교육자치에 관한 법률」에 의해 헌법적 보장을 받고 있다. 「지방교육자치에 관한 법률」에서는 당해 지역의 교육, 학예에 대한 심의·의결 기관으로서 교육위원회와 집행기관으로서 교육감을 명시하고 있어 교육행정 분야가 일반행정과 분리, 독립의 성격을 지님을 밝히고 있다. 즉, 현행 교육자치제는 합의제 집행기관이었던 교육위원회를 의결기관화하고 교육감을 집행기관화하고 있으며, 시도 단위의 광역 지방교육자치제이다.

이와 관련해서 2006년 12월에 「지방교육자치에 관한 법률」이 전면 개정되었는데, 개정 내용은 첫째, 교육위원회를 시도 의회 내 상임위원회로 전환하고, 둘째, 시도의 교육, 학예에 관한 의안과 청원 등을 심사 및 의결하기 위한 교육위원회를 시도 의회 내 상임위원회로 두도록 하고, 시도 의회의원과 교육의원으로 교육위원회를 구성하되, 교육의원이 과반수가 되도록 하고, 셋째, 교육의원 및 교육감 선거 방법을 주민직선제로 변경하고, 넷째, 교육감의 임기는 1차에 한하여 중임할 수 있도록 하던 것을 계속 재임은 3기에 한하는 것으로 변경하는 내용 등이다.

① 교육위원회

- **설치 및 구성**: 시·도의회에 교육·학예에 관한 의안과 청원 등을 심사·의결하기 위하여 상임위원회(이하 "교육위원회"라 한다.)를 둔다. 교육위원회는 시도 광역의원이 교육위원회 위원으로 활동하고 있으며, 임기는 4년이다. 단, 제주도는 「교육자

치법에 관한 법률」이 아닌「제주특별자치도 설치 및 국제자유도시 조성을 위한 특별법」에 따르도록 하고 있어 전국에서 유일하게 교육의원 제도가 유지되어 왔으나 2026년에 전면 폐지되었다.

- **의결 사항**: 교육위원회는 당해 시·도의 교육·학예에 관한 사항 중 조례안, 예산안 및 결산, 특별부과금·사용료·수수료·분담금 및 가입금의 부과와 징수에 관한 사항, 기채안(起債案), 기금의 설치·운용에 관한 사항, 대통령령으로 정하는 중요재산의 취득·처분에 관한 사항, 대통령령으로 정하는 공공시설의 설치·관리 및 처분에 관한 사항, 법령과 조례에 규정된 것을 제외한 예산 외의 의무부담이나 권리의 포기에 관한 사항, 청원의 수리와 처리, 외국 지방자치단체와의 교류·협력에 관한 사항, 그 밖에 법령과 시·도 조례에 따라 그 권한에 속하는 사항을 심사·의결한다.

② 교육감

- **지위와 권한**: 교육감은 시·도의 교육·학예에 관한 사무의 집행기관으로, 교육·학예에 관한 소관 사무로 인한 소송이나 재산의 등기 등에 대하여 해당 시·도를 대표한다. 또한 국가행정사무 중 시도에 위임하여 시행하는 사무로서 교육·학예에 관한 사무는 교육감에게 위임하여 행한다.
- **선출과 임기**: 주민의 보통·평등·직접·비밀 선거에 따라 선출하며, 정당은 교육감 선거에 후보자를 추천할 수 없다. 임기는 4년으로 하며, 계속 재임은 3기에 한정한다.
- **후보자의 자격**: 교육감 후보자가 되려는 사람은 당해 시·도지사의 피선거권이 있는 사람으로서 후보자등록신청개시일부터 과거 1년 동안 정당의 당원이 아닌 사람이어야 하며, 후보자등록신청개시일을 기준으로 교육경력 또는 교육행정경력이 단독으로 또는 합산하여 3년 이상 있는 사람이어야 한다.
- **관장사무**: 교육감은 교육·학예에 관한 조례안의 작성 및 제출에 관한 사항, 예산안의 편성 및 제출에 관한 사항, 결산서의 작성 및 제출에 관한 사항, 교육규칙의 제정에 관한 사항, 학교, 그 밖의 교육기관의 설치·이전 및 폐지에 관한 사항, 교육과정의 운영에 관한 사항, 과학·기술교육의 진흥에 관한 사항, 평생교육, 그 밖의 교육·학예진흥에 관한 사항, 학교체육·보건 및 학교환경정화에 관한 사항, 학생통학구역에 관한 사항, 교육·학예의 시설·실비 및 교구(教具)에 관한 사항, 재산의 취득·처분에 관한 사항, 특별부과금·사용료·수수료·분담금 및 가입금에 관한 사항, 기채(起債)·차입금 또는 예산 외의 의무부담에 관한 사항, 기금의 설치·운용에 관

한 사항, 소속 국가공무원 및 지방공무원의 인사관리에 관한 사항, 그 밖에 해당 시·도의 교육·학예에 관한 사항과 위임된 사항에 관한 사무를 관장한다.

▌지방교육자치제도의 문제점과 개선 방안

현행 지방교육자치제도가 안고 있는 문제점을 살펴보면 다음과 같다.

첫째, 지방교육자치제도의 기본 구조가 안고 있는 문제점을 들 수 있다. 「지방교육자치에 관한 법률」 제2조에 교육자치제 실시 지역을 광역자치단체로 한정하고 있어 기초단위에서는 교육자치가 실시되지 못하고 있다. 광역단위에서만 실시되고 있는 교육자치는 지역 주민들의 의사를 반영해야 한다는 교육자치의 본래 취지를 제대로 구현하지 못하고 있음을 알 수 있다.

둘째, 교육행정 계층 간의 권한 배분의 문제가 야기되고 있다. 교육행정 계층 간의 권한 기능 배분 및 이양에 따른 중앙정부, 시·도교육청과 시·군 및 자치구 교육청의 자율성 보장의 문제가 제기되어 왔다. 우리나라 교육행정의 전통에서 교육감은 지역 주민의 의사를 반영하기보다는 상급 기관 위주의 행정을 하고, 하급 기관에 대해서는 지시와 감독 위주의 권위주의적이며, 관료적 행정을 답습하는 경향이 많다.

셋째, 지방교육재정에 있어서 문제점이 있다. 지방교육자치의 성패는 교육재정의 자립도에 의해 결정된다고 해도 과언이 아니다. 현행 교육자치제도의 경우 지방교육비의 국고 부담 비율이 높아 지방교육재정의 독립성이 제대로 보장되지 못하고 있다. 새로운 「지방교육자치에 관한 법률」에서도 교육재정에 관한 사항이 모두 지방의회의 의결을 거치도록 규정하고 있어 지방교육재정 운영의 자율성이 제한되고 있다.

넷째, 교육위원회의 성격과 위상의 문제이다. 개정된 법률에 의해 교육위원회가 지방의회의 하부 전심기관인 상임위원회로 그 위상과 기능이 축소되었다. 교육위원회에서 심의, 의결할 안건을 발의하기 위해서는 재적의원 5분의 1 이상 또는 10인 이상의 발의가 필요하기 때문에 일반 의원들의 협조 없이는 안건을 발의하기조차 어려운 실정이 되었다. 또한 교육위원회 전원이 교육 관련 경력이나 전문적 지식의 자격 요건 없이 당선된 지방의회 의원으로 구성되기 때문에 교육의 전문성을 보장받기 어려운 실정이다.

이러한 문제점을 안고 있는 지방교육자치제도의 개선 방안은 다음과 같다.

첫째, 지금까지 광역단위에 국한해서 실시해 왔던 교육자치를 기초단위까지 확대, 실시하도록 한다. 일반 자치가 풀뿌리 민주주의 체제인 기초단위에까지 실시되고 있으나 교육자치만은 광역단위로 묶어 두는 것은 경제적 효율성 논리 외에는 그 근거가 희박하다.

둘째, 지방교육자치제가 실질적으로 이루어지기 위해서는 중앙정부가 관장해 왔던 기능, 업무, 그리고 권한 등을 시도교육청과 지역 교육지원청에 대폭 위임해야 한다. 또한 시도교육청과 지역 교육지원청에서도 관장 업무를 일선 단위학교에 위임해야 한다. 단위학교 책임경영제의 확대를 통해 재정 및 학사 운영의 자율성이 보장되어야 한다.

셋째, 지방교육재정의 안정적 확보를 위해 단기적으로 지방교육재정교부금의 교부율을 상향 조정할 필요가 있으며, 장기적으로는 국세 위주의 조세체계를 개편함으로써 지방교육재정의 자립도를 제고하는 대책을 마련해야 한다.

넷째, 교육위원회의 성격을 일반 지방정부로부터 독립된 합의제 집행기관으로 바꿔야 하고, 교육감의 후보 자격을 강화해야 한다. 현재 교육경력 또는 교육행정경력 혹은 양 경력을 합하여 3년 이상인 자에서 5년 이상인 자로 강화하여 교육의 전문성을 제고할 필요가 있다.

(3) 단위학교 행정조직

단위학교의 행정조직에 관한 법적 근거는 「대한민국헌법」 제31조 ⑥항의 교육제도 법정주의를 비롯하여 「교육기본법」 「초·중등교육법」 「고등교육법」 등에서 찾아볼 수 있다. 학교행정과 관련하여 볼 때 학교의 설립자·경영자는 법령으로 정하는 바에 따라 교육을 위한 시설·설비·재정 및 교원 등을 확보하고 이를 운용·관리하도록 기본 원칙을 정하고 있다(「교육기본법」 제16조). 따라서 학교조직의 근거 및 운영·관리 원칙은 법령에 두고 있으며, 운용 및 관리의 주체는 학교의 설립경영자라고 할 수 있다.

이에 따라 「초·중등교육법」 제4장에서는 학교에 관하여 교육과정·수업·학교생활기록·학년제·조기진급 및 조기졸업·학업에 어려움을 겪는 학생에 대한 교육·교과용 도서·학교의 통합·운영 등을 규정하고, 특히 학교운영위원회에 관한 절(31조~34조)을 두고 있는데, 이러한 규정 등이 학교행정제도의 기본 틀을 형성하게 된다. 그리고 고등교육과 관련된 사항은 「고등교육법」에 따로 규정하고 있다.

단위학교의 행정제도는 학교운영의 계선적 기구인 교무분장 조직과 막료기구인 각종 위원회를 둘 수 있다. 여기서는 보직교사제에 따른 교무분장제도와 「초·중등교육법」에 설치 근거를 두고 있는 학교운영위원회를 중심으로 살펴보고자 한다.

▍교무분장 조직

교무분장 조직은 학교교육의 목적을 능률적이고 효율적으로 달성하기 위하여 교무를 합리적으로 조직하고 운영하는 것으로, 학교장의 가장 중요한 기능 중 하나이다. 교무(敎務)란 학교교육을 운영하는 데 필요한 모든 교육에서 사무의 처리를 위한 과업을 총칭하는 것을 말한다. 이 조직은 교장-교감-부장교사-담당 부원으로 이어지는 조직으로, 교육과정 운영을 지원하는 업무 수행을 위한 조직 형태이다. 교무분장 조직은 학교장의 경영방침에 따라, 학교급별 및 종별에 따라, 그리고 학교별에 따라 조금씩 다르게 구성되며, 교육의 목적을 달성하기 위한 교직원들의 협동체제라고 할 수 있다.

학교교육의 목적 달성을 극대화하고 교직원의 협동체제 조성을 위해서는 교무분장의 원칙과 절차가 고려되어야 하는바, 교무분장의 원칙은, 첫째, 교무 내용을 분야별로 분류하여 사무의 범위를 고려한 1인 1부서 원칙, 둘째, 책임 있게 사무를 수행할 수 있도록 하는 권한을 위임하는 민주성의 원칙, 셋째, 탄력적이고 변화에 대처할 수 있는 적응성의 원칙, 넷째, 모든 직원에게 사무를 공평하게 배분하는 공정성의 원칙, 다섯째, 능력에 따라 사무를 배정하는 적재적소의 원칙 등이 고려되어야 할 것이다. 또한 교무분장의 절차는, 첫째, 전체 교무 업무를 집약하고, 둘째, 세부적인 사무 내용을 분야별로 체계화하고, 셋째, 분야에 따라 교직원을 적재적소에 배치하여, 넷째, 계선조직과 참모조직을 고려한 신축성 있는 교무조직을 구성해야 한다.

교무분장은 학교 본연의 업무, 예컨대 학생관리, 교과 지도, 학생 생활지도, 학교 보건위생, 문서관리, 재무관리, 시설 설비관리 등에 관한 사항을 기준으로 분장할 수 있는데, 학교 현장에서는 교무분장을 부단위로 개설하고 이들의 보직교사를 부장교사로 지칭한다. 이 조직은 기능적 조직의 성격을 가지고 있으며, 교육지도를 위한 행정적 업무와 사무적 업무를 수행하며, 이를 통해 학교의 각종 사무를 능률적으로 수행한다.

▌직원회

직원회란 학교경영상 전 직원의 참여와 협력을 바탕으로 한 협의기구로, 학교에서 습관적으로 실시되고 있는 교원 및 사무직원의 모임을 말한다. 여기서 학교교육에 관한 제반 문제를 전달받고 논의된다. 이 직원회는 법규적 관점에서 보면 교장의 자문기관 또는 보조기관이지, 의결기관은 아니다. 그러나 학교운영의 책임자인 교장이 학교경영의 방침을 결정하고, 교육목표를 설정하고, 기타 중요한 사항을 결정할 때 교직원의 의견을 존중하고 민주적 과정을 통하여 의사결정을 한다면 자문기관이라기보다는 의결기관의 성격이 강하다고 할 수 있다.

학교교육 목표와 방침, 교육과정의 운영, 아동 및 학생의 진급과 징계 또는 생활지도

방침, 교직원 연수, 학교행사, 기타 학교교육의 주요 사항에 관한 합의기관으로서 직원회는 학교에서 가장 중요하고 최고의 기관이기 때문에 비록 의결기관은 아니라고 하더라도 교직원은 직원회에 적극 참여하여 의견을 표명하는 것이 교원의 권리이자 의무라고 볼 수 있다. 따라서 직원회는 법규상으로는 자문기관이지만, 실제로는 의결기관과 다름없는 학교 내의 최고 심의기관이라고 할 수 있으며, 학교경영의 민주화와 자율성을 보장하는 협의체가 되어야 한다.

직원회의 기능을 살펴보면 자문적 기능, 기본사항의 심의 기능, 필요한 사항의 조정, 상부 지시나 유관기관 협조 사항 또는 교장의 견해 전달, 정보교환, 연락 및 보고, 문제해결, 장학 또는 현직연수, 팀워크의 형성, 그리고 전직원의 협의를 필요로 하는 사항을 논의하는 것 등을 들 수 있다.

이러한 직원회의 기능이 충분히 발휘되기 위해서는 그 운영에 관한 구체적 방침과 기술을 교장을 포함한 모든 교직원이 알고 실천해야 한다. 흔히 직원회에 대한 교원들의 인식이 저조하고, 참여가 소극적이고 회피적인가 하면, 교장 자신도 방관적 입장이 아니면 지시, 명령, 전달로 일관하는 일방적이고 독선적인 직원회가 많은 것은 교장을 제외한 교원 간의 대립적이고 상충적인 직원회 운영이나 상의하달식의 운영에서 오는 결과일 것이다.

직원회는 교장과 교원 간, 교원 상호 간의 이해를 돈독히 하고 의사소통이 상향적, 하향적, 수평적인 3방향의 과정으로 이루어지는 분위기를 만드는 것이 무엇보다도 중요하다. 그리하여 학교운영이 어느 정도 어떻게 진행되고 있으며, 교직원의 태도가 어떤가 하는 등 전반적 상황이 공개적으로 드러나야 비로소 직원회의 기능이 활성화되고, 따라서 학교경영의 성과가 극대화될 것이다.

직원회의 효율적 운영을 위해서는 다음과 같은 사전 준비가 필요하다.

첫째, 회의의 주제를 선택한다. 교장은 중요하다고 생각되는 현안 문제를 직접 제안하거나 교사들의 중복된 의견을 피하기 위하여 각종 위원회의 검토를 걸쳐 회의의 주제를 선정한다.

둘째, 선정된 주제에 대한 해결 방안 검토와 자료 수집을 실시한다. 교장은 학교의 각 교무분장 조직이나 위원회를 통하여 자료를 수집하고 필요한 때는 회의의 주제에 대한 해결 방안을 검토할 자료를 수집하게 한다.

셋째, 회의의 절차에 대한 사전 준비를 한다. 회의의 절차는 목적에 따라 시간, 장소의 선택에서부터 각종 준비물까지 자유로운 토론 및 회의가 이루어질 수 있도록 세심한 주의를 기울여야 한다.

넷째, 회의의 진행을 위한 지도성을 공유한다. 교장은 의제에 따라 능력 있는 교사를 발견하여 회의를 진행시키거나 교사가 각종 위원회의 의장이 될 수 있도록 사전에 회의의 진행자를 선정한다.

또한 직원회의 원칙은 분명한 목적, 충분한 계획과 준비, 전 교직원의 철저한 이해를 바탕으로 한 민주적이고 능률적인 회의 진행, 차후 보다 효과적인 직원회를 위한 의사록 작성 등과 같은 사항들을 고려하는 것이 바람직하다.

▌학교운영위원회

학교운영위원회는 학교운영과 관련된 중요한 의사결정에 학부모, 교원, 지역인사가 참여함으로써 학교정책 결정의 민주성, 합리성, 효과성을 확보하여 학교 교육목표 달성에 기여하기 위한 집단의 의사결정 기구이다.

학교운영위원회는 「지방교육자치에 관한 법률」에 근거를 두고 1995년부터 시범 실시하여 오다가 법적 근거와 구성 및 운영에 관한 사항이 「초·중등교육법」으로 이관 제정됨으로써 단위학교 행정조직의 중요한 위치에 서게 되었다. 이에 따라 1996년에는 국공립 초·중등학교에, 2000학년도에는 사립 초·중등학교에 학교운영위원회의 설치를 의무화하였다. 학교운영위원회의 법적 관련 근거를 보면 「교육기본법」 제5조에 "학교운영의 자율성을 존중하여야 하며, 교직원·학생·학부모 및 지역주민 등이 법령으로 정하는 바에 따라 학교운영에 참여할 수 있도록 보장하여야 한다"고 규정되어 있다. 또한 「초·중등교육법」 제31조~제34조에는 학교운영위원회의 설치 근거, 학교운영위원의 결격사유, 학교운영위원회의 기능, 학교발전기금, 학교운영위원회 구성과 운영에 관한 사항 및 학교운영위원회 위원의 연수 등에 관한 내용이 있다.

학교운영위원회의 법적 성격은 학교운영에 관한 주요 사항에 대해 국·공·사립학교 및 공립유치원의 경우는 심의하고, 사립유치원의 경우는 자문하는 기구이다. 학교발전기금의 조성, 운용 및 사용에 관한 사항에 대하여는 국공립 및 사립학교 모두 심의, 의결하도록 하고 있다.

학교운영위원회에서 심의하는 사항은 다음과 같다.

- 학교헌장과 학칙의 제정 또는 개정
- 학교의 예산안과 결산

- 학교교육과정의 운영방법
- 교과용 도서와 교육자료의 선정
- 교복·체육복·졸업앨범 등 학부모 경비 부담
- 정규학습시간 종료 후 또는 방학기간 중의 교육활동 및 수련활동
- 공모 교장의 공모방법, 임용, 평가 등
- 초빙교사의 추천
- 학교운영지원비의 조성·운용 및 사용
- 학교급식
- 대학입학 특별전형 중 학교장 추천
- 학교운동부의 구성·운영
- 학교운영에 대한 제안 및 건의 사항
- 그 밖에 대통령령이나 시·도의 조례로 정하는 사항

사립학교는 자문 사항으로 학교 헌장 및 학칙의 제정 또는 개정에 관한 사항, 제외 사항으로「교육공무원법」제29조의3 제8항에 따른 공모 교장의 공모 방법, 임용, 평가 등에 관한 사항과「교육공무원법」제31조 제2항의 규정에 의한 초빙교사의 추천에 관한 사항을 제외하고는 국공립학교의 기능과 같다. 한편, 학교운영위원회의 의무적인 기능은 아니나 중요한 역할 중의 하나는 학교발전기금을 조성할 수 있다는 것이다.

학교운영위원회의 정수는 5인 이상 15인 이내의 범위에서 당해 연도 3월 1일 학생 수를 기준으로 학교의 규모 등을 고려하여 당해 학교의 학교운영위원회 규정으로 정한다. 구성 비율은 학부모위원 40~50%, 교원위원 30~40%, 그리고 지역위원 10~30%의 범위 내에서 구성하게 된다(「초·중등교육법 시행령」제58조). 단, 특성화고등학교 및 특수목적고등학교의 경우에는 학부모위원 30~40%, 교원위원 20~30%, 지역위원 30~50%로 할 수 있다.

위원의 선출에서 교원위원은 국·공립학교는 당연직 교원위원(교장)을 제외한 교원위원은 교직원 전체회의에서 무기명 투표로 선출한다. 사립학교는 정관이 정한 절차에 따라 교직원 전체회의에서 추천한 자 중에서 학교의 장이 위촉한다. 학부모위원은 민주적 내의 절차에 따라 학부모 전체회의에서 직접 선출하여야 하지만, 학교의 시설·규모 등을 고려하여 학부모 전체회의에서 직접 선출하기 곤란한 사유가 있는 경우 학급별 대표로 구성된 학부모대표회의에서 선출할 수 있다. 지역위원은 학부모위원 또는 교원위원

의 추천을 받아 학부모위원 및 교원위원이 무기명 투표로 선출한다. 학교운영위원회에는 위원장 및 부위원장 각 1인을 두는데, 교원위원이 아닌 위원 중에서 무기명 투표로 선출한다.

학교운영위원회의 운영에서 중요한 몇 가지 사항을 살펴보면 다음과 같다. 첫째, 회의 7일 전에 위원들에게 안건을 사전에 통지해야 한다. 둘째, 학교운영위원회 회의록을 학교 홈페이지 등을 통해 반드시 공개해야 한다. 셋째, 국·공립학교의 학교운영위원회는 학부모가 경비를 부담하는 사항을 심의하려는 때는 국립학교의 경우에는 학칙으로, 공립학교의 경우에는 시·도의 조례에 정하는 바에 따라 미리 학부모의 의견을 수렴하여야 한다. 넷째, 국·공립학교의 운영위원회는 학생의 학교생활에 밀접하게 관련된 사항을 심의하기 위하여 필요하다고 인정하는 때에는 학생 대표 등을 회의에 참석하게 하여 의견을 들을 수 있다. 다섯째, 위원장이 회의를 소집하려면 회의 일시, 장소 및 안건을 정하여 회의 개최 7일 전까지 각 위원에게 알려야 한다. 다만, 긴급한 사유가 있는 경우에는 그러하지 아니하다. 국·공립학교의 운영위원회의 위원장은 회의 일시를 정할 때에는 일과 후, 주말 등 위원들이 참석하기 편리한 시간으로 정하여야 한다.

2 교육법

1) 교육법의 개념과 특성

(1) 교육법의 개념

교육법이란 간단히 말하면 교육에 관한 법규범이다. 학교교육과 평생교육을 포함한 교육제도와 그 운영, 교육재정 및 교원의 지위에 관한 기본적인 사항을 규정한 법을 교육법이라고 할 수 있다.

넓은 의미의 교육법이란 교육 관련 법령을 말하는 바, 첫째, 교육법은 「대한민국헌법」상의 교육에 관한 기본 원리와 그 기본 원리를 구현하기 위한 제반 법령으로, 「교육기본법」에 그러한 원리들이 가장 많이 규정되어 있다.

둘째, 교육법은 교육을 받을 권리를 구현시키기 위한 교육당사자의 교육에 관한 권리와 의무에 관한 법령으로, 학생의 학습권, 교사의 교육의 자유, 학부모의 교육권, 학교 설치자의 관리 권한, 국가 및 지방자치단체의 감독 권한 등에 관한 규정을 하고 있는 법령이다.

셋째, 교육법은 학교교육 및 평생교육을 포함한 교육제도와 그 운영에 관한 사항을 규정한 법령으로, 지방교육자치제도, 학교제도, 학교 및 교육행정 조직, 교직원의 지위 및 인사, 교육 재정 및 시설, 교육정보, 교육목표와 교육과정의 선정을 포함한 학사 관리 및 교육평가에 관한 법령들이 이에 포함된다.

이러한 광범위한 교육 관련 법령 중에서 학교교육에 초점을 둔 「교육기본법」 「초·중등교육법」 「고등교육법」은 좁은 의미의 교육법이라고 할 수 있다.

(2) 교육법의 특성

교육법의 개념은 다양한 형태로 존재하므로 그 법적 성격을 규정하기가 쉽지 않지만 몇 가지 특성을 찾아볼 수 있다.[12)]

첫째, 동일한 대상에 관하여 규율하고 있는 경우에 교육법은 일반법에 대하여 특별법의 지위를 갖고 내용이 상충되는 경우에 우선적 효력을 갖는다.

둘째, 교육법은 공법과 사법의 구별이 명확하지 않은 특수법적 성격이 강하다. 학교제도와 그 운영에 관한 많은 규정이 교육행정의 주체인 국가나 지방자치단체의 행정작용에 의한 것으로, 공법적인 특성이 있다. 그러나 교육법을 공법 내지 행정법의 한 분야로만 볼 수는 없다. 교육법의 주된 내용인 교육당사자들의 교육권, 교육내용, 교육과정의 특수성은 물론 교육행정의 특수성도 있기 때문이다. 특히 사립학교의 경우에는 사법적(私法的) 성격이 강하여 어느 경우에는 민사로 재판절차를 밟는 것은 교육법의 특성을 잘 보여 주고 있다.

셋째, 교육법은 인간을 육성하는 교육에 관한 법규이므로 지휘, 복종의 공권력 관계라기보다는 오히려 비권력적이고 지도, 조언, 육성의 성격이 지배적이며, 전문성, 기술성이 강화되어 가고 있다. 이런 점에서 교육법은 공법적 특성 중에서도 조장행정의 성격이 강한 법규이다.

넷째, 의무교육과 교육의 기회균등이 개인의 사회적·경제적 지위 향상을 위한 필수적 조치라는 점에서, 또 「대한민국헌법」에서 국가에게 평생교육 진흥 의무를 부과시키고 있다는 점에서 교육법은 사회의 복지 증진을 위한 사회법적 성격도 아울러 갖고 있다.

---

12) 표시열, **교육정책과 법**(서울: 박영사, 2002), 60.

2) 교육법의 기본원리

교육법이 추구하는 궁극적인 이념은 교육이 추구하는 궁극적인 이념을 법적으로 뒷받침하는 것이다. 「교육기본법」에서는 교육의 이념으로 홍익인간을 규정하고, 인격의 완성, 자주적 생활능력의 함양, 민주시민으로서의 자질 구비를 통한 인간다운 삶의 영위 등을 그 실천 지표로 설정하고 있다.

교육법에는 그 자체에 내재하고 있는 기본 정신이 있다. 「교육기본법」에서는 제1장 총칙에서 학습권, 교육의 기회균등, 교육의 자주성·중립성, 의무교육 등에 관한 기본적인 방향을 설정하고 있는데, 이는 교육법의 기본 원칙을 간접적으로 천명한 「대한민국헌법」의 제31조에 근거한다. 교육이념을 구현하기 위한 교육법 전반에 내재되어 있는 기본 원리로 다음의 다섯 가지를 들 수 있다.[13)]

첫째, 교육제도 등의 법정주의이다. 「대한민국헌법」 제31조 제6항에 의하면 "학교교육 및 평생교육을 포함한 교육제도와 그 운영, 교육재정 및 교원의 지위에 관한 기본적인 사항은 법률로 정한다"라고 명시하고 있는바, 이를 교육제도 등의 법정주의라고 한다. 이는 교육의 중요성 때문에 교육에 관한 중요 사항은 반드시 국민의 대표자로 구성된 국회에서 '법률'의 형식으로 제정하도록 하고, 행정부의 명령 등의 과정을 거치게 함으로써 국민의 기본적인 교육권이 침해되는 것을 예방하기 위한 원리이다.

둘째, 교육의 자주성 원리이다. 「대한민국헌법」 제 31조 제4항에 교육의 자주성·전문성·정치적 중립성을 보장하고 있다. 교육의 자주성은 교육이라는 특수 분야에서 교육기회와 교육내용이 교육자에 의하여 자주적으로 결정되고 행정권력에 의한 교육통제가 배제되어야 한다는 것을 의미한다. 지방교육자치제는 교육의 자주성 원리를 제도적으로 보장한 것이라고 볼 수 있다. 따라서 이 원리를 지방교육자치의 원리라고도 할 수 있다.

셋째, 교육의 전문성 원리이다. 이것은 교육활동이 특수한 자격과 교양을 가진 전문가의 손에 운영되고, 교육정책의 수립과 집행에 교육전문가를 참여시킴으로써 교육의 전문성을 보장하여야 한다는 것을 의미한다.

넷째, 교육의 기회균등 원리이다. 「대한민국헌법」 제31조에 "모든 국민은 능력에 따라 균등하게 교육을 받을 권리를 가진다"고 규정하고 있다. 교육의 기회균등은 교육받을 권리의 외적 조건에 관한 보장이며, 이는 교육 능력 이외에 인종, 성별, 종교, 경제력 등의

---

13) 표시열, 전게서(2002).

이유로 교육의 기회가 차별받지 않는다는 것을 의미한다. 이 원리에는 사회적 신분에 의한 차별 금지, 의무교육의 무상원칙, 단선형 학교체계의 확립 등이 포함된다.

다섯째, 교육의 민주성 원리이다. 교육정책이나 교육행정에서 중요시되는 원리 중의 하나가 민주성의 원리이다. 넓은 의미의 민주성 개념에는 교육의 자주성, 중립성, 전문성의 원리도 포함되지만 좁은 의미에서는 교육행정 과정에서 구성원의 기본권을 존중하며, 그 기본권이 침해될 경우 적절한 권리 구제 장치를 마련하는 것을 말한다.

3) 교육법규의 구조

(1) 「대한민국헌법」

「대한민국헌법」에 나타나 있는 교육 관련 조항은 직접적인 조항과 간접적인 조항으로 나누어 볼 수 있다. 직접적인 조항은 「대한민국헌법」 제31조에 규정되어 있다. 그 내용은 다음과 같다.

> ① 모든 국민은 능력에 따라 균등하게 교육을 받을 권리를 가진다.
> ② 모든 국민은 그 보호하는 자녀에게 적어도 초등교육과 법률이 정하는 교육을 받게 할 의무를 진다.
> ③ 의무교육은 무상으로 한다.
> ④ 교육의 자주성·전문성·정치적 중립성 및 대학의 자율성은 법률이 정하는 바에 의하여 보장된다.
> ⑤ 국가는 평생교육을 진흥하여야 한다.
> ⑥ 학교교육 및 평생교육을 포함한 교육제도와 그 운영, 교육재정 및 교원의 지위에 관한 기본적인 사항은 법률로 정한다.

간접적인 조항은, 첫째, 「대한민국헌법」 총칙에서 국제조약과 국제법규가 국내법과 같은 효력을 가지며, 그에 따라 외국인의 지위를 보장하는 제6조, 공무원은 국민 전체에 대한 봉사자이며 그 신분과 정치적 중립성을 보장하는 제7조 등이다.

둘째, 「대한민국헌법」 제2장 국민의 권리와 의무에서는 인간의 존엄성과 행복추구권 및 기본적인 인권 보장을 규정한 제10조, 법 앞의 평등과 특수계급의 불안정을 규정한 제11조와 신체의 자유(제12조), 거주·이전의 자유(제14조), 양심의 자유(제19조), 종교의 자유(제20조), 언론·출판 등의 자유(제21조), 학문과 예술의 자유(제22조), 재산권의 보장과 제한(제23조), 공무담임권(제25조), 청원권(제26조), 재판을 받을 권리(제27조), 손해배상청구권(제29조), 근로의 권리 및 의무, 연소자 등의 보호(제32조), 근로자의 단결권 등(제33조), 인간다운 생활을 할 권리(제34조), 혼인·모성 및 보건의 보호(제36조), 자유와 권리의 보호(제37조) 등이다.

셋째, 「대한민국헌법」 제4장 제94조에 교육행정기관의 수반인 교육부장관의 임명에 대해 규정하고 있으며, 제95조에는 교육에 관한 총리령과 부령에 대해 규정하고 있다.

넷째, 「대한민국헌법」 제8장 지방자치에서는 제117조와 제118조에서 지방자치단체의 자치권과 종류, 지방의회의 조직과 운영, 선임방법 등에 대해 규정하고 있다.

(2) 「교육기본법」

법률의 형식으로 존재하는 교육법규는 여러 가지가 있다. 특히 교육에 관한 국민의 권리 및 의무와 국가 및 지방자치단체의 책임을 정하고 교육제도와 그 운영에 관한 기본적 사항을 규정함을 목적으로 한 「교육기본법」은 1998년 3월 1일(법률 제5437호, 1997. 12. 13. 제정)에 시행되어 2024년 12월 20일까지 24차례의 개정을 거쳐 왔다. 「교육기본법」의 주요 내용은 다음과 같다.

- 제1조(목적): 이 법은 교육에 관한 국민의 권리·의무 및 국가·지방자치단체의 책임을 정하고 교육제도와 그 운영에 관한 기본적 사항을 규정함을 목적으로 한다.
- 제2조(교육이념): 교육은 홍익인간(弘益人間)의 이념 아래 모든 국민으로 하여금 인격을 도야(陶冶)하고 자주적 생활능력과 민주시민으로서 필요한 자질을 갖추게 함으로써 인간다운 삶을 영위하게 하고 민주국가의 발전과 인류공영(人類共榮)의 이상을 실현하는 데에 이바지하게 함을 목적으로 한다.
- 제3조(학습권): 모든 국민은 평생에 걸쳐 학습하고, 능력과 적성에 따라 교육받을 권리를 가진다.
- 제4조(교육의 기회균등 등): ① 모든 국민은 성별, 종교, 신념, 인종, 사회적 신분, 경제적 지위 또는 신체적 조건 등을 이유로 교육에서 차별을 받지 아니한다. ② 국가와 지방자치단체는 학습자가 평등하게 교육을 받을 수 있도록 지역 간의 교원 수급 등 교육 여건 격차를 최소화하는 시책을 마련하여 시행하여야 한다. ③ 국가는 교육 여건 개선을 위한 학급당 적정 학생 수를 정하고 지방자치단체와 이를 실현

하기 위한 시책을 수립·실시하여야 한다.

- 제5조(교육의 자주성 등): ① 국가와 지방자치단체는 교육의 자주성과 전문성을 보장하여야 하며, 국가는 지방자치단체의 교육에 관한 자율성을 존중하여야 한다. ② 국가와 지방자치단체는 관할하는 학교와 소관 사무에 대하여 지역 실정에 맞는 교육을 실시하기 위한 시책을 수립·실시하여야 한다. ③ 국가와 지방자치단체는 학교운영의 자율성을 존중하여야 하며, 교직원·학생·학부모 및 지역주민 등이 법령으로 정하는 바에 따라 학교운영에 참여할 수 있도록 보장하여야 한다.
- 제6조(교육의 중립성): ① 교육은 교육 본래의 목적에 따라 그 기능을 다하도록 운영되어야 하며, 정치적·파당적 또는 개인적 편견을 전파하기 위한 방편으로 이용되어서는 아니 된다. ② 국가와 지방자치단체가 설립한 학교에서는 특정한 종교를 위한 종교교육을 하여서는 아니 된다.
- 제7조(교육재정): ① 국가와 지방자치단체는 교육재정을 안정적으로 확보하기 위하여 필요한 시책을 수립·실시하여야 한다. ② 교육재정을 안정적으로 확보하기 위하여 지방교육재정교부금 등에 관하여 필요한 사항은 따로 법률로 정한다.
- 제8조(의무교육): ① 의무교육은 6년의 초등교육과 3년의 중등교육으로 한다. ② 모든 국민은 제1항에 따른 의무교육을 받을 권리를 가진다.
- 제9조(학교교육): ① 유아교육·초등교육·중등교육 및 고등교육을 하기 위하여 학교를 둔다. ② 학교는 공공성을 가지며, 학생의 교육 외에 학술 및 문화적 전통의 유지·발전과 주민의 평생교육을 위하여 노력하여야 한다. ③ 학교교육은 학생의 창의력 계발 및 인성(人性) 함양을 포함한 전인적(全人的) 교육을 중시하여 이루어져야 한다. ④ 학교의 종류와 학교의 설립·경영 등 학교교육에 관한 기본적인 사항은 따로 법률로 정한다.
- 제10조(평생교육): ① 전 국민을 대상으로 하는 모든 형태의 평생교육은 장려되어야 한다. ② 평생교육의 이수(履修)는 법령으로 정하는 바에 따라 그에 상응하는 학교교육의 이수로 인정될 수 있다. ③ 평생교육시설의 종류와 설립·경영 등 평생교육에 관한 기본적인 사항은 따로 법률로 정한다.
- 제11조(학교 등의 설립): ① 국가와 지방자치단체는 학교와 평생교육시설을 설립·경영한다. ② 법인이나 사인(私人)은 법률로 정하는 바에 따라 학교와 평생교육시설을 설립·경영할 수 있다.
- 제12조(학습자) ① 학생을 포함한 학습자의 기본적 인권은 학교교육 또는 평생교육

의 과정에서 존중되고 보호된다. ② 교육내용·교육방법·교재 및 교육시설은 학습자의 인격을 존중하고 개성을 중시하여 학습자의 능력이 최대한으로 발휘될 수 있도록 마련되어야 한다. ③ 학생은 학습자로서의 윤리의식을 확립하고, 학교의 규칙을 지켜야 하며, 교원의 교육·연구활동을 방해하거나 학내의 질서를 문란하게 하여서는 아니 된다.

(3) 대통령령

법률의 형식보다 한 차원 낮은 대통령령의 형식으로 존재하는 교육법규를 말한다. 국립학교 설치령, 학교시설·설비기준령, 교육공무원 임용령, 교육공무원 승진규정, 교원자격검정령, 대학설치기준령 등이 이에 속한다.

(4) 교육부령과 교육부훈령

법률의 형식보다 한 단계 낮으며, 교육부장관이나 교육부 차원에서 법령 제정의 권한이 있는 교육부령에 속하는 것으로는 각종 시행령의 시행규칙 등이 있다(교원자격령 시행규칙). 그리고 교육부훈령에 속하는 것으로는 대학원규정이나 교육공무원 인사관리규정 등을 예로 들 수 있다.

그런데 이러한 법규의 구조를 이해하는 데 있어서 상위법 우선의 원칙을 생각해야 할 것이다. 즉, 「대한민국헌법」 조항을 중심으로 하여 법령은 명령에 우선하고, 명령 중 대통령령은 부령(교육부)에 우선한다는 점이다.

4) 교육법과 교육권

(1) 교육권에 관한 법 규정

「대한민국헌법」은 제31조 제1항에서 "모든 국민은 능력에 따라 균등하게 교육을 받을 권리를 가진다"라고 규정하고 있으며, 「교육기본법」 제1장 총칙에서도 모든 국민에게 「대한민국헌법」에서 보장된 '교육을 받을 권리'를 다시 강조하여 교육의 기회균등(제4조)과 의무교육(제8조)을 규정하고 있다. 제2장 교육당사자에는 학습자, 보호자, 교원, 교원단체, 학교 등의 설립자·경영자, 그리고 국가 및 지방자치단체의 권리와 의무에 관한 내용들이 규정되어 있다.

(2) 교육권의 개념

교육권은 교육제도의 수립과 운영, 그 이론과 실제에 있어 핵심 개념으로 볼 수 있다. 한 나라의 교육제도 전반을 결정하거나, 교육제도에 담긴 기본 정신을 파악하는 데 있어 교육권은 불가결한 개념의 하나이다. 그러나 교육권의 개념이 다양하고, 교육권으로 주장되는 것 상호 간에 상충이 있어 혼동이 야기된다. 이는 교육권 행사의 주체를 누구로 보느냐에 따라 논의 내용이 다르기 때문이다. 여기서는 교육당사자의 교육권 개념을 구체적으로 살펴보고자 한다.[14]

① 교사의 교육권

교사의 교육권은 학생을 교육하는 권리로서 근본적으로 사회적 관습에 근거를 둔다고 해야 할 것이다. 사실 교육에서 교원은 부모의 지위와 같은 것을 누려 왔다. 그런 의미에서 교사의 교육권은 부모의 교육권과 동등한 권리로 이해할 수 있으나, 다른 한편으로 이 권리는 부모를 대신하여 그 자녀를 위탁받아 교육한다는 점에서 보면 부모에게 속하는 자연법적 권리에서 유래된 권리라고 할 수 있다. 우리나라 헌법재판소에서는 교사의 교육권을 학부모의 신탁과 실정법상 국가의 위임에 의한 직무권한으로 보고 있다.

교사의 교육권의 범위에는 교육과정의 편성과 관리, 교과서 채택과 보조교재를 결정하는 교재선정권, 진급 및 졸업의 인정을 포함한 성적평가권, 학생징계권 등이 있다고 볼 수 있으나, 이 또한 법령상 특별한 규정이 있는 경우가 많고 또한 대부분 학교장의 권한이어서 교사의 교육권은 현실적으로 많은 제약을 받고 있다고 볼 수 있다.

② 학생의 교육권

학습자의 교육권은 「대한민국헌법」에서 보장하고 있는 권리이다. 학습자의 교육권은 교육을 받는 것은 물론이고, 이를 청구할 권리까지도 가진다는 것이 일반적인 생각이다. 「대한민국헌법」 제31조 제1항에서는 모든 국민의 교육받을 권리를 보장하고 있으며, 「교육기본법」 제3조에서도 "모든 국민은 평생에 걸쳐 학습하고, 능력과 적성에 따라 교육받을 권리를 가진다"고 규정하고 있다.

이렇게 국민, 그중에서도 학생이 갖는 교육권은 근본적으로 인간의 기본권인 사회권으로서 중요한 의미를 갖는다. 인간 사이에 교양의 차이로 겪는 불평등이나 차별을 불식

---

14) 안규철, **교육법제연구**(서울: 도서출판 대한문화, 2002), 106-111.

하고, 나아가 인간다운 삶을 누릴 수 있는 기본적인 지식과 기술을 익히지 못해 삶을 이어 가지 못하거나 비참한 삶을 누리는 일이 없도록 교육은 이를 책임져야 한다. 즉, 학습자의 교육권은 국가권력에 의해 보장되어야 하는 생활권이자 동시에 생존권인 것이다.

아동의 교육권은 다른 주체들이 향유하는 교육권보다 가장 우선하는 권리라고 볼 수 있다. 따라서 학습자의 교육권을 제외한 다른 주체들의 교육권은 이 아동의 교육권을 보장하기 위한 부수적인 교육권으로서 이 교육권이 원만히 보장될 수 있도록 원조하고 협동하는 권리라고 할 수 있다.

③ 부모의 교육권

어린이를 보호, 감독, 교육하는 일이 부모의 권리라고 하는 것은 자연법, 실정법, 사회통념 등으로 인정되고 있다. 그런데 이는 권리라기보다는 자녀에 대한 신성한 의무로 보아야 하며, 권리라고 한다면 부모의 의무를 제1차적으로 행사할 권리를 제3자로부터 침해받지 않는다는 의미로 이해되어야 한다.

「교육기본법」 제13조에서는 "부모 등 보호자는 자녀 또는 아동이 바른 인성을 가지고 건강하게 성장하도록 교육할 권리와 책임을 가진다"고 규정하여 부모의 교육권을 선언하고 있다.

그러나 오늘날의 공교육 체제, 특히 권력에 의한 강제적인 형식으로 집행되는 의무교육제도하에서는 이러한 부모의 교육권은 국가에 대한 의무로 전환되었을 뿐만 아니라 자녀의 취학에 있어서도 취학 여부 결정, 의무학교 선택, 교육내용에의 관여 등 종래 부모의 교육권에 해당되어 오던 교육에 대한 요구권과 발언권 부분이 고려되지 않는 경우가 있게 되었다.

④ 국가의 교육권

국가의 교육권은 공교육의 조직, 편성, 운영권을 말한다. 구체적으로 교육내용 결정, 교육과정 편성, 교과서 결정 및 채택, 교원자격증 부여, 졸업자격증 부여, 교육공무원의 지도 및 감독, 교육분쟁 조정 등이 있다.

「교육기본법」에서도 국가와 지방자치단체는 교육 제도와 내용에 관하여 기본적인 기준을 정하고 모든 교육기관이 교육을 바르게 실행하도록 지원 및 감독할 권한을 갖고 있다고 규정하고 있다.

국민은 때때로 이러한 국가의 교육에 대한 관리 및 감독을 부정하고 혐오하기도 하는 데, 이를 인정할 수밖에 없는 이유는 국가를 대신하여 국민 전체를 대상으로 하는 엄청난 규모의 교육을 감당할 수 있는 주체는 아직 국가밖에 없다고 보기 때문이다. 국민의 교육권, 그중에서도 특히 학생의 교육권을 보장하기 위해서 요구되는 인적·물적 자원을 염출하고 동원하는 일은 권위를 가진 국가의 공권력이 교육을 관리, 운영할 때에만 가능하기 때문이다.

⑤ 학교설립자의 교육권

학교설립자는 학교를 설립, 경영하는 주체로서 상당량의 인적·물적·교육적 권한이 있다. 학교설립자의 교육권은 학교나 그 밖의 교육시설을 설치한 자가 그가 설치한 시설 안에서 이루어지는 교육에 대하여 행사할 수 있는 응분의 관리권을 말하는 것이다. 우리나라는 설립 주체에 따라 국립, 공립, 사립으로 학교를 구분하고 있으나, 설립자가 누구이든지 간에 법률에 따라 그 설립자의 관리권을 인정하고 있을 뿐만 아니라, 사회통념으로도 이를 승인해 오고 있다. 특히 사립학교의 설립자에 대해서는 「사립학교법」에 의해 응분의 관리권을 명확하게 부여하고 있다. 최근 사립학교의 운영에 대해 설립자에게 부여된 관리권에 관해 논란이 있는 것은 사실이다. 우리나라의 후기 중등교육과 고등교육기관의 70%에 가까운 수가 사립에 의존하고 있고, 아직도 교육이 이러한 사립학교 설립자의 기여나 투자에 의존 및 관리되지 않고는 우리나라 중등교육과 고등교육 단계의 교육이 존립하는 것 자체가 위태로운 상황에 놓이게 될 것으로 보인다.

적용하기

❶ 우리나라 학제의 특성을 살펴보고, 현행 학제의 문제점과 그 개편의 필요성에 대해 논하시오.

❷ 교육자치제도의 기본 원리를 제시하고, 우리나라 지방교육자치제도의 문제점과 개선 방안에 대해 논하시오.

❸ 교육당사자의 교육권을 설명하고, 학생의 교육권과 교사의 교육권이 서로 상충될 때 본인의 입장에서는 누구의 교육권이 더 중요하고 우선시되어야 한다고 생각하는지 말해 보시오.

❹ 학교교육제도는 단선형, 복선형, 분기형, 기간학제와 방계학제로 이루어져 있다. 이 중 현재 우리나라에서 택한 교육제도의 유형을 설명하고, 그에 따라 현재 학교 현장에서 나타나는 장단점과 개선 방안을 논하시오.

역량강화하기

나는 현재 어느 위치에 있는가?

Q. 각 번호에 위치한 사람의 생각이나 그 사람에 대해 평가해 보세요!	
①	
②	
③	
④	
⑤	
⑥	
⑦	
⑧	
⑨	
⑩	

교육칼럼 5

머리가 녹슬어서는 안 돼

인간 지능 발달의 최고점을 17세라고 볼 때, 만 8세 이전에 전체의 80%가 형성된다고 주장하는 심리학자들이 많이 있다. 이것은 인간의 성격이나 태도 형성에 영향을 주는 요인 가운데 유전적인 요인이 대단히 크다는 것을 말해 주고 있다. 그러나 아무리 유전적인 요인이 지능 발달에 많은 영향을 준다고 하더라도 환경적인 요인을 과소평가해서는 안 된다. 선천적인 요소인 유전적인 것에 관심을 가지고 연구하는 학자는 과학자들이고, 후천적인 요소인 환경에 관심을 가지고 개인의 변화를 추구하는 사람은 바로 교육자들이다. 그러나 교육자들이라고 해서 유전적인 영향을 무시하는 것이 아니다. 그것의 중요한 영향력을 인정하면서도 이미 태어난 인간에게 변화를 주는 것은 교육을 통해 이루어진다는 사실 때문에 환경적인 요소에 더 많은 관심을 가지게 된다.

그럼 과연 지능은 무엇이고, 그 지능은 인간이 성장한 후에는 계발되지 않는 것일까? 지능이 무엇인지에 대한 논의는 매우 광범위하여 한마디로 정의하기가 어렵지만, 대개 세 가지로 크게 묶어 정리해 볼 수 있다. 첫째, 지능을 추상적으로 생각해 내는 높은 정신 능력이라고 보는 견해이다. 고등 정신 기능 혹은 확산적 사고라고 정의되는 창의성을 이 지능의 범주에 포함시킬 수 있다. 둘째, 지능을 후천적 경험, 즉 학습에 의해 습득된 능력으로 보는 견해이다. 지능은 유전적인 영향보다 후천적으로 환경의 영향을 받아 발달되는 것으로 간주한다. 셋째, 새로운 환경에 적응하는 능력, 즉 그때의 상황에 맞게 적응하는 명확한 판단 능력으로 보는 견해이다. 새로운 사태나 어려운 문제에 부딪혔을 때 슬기롭게 대처해 나가는 능력을 말한다.

일반적으로 우리가 알고 있는 지능지수(IQ)는 학교 공부에 얼마나 잘 적응하는지 알아보는 검사로, IQ가 높을수록 성적도 상위권일 확률이 높다. 하지만 정작 IQ가 높은 학생 중에서 성적도 좋은 학생은 반 정도밖에 되지 않는다고 한다. 특히 IQ와 업무 · 연구 실적과의 관련성을 살펴보면 IQ가 높으면서 업무나 연구에서도 두드러진 실적을 올리는 사람은 전체의 10분의 1도 안 된다고 한다. 따라서 IQ만 가지고 그 사람의 머리가 좋은지 나쁜지를 판단할 수 없다는 것이다.

그렇다면 성장한 후의 인간의 뇌는 더 이상 계발되지 않는 것인가? 아니다. 뇌의 성장은 나이와 무관하다는 것이다. UCLA 뇌 연구소에서는 뇌의 회로, 즉 뇌세포와 세포를 연결하는 수상돌기는 외부로부터 자극을 받을 때마다 자란다는 놀라운 사실을 밝혀냈다. 또 뉴욕 약물 연구소의 몽트부흐스바움 박사는 두뇌 활동을 무디게 하는 것은 나이가 아니라 사용을 덜 하는 것이라고 하였다. 우리 머리는 녹이 스는 것이 아니라 사용하지 않아 퇴화하는 것이다. 우리의 뇌는 갈면 갈수록 예리하게 되는 칼처럼, 쓰면 쓸수록 좋아진다는 사실이다. 뇌를 많이 사용할수록 인생은 풍요로워지고 세상의 진리도 잘 이용하게 된다. 즉, 우리의 삶이 더 아름다워지는 것이다.

너무 나이가 많아서 내가 원하는 일을 할 수 없다는 생각이 들거든 지금 자신이 내면의 비관적인 목소리에 현혹되어 있음을 자각해야 한다. 분명히 안 된다고 하는 목소리는 거짓말쟁의 소리이다. 인간의 뇌세포는 성인이 되어서도 환경만 제대로 갖추어진다면 새롭게 생겨난다는 사실을 인정해야 한다. 새로운 뇌세포를 만들기 위해 우리는 기억력을 증진시키는 훈련을 해야 한다. 우리 인간은 특별한 의미가 없는 내용을 학습하고 나면 보통 1시간 내에 학습량의 약 56% 정도를 망각하고 1개월 후에는 약 80%를 망각한다. 그렇다면 기억력을 높이는 방법은 어떠한 것이 있는가?

먼저, 집중력 훈련이다. 사물을 정확하게 인지할 수 있는 능력을 기르는 것이다. 주의를 집중하여 관찰한 사항은 기억에 오래 남게 되는 것이다. 반복학습도 중요하다. 주요한 내용은 한 번 학습하는 것보다 적당한 기간에 반복시키는 것이 좋다. 반복하면 그때마다 머리에서 강화작용이 일어나 장기적으로 기억된다. 그리고 의미화와 구조화의 방법을 들 수 있다. 의미 있는 내용이 의미 없는 것보다 기억에 오래 남고, 기억할 내용을 요약하고 조직화하며 구조화하면 적절한 시기에 인출하여 사용하기가 편리하다. 그 외에도 로치법, PQ4R법 등이 있다. 반대로, 기억력을 떨어뜨리는 환경적인 요인에도 관심을 가질 필요가 있다. 전기자극, 약물중독, 내적 스트레스, 복잡한 환경, 시끄러운 소리, 흡연, 과음 등을 피하고 조용하고 공기가 좋으며, 오염되지 않은 물과 음식을 섭취하게 되면 기억력이 증진될 수 있다.

기독교인은 조용한 시간, 묵상하는 시간, 기도하는 시간을 통해 하나님과의 교제 시간을 많이 가질 때 뇌세포는 계속 성장하게 될 것이며, 의미 있고 가치 있는 소중한 기억들을 망각하지 않고 천국에 소망을 두고 살아가는 하나님의 축복이 있을 것이다.

제6장

장학행정

선교사 묘지

유평수

거룩하고 선한 믿음과 신실한 열정으로
타국의 낯섦과 타인의 무지함을 덮을 수 있을까

초롱초롱한 눈빛을 가슴에 묻고
슬픈 피눈물 감추고 먼 하늘을 바라볼 수 있을까

몇 포기 풀을 뽑고 국화꽃 한송이로
희생과 감사함을 갚을 수 있을까

몇 마디 기도와 찬송 소리로
그분의 아픔을 위로할 수 있을까

그 길을 따라가겠다는 결심으로
예수님의 목숨 값을 대신할 수 있을까

준비된 자만이 기회를 잡을 수 있다

▸ 아무리 좋은 기회가 나에게 오더라도 그것을 포착할 준비가 되어 있지 않으면 잡을 수 없다.

▸ 오직 준비된 자만이 중요한 것을 관찰하는 기회를 잡을 수 있다.

– 루이 파스퇴르(Louis Pasteur)

▸ 우연이나 재수도 준비되지 않은 사람에게는 찾아오지 않는다.

▸ 매일, 매 순간 최선을 다하고 집중하는 자세로 살아야 한다.

1 장학의 개념

1) 장학의 정의

교육행정의 가장 핵심적인 기능 중의 하나가 장학활동이다. 이는 장학활동이 교육의 전 과정을 원활하게 하고, 교사의 교수활동에 직접적으로 영향을 주며, 학생들의 성장 발달을 돕는 데 직접적인 기여를 하기 때문이다. 장학에 대한 정의는 학자나 국가에 따라 다소 차이가 있다. 어원적 개념에 대한 차이를 국가별로 살펴보면 미국에서는 장학을 'supervision'이라고 하는데, 이 단어는 '높은 곳' 혹은 '우수한'의 의미를 지닌 'superior'와 '본다' 또는 '감시한다'의 의미를 지닌 'vision'의 합성어이다. 즉, '위에서 바라본다' 혹은 '높은 곳에서 우수한 사람이 본다'는 뜻을 가지고 있기 때문에 본래 시학(視學) 내지 감독(監督)을 지칭한다. 유럽에서는 'inspection'을 많이 사용하는데, 이것은 'in'과 'spect'의 합성어로서 '안을 들여다본다'는 의미를 지닌다. 우리말로도 시학(視學), 독학(督學), 교학(教學), 지도조언, 지도행정, 장학협의 등 다양하게 쓰여 용어상의 혼동이 있었으나 'supervision'이란 용어는 '지도 조언' 또는 '장학'으로 번역되어 오늘날까지 사용되고 있다.[1)]

장학의 정의를 학자들이 주장하는 바에 따라 살펴보면 접근방법과 강조점에 따라 다

1) 한국교육행정학회, 장학론(서울: 도서출판 하우, 1995), 3–4.

르다. 장학의 개념을 처음으로 정의한 버튼(Burton)은 장학을 "교수 행위의 개선, 교사의 성장, 교육과정의 선정과 조직, 교사의 평가와 관련된 제 활동이다"라고 규정하였다.[2] 와일스와 본다이(Wiles & Bondi)는 장학은 행정, 교육과정, 교수를 연결하고, 학습과 관련된 학교활동을 조정하는 지도성 기능[3]으로, 해리스(Harris)는 "장학은 수업 과정에 직접적인 영향을 미치며, 학교를 혁신적으로 경영하기 위해 인적·물적 요소를 다루는 일"이라고 하였다.[4] Wiles와 Bondi는 여러 학자의 장학의 개념에 대한 주장을 정리 및 분석하여 행정적 장학, 교육과정 장학, 수업개선 장학, 인간관계 장학, 경영적 장학, 지도성 장학으로 요약하여 제시하였다.[5] 이를 살펴보면 다음과 같다.

(1) 행정적 장학

행정적 장학은 교사의 수업에 대한 행정적 책무성에 초점을 둔다. 이 관점은 장학을 학생들의 학습을 촉진하기 위하여 수업 과정에 직접적으로 영향을 주는 인적·물적 자원을 조정하는 일로 보고 있다. 따라서 장학이 학교행정의 한 차원임을 강조하고 있다.

(2) 교육과정 장학

교육과정 장학은 교육과정 개발의 측면을 강조하고 있다. 이 관점은 교육과정을 만들고, 개정하고, 수업 단원과 재료를 준비하고, 학부모들에게 보고할 내용과 도구를 개발하고, 교육 프로그램 전체를 평가하는 데 초점을 두는 활동으로 정의하고 있다.[6] 또한 교사를 관찰하고, 교사와 협의하고, 교직원 모임을 가지는 것 등이 교육과정과 관련될 때 같은 의미를 갖는다고 보고 있다.[7]

(3) 수업 개선 장학

수업 개선 장학에서의 장학은 교수·학습 개선에 초점을 둔 전문교육자의 교사 조력

---

2) William H, Burton, *Supervision*(New York: Appleton Century Crofrs, Inc., 1974), 4.

3) John Wiles & Joseph Bondi, *Supervision: A Guide to Practice*(Ohio: Charles E. Merrill Publishing Co., 1980), 7.

4) Ben N. Harris, *Supervisory Behavior in Education*, 3rd ed.(Englewood Cliffs, New Jersey: Prentice Hall, 1985), 10.

5) John Wiles & Joseph Bondi, *op. cit.*(1980), 8-11.

6) Morris L. Cogan, *Clinical Supervision*(Boston: Houghton Mifflin Company, 1973), 9.

7) James, Curtin, *Supervision in Today's Elementary Schools*(New York: Macmillan, 1964), 162.

활동임을 강조한다. 미국 장학과 교육과정개발연합회(Association for Supervision and Curriculum Development)에서는 "교수의 향상을 기하는 것과 교육과정을 개발하는 일이 장학자의 주된 관점"이라고 보았다.[8] 주삼환은 "장학은 수업 개선에 있으며, 수업 개선을 하기 위하여 교사, 교육과정, 교육환경을 변화시켜 학생의 학습 결과를 높이는 것이 장학의 본질"[9]이라고 하였다.

(4) 인간관계 장학

이 관점에서는 장학을 교사와 장학담당자의 인간관계 개선이라고 정의한다. 인간관계 장학은 학교의 목적을 달성하기 위하여 원만한 인간관계를 통해 교사의 자발적인 협조를 이끌어 내고, 교사 스스로 전인적 존재로서 자신이 맡은 역할에 책임감을 가지고 헌신하게 함으로써 자아실현의 기회를 제공해 주는 것임을 강조한다. 즉, 교사와 장학담당자는 서로 동료적 관계이자 조직적 협력관계이며, 서로 지원하고 격려하는 활동을 장학의 주요 기능으로 간주한다.

(5) 경영적 장학

경영적 장학은 장학을 경영의 한 형태로 보는 입장이다. 조직에 있어서 경영은 조직목표 달성에 대한 책무성, 생산성, 효율성을 강조하는 것이므로 장학도 학교조직의 효과를 얼마나 높였는가에 대하여 책임져야 한다는 경영적 시각에 초점을 두고 있다. 알퐁소, 포스 그리고 네빌(Alfonso, Firth & Neville)도 장학과 조직의 관계를 경영의 관점에서 파악하고 있으며, 조직의 모든 자원을 효과적으로 사용하였는지를 분석하는 일이 장학이라고 주장하였다.[10]

(6) 지도성 장학

지도성 장학의 관점에서는 장학을 지도성 기술로 보고, 조직의 구조나 사람의 사고 및 행위를 변화시키는 영향력으로 간주한다. 여기서 장학담당자는 교사들이 추구할 비전을

---

8) ASCD, *Role of Supervision and Curriculum Director in a Climate of Change*. 2nd ed.(Boston: Allyn & Bacon, 1965), 2.

9) 주삼환, 장학의 이론과 기법(서울: 학지사, 2003), 34.

10) Robert J. Alfonso, Gerald R. Firth, & Richard F. Neville, *Instructional Supervision: A Behavior System*(Boston: Allyn & Bacon, 1975), 3.

제시하고, 질 높은 교육을 하도록 기대하며, 교사들에게 변화와 개선의 모범을 보여 주고, 교사들을 존중하고 일에 대한 의미와 보람을 갖게 하는 등의 지도성을 발휘해야 함을 강조하고 있다.[11] 모셔와 퍼플(Mosher & Purpel)은 "장학의 기능은 교사들에게 어떻게 가르쳐야 하는가를 가르치는 일이며, 교육과정, 교수, 그리고 교육개혁을 주도해 나감으로써 공교육을 새롭게 갱신하는 일에 전문적 지도성을 발휘하는 것"[12]이라고 정의하였다.

장학은 시간이 지나면서 시대적 상황이나 강조점에 따라 개념이나 방법이 변하여 왔다. 미국의 장학 개념은 1980년대부터는 조직의 효과성 증대를 강조함에 따라 장학도 교사 능력 개발과 교수 효과 증진에 노력을 쏟고 있다. 한국의 경우도 일제강점기에는 학사에 대한 시찰과 감독에 초점을 둔 장학에서 1980년대부터는 민주적·참여적인 지도 및 조언으로 변화하였으며, 1990년대부터는 교사의 수업 개선을 지원해 주는 장학으로 방향이 바뀌었다. 2000년대 이후에는 단위학교가 직접 전문가에게 요청하여 교육 문제를 진단하고 대안을 마련하는 컨설팅 장학이 등장하였다.

2) 장학의 원리

질 높은 장학은 장학활동의 근거가 되는 바른 지식과 튼튼한 이론적 원리에 기초해야 한다. 전문 장학사도 그들이 왜 특정한 방법이나 절차를 선호하는지에 대한 분명한 이유와 근거가 있어야 한다. 장학은 궁극적으로 수업 개선을 위하여 직간접적으로 교사를 돕고 지원하는 행위라고 볼 수 있다. 교육활동을 지원하는 방식은 매우 다양하지만 지원의 지향점이 교수, 학습의 제고에 있다고 할 때 장학은 교수, 학습의 향상을 보다 직접적이고 구체적으로 지원한다는 점에서 그 의의가 있다고 할 수 있다.

멜키오르(Melchoir)는 실제로 적용될 수 있는 장학의 원리로, 태도의 원리, 창조의 원리, 협력의 원리, 과학성의 원리, 효과성의 원리 등 다섯 가지를 들었다.[13]

첫째, 태도의 원리로, 장학자가 장학지도에 대한 올바르고 진취적인 태도를 지녀야 한다.

둘째, 창조의 원리로, 장학지도에 있어 고식적인 답습을 배제하고 교사들이 효과적인

---

11) 김정한, 장학론(서울: 학지사, 2002), 24.

12) Ralph L. Mosher & David E. Purpel, *Supervision: The Reluctant Profession*(Boston: Houghton Mifflin Company, 1972).

13) William T. Melchoir, *Instructional Supervision*(Boston: Health and Co., 1950), 27–31.

지도안과 기술을 발견할 수 있도록 격려한다.

셋째, 협력의 원리로, 장학담당자는 교육이 협동 과정을 통하여 이루어지도록 지도해야 한다.

넷째, 과학성의 원리로, 장학지도에 있어서 문제 파악, 자료의 수집 및 분석, 해결 방안의 모색 등은 과학적 방법에 의한다.

다섯째, 효과성의 원리로, 앞의 네 가지 원리를 토대로 수행할 때 효과를 기대할 수 있고 교육의 발전을 기할 수 있다.

여기서 태도와 협력의 원리는 인성적 변인, 창조와 과학성의 원리는 인지적 변인, 효과성의 원리는 업무 수행의 변인에 해당된다.

3) 장학의 발달 과정

장학의 발달 과정은 의미 변천에서도 알 수 있듯이, 사회적 변천의 과정과 맥을 같이 한다. 오랜 역사를 통해 장학은 기본 성격 면에서 권위주의적 통제 방식으로부터 민주적인 방향으로, 방법 면에서 학사시찰의 방식에서 협동적·자율적 방식으로 발전해 왔다. 장학의 내용도 초기에는 교사의 업무 실태 평정 위주에서 점진적으로 교과지도나 생활지도 같은 학교 학습에 관한 것으로 확대되었으며, 장학담당자도 초기의 비전문가 집단에서 교육행정 전문가 집단으로 변화되어 왔다.[14)]

우리나라의 경우, 해방 이후 민주 정부의 수립에 따라 각급 교육기관과 교육행정기구가 설치되었다. 이 시기를 기점으로 장학담당자의 명칭을 시학관에서 장학관으로 바꿨으며, 시대별로는 대체로 6·25 이후 재건기, 1960년대의 개혁기, 1970년대의 성장기, 1980년대의 발전기를 거치면서 전제적 시학에서 민주적 장학으로 발전되어 왔다.[15)] 미국을 중심으로 한 장학의 발달 과정을 시기별로 살펴보면 다음과 같다.

---

14) 윤정일, 송기창, 조동섭, 김병주, 교육행정학원론(서울: 학지사, 2007), 266.

15) 조병효, 현대장학론(서울: 교육과학사, 1991), 35–41.

(1) 관리장학

① 행정적 시학

미국에서 장학의 개념이 등장한 시기는 대체로 공교육제도가 확립되기 시작한 18세기 후반의 일이다. 초창기 장학은 비전문가에 의해 학교교육과 학교관리가 이루어지던 감독 형태의 장학이었다. 19세기 후반에 공교육제도가 정착되면서 별도의 시학관을 임명하여 학교의 인사, 시설, 재정을 시찰, 검열, 평가하였다. 이 시학관은 교육감의 위임을 받아 학교를 감찰하는 기능을 수행하였기 때문에 계선상의 위계적인 권위를 바탕으로 대단히 권위적이고 강제적인 시학활동을 수행하였다.

1910~1920년대에는 인간의 심리와 학습이론이 개발되어 학교교육에 적용되었다. 또한 학교운영의 절차는 기업에서 개발한 과학적 관리의 원리에 지대한 영향을 받았다. 학교조직 구조에도 분업화, 전문화가 이루어졌으며, 조직과 통제의 원리를 학습운영과 계획에 적용하였다.

관료화가 학교에 정착되면서 효율성 증대에 대한 관심은 분업과 기술적 전문화를 정착시키는 계기가 되었으며, 전문 교과목이 생겨남에 따라 전문 장학자를 필요로 하게 되었다.

감독적 관리 기능은 통제나 규제 위주의 기능과 통하는 것으로, 학교교육을 통제 및 관리할 때 강하게 나타난다. 장학이 관료적인 특성에 의하여 권위주의적으로 수행될 때 관리 기능은 더욱 강화된다. 따라서 이러한 관리 기능은 현재 교육 현실에서 바라는 장학과는 거리가 있다.

② 과학적 관리장학

과학적 관리장학론은 교육에도 크게 영향을 미쳐 교사를 관리해야 할 부속물 또는 고용인으로 보는 장학 형태를 취하였다.

과학적 관리장학은 효과적인 교수 방법과 교육과정 운영 방법의 원리를 개발하여 이를 교사에게 적용 및 시행해 나감으로써 교육의 생산성을 극대화하는 데 초점을 두었다. 장학담당자는 효과적인 교육 방법과 평가 방법을 개발하여 교사들에게 지침으로 제공해 주었으며, 교사들은 상부에서 마련한 교육정책, 교육과정, 교육 방법 등을 그대로 적용해야만 했다. 과학적 관리장학은 관료적 장학으로 정착되었으며, 관료제의 특징인 권위와 계선의 존중, 규정과 규칙의 준수, 문서에 의한 의사소통, 엄격한 통제 중심의 장학이 이루어졌다.

(2) 협동장학

1930년대에 과학적 관리론이 퇴조하고 인간의 사회적·심리적 여건의 중요성을 강조하는 인간관계론이 부상하면서 장학의 개념도 교사를 돕고 지원해 주는 방향으로 변화하게 되었다. 미국의 1930년대는 진보주의 운동의 시기로, 학교교육에서 아동 중심의 교육이 대단히 강조되었다. 이는 교육의 핵심이 교사에서 학생으로, 장학담당자에서 교사로 전환되었음을 의미한다.

이 시기에 교사들은 행정가나 장학담당자에게 예속된 고용인이 아니라 각자의 개성과 권리를 가진 전인(whole person)으로 존중되었다. 장학담당자들은 교사들의 심리적·사회적 욕구를 중요하게 생각하고, 학교교육 활동에 참여하도록 유도함으로써 만족감을 고취시키고 이를 통해 교육의 효과성을 증진하기 위해 노력하였다. 따라서 개인적인 감정(personal feeling), 편안한 관계(comfortable relationship)가 인간관계 장학의 주된 관심이었으며, 장학자의 호칭도 자문가(consultant), 조력자(helping teacher), 조정자(coordinator)로 불렸다.[16)]

(3) 수업장학

① 교육과정 개발 장학

1957년 소련이 인공위성 스푸트니크(Sputnick)호를 발사하자 그동안 모든 면에서 소련을 앞선다고 생각했던 미국은 엄청난 충격에 휩싸이게 되었다. 장학도 교사와의 관계와 협동심을 강조하는 데에서 벗어나 교육과정의 개발과 수업 효과 증진의 방향으로 전개되었다.

1960년대 초 미국에서 장학사는 전문 교과의 담당자였으며, 교육과정 개발자로서 새로운 교육 프로그램을 만들어 실시하고, 교과의 내용을 다시 수정하고 보완하는 데 관심을 쏟았다. 특히 과학과 수학 과목의 수정 및 보완이 교육과정 개발의 최대 관심사였다.

② 임상장학

1970년대의 장학은 치료적·임상적 장학의 형태를 띠었다. 교실 관찰과 교사와의 협의

---

16) John T. Lovell, & Kimball Wiles, *Supervision for Better School*, 5th ed.(Upper Saddle Liver, New Jersey: Prenticc Hall, 1983), 27–45.

를 통해 모은 자료를 가지고 교육 문제를 진단하고 치료하는 데 역점을 두었다. 임상장학은 교실 문제를 진단하거나 개선되어야 할 부분을 찾아내어 상황에 가장 적절한 일련의 행동을 처방해 주는 것이다. 따라서 장학담당자는 교수·학습 과정을 관찰하고, 자료를 분석하여 그 결과를 평가한 후 교사들의 수업 행동을 바람직하게 수정해 줄 수 있는 지식과 기술을 보급하는 데 힘을 기울였다. 따라서 시청각 기자재를 활용한 수업 개선, 새로운 교수법 개발 등에 노력을 집중하였다.

(4) 발달장학

1970년대 후반에는 학교체제에 대한 경제적·정치적 압력이 증대되어 행정가들은 적은 돈으로 교육경영을 해야 하는 효율성 지향으로 기울어지는 경향이 있었다. 이는 인간관계와 조직의 효율적 관리를 통합하려는 노력이다.

조직은 추구해야 할 목표가 있고, 구성원들은 조직의 목표를 수행하기를 원하지만 조직 속의 개인은 자신의 욕구와 목표가 있어 조직의 목표와 개인의 욕구가 항상 일치하지 않는다는 점에 관심을 기울이게 된 것이다. 이와 같은 조직과 개인의 욕구 불일치를 해소하기 위하여 조직은 개인이 능력과 창의성을 발휘하여 조직이 기대하는 역할을 수행하도록 심리적·기술적 지원을 해 주어야 할 것이며, 개인은 조직의 목표가 효과적으로 달성될 수 있도록 최선의 노력을 다해야 할 뿐만 아니라 근무 수행에 대한 평가를 통하여 결과에 대한 책임도 져야 한다.

① 신과학적 관리장학

1980년대는 책무성이 강조됨에 따라 교육에 있어서도 비용-효과(cost-effectiveness)를 분석하려는 노력들이 시도되었다. 장학담당자는 학생 개인에게 드는 교육비를 계산하고, 교육 프로그램의 결과를 분석하고, 비용-효과적 차원에서 결정을 내릴 수 있도록 자료를 준비하는 일을 하게 되었다.

서지오바니와 스타라트(Sergiovanni & Starratt)는 개인의 효율성과 책임성을 강조하는 장학을 신과학적 관리장학이라고 명명하였다.[17] 신과학적 관리장학은 통제, 책무성, 능률을 중요시한다는 면에서는 전통적 장학과 같지만, 교사를 직접 대면, 지시, 감독하

---

17) Thomas Sergiovanni & Robert J. Starratt, *Supervision: Human Perspectives*, 4th ed.(New York: McGraw-Hill, 1987).

는 것이 아니라 규정이나 평가 등 간접적인 기재를 통하여 교사들을 통제한다는 면에서 전통적 장학과 차이가 있다. 신과학적 관리장학에서는 비정적·기능적·합리적 통제가 대면적 감독을 대신한다. 신과학적 관리장학은 교사의 능력(teacher competencies), 기초학력(back to basic), 비용-효과 분석(cost-effectiveness analysis), 성과급제(merit pay system), 직무 목표 달성(performance objectives achievement) 등을 강조한다.

② 인간자원 장학

신과학적 관리장학이 조직적인 측면을 지나치게 강조하고 있는 반면, 인간자원 장학은 교사가 능력과 전문성을 발휘하여 자발적으로 맡은 바 임무를 효과적으로 수행하게 하는데 관심을 둔다. 인간관계 장학이나 인간자원 장학 모두 교사의 직무만족에 관심을 보이고 있지만, 인간관계 장학은 교사와 행정가의 친밀한 관계가 유지되면 직무만족이 높아지고 직무만족이 높아지면 학교의 효과성을 증대시킨다고 본다. 반면에, 인간자원 장학은 교사와 행정가의 관계가 원만하고 참여적 의사결정이 이루어지면 교사가 맡은 바 역할을 성공적으로 수행하게 되고, 학교의 효과성 증대에 기여하게 되며, 그 결과 직무만족을 얻게 된다는 것이다. 따라서 이 장학의 개념은 기본적으로 인간의 가능성을 신봉하며, 인간이 개인의 편안함만을 추구하는 존재가 아니라 일을 통한 자아실현을 추구한다는 기본 가정을 두고 있다.

③ 지도성 중시의 장학

1980년대에 들어서 장학의 독특한 역할을 확보하여 장학론이라는 고유의 학문을 확고하게 굳히려는 노력이 두드러지게 나타났다. 특히 미국에서 '미국교육의 위기(A Nation at Risk)'라는 보고서가 나오고 '수월성 추구(excellence pursuit)'에 대한 열기가 고조되면서 교육의 질적 향상을 위한 교육지도성, 수업지도성, 장학지도성이 강조되었다.

장학이라는 행위는 지도성 행위로, 학생들의 학습과 관련된 학교의 모든 활동을 조장한다는 점에서 그 영역이 매우 포괄적이다. 장학 기능은 학생 차원에서는 교사를 통하여 간접적으로 영향을 받지만, 교사의 수업에 있어서는 직접적으로 영향을 받는 활동이다. 특히 장학의 핵심적 관점에서 살펴보면 장학지도성과 수업지도성은 매우 밀접한 관련을 맺고 있다. 훌륭한 수업지도성은 강력하고 역동적인 지도성을 발휘하며, 교사들이 전문적 역할을 수행하도록 자극하고, 계속해서 자기를 개발하고, 능력과 창의성을 발휘하도록 이끌어 가며, 기대에 찬 분위기를 조성하여 학교 조직의 효과성을 높이게 한다. 수업

지도성은 교사의 수업 개선, 교사의 직무만족, 학생의 학업성취도에 결정적인 영향을 미치게 된다.[18)]

지금까지 장학의 발전 과정을 시대별로 살펴보았다. 장학의 개념과 형태는 사회적 배경에 바탕을 둔 교육행정 이론과 밀접한 관련을 맺고 있다. 시기별 장학 형태, 장학 방법과 행정 관련 이론을 종합하여 정리하면 〈표 6-1〉과 같다.

〈표 6-1〉 장학 형태의 발전 과정

장학 형태	시기	장학 방법	행정 관련 이론
관리장학	1750~1910 1910~1920 1920~1930	시학과 강제 과학적 장학 관료적 장학	과학적 관리론
협동장학	1930~1955	인간관계 장학	인간관계론
수업장학	1955~1965 1965~1970	교육과정 개발 장학 임상장학	행동과학론
발달장학	1970~1980 1980~현재	신과학적 관리장학 인간자원장학 지도성 중시의 장학 선택적 장학	일반체제론 인간자원론 지도성이론 공공선택론

2 장학의 과업

장학행정의 영역은 장학행정을 학교경영이라는 입장에서 볼 때, 크게 ① 교육목표 관리, ② 교육조직 관리, ③ 교육과정 관리, ④ 교육조건 관리, ⑤ 교육성과 관리 등으로 분류[19)]하기도 하지만, 여기서는 주삼환[20)]이 제시한 여섯 가지 과업, 즉 ① 교육과정의 질 관리, ② 교수효과성 제고, ③ 교사의 능력 개발, ④ 학교 개선, ⑤ 학습환경 개선, ⑥ 학생 성취도평가를 중심으로 살펴보고자 한다.

---

18) 노민구, 학교장의 수업지도성 행위가 학교교원에게 미치는 영향(한국교원대학교 대학원 박사학위논문, 1994).

19) 정태범, 장학론(서울: 교육과학사, 2002), 223.

20) 주삼환, 장학의 이론과 기법(서울: 학지사, 2003), 177.

1) 교육과정의 질 관리

교육의 질을 제고시키기 위하여 장학의 초점을 교육과정과 수업에 맞추는 것은 세계적인 추세이다. 컬틴(Curtin)이 지적했듯이, "장학은 교육과정에서 의미를 찾아야 하며, 그렇지 못하면 의미가 없다"[21]라는 말은 장학에서 교육과정의 중요성을 대변해 주고 있다. 또한 장학은 교육과정과 더불어 수업 개선이란 두 측면을 강조하면서 교육력을 극대화시키고자 노력하고 있다. 따라서 교육과정의 질 관리에 대한 영역은 장학평가의 핵심이 된다 해도 과언이 아니다.

2) 교수효과성 제고

교육이 이루어지는 과정 속에서 교사의 역할이 중요하다는 것을 부인하는 사람은 하나도 없다. 따라서 학교의 효과성(school effectiveness)은 교사효과성(teacher effectiveness) 또는 교수효과성(teaching effectiveness)에 달려 있다고 할 수 있다. 그러면 장학과 교수효과성은 어떤 관계가 있는가? 한마디로 장학은 교사가 교수 성과(teacher performance)를 향상시킬 수 있도록 도와주는 일이다.[22] 따라서 장학은 교사의 수업 개선에 일차적 초점을 두고 있으며, 장학담당자에 대한 평가에서 이 역할은 가장 중요한 요소가 된다.

교수효과성에 대한 기준은 수업장학활동 시 보편적으로 고려되어야 하는 사항으로, 그 내용은 ① 학습단원별 목적에 대한 설명, ② 활용된 시간, ③ 다양한 학습목표, ④ 교수 방법의 다양화, ⑤ 피드백, ⑥ 복습과 개괄, ⑦ 결과에 대한 학생들의 책임성 인식 등을 교수효과성 판정 기준으로 상정할 수 있다.[23] 이는 수업장학의 기본이 되며, 장학담당자들이 시행하는 주요 장학활동이 된다.

3) 교사의 능력 개발

교사의 능력 개발 측면에서 장학은 교사들의 타율적 현직연수가 아닌 자기 주도적인

---

21) James. Curtin, *op. cit.*(1964).

22) 주삼환, 전게서(2003), 206.

23) 주삼환, 신익현 공역, 인간자원상학론(서울: 배영사, 1987), 352-353.

노력에 의해 자신의 전문적 성장과 발전을 이루도록 조장하는 장학 방법을 말한다. 여기서 장학담당자는 교사 개개인의 관심과 성장 욕구를 중요시해야 하며, 어떤 장학 형태를 동원하든 간에 교사 스스로 교수 기술의 향상과 전문적 성장을 위해 계속적으로 노력하도록 자기장학을 촉진하는 것이 중요하다. 여기서 능력 개발을 Sergiovanni와 Starratt는 교사가 자신의 과업 수행을 위해 능력을 계속적으로 길러 나가는 것이라고 정의하였다.[24] 즉, 능력 개발은 학교가 교사에게 행하는 것이 아니라 교사가 자신을 위해 행하는 어떤 것을 의미한다. 장학담당자는 교사의 자기 주도적 성장을 위한 계속교육이 이루어질 수 있도록 여건을 조성해 주어야 하는 책무가 있는 것이다.

한편, 장학에서 능력 개발이 중요한 이유는 장학과 능력 개발은 모두 교사의 계속적인 학습과 개인적·전문적 성장을 도모하기 위한 것이라는 점이다. 즉, 장학은 장학담당자가 학생의 학습 행위의 효과를 극대화하는 데 필요한 교수 행위를 교사들로 하여금 학습하도록 자극하는 일련의 활동인 반면, 능력 개발은 그러한 개인적 성장과 발전을 위한 비형식적인 학습 노력의 과정이나 결과로 볼 수 있다.

4) 학교 개선

학교는 장학담당자의 역할에 따라 '좋은 학교' 또는 '효과적인 학교'로서의 이미지가 나타나게 된다. 학교는 하나의 조직으로서 다른 조직들과 마찬가지로 조직의 유지(maintenance), 효율성(efficiency), 그리고 조직의 성장(growth)이라는 세 가지 기초 가치를 추구한다. 최소한 조직으로서의 학교는 제일 먼저 조직의 생명을 유지시켜야 할 것이다. 그러기 위해 장학담당자는 학교 존립을 저해하는 제반요인을 극복함으로써 존재 이유를 확보해야 한다. 다음으로 학교조직은 '효율성'을 확보해야 한다. 효율성은 개인의 직무만족을 강조하기 때문에 학교조직은 조직의 유지뿐만 아니라 구성원을 만족시켜야 한다. 마지막으로, 학교조직은 '성장'해야 한다. 조직은 확장하고 개선하려는 의지를 갖는다. 단순한 생존과 현상 유지는 충분치 못하며, 변화하는 사회에 있어 오히려 그것은 퇴보이다. 때문에 장학담당자는 학교 조직의 개선과 성장에 대한 꾸준한 노력과 의지력을 가져야 한다.

---

24) Thomas Sergiovanni & Robert J. Starratt, *op.cit.* (1987).

5) 학습환경 개선

블룸(Bloom)이 제시한 여러 증거에 의하면, 어떤 환경적인 요인은 명백히 학교에서의 학습에 큰 지장을 가져오고, 또 어떤 환경적인 요인은 학교에서의 학습을 강화하거나 증진시켜 준다. 그뿐 아니라 인간의 흥미나 태도, 그 밖의 성격적인 특징을 결정해 주는 데 환경이 크게 작용하고 있다는 증거도 제시하고 있다. 따라서 교육적으로 긍정적인 변화를 가져올 수 있는 학습환경을 어떻게 구성하느냐는 장학담당자가 조성해야 할 중요한 과업이 된다.

이를 위해 장학담당자는 먼저 학급 환경을 기능적으로 정비할 필요가 있다. 교실은 학교생활에서 가정과도 같은 곳이다. 그러므로 학급의 시설 및 환경은 단순한 물리적 존재로서 의미가 있는 것이 아니라 생동하는 학생들의 성장 및 발달에 끊임없이 작용하는 정신적인 영향으로서의 의미가 깊다. 따라서 학생들의 학습장으로서 학생에게 가장 알맞게, 그리고 학습하기에 가장 편리하게 학습환경을 정비해 주어야 한다. 먼저 일정한 교실이 있고 그 속에 그 학생들이 들어가 학습하고 생활하는 것이 아니라, 먼저 학생들의 성장 및 발달과 그들의 활동이 고려되고 나서 그다음에 비로소 거기에 알맞은 교실이 준비되는 순서여야 한다는 것이다. 두 번째로 교실을 학습환경으로 구성해야 한다. 학생들은 환경 구성에 대하여 대단히 예민하다. 이것은 물론 교사의 환경 구성에 대한 관심이 어떠하냐에 따라서 크게 영향을 받는 것이므로 이에 대한 교사들의 이해와 관심이 확립되어 있지 않으면 안 된다. 학생들의 피로와도 관계가 있는 교실의 색채 조절 및 배색, 간소함(simplicity), 통일성(unity), 어린이다움(childlikeness)과 같은 원칙을 참고하여 각종 작품(학업 생산품)을 알맞은 장소에 전시해야 하며, 동식물의 사육 및 재배 등을 통한 교육자료로서 학습환경 조성에 장학담당자들의 지도가 꾸준히 이루어져야 할 중요한 부분들이다.

6) 학생 성취도평가

학교교육의 최종산물은 학생의 성취로 나타난다. 목표를 세워서 교육활동을 했다면 그 결과에 대하여 확인해 볼 필요가 있다. 피드백을 통해 학생들의 학습활동에 대한 목표 도달 정도를 평가하는 것은 필요한 일이며, 교사의 수업 지도 방법 개선에 유용한 자료를 제공한다. 이러한 교사의 학습평가활동을 조정하는 것은 장학에서 장학담당자의 중요한 역할이다. 장학담당자는 교사의 학습평가활동에 조력적인 활동을 하며, 때로는 평가활동 계획에 교사와 함께 참여하게 된다.

학교 현장에서 수업목표를 정하고 교육활동이 행해진 뒤에는 학습의 목표에 대한 도달여부를 확인하기 위해 학습평가를 실시한다. 교사는 이를 기초로 하여 학습자에 대해 이해하고, 이에 따라 다음 지도를 위한 방법 개선 및 교사의 자기반성을 하게 된다. 수업 과정에서 도달 여부를 평가하여 그것을 바로 피드백함으로써 모든 학생이 학습목표에 도달하게 하려는 것이다. 교육활동에 대한 검증, 또는 교육 결과에 대한 과학적인 평가를 하는 것은 현대교육의 중요한 역할이다.

학습평가 후에 평가의 결과에 대해 그 하나하나의 원인을 구명하여 적합한 대책을 세우는 것이 필요하다. 학습평가의 결과를 활용할 경우에는 성적 부진에 대해서만이 아니라 성적이 양호할 경우에도 여러 측면에 걸쳐 검토해야 한다. 즉, 장학담당자는 교사들에게 평가 과정이나 절차 및 방법에 대한 개선에 도움을 주어야 하며, 학습 방법 개선에 도움이 될 수 있도록 평가의 결과를 적절하게 잘 활용해야 한다. 또 장학담당자는 학생들의 학업성취를 주기적으로 평가하여 교육의 질을 관리하는 계속적인 연구를 해야 한다.

3 장학의 유형

장학은 교사들이 필요와 욕구, 경험과 능력을 고려하여 다양한 형태로 개발되어야 한다. 뿐만 아니라 활동의 목적이나 학교를 둘러싸고 있는 사회적·경제적 배경 등의 상황적 특성이 변화하면 장학에 대한 관점도 변화되어야 한다.

글래트혼(Glatthorn)은 장학의 기본 형태를 임상장학(clinical supervision), 동료장학(cooperative supervision), 자기장학(self-directed supervision), 확인장학(administrative supervision)으로 나누었다.[25] Sergiovanni와 Starratt도 장학의 유형을 임상장학(clinical supervision), 동료장학(cooperative supervision), 개인장학(individualized supervision), 비형식장학(informal supervision)으로 분류하였다. 윤정일은 장학의 유형을 장학 행위의 주체에 따라 중앙장학(교육부), 지방장학(교육청), 지구별 자율장학(지구별 자율장학협의회), 교

25) Allan A. Glatthorn, Differenciated Supervision(Alexandria: Association for Supervision and Curriculum Development, 1984).

내 자율장학(단위학교), 자기장학(교사 자신)으로 나누고, 지방장학은 장학활동이 이루어지는 방식에 따라 종합장학, 확인장학, 개별장학, 요청장학, 특별장학 등으로 구분하였으며, 교내 자율장학은 장학의 방법에 따라 임상장학, 동료장학, 약식장학 등으로 구분하였다.[26] 김윤태는 장학의 주체(조직)에 따라, ① 행정장학(교육부 장학, 지방교육행정기관 장학)과, ② 교내 자율장학(임상장학, 동료장학, 자율적 장학, 행정적 장학)으로 분류하였다.[27]

여기서는 장학의 유형 중 대표적인 임상장학, 동료장학, 자기장학, 확인장학, 컨설팅장학을 중심으로 살펴보고자 한다.

1) 임상장학

임상장학은 1950년대에 하버드 대학에 있던 코간(Cogan)과 그의 동료들에 의해 교사 지망생들의 수업 방법 개선을 위한 하나의 방법으로 개발되었다가 후에 교사의 직전교육뿐만 아니라 현직교육의 한 방법으로 이용한 장학이다.[28] 이때의 임상(clinical)은 병리라는 말을 함축하고 있기는 하나 장학에서는 교사와 장학담당자 간에 대면성(face to face relationship)과 교실 내에서 이루어지는 교사의 실제 수업 행동에 초점을 두고 있다는 뜻에서 임상이라는 말을 사용한다. 다시 말하면 교수의 실제를 직접적으로 관찰하여 자료를 얻으며, 교수 행동과 교수 능력 향상을 위한 활동을 분석함에 있어 장학담당자와 교사 간에 상호작용을 수반하는 수업장학의 한 형태이다.

임상장학의 창시자인 Cogan은 임상장학은 교사의 학급에서의 행동을 개선하기 위해 계획된 실제를 의미한다고 하였다. 임상장학의 기본 자료는 학급의 여러 현상에서 추출되며, 이러한 자료의 분석과 교사와 장학담당자 간의 관계는 교실에서의 교사의 행동을 개선시켜 줌으로써 학생들의 학습을 향상시키기 위하여 설계되는 수업 계획·방법·절차의 토대가 된다.[29] 니글지(Neagley)와 에반스(Evans)는 임상장학을 학습환경에서의 교사와 학생들의 행동에 대한 직접적인 관찰을 통해 교수, 학습을 개선시키려는 학급 내의

---

26) 윤정일, 송기창, 조동섭, 김병주, **교육행정학원론**(서울: 학지사, 2007), 270.
27) 김윤태, **교육행정 · 경영의 이해**(서울: 동문사, 2001), 670–675.
28) Cheryl G. Sullivan, Clinical Supervision: A State of the Art Review(Virginia: ASCD, 1980), 5.
29) Morris L. Cogan, Clinical Supervision(Boston: Houghton Mifflin Company, 1973), 9.

활동으로 정의하고, 장학 협의회를 임상장학의 중요한 국면으로 보았다.[30] Sergiovanni와 Starratt는 임상장학이란 수업의 개선과 교사의 전문성을 향상시킬 목적으로 장학담당자와 교사가 직접 만나 상호작용하는 과정이라고 하였다.[31]

애치슨(Acheson)과 갈(Gall)은 이러한 임상장학은 지시적이기보다는 상호작용적이고, 권위적이기보다는 민주적이고, 장학사 중심이기보다는 교사 중심인 대안적인 장학 형태라고 기술하였다.[32] 장학담당자들은 임상장학을 교사의 전문적 성장과 교실 수업 개선에 근본적인 목적을 두고 있으며, 구체적으로 수업 상황에 대한 객관적 피드백을 교사에게 제공하고, 교수 및 학습에 있어서의 문제를 진단 및 해결하고, 교사들이 수업 전략을 수립하여 사용할 수 있도록 도와주며, 객관적으로 교사를 평가할 수 있게 하고, 계속적인 전문적 신장에 대해 긍정적인 태도를 가질 수 있도록 교사를 도와주는 것으로 보고 있다. Cogan은 임상장학의 단계로, ① 교사와 장학사의 관계 확립하기, ② 교사와 함께 수업 기획하기, ③ 관찰 전략 기획하기, ④ 수업 관찰하기, ⑤ 교수, 학습 과정 분석하기, ⑥ 협의회 전략 기획하기, ⑦ 협의회, ⑧ 새로운 계획하기를 제시하였다.[33] Acheson과 Gall은 Cogan이 제시한 임상장학의 8단계를 3단계, 즉 ① 참관 전 협의회, ② 수업 참관, ③ 참관 후 협의회로 축소하여 제시하였다.

2) 동료장학

임상장학은 시간과 정열이 많이 소모되는 문제 해결 접근방법이기 때문에 교사들 스스로 현직교육, 평가, 장학적 과업에 적극 참여하고 협력해야 한다는 의식이 증대되고 있다.[34] 교사들은 상급 기관의 장학담당자보다 다른 교사들에게 더 자연스럽고 용이하게 도움을 요청할 수 있으며, 수업 개선을 위하여 교사가 다른 교사를 돕는 일은 매우 자연스러운 일로 받아드린다. 즉, 교사 상호 간에 이루어질 수 있는 동료 지원은 매우 직접

---

30) Ross L. Neagley & Norman D. Evans, *Handbook for Effective Supervision of Instruction*, 3rd ed.(New Jersey: Prentice-Hall Inc., 1980), 20.

31) Thomas Sergiovanni, & Robert J. Starratt, *Supervision: Human Perspectives*, 3rd ed.(New York: McGraw-Hill, 1983), 292.

32) Keith A. Acheson & Meredith D. Gall, *Techniques in the Clinical Supervision of Teachers: Preservice and Inservice Applications*, 2nd ed.(New York: Longman, 1987).

33) Morris L. Cogan, *op. cit.*(1973), 185.

34) 김정한, 전게서(2002), 295-296.

적이고 실제적인 효과가 있는 장학 과정이 될 수 있는데, 이것이 곧 동료장학이다.

동료장학의 주요 특징을 살펴보면 다음과 같다.

첫째, 교사들의 자율성과 협동성을 기초로 하고 있다.

둘째, 교사들이 동료적 입장에서 가르치고 배우는 활동이다.

셋째, 동료장학은 학교의 형편 및 교사들의 복잡 다양한 필요와 요구에 따라 융통성 있게 운영한다.

넷째, 교사들이 전문적 발달뿐만 아니라 개인적 발달, 그리고 학교의 조직적 발달까지도 도모할 수 있다.

다섯째, 교사들의 협의회를 통해 교과 지도 방법 이외에 다양한 협의를 할 수 있다.[35)]

동료장학은 동료 교사들이 교육활동의 개선을 위하여 모임이나 짝을 이루어 상호 간에 수업 연구와 수업 공개 활동을 공동으로 추진하거나 공동 과제 및 관심사를 협의하고 연구하는 일을 함께한다. 동료장학의 종류에는 수업 연구(공개) 중심 동료장학, 협의 중심 동료장학, 동호인 활동 중심 동료장학 등이 있다. 한편, 동료장학을 활성화하기 위한 방안으로는 교사들의 수업 전문성을 제고하기 위한 노력을 기울이고, 교사 상호 간의 인간관계를 바람직한 방향으로 조성하며, 동료장학이 잘 이루어질 수 있도록 학교 차원의 행재정적인 지원을 적극적으로 해야 하고, 마지막으로 동료장학 프로그램을 개발하여 적용하는 노력을 기울여야 한다.

3) 자기장학

교사 개인이 자신의 전문적 발달을 위하여 스스로 체계적인 계획을 세우고 이를 실천하는 활동으로, 자기장학의 주요 방법은 스스로 자신의 수업을 녹음 또는 녹화, 스스로 교사 평가 체크리스트 이용, 평가 및 분석, 학생들과의 면담, 의견 조사(수업, 특별활동, 생활지도, 학급경영 등), 1인 1과제 연구 및 현장 연구, 전문 서적이나 전문 자료 탐독 및 활용, 대학원 과정 수강, 교직 전문 단체, 연구 기관, 학술단체, 대학 또는 관련 사회기관이나 전문 기관을 방문하거나 전문가와 면담 활동, 현장 방문, 견학 활동, 연수회, 교과연구회, 학술발표회, 상연회, 시범수업 참석 및 학교 상호 방문 프로그램 참여, TV와 라디오

35) 김윤태, **교육행정.경영신론**(서울: 배영사, 1994), 549.

등의 방송매체가 제공하는 교원 연수 프로그램, 비디오 분석 등 다양한 방법이 있다.

장학담당자의 지도 없이도 스스로 전문성 향상을 위하여 노력할 수 있는 능력과 의지가 충분히 있는 교사들에 대해서는 교사 스스로 자율적으로 자기장학을 해 나가도록 유도하는 것이 바람직할 것이다. 자기장학은, 주로 ① 자기장학의 계획 수립, ② 자기장학의 실행, ③ 자기장학의 결과 협의의 3단계로 구성된다.

자기장학은 다른 사람에게 의존하지 않기 때문에 고경력 교사에게 적합하고, 시간과 경비의 효율성이 높은 장점이 있다. 특히 자기장학은 자기 발전 지향적이고 반성적 사고에 익숙한 교사들에게 효과적인 장학이다. 그러므로 성공적인 자기장학을 위해서는 교장과 교감이 교사들의 성향을 정확히 파악하고, 자기장학을 지원 및 격려하며, 필요한 조언이나 정보를 제공하는 역할을 해야 한다.

4) 확인장학

확인장학은 교장, 교감이 간헐적으로 짧은 시간 동안 학급 순시나 수업 참관을 통하여 교사들의 학급경영과 수업활동을 관찰하고 교사들에게 지도, 조언을 제공하는 활동으로, 약식장학 또는 일상장학이라고도 한다. 확인장학은 교장과 교감의 계획과 주도하에 전개되는 비공식적인 성격이 강한 활동이다.[36)]

확인장학은 교사들의 수업 및 학급경영 활동을 포함하여 학교교육 및 학교경영 전반에 걸쳐 개선을 위한 적극적인 의지와 노력, 그리고 지도성의 표현 방식이다. 따라서 수업 현장에서 교사와 학생들과 접촉하여 관심과 지도성을 발휘해야 하며, 이를 위해 수업 참관과 학급 순시를 해야 한다. 확인장학의 특성은, ① 교장과 교감의 계획과 주도하에 전개되며, ② 학급 순시나 수업 참관을 중심 활동으로 하며, ③ 다른 장학 형태의 보완적이며 대안적인 성격을 갖는다.

5) 컨설팅 장학

최근에 개발된 장학들이 가지는 한계를 지적하면서 등장한 컨설팅 장학은 학교 컨설팅 이론에 근거하여 실시하는 장학을 말한다. 자율장학은 장학의 주요 대상자인 교사의

---

36) 한국교육행정학회, 장학론(서울: 도서출판 하우, 1995), 166.

자율보다는 장학담당자인 교장이나 교감의 자율이 우선한다는 점에서 교사들의 자발성을 이끌어 내는 데 한계가 있다.[37] 선택적 장학은 장학의 개별화와 민주화를 위해 고안되었으나 교원의 자발적 참여와 관계없이 평가에 의해 몇 가지 장학 방법이 선택적으로 이루어지고 있다는 점에서 기존 장학의 단순 조합에 불과하다.[38] 요청장학은 요청이라는 용어가 무색할 정도로 교사들의 요청과 관계없이 교육청의 주도로 이루어지기 때문에 교사들로부터 외면받고 있는 실정이다. 발달장학은 다양한 수준의 교사들을 발달 정도에 따라 구분하기가 쉽지 않고, 장학담당자가 교사의 발달 정도를 평가하는 데 있어서 많은 어려움을 지니고 있다는 문제를 안고 있다.[39]

이러한 문제점을 극복하기 위해 등장한 학교 컨설팅은 학교교육을 개선하기 위해서 일정한 전문성을 갖춘 사람들이 학교와 학교 구성원들의 요청에 따라 제공하는 독립적인 자문 활동으로서 경영과 교육의 문제를 진단하고, 대안을 마련하며, 문제 해결 과정을 지원하고, 교육 및 훈련을 실시하며, 문제 해결에 필요한 인적·물적 자원을 발굴하여 조직화하는 일이다.[40] 따라서 컨설팅 장학은 "교수, 학습과 관련된 전문성을 개발하고, 학교의 전반적인 문제를 개선하기 위해 교원이나 학교 당국이 자발적으로 의뢰하여 실시하는 교내외의 전문 요원들의 조언활동"이라고 정의할 수 있다. 즉, 컨설팅 장학은 전문성을 갖춘 장학 요원들이 학교 구성원들의 의뢰에 따라 그들이 직무수행상 필요로 하는 문제와 능력을 진단하고, 그것의 해결 방안을 제시하는 제반 활동이다.

---

37) 진동섭, "자율장학의 과제와 발전방향". 경기교육, 통권 153호, 2000, 9-14.

38) Sharon Jean K. Fehr, The Roll of the Educational Supervision in United States Public Schools from 1970 to 2000 as Reflected in the Supervision Literature, 2001. A Doctorial Thesis in The Pennsylvania State University.

39) 주삼환, 전게서(2003).

40) 진동섭, 학교 컨설팅: 교육개혁의 새로운 접근방법(서울: 학지사, 2003),

적용하기

❶ 과거의 관리장학에서 오늘날 장학은 많은 변화가 있어 왔다. 실제 학교 현장에서 장학담당자가 해야 할 중요한 역할은 무엇인지 논하시오.

❷ 장학담당자로서 임상장학을 나갔을 때 수업 전, 수업 절차 관찰 및 분석, 수업 후의 지도 조언과 그 절차에 대해 기술하시오.

❸ 장학의 여러 유형을 간단히 설명하고, 본인이 현직 교사라고 한다면 자기장학을 위해 어떻게 할 것인지 말해 보시오.

❹ 교육의 주체인 교사의 생애주기를 구분하고 그 주기에 따라 적합한 장학의 유형에는 무엇이 있고, 그 장학이 적합한 이유를 논하시오.

역량강화하기

좋은 선생님은……

1. 전공에 대한 전문성
2. 학생들과 교감할 수 있는 의사소통 능력
3. 수업 개선을 위한 끊임없는 고민과 노력
4. 새로운 교수 방법의 끊임없는 기획과 시도
5. 해당 전공의 교육목적과 지향점 확립

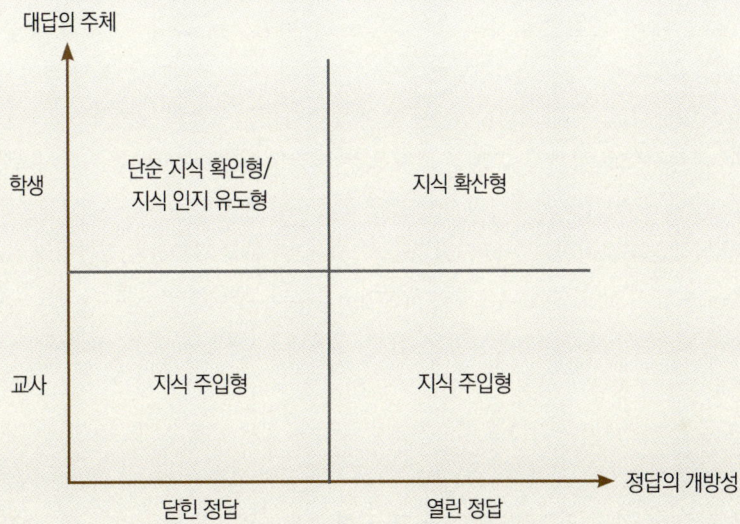

대답의 주체에 따른 수업 유형

출처: 윤영숙, 교사 화법 교육론(서울: 지식과교양, 2012), 119.

교육칼럼 6

고정관념, 이게 문제야!

우리는 세상을 살아가면서 자신의 경험, 지식, 생각, 가치관 등에 따라 다른 사람을 판단하고, 사물이나 사건에 대한 느낌을 표현한다. 그러나 이러한 판단이나 느낌의 표현이 바른 경우도 있으나 잘못된 경우도 많다는 사실에 주목할 필요가 있다. 대중 연설가들이나 사회 지도층 인사들은 종종 고정관념 혹은 편견을 버려야 한다고 역설한다. 그것을 누가 모르는 바가 아니나 실천하기가 어렵다. 그 이유는 우리가 변화에 대한 강한 저항감에 쌓여 있어 쉽게 자기 것을 포기하지 못하고 변화를 두려워하기 때문이다. 이것이 바로 고정관념이고 편견이다.

어떤 사람에 대해 선입견을 갖고 그것이 굳어 버린 믿음으로 나타난 것을 고정관념(stereotype)이라고 하고, 그 고정관념을 사람이나 물체, 사건에 대한 느낌과 결합시킬 때 이를 편견(prejudice)이라고 한다. 이러한 고정관념이나 편견은 나름대로 긍정적으로 작용할 때도 있으나 그것이 부정적으로 작용할 때 매우 좋지 않은 결과를 낳는다. 사람들은 역사적인 과정에서 자신, 가족, 부족, 국가 등을 보호하기 위한 수단으로 고정관념이나 편견을 가지게 되었다. 자기 집단에 대한 응집력을 강화하기 위해 이방인을 적으로 간주하고 거부하는 경향이 생기게 되었다.

우리는 상대방에 대한 인상을 형성하는 과정에서 다양한 사람을 몇 가지 유형으로 단순화하는 경향이 있는데, 이것이 바로 고정관념이다. 외모, 출생연도, 혈액형, 체형, 출생 지역, 성별, 피부색 등에 근거하여 그 사람의 성격적 특성을 판단하는 경우가 많이 있다. 이러한 고정관념은 다양한 특성을 단순화함으로써 지각자의 수고를 덜어 주는 장점은 있을지 모르나 개개인이 가지고 있는 차이를 무시하는 경향이 강하게 나타난다. 특히 부정적인 고정관념이나 편견은 다른 사람을 부정적으로 인식하거나 불공평하게 다루게 된다. 극한 경우에는 사람들을 별로 중요하게 여기지 않게 되어 이루 말할 수 없는 무서운 사건을 야기하게 된다. 나치 독일의 유태인 말살 시도, 월남전의 시민 대학살, 중동의 폭탄테러, 9 · 11 테러 등이 그 예이다.

고정관념은 집단의 특성을 사실에 근거해서 받아들이기보다는 그 집단에 대한 편향적 태도에 의해 왜곡해서 받아들이기 때문에 문제가 있다. 또한 한 개인을 그가 속한 집단에 대한 고정관념으로 파악하기 때문에 그 개인의 독특한 특성을 무시하는 결과를 초래한다. 고정관념이나 편견의 정도는 한 개인의 경험 및 연령 증가와 비례해서 나타나는 경향이 있다. 세상에서 다양한 인생 경험을 하신 어르신들은 좀처럼 고정관념에서 벗어나기가 어렵다. 그래서 자신의 경험과 관점에서 벗어나거나 다른 것들은 모두 틀린 것으로 부정하는 경향이 있다. 나와 다른 것을 쉽게 받아들이거나 인정하지 않는다.

후나이 유키오는 성공하는 사람의 특성 중 하나로 '고정관념을 과감하게 버리는 사람'이라고 하였다. 앤드류 매튜스도 『멋대로 살면서 최고로 성공하기 10계명』에서 '뿌리 깊은 고정관념을 버리자'를 제3계명으로 제시하였다. 고정관념이나 편견에서 벗어나기 위해서는 어떻게 해야 하는가? 먼저 다른 사람의 독특한 특성을 인정해야 한다. 그리고 부정적인 고정관념이나 편견을 가진 사람과 함께 일하고 협력하는 경험을 가질 필요가 있다. 마지막으로, 개방적인 마인드를 가지고 상대방의 입장에서 바라보는 노력을 해야 한다. 우리에게 주신 은혜대로 받은 은사가 각각 다르니(롬 12:6) 다른 사람을 바라볼 때 나와 다름을 비난하고 비판할 것이 아니라, 그대로 인정하고 수용하는 태도를 지녀야 한다.

역지사지(易地思之)라는 말이 있다. 교사는 학생의 입장에서, 부모는 자녀의 입장에서, 관리자는 노동자의 입장에서, 주인은 손님의 입장에서 생각해 보아야 한다. 반대의 경우도 마찬가지이다. 더 높은 지위에 있는 자, 더 많은 권력을 쥐고 있는 자, 재산이 더 많은 자, 더 많은 지식을 가진 자, 더 나이가 많은 자가 그렇지 않은 자에게 먼저 다가서는 변화가 있어야 한다.

예수님은 천한 사마리아인에게 먼저 다가가 손을 내밀었으며, 가장 소외되고 낮은 자들에게 섬김의 본을 보였으며, 여자와 어린아이의 소중함과 존귀함을 일깨워 주었다. 그 무엇보다 예수님은 근본 하나님의 본체시나 하나님과 동등됨을 취할 것으로 여기지 아니하시고 오히려 자기를 비워 종의 형체를 가져 사람들과 같이 되었고 사람의 모양으로 나타나셨으매 자기를 낮추시고 죽기까지 복종하셨으니 곧 십자가에 죽으신(빌2:6-8) 주님의 희생적이고 조건 없는 사랑을 본받길 원한다.

제7장

의사결정론

너는 내 생각 속에 산다

조병화

너의 집은 하늘에 있고
나의 집은 풀 밑에 있다 해도
너는 내 생각 속에 산다

너는 먼 별 창 안에 밤을 재우고
나는 풀벌레 곁에 밤을 빌린다 해도
너는 내 생각 속에 잔다

너의 날은 내일에 있고
나의 날은 어제에 있다 해도
너는 내 생각 속에 세월이다

문 닫은 먼 자리, 가린 자리
너의 생각 밖에 내가 있다 해도
너는 내 생각 속에 있다

너의 집은 하늘에 있고
나의 집은 풀 밑에 있다 해도
너는 내 생각 속에 산나

의사결정은 가능한 한 빠르게 하라

- ▸ 나는 의사결정 공식 P=40~70을 자주 사용한다. P(possibility)는 성공할 가능성, 정보의 범위가 40~70% 사이에 들면 직감적으로 추진하라.

  – 콜린 파월 미국 국무장관
- ▸ 三思而後行(삼사이후행)하오리까? 공자는 "두 번이면 족하니라"라고 대답함.
- ▸ 지나친 정보 수집, 분석 증후군, 결정 장애…….
- ▸ 생각이 깊어 움직이지 못하는 사람보다는 생각이 모자라도 움직이는 사람이 되라.

1 의사결정의 개념과 유형

1) 의사결정의 개념

우리는 일상생활에서 해결해야 할 어떤 문제에 맞닥뜨리게 되면 그 일을 어떻게 해결해야 할 것인지를 생각하고 행동에 옮기게 된다. 한 개인의 경우 삶의 수많은 행로 중 어떤 길을 선택하느냐에 따라 운명이 바뀌기도 한다. 또한 어떤 조직이든지 조직의 목표를 달성하기 위해서 경영자는 반드시 일정한 형태의 행동 과정(process)을 거쳐야 한다. 개인이든, 조직이든 일정한 목표를 설정하고 그 목표를 달성하기 위한 몇 가지 대체안을 일정한 방법에 의거하여 상호 비교 및 평가함으로써 가장 유리하고도 실행 가능한 대체안을 선택하는 일들이 일상에서 자주 일어난다. 우리는 이러한 일 혹은 과정을 흔히 의사결정(decision making)이라고 한다.

오늘날 의사결정론의 필요성이 더욱 강조되고 있는 이유는 그것이 개인의 선택 문제뿐만 아니라 조직의 선택 문제, 경영자들의 선택 문제까지도 설명해 주고 있기 때문이다. 경영자는 개인적 선택의 경우보다 더 중대하고 심각한 결정을 내려야 할 때가 많다. 경영자가 경영 문제에 관여하여 무엇인가를 선택한다고 할 때, 그 선택 결과는 조직 또는 사회 전반에까지 영향을 주는 심각한 것으로 나타날 수 있다. 때로는 경영자들은 의사결정이라는 힘든 과업 때문에 심각한 스트레스를 받으면서 살아간다. 경영자의 선택 상황은 보다 복잡하고 문제의 규모가 크기 때문에 설명하기 어렵지만, 어려운 만큼 의사결정이론의 공헌과 의의도 크다고 하겠다. 요컨대 의사결정이론은 민주사회와 선택의 자유를 지키게 해 주고, 나아가 선택권을 보다 더 획득하게 해 주는 지식체계요, 지혜의 보고라고 할 수 있다.[1)]

이와 같이 개인이나 조직의 운명을 좌우하는 의사결정에 대하여 다음과 같은 몇 가지 가정을 제시할 수 있다.

첫째, '의사결정을 한다(decision)'는 것은 '행위를 하는' 일과 마찬가지로 조직의 어디에나 존재하는 것이다.[2)]

둘째, 대부분 대안의 선택 행위는 완벽한 합리성을 기준으로 행하기보다는 현실적인 여러 가지 상황의 제약을 받는다.

셋째, 의사결정자가 고려하는 대안의 범위는 한정되어 있다.

넷째, 선택 행위가 이루어지기 위해서는 어떤 준거 틀에 의한 대안의 비교와 평가를 수반한다. 그리하여 대안의 우선순위가 명백하면 그 후에 결정 행위가 이루어진다.

다섯째, 결정을 요하는 문제는 미래의 문제이며, 미래의 문제란 많든 적든 불확실성(uncertainly)이 전제되어 있는 것이다.

여섯째, 결정을 요하는 문제들은 그 결정체제 내외에서 일어나는 것이다.

일곱째, 대체안의 선택에 있어서는 그에 관련되는 개인 및 집단 간의 갈등을 수반한다. 따라서 결정 및 선택은 결국 갈등의 해소 과정을 거쳐 이루어진다고 할 수 있다.

2) 의사결정의 유형

(1) 전략적·관리적·업무적 의사결정

전략적 의사결정이란 조직의 외부 문제에 관련된 의사결정으로, 조직의 목적이나 목표의 설정, 경영의 다각화 등에 대한 결정을 말하며, 관리적 의사결정이란 최대의 업무 수행 능력을 발휘하도록 조직의 자원을 조직화하는 문제에 관한 결정으로, 조직 기구에 관한 결정과 자원의 조달과 개발에 관한 결정이다. 또 업무적 의사결정은 조직 자원의 전환 과정에 있어서의 효율을 최대로 하기 위한 의사결정으로, 업무의 최대 수익성을 목적으로 업무 일정의 계획화, 통제활동 등에 대한 결정을 말한다.

---

1) 이재관, 의사결정과 경영과학(서울: 박영사, 1995), 3-4.

2) Herbert A. Simon, *Administrative Behaviour*(New York: The Free Press, 1957), 1.

(2) 정형적·비정형적 의사결정

의사결정의 사안이 예측되는 결정이냐, 전혀 예상하지 못한 돌발적 결정이냐에 따라 구분하는 것으로, 정형적 의사결정은 반복적이고 일상적인 문제에 대한 의사결정으로 정형화되어 있으며, 결정해야 할 사안이 예측되는 결정으로 선례를 바탕으로 하기 때문에 위험도가 적고, 일반적으로 규칙이나 표준화된 업무 수행 절차 및 조직의 구조 등을 통해서 이루어지게 되는 의사결정이다. 반면에 비정형적 의사결정은 일상적이지 않으며 중요하고 긴급한 문제가 발생하였을 때 내리는 결정으로, 비구조적이고 불확실한 상황에서 의사결정이 이루어지기 때문에 대안의 탐색과 결과를 예상하기 어려우며, 의사결정에 작용하는 변수들이 일정하지 않아서 계량화하기가 어렵고 위험 부담이 적지 않다.

(3) 참여적 의사결정

학교경영에 있어서 의사결정과정에 교사들의 참여 폭을 넓히려는 노력의 일환으로, 누가 어떤 문제에 대하여 어떤 목적을 가지고 어떤 방식으로 참여하느냐에 따라 의사결정의 질을 높이고 민주성을 확보하는 데 결정적 요인이 된다. 의사결정에의 참여는 긍정적 결과를 초래할 수도 있고, 부정적 결과를 유발할 수도 있다.

(4) 단독결정과 집단결정

단독결정은 최고경영자나 관리자 개인 또는 극히 소수인이 결정하는 방법으로, 신속한 결정을 요하는 경우나 결정에 따른 이의에 논쟁이 없는 경우 또는 결정에 비밀을 요하는 경우에 일어난다. 반면에 집단결정은 결정의 내용과 관련된 사람들이나 전문가들을 참여시켜 결정하는 것으로, 대체로 위원회의 성격을 갖고 이루어지기 때문에 단독결정과 같이 신속하지는 못하지만 이해관계에 대한 충분한 논의를 거치기 때문에 오류를 범하지 않고 다른 사람에게 수용될 가능성이 높다. 또한 집단결정에의 참여는 토론, 논쟁, 그리고 종종 갈등을 수반하지만, 성공은 강한 응집력을 가져올 수도 있다. 그러나 지나친 응집력과 획일성은 집단 내에서 무비판적으로 같은 의견을 모으려는 마음을 불러일으키기도 하는데, 이를 집단사고증후군(group think syndrome)이라고 한다.

3) 의사결정의 영역

학교경영의 과업은 의사결정의 영역과 밀접한 관련이 있으며, 학교 내의 의사결정은 학교경영에서 주어진 과업을 수행하는 과정에서 발생한다. 때문에 의사결정의 영역은 학교경영 과업에서 찾을 수 있으며, 여러 학자가 분류한 의사결정의 영역을 고찰하면 〈표 7-1〉과 같다.

〈표 7-1〉 연구자들이 분류한 의사결정 영역

연구자	의사결정 영역
Campbell (1968)	① 학교-지역사회 관계, ② 교육과정과 수업, ③ 학생 인사, ④교직원 인사, ⑤ 시설, ⑥ 재정 및 사무 관리
Mohrman (1972)	① 관리적 영역, ② 기술적 영역
Gorton (1976)	① 교직원 인사, ② 학생 인사, ③ 지역사회와 학교와의 관계, ④ 교수와 교육과정, ⑤ 학교재정과 경영관리, ⑥ 학교시설, ⑦ 일반 과업
Imber & Duke (1984)	① 교육과정과 교수, ② 인사, ③ 우선순위 목표, ④ 학생지도, ⑤ 계획, ⑥ 기타 학교와 관련된 업무, ⑦ 시설
Cotton et al. (1988)	① 일상적인 인사 기능, ② 작업 자체, ③ 근로조건, ④ 회사 정책
서정화 외 (1988)	① 교육과정 운영, ② 학생 생활지도, ③ 교직원 연수 및 인사관리, ④ 교내 장학, ⑤ 사무관리, ⑥ 시설 및 매체관리, ⑦ 재무관리, ⑧ 대외관계
김신환 (1988)	① 장학에 관한 업무, ② 학생지도, ③ 교수매체 선정, ④ 교직원 및 인사, ⑤ 사무 시설 관리, ⑥ 학교예산 계획, ⑦ 학교와 지역사회
Bacharach et al. (1990)	① 업무적-개인적 영역, ② 전략적-개인적 영역, ③ 업무적-조직적 영역, ④ 전략적-조직적 영역
김종철 외 (1991)	① 경영목표 영역, ② 교육 프로그램 영역, ③ 교직원 인사와 인간관계 영역, ④ 아동 및 학생의 지도 영역, ⑤ 시설, 재무, 사무 등의 관리 영역, ⑥ 지역사회 관계의 관리
박덕신 (1994)	① 학교 기본 정책, ② 교육과정 운영, ③ 학생 생활지도, ④ 교직원 인사관리, ⑤ 학교시설 및 재무관리, ⑥ 학교와 지역사회
유평수 (1998)	① 장학 업무, ② 생활지도, ③ 교수매체, ④ 교직원 인사, ⑤ 사무·시설 관리, ⑥ 학교예산, ⑦ 학교와 지역사회

유평수[3]가 제시한 의사결정의 7개 영역을 학교 현장과의 적합성과 시대적 상황에 맞게 분석한 단위학교 의사결정의 내용을 살펴보면 〈표 7-2〉와 같다.

3) 유평수, 교사의 학교 의사결정 참여와 만족(전북대학교 대학원 박사학위논문, 1998), 97.

〈표 7-2〉 단위학교 의사결정 영역별 내용

의사결정 영역	의사결정 내용
장학 업무	학교교육 목표, 교육과정 편성 및 운영, 수업 장학, 학교행사, 수업 연구, 생활통지표, 직원연수, 시정 계획 운영, 교과교육연구회, 수준별 교육과정
생활지도	학생 생활지도, 학생 포상, 학생 수련활동, 봉사활동, 교통안전 지도, 인성교육
교수매체	교과서 선정, 교사용 지도서 선정 및 구입, 교수. 학습 자료, 교재·교구 활용
교직원 인사	학급담임 배정, 부장교사 임명, 업무 분장, 연수대상자 선발, 직원회 운영, 인사위원회 구성, 포상대상자 선정
사무·시설 관리	당직 근무, 특별교실 운영, 교내외 환경 조성, 체육시설 관리, 학적관리, 비품 및 재산 관리
학교예산	학교 회계 예산편성, 학교 회계 예산 집행, 실험실습용 자재 구입, 학교 회계 결산
학교와 지역사회	학교운영위원회, 지역사회의 인적자원 활용, 학교와 지역사회와의 행사, 학부모회

출처: 유평수, 교사의 학교 의사결정 참여와 만족, 전북대학교 대학원 박사학위논문, 1998, 97 참조.

2 의사결정의 모형

1) 의사결정의 이론 모형

의사결정의 이론 모형은 여러 가지가 있으나 여기서는 합리적 모형, 만족화 모형, 점증적 모형, 혼합적 모형, 그리고 최적화 모형에 대해 살펴보고자 한다. 이 모형에서 합리적 모형은 규범적·이상적 접근방식에 해당하고, 나머지 모형은 기술적·실증적 접근방식에 해당된다.

(1) 합리적 모형

합리적 의사결정 모형은 의사결정이 완전히 합리적이어야 한다고 가정하는 고전적 모형이다. 이 모형은 조직의 목표와 목적의 달성을 극대화시키기 위한 최선의 대안을 추구함으로써 최적화 전략을 사용하고자 하는 고전적 이론이다. 이 고전적 모형에 의하면, 의사결정 과정은 다음과 같은 일련의 연속적 단계를 갖고 있다고 본다.

① 문제를 확인한다.
② 목적과 세부 목표를 설정한다.
③ 모든 가능한 대안을 정립한다.

④ 각 대안의 결과를 고려한다.
⑤ 모든 대안을 목표와 목적의 견지에서 평가한다.
⑥ 최선의 대안을 선택한다. 즉, 목표와 목적을 최대화시킬 수 있는 대안을 선택한다.
⑦ 의사결정을 시행하고 평가한다.

고전적 모형은 대부분의 의사결정자가 실제로 어떤 기능을 하는가를 묘사하기보다는 하나의 이상적인 모형이다. 그러므로 고전적 모형은 너무 이상적이고 비현실적이라고 평가되고 있다. 실제에 있어서 의사결정자들은 모든 관련 정보를 전부 확보할 수는 없다. 더욱이 모든 가능한 대안과 결과의 예측은 사실상 불가능하다. 이 모형이 비현실적인 또 다른 중요한 이유는 이 모형은 많은 의사결정자가 실제로 소유하기 어려운 수준의 지적 능력, 합리성, 지식 등을 요구하기 때문이다. 결국 고전적 모형은 실제 일선 행정가들이 사용하기에는 현실성과 실용성이 결여되어 있다.

(2) 만족화 모형

앞에서 지적한 바와 같이, 고전적 모형은 실용성 측면에서 볼 때 여러 가지 한계가 많다. 왜냐하면 고전적 모형은 너무나 이상적인 데 반하여 조직의 의사결정과 관련한 실제 상황은 보다 현실적이기 때문이다. 조직의 많은 문제가 너무나 복잡하고 인간의 지적 능력은 한계가 있기 때문에 아주 간단한 문제를 제외하고는 사실상 고전적 모형은 너무나 완벽한 합리성을 요구하기 때문에 교육행정 이론가들은 보다 현실적인 의사결정과정 모형을 추구하게 되었고, 이의 대안으로 등장한 것이 만족화 모형(행정가 모형이라고도 함)이다.

만족화 모형에 의한 의사결정 과정의 하나의 예로 호이(Hoy)와 미스켈(Miskel)은 주로 리치필드와 사이먼(Litchfield & Simon)의 연구 논문에서 의사결정에 대한 기본 가정을 다음과 같이 이끌어 냈다.[4)]

첫째, 의사결정 과정은 문제의 확인과 진단, 그 문제를 해결하기 위한 계획의 수립과 시행, 그리고 성공의 평가를 포함하는 일련의 순환적 과정이다.

둘째, 행정은 조직 내의 개인이나 집단에 의해 행하는 의사결정의 구체적인 수행이다.

셋째, 의사결정에 있어서 완전한 합리성은 사실상 불가능하다. 즉, 행정가들은 사실상 의사결정 과정을 극대화할 수 있는 지식, 능력 또는 역량을 가지고 있지 않기 때문에 만

4) Wayne K. Hoy & Cecil G. Miskel, *Educational Administration: Theory, Research, and Practice*(New York: Random House, 1996), 267–279.

족화를 추구한다.

넷째, 행정의 기본적인 기능은 하급자들이 개인적인 관점과 조직적인 관점에서 합리적인 행동을 할 수 있도록 의사결정의 내적 환경을 조성해 주는 것이다.

다섯째, 의사결정 과정은 모든 주요한 행정 기능과 과업에서 나타나는 일반적인 행동 양식이다.

여섯째, 의사결정 과정은 사실상 대부분의 복잡한 조직 속에서 유사한 형태로 나타난다.

(3) 점증적 모형

만족화 모형은 교육행정의 상황에서 발생 가능한 대부분의 의사결정 문제를 처리하는 데 매우 적절한 모형이다. 그러나 경우에 따라서는 특수한 전략을 필요로 한다. 만약 관련된 대안들에 대하여 정의를 내리기가 어렵고, 기대 수준과 관련하여 각 대안의 결과를 예측하기 어려운 경우에 만족화 모형은 적절하지 못하며 많은 한계를 가지고 있다.[5] 예를 들면, 어떤 교육행정가가 어떤 활동에 자원을 더 많이 투자할 것인가 또는 더 적게 투입할 것인가 하는 등의 문제에 대한 의사결정을 해야 하는 경우에 만족화 모형보다는 다른 방법을 고려해 보는 것이 적절할 것이다. 점증적 모형의 기본 가정에서는 작은 변화가 조직에 예상키 어려운 중대한 부정적 결과를 가져오지는 않을 것이라고 본다.

점증적 모형을 최초로 이론화한 사람은 린드블롬(Lindblom)이다. 그는 의사결정은 각각 상황에 알맞게 대처하는 것이 중요하다고 보고, 특수 상황적 조건 모형을 제의하였다. 그는 이 모형이 문제가 복잡하고 불확실하며 갈등이 많을 때 효과적이라고 주장하였다. 그는 의사결정에서 선택되는 대안은 기존의 정책이나 결정을 점증적으로 수정해 나가는 것이며(기존의 결정에서 크게 이탈하는 것이 아니며), 의사결정은 부분적, 순차적으로 진행되고, 의사결정의 과정에서 대안분석의 범위는 크게 제약을 받는다고 보았다.[6]

이 모형의 의사결정 과정은 계속적으로 제한된 비교를 하면서 이루어진다. 이 방법은 목표를 정해 놓고 추진하는 것도 아니고, 대안과 결과의 철저한 분석을 시도하지도 않으며, 합리적 모형이나 만족화 모형처럼 의사결정의 우선순위를 요구하지도 않는다. 반면에 현재의 상황과 유사한 매우 제한된 몇 가지 대안에 대하여 의사결정자가 상당한 수준

5) Anna Grandori, "A Prescriptive Contingency View of Organizational Decision Making". *Administrative Science Quarterly, 29*, (1984), 192−208.

6) Charles E. Lindblom, "The Science of Muddling Through". *Public Administrative Review, 29,* (Spring 1959), 79−88.

까지 동의를 하게 될 때까지 그 결과를 계속적으로 비교함으로써 고찰하는 것이다.

이 모형이 가지는 특징은 다음과 같다.

첫째, 목표의 설정과 대안 개발이 동시에 일어난다. 따라서 목적과 목표는 결정의 분석에 앞서 먼저 수립되지는 않는다. 오히려 대안과 행동의 경로가 탐색됨에 따라 행동 노선을 나중에 정한다.

둘째, 좋은 결정이란 의사결정자들이 목표에 구애받지 않고 동의할 수 있는 수준의 결정을 말한다.

셋째, 대안과 예상 결과의 수는 당면 문제와 유사한 대안만을 고려함으로써 극적으로 감소된다.

넷째, 분석은 현재의 상황과 제안된 대안 사이의 차이점에만 국한된다.

다섯째, 이 모형은 구체적이고 실제적인 대안의 계속적 비교를 선호하기 때문에 지나치게 이론적인 것을 피한다.

점증적 모형은 현재 추진되고 있는 기존의 정책대안과는 근본적으로 다르지 않고 과거의 경험을 기초로 하여 점증적인, 즉 약간의 개선을 추구하는 제한된 수의 대안을 검토 및 수정하여 현실성 있는 정책을 선택하려고 한다. 이 모형은 인간의 지적 능력의 한계 및 의사결정 수단의 기술적 제약을 인식하는 동시에 현실적인 의사결정 과정을 모형화하려고 시도한 데에서 생겨난 것이다.

이러한 접근 방법은 전년도까지의 실적을 기초로 하며, 현실을 긍정하면서 여기에 약간씩 적산하고 향상된 정책을 추구하는 방법이다. 전년도의 결정은 일반적으로 적합하다고 인정하고, 다만 증가된 부분에 대한 조사에 주의를 집중하는 것이다. 따라서 부분적 점증주의의 처방은 보수적이고 대증적(對症的) 결정이라는 평가를 받고 있다. 또한 선택된 대안에 대하여 얼마나 폭넓은 동의를 얻을 수 있느냐에 관심이 많고, 적극적인 새로운 목표 추구보다는 현상에 대하여 이의를 가지고 있는 불만 해소에 주력함으로써 적극적 선의 추구보다는 소극적 악의 제거에 주된 관심을 두고 있다.

(4) 혼합적 모형

혼합적 모형은 Etzioni에 의해 제시된 것으로, 합리적 모형의 비현실성과 점증적 모형의 보수주의를 비판하면서 이 두 모형을 혼합시킨 제3의 모형으로 나타난 것이다. 합리적 모형은 의사결정자가 환경 상황을 완전히 장악하여 지배하는 것을 전제로 하는 것에 대하여, 점증적 모형은 반대로 환경에 압도당하는 것을 뜻한다. 여기서 혼합형은 우선

기본적인 방향의 설정과 같은 결정은 합리형의 방법을 택하고, 특정 문제의 결정은 점증형의 입장을 취하는 것이 현실적이라는 것이다. 이러한 접근 방법은 조직에 있어서의 비현실성을 축소하고, 보수성을 극복하며, 조직 환경에 따르는 조직의 신축성을 살리는 데 도움이 되며, 넓고 개략적인 탐색과 좁고 치밀한 탐색을 되풀이하게 한다.[7] 이 모형의 특징은 다음과 같다.

첫째, 넓은 영역을 개괄적으로 탐색하고 특별한 주의를 기울여야 할 좁은 영역을 골라 다시 면밀하게 탐색한다.

둘째, 각 단계의 탐색에 어느 정도의 시간과 자원을 배분할 것인가 하는 문제는 여러 요인을 고려하여 융통성 있게 해결하여야 한다.

셋째, 기본적 결정을 할 때는 주요 대안들만을 고려하여 결정을 하고, 점증적 결정은 기본적 결정에서 설정한 조건의 범위 내에서 행한다.

넷째, 의사결정자는 어느 전략이 더 효율적인가를 결정할 수 있는 능력을 가지고 있다.

이 모형에 의한 결정은 기본적 결정과 부분적 결정의 지속적인 상호작용에 의해 이루어진다. 또한 이 모형은 인간의 결정 형태에 대한 설명으로 국한되지 않고 사회지도체제(social guidance system)에 대한 조직 원칙으로까지 발전된다는 데 특징이 있다. Etzioni에 의하면, 합리적 모형은 전체주의 사회체제에 적합하며, 점증적 모형은 다원적이고 합의지향적인 민주주의 사회체제에 적합하고, 혼합적 모형은 활동적 사회(active society)가 갖추어야 할 전략이라고 한다. 이 모형은 장기적 전략과 단기적 변화를 동시에 이룰 수 있는 장점이 있으나, 반면에 전혀 새로운 모형이 아니라 절충, 혼합한 모형에 불과하다는 비판도 받고 있다.

(5) 최적화 모형

최적화 모형은 Dror가 제시한 것으로, 만족화 모형이나 점증적 모형과 같은 보수적인 모형에 대한 비판으로서 나타난 것이다. 이 모형은 계량적인 측면과 질적인 측면을 구분하여 검토하고 난 다음에 이것들을 결합시키는 질적 모형이며, 합리적 요인과 초합리적인 요인을 동시에 고려하는 최적치(optimality) 중심의 규범적 모형이다. 최적(optimum)이란 "모든 것이 고려되어 있다"는 뜻에서 최량을 의미하지만, 그것은 "진정한 최량(the

7) Amitai Etzioni, "Mixed-Scanning: A Third Approach to Decision-Making". *Public Administrative Review*, 27, (Dec 1967), 385-395.

very best)"을 의미하는 것이 아니고 어떤 주어진 목표에 도움이 되는 가장 호적한 상태를 의미한다. 그는 이 모형을 의사결정에 있어서 비록 그것이 비현실적인 것이라고 해도 언제나 이상을 갖고 가능성의 영역을 부단히 개척하여 합리적 요소 또는 국면을 확대 및 발전시켜서 평가와 진단을 계속하여 최적 수준에 도달하는 방법이라고 설명하였다.[8] 이 모형은 직관(intuition), 판단, 창의와 같은 초합리성(extra-rationality)을 중요시하며, 초합리적 과정이 정책 결정에 있어서 적극적이며 불가결한 역할을 하는 것으로 파악하고 있다. 제한된 자원, 불확실한 상황, 그리고 지식 및 정보의 결여 등이 항시 의사결정 과정에서 합리적 요인을 제약함으로써 직관이나 판단과 같은 초합리적 요인을 중요시해야 한다는 것이다. 이 모형의 특징은 다음과 같다.

① 목적, 가치 기준, 의사결정 기준 등을 어느 정도 분명하게 규정하도록 한다.
② 새로운 대안을 고려할 수 있도록 의식적으로 노력하고 창의적인 대안의 개발을 조장한다.
③ 여러 대안이 가져올 효과를 검토하고 점증적인 전략을 채택할 것인가 아니면 쇄신적 전략을 채택할 것인가에 대해 결정을 한다.
④ 점증적 전략을 채택한 때는 점증적 모형에 입각하여 의사결정을 하고, 쇄신적 전략을 채택한 때는 지식과 직감에 의지하여 새로운 대안의 기대되는 결과를 확인한다.
⑤ 최적의 의사결정 기준은 여러 분석가가 충분히 토론을 한 후에 합의하여 결정한다.
⑥ 문제의 중요성에 비추어 철저한 분석을 다시 해야 할 것인지의 여부를 의식적으로 결정한다.
⑦ 이론과 경험, 그리고 합리적 방법과 초합리적 방법을 다 같이 활용한다.
⑧ 경험, 창안, 훈련, 지적 활동의 조장 등을 통해 체계적으로 배우고 의사결정의 질을 개선할 수 있도록 하는 장치를 마련한다.

이 모형에서 나타난 의사결정 과정은 크게 4단계이며, 세부적으로 나누면 18단계이다. 이러한 과정을 통하여 의사결정자는 순 산출을 최적화하기 위하여 합리성(경제성)과 초합리성의 기준 위에서 최적의 대안을 선택하게 된다. 이 모형은 초합리성의 개념을 도입하여 합리적 모형을 한층 더 체계적으로 발전시키는 데 크게 공헌하였으며, 사회적 변

8) Yehezkel Dror, *Public Policy-Making Re-examined*(San Francisco, Calif.: Chandler Publishing Co., 1988), 123-125.

동 상황에서 혁신적 정책 결정을 거시적으로 정당화할 수 있는 이론적 근거를 마련해 주었다. 그러나 Dror의 최적화 모형은 정책학(policy science)이라는 대명제의 실현을 위한 '거시적인 정책결정론'임에는 틀림 없으나 너무나 이상적이며, 소위 '초합리성'이라는 것의 구체적인 달성 방법도 명확치 않으며, 정책 결정에 있어 사회적 과정에 대한 고찰이 불충분하다는 비판을 받고 있다.

2) 의사결정의 참여적 모형

여러 가지 유형론에 따른 서로 다른 의사결정의 특성을 앞에서 논의하였다. 본 절에서는 한 가지 이상의 참여 특성을 통합한 행정가들이 제시한 몇 가지 기술적 모형에 대해 논의하겠다. 이런 모델들은 흔히 참여자의 전문적 지식과 이해관계를 주된 고려 대상으로 삼는 경향이 있다. 브룸(Vroom)과 이튼(Yetton)은 의사결정에의 참여는 문제와 상황의 성격에 따라 다르다는 상황 적합적 접근방법을 개발하였다. 그들은 나아가 의사결정 규칙을 단순화하기 위해 의사결정 나무(decision tree)의 형태로 의사결정과정의 흐름표를 개발하였다.[9] 교사의 의사결정 참여는 긍정적일 수도 있고, 부정적일 수도 있다. 따라서 누가 어떠한 문제에 대해서 어떠한 목적을 가지고, 어떠한 방식으로 참여하느냐는 의사결정의 질을 높이고 민주성을 확보하는 데 있어서 결정적인 요인이 된다.[10] 이에 대한 적절한 해답을 얻기 위해 브리지스(Bridges), Vroom과 Yetton이 제시한 의사결정의 모델을 살펴보고, 참여적 의사결정의 촉진 요인과 저해 요인이 무엇인지 고찰한다.

(1) Bridges의 참여적 의사결정 모형

Bridges는 학교행정가들과 그들의 의사결정에 초점을 맞춘 의사결정 모델을 개발하였다.[11] 그는 학교장이 결정해야 할 것으로 느꼈던 의사결정에 대해 자문을 요청 받는 것을 교사들이 분노를 표시하고 있음을 발견하였다. 그는 또한 개인에 따라서 관심을 전혀 기울이지 않는 주제들도 있음을 지적하였다. Barnard[12]는 '무관심권(zone of

---

9) Victor H. Vroom & Philip W. Yetton, *Leadership and Decision Making*(Pittsburgh PA: University of Pittsburgh Press, 1973), 11-58.

10) 노종희, 교육행정학(서울: 민음사, 1992), 359.

11) Edwin M. Bridges, "A model for Shared Decision Making in the School Principalship". *Educational Administration Quarterly*, *3*(1), (1967), 49-58.

12) Chester I. Barnard, "Comments on the Job of the Executive". *Harvard Business Review, 18*, (1940), 185-199.

indifference)' 안에 있는 것과 같이 행정가의 의사결정이 의심 없이 수용되는 문제에 대해 언급하였다. Simon[13]은 그것을 상사가 내린 의사결정을 부하가 쉽게 받아들이는 행동 영역을 의미하는 '수용권(zone of acceptance)'으로 재표현함으로써 그 개념을 확대시켰다. 여기서 행정가가 해야 할 중요한 문제는 어떤 의사결정이 수용권 내에 있고, 어떤 의사결정이 수용권 밖에 있는지를 결정하는 것이다. 그들은 교사들의 의사결정 참여 여부를 확인하는 데 사용하도록 행정가에게 두 가지 규칙을 제시하였다. 그것은 관련성 실험(그 의사결정이 교사와 직접적으로 관계가 있는가?)과 전문성 실험(교사가 내려야 할 의사결정에 대해 전문적인 지식을 가지고 있는가?)이다.

이 모형에서 호이(Hoy)와 미스켈(Miskel)[14]은 네 가지 유형의 상황을 설명하였다. 하나는 부하가 그 의사결정에 개인적인 이해관계(높은 관련성)를 가지고 있으며, 그것에 유용한 기여(높은 전문성)를 할 수 있는 지식을 가지고 있는 경우이다. 그러므로 이런 경우에 그 결정이 수용의 영역 내에 있기 때문에 구성원들을 의사결정과정에 참여시켜야 한다. 두 번째 상황은 문제는 부하가 그 결과에는 개인적인 이해관계가 있으나 전문적인 지식이 부족한 경우이다. Hoy와 Miskel은 "이런 경우에 그들을 참여시켜야 합니까?"라는 질문에 "아니요, 그렇지만 가끔!"이라고 답하였다.

그 이유는 전문적인 지식을 가진 사람에 의해 이미 내려진 의사결정 상황에서 공허함과 같은 경험을 함으로써 참여 자체가 좌절감이나 적대감을 가져다줄 수 있기 때문이다. 그러나 제한적인 방식으로나마 이들을 때때로 참여시키는 것이 유용할 수도 있다. 이때 참여의 주목적은 구성원들과 솔직한 대화를 가짐으로써 결정에 대한 잠재적 저항을 감소시키는 데 있다. 세 번째 상황은 부하가 그 상황에서 개인적인 이해관계는 없지만 유효하게 기여할 수 있는 지식은 가지고 있는 경우이다. Hoy와 Miskel은 경우에 따라서 그들을 제한된 범위 안에서 참여시킬 것을 주장했다. 이런 형태의 의사결정에 구성원들을 무분별하게 참여시키는 것은 그들에게 소외감을 증가시킬 수 있다. 이때 구성원을 참여시키는 주목적은 의사결정의 질을 보다 높이는 데 있다. 네 번째 상황은 구성원에게 관련도 없을 뿐만 아니라 능력 밖의 문제인 경우이다. 그러한 경우에 구성원은 의사결정과정에 참여시켜서는 안 된다.

[그림 7-1]의 모형은 의사결정 과정의 여러 단계에서 적절한 출발점을 제시하는 데 유

13) Herbert A. Simon, *op.cit.*(1957), 133.

14) Wayne K. Hoy & Cecil G. Miskel, *op.cit.*(1996), 329.

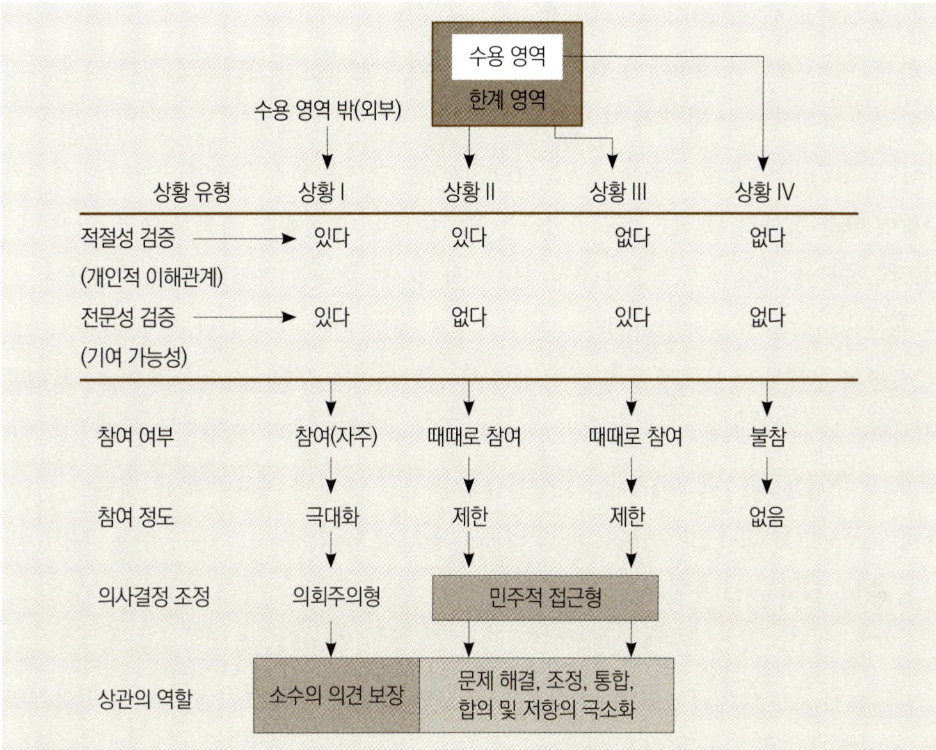

[그림 7-1] 참여적 의사결정 모형

출처: Wayne K. Hoy and Cecil G. Miskel, *Educational administration: theory, research, and practice*(New York: Random House, 1987), 343 참조.

용하다. 만약 어떤 문제에 높은 전문성을 가지고 있으면서 적절성이 높다면 그들의 참여를 최대화하기 위해 그 과정에 가능한 한 일찍(1단계) 참여시켜야 한다. 이런 상황에서는 집단 의사결정에서 질서정연한 과정을 제공하는 의회주의형 의사결정 방법을 사용해야 한다. 학교장은 소수자에게 발언의 기회를 공평하게 줌으로써 그 과정을 촉진시켜야 한다. 그러나 만약 어떤 문제가 분명히 수용권 안에 있다면, 의사결정 과정에 교사를 참여시키는 것은 바람직하지도, 효과적이지도 못하다. 문제가 수용권 안에 분명히 있지 않은 두 가지 경계의 경우에 참여자가 높은 전문성을 가지고 있다면 의사결정과정에 일찍(2단계 혹은 3단계) 참여시키는 것이 바람직하지만, 만약 그들이 낮은 전문성을 가지고 있다면 나중에(4단계) 참여시키는 것이 더 좋다. 이런 두 가지 경우에는 민주적 중앙집권형이 사용되어야 한다. 왜냐하면 최종적인 의사결정은 궁극적으로 학교장이 내리기 때문이다. 교사들은 그 과정을 돕는 역할을 한다. 여기서 학교장은 더 좋은 의사결정을 개발하기 위해 문제 해결과 아이디어를 창출하는 일을 하게 된다.

(2) Vroom과 Yetton의 의사결정 모형

언제, 어느 범위 내에서 구성원들을 의사결정에 참여시킬 것인가를 결정하는 다른 지침이 Vroom과 Yetton에 의해 제안되었다.[15] 그들의 모형은 앞에서 제시한 것보다 더 복잡하다. 그러나 이것은 유용한 보충물이다. 그들은 의사결정에의 참여는 문제의 성격과 상황에 따라 정하게 된다는 상황적 접근을 제안하였다. 현존하는 경험적 연구 결과에 근거하여 상황에 따라 의사결정에 구성원들의 참여수와 형태를 결정하는 데 사용할 수 있는 두 조(set)의 규칙을 개발하였다.

첫 번째 조에는 의사결정의 질을 높이기 위해 만든 정보규칙(information rule), 신뢰규칙(trust rule), 비구조화된 문제(unstructured problem)의 세 가지 규칙이 포함된다. 두 번째 조의 규칙은 의사결정에 대한 구성원들의 수용을 높이기 위하여 만든 것들로, 수용규칙(acceptance rule), 갈등규칙(conflict rule), 공평성 규칙(fairness rule), 수용 우선순위(acceptance priority rule)가 있다.

Vroom과 Yetton이 제시한 의사결정의 다섯 가지 대안적 방법은 연속에서 일방적인 것, 참여까지 순위를 만들 수 있다.[16]

일방적인 것으로부터 시작해서 이러한 의사결정의 선택에 대해 기술한다.

① 일방적인 의사결정에서 행정가는 현재 가지고 있는 정보를 가지고 단독으로 의사결정을 한다.
② 행정가는 구성원들로부터 정보를 구한 후에 독단적으로 의사결정을 한다.
③ 행정가는 개인적으로 적절한 구성원들과 상의하고 그들의 아이디어와 제안을 구한 후에 의사결정을 하는데, 이 의사결정에 구성원들의 영향이 반영될 수도 있고 반영되지 않을 수도 있다.
④ 행정가는 토론을 거쳐서 그들의 집단적인 아이디어를 구하기 위해 집단과 상의하고, 그러고 나서 의사결정을 하는데, 이 의사결정에 구성원들의 영향이 반영될 수도 있고 또는 반영되지 않을 수도 있다.
⑤ 참여형 의사결정에서 행정가는 집단과 상황과 문제에 대해서 의견을 나눈 후에 그

---

15) Victor H. Vroom & Philip W. Yetton, *op.cit.* (1973), 11-18.
16) *Ibid.*, 11-18.

집단이 의사결정을 한다. 모든 집단의 구성원은 동등하게 의사결정에의 일치를 위해 의견을 내고 평가하고 노력함으로써 참여하게 된다.

의사결정의 규칙과 의사결정에 대한 대안적 방법을 연결시킬 수 있다. 실제로 행정가는 스스로 일곱 가지 질문에 답함으로써 가장 적절한 의사결정 방법을 선택할 수 있다. 질문과 가장 적절한 행동 경로는 [그림 7-2]에 제시되어 있다.

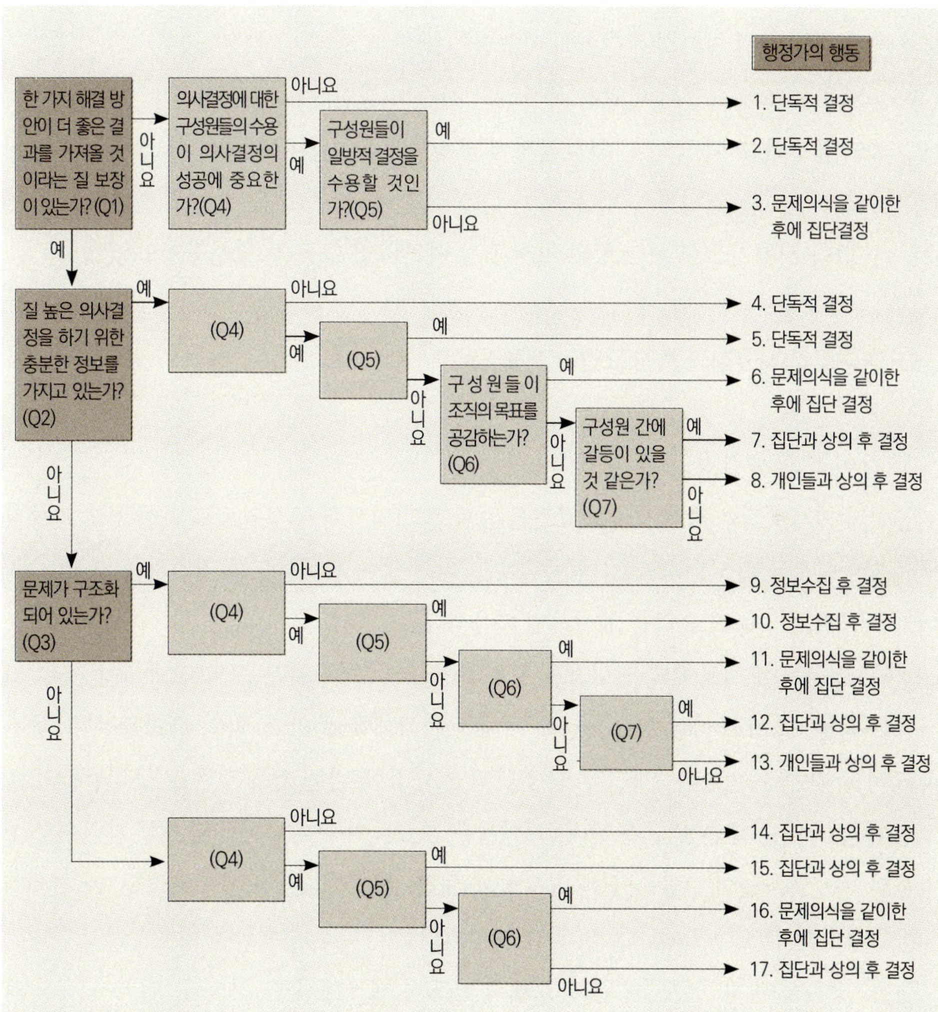

[그림 7-2] 의사결정과정의 진행표

출처: Wayne K. Hoy and Cecil G. Miskel, *Educational administration: theory, research, and practice*(New York: Random House, 1987), 347.

행정가는 각 질문에 대해 '예' 또는 '아니요'의 답에 의해 상황을 분석할 수 있고, 그러고 나서 경로를 따라 가장 바람직한 행동을 선택하는 것이다. 진행표에서 의사결정자는 왼쪽에서 출발하여 "한 가지 해결 방안이 더 나은 결과를 가져올 것이라는 질 보장이 있는가?"라는 Q1 질문에 답한다. 만약 그 답이 '아니요'라면 의사결정자는 "의사결정에 대한 구성원들의 수용이 의사결정의 성공에 중요한가?"라는 Q4 질문에 답한다. 만약 Q1 질문에 대한 답이 '예'라면 의사결정자는 "질 높은 의사결정을 하기 위한 충분한 정보를 가지고 있는가?"라는 Q2 질문에 답한다. 의사결정자는 그가 종착점에 도달할 때까지 의사결정 나무를 따라 계속 나간다. 종착점은 질문에 대한 답에 의해서 묘사된 의사결정 상황에 대해서 어떤 의사결정 절차가 가능한지를 밝혀 준다.

Vroom과 Yetton 모형이 비교적 복잡하고 시간이 걸린다는 것은 의심할 여지가 없다. 그럼에도 불구하고 이 모형은 의사결정에 구성원들을 언제, 어떻게, 어느 범위 내에서 참여시킬 것인지를 결정하는 데 유용한 틀을 제공해 준다. 더욱이 연구 결과에서 보여 주듯이, 만약 행정가들이 이 모형의 지시에 잘 따른다면 그들은 더 성공적일 것이다.

(3) 참여적 의사결정의 촉진 요인과 저해 요인

① 참여적 의사결정의 촉진 요인

참여적 의사결정을 촉진시키는 요인들은 학교 지역사회 구성원으로 하여금 그 진행과정에 참여하도록 하고, 여타의 사람들을 논의의 과정에 합류하도록 격려하는 것이다. 참여적 의사결정의 촉진 요인을 제시하면 다음과 같다.[17]

첫째, 교사들이 서로에게 신뢰감을 표현하는 것이다. 그들은 그 학교의 수준 높은 교사들과 학생, 그리고 각종 프로그램에 대해 토론하기를 즐기고, 자기 학교를 '아주 좋은 학교'라고 자주 표현한다. 개인적 및 집단적 효능감에 대한 믿음은 학교 구성원들의 능력을 이끌어 내는 좋은 도구가 된다. 교사들은 동료들의 아이디어를 중요한 자원으로 생각한다. 즉, 교사들이 그들 자신과 동료들에 대해 강한 신뢰감을 가지고 있을 때 참여적 의사결정이 촉진된다. 그럼으로써 그들은 기꺼이 의사결정의 책임을 떠맡으려고 한다.

둘째, 교사들이 요구한 자원은 학교에서 반드시 제공해 주는 것이다. 여기서 가장 가

---

17) Margaret J. Johnson & Frank Pajares, "When Shared Decision Making: A 3-Year Longitudinal Study". *American Educational Research Journal*, *33*(3), (Fall 1996), 615-617.

치 있는 자원은 결정할 내용을 직접 논의할 시간이다. 의사결정에의 참여자들에게 수업 시간에 대해 신경 쓰지 않고 중요한 문제들을 심사숙고할 시간을 마련해 주는 일이 중요하다. 그럼으로써 교사들은 다양한 현직연수와 훈련을 통하여 자신들이 획득했던 지식을 의사결정에 적극적으로 활용할 수 있다.

셋째, 교사들이 주인의식을 가지는 것이다. 주인의식은 참여를 증가시키고, 의사소통의 새로운 통로를 창출하고, 그리고 그들이 제시한 제안들을 채택함으로써 발달시킬 수 있다. 학교의 모든 교사가 의사결정 과정에 쉽게 접근할 수 있도록 하고, 그들을 대화나 논의의 상황으로 끌어들임으로써 참여적 의사결정 과정에 공개적으로 접근하도록 한다.

넷째, 교사들에게 프로젝트에의 참여 폭을 넓혀 주는 것이다. 참여적 의사결정을 지지하는 사람들이 지적하는 하나의 문제점은 참여적 의사결정이 단지 말잔치로 끝나서는 안 된다는 것이다. 참여적 의사결정은 교사들에게 중요한 영역에서 정책의 변화를 가져다주고, 그 정책은 의사결정의 참여자인 자신의 아이디어에서 나온다는 사실을 깨닫게 해 주어야 한다.

다섯째, 학교장의 적극적인 지원은 참여적 의사결정을 촉진시키는 데 필수적인 요인이다. 학교장은 적극적으로 교사들로 하여금 그 과정에 참여하도록 격려하고, 필요한 자원들을 제공해 주는 역할을 담당해야 한다. 또한 그는 지역사회 구성원들이 의사결정에 참여하도록 최선을 다해야 한다. 중요한 것은 그가 그 진행을 방해해서는 안 된다는 사실이다. 학교의 모든 구성원은 참여적 의사결정이 성공을 거두기 위해서는 학교장의 지원이 필수적이라고 인식한다. 학교장은 구성원들이 의사결정 과정에 많이 포함되면 될수록 그들이 학교에 대한 폭넓은 관심을 공유할 것이라는 신념을 가지고 있어야 한다.

한편, 라이언토스와 래쉬웨이(Liontos & Lashway)는 참여적 의사결정의 이점에 대해 다음과 같이 제시하였다.[18)]

참여적 의사결정은 의사결정의 질을 개선시켜 줄 뿐만 아니라, 의사결정의 수용과 실행력을 강화시켜 주고, 교직원의 사기와 팀워크를 북돋아 주고, 신뢰감을 구축해 주며, 그리고 학교효과성을 증가시켜 준다. 참여적 의사결정을 채택한 6개 학교에 대한 15개월 동안의 연구에서 랭(Lange)은 자율성이 보장될 때 집권적 학교경영하에 있는 것보다 더 나은 의사결정이 이루어진다는 사실을 발견하였다. 더 많은 사람을 의사결정 과정에

18) Lynn B. Liontos & Larry Lashway, "Shared Decision-Making". In Stuart C. Smith & Philip K. Piele (Eds.). *School Leadership: Handbook for Excellence*. 3rd ed.(Oregon: ERIC/CEM. 1996), 228-229.

참여시킬 때 더 많은 아이디어가 나올 수 있다. 참여적 의사결정은 또한 여러 문제에 대해 다양하고 혁신적인 접근방법을 제시하여 준다. 더 만족스러운 의사결정은 개인이나 기능을 제대로 수행하지 못하는 집단에 의해서 나오는 것이 아니라 아이디어를 창출하고 그것을 검증하는 집단에서 만든다.[19)]

증가된 교사의 만족과 더 긍정적인 학교 문화가 참여적 의사결정의 결과로 나타날 수 있다. Lange은 학교장이 적극적으로 교직원을 의사결정 과정에 투입시킬 때 팀워크와 일체감이 촉진된다는 사실을 발견하였다. 그럼으로써 학교장과 교직원 모두 새로운 대인관계 기술이 개발되고 신뢰감이 증가될 수 있다는 것이다. 교직원은 학교장의 역할과 학교경영의 복잡성을 더 잘 이해하게 되고, 학교장은 교직원의 판단에 더 신뢰감을 쌓게 된다.

참여적 의사결정에서 학교장은 머칠러와 두트바일러(Mutchler & Duttweiler)[20)]가 지적했듯이, 의사결정의 수행에 대한 지지를 얻게 된다. 그들은 의사결정에의 참여자는 그 의사결정에 대해 이해관계가 있기 때문에 그것을 끝까지 수행하게 된다고 지적하였다. 총체적으로 내린 의사결정은 보통 수행하기가 더 쉽고, 더 많은 내구력을 가지고 있으며, 더 큰 수용력을 얻게 된다.

마지막으로, 민주적인 풍토가 강하게 조성된 학교는 체계적인 변화를 훨씬 더 잘 추구할 수 있다. 그러한 학교에서는 정규적인 학교위원회 모임이 있고, 교사들이 의사결정 과정에 적극적으로 참여하며, 학교장이 교육적인 제 문제에 대한 열띤 논의를 조장시키는 역할을 수행한다.

② 참여적 의사결정의 저해 요인

앞에서 열거된 요인들이 참여적 의사결정을 세련되게 만들고 고무시키는 데 도움을 주었다고 할지라도, 진행 과정에서 그것을 제한하는 요인들이 있을 수 있다. 이 요인들은 구성원들의 참여를 방해하거나 참여적 의사결정의 실행을 종종 어렵게 만든다. 그러한 요인을 열거하면 다음과 같다.[21)]

---

19) John T. Lange, "Site-Based, Shared Decision Making: A Resource for Restructuring". *NASSP Bulletin, 76*(49), (1993), 98-107.

20) Sue E. Mutchler & Patricia C. Duttweiler, "Implementing Shared Decision Making in School-Based Management: Barriers to Changing Traditional Behavior". Paper Presented at the Annual Meeting of the American Educational Research Association, (Boston, 1990), 47.

21) Ann Bradley, "'Strong Democracy' Yields Improvement in Chicago Reforms". *Education Week*, (July 14, 1993), 617-619.

첫째, 참여자들의 시간 부족을 들 수 있다. 학교 구성원들이 토론을 위해 많은 시간을 마련할 수 있을 때 그들은 그 시간을 하나의 촉진적인 요인으로 생각한다. 그러나 그들에게 지각된 욕구를 충족시키기 위한 적절한 시간이 없을 때 그들은 시간의 부족을 하나의 제한 요인으로 간주한다. 학교의 스케줄이 교사들에게 일치된 시간적 여유를 주지 않거나 대화의 기회를 많이 가질 수 없는 경우에 그들은 좌절감을 느끼게 된다. 참여적 의사결정의 과업과 교사 자신의 수업 부담 때문에 무력감을 호소하는 경우도 있다.

둘째, 모든 동료 교사가 민주적인 개혁을 위하여 열정을 가지고 있지는 않다는 것이다. 일반적으로 모든 교사가 그들에게 주어진 권한부여를 이상적인 것으로 받아들일 것이라고 생각한다. 그러나 일부 교사들은 적극적으로 참여적 의사결정을 방해하려고 시도하는 경우가 있다. 다시 말해 일부 교사는 그것에 관심이 없으며, 또 다른 일부는 오히려 훼방 놓기를 원한다. 그러한 이유 중의 하나는 교사의 고유 업무에 대한 타인의 간섭을 원하지 않는 교사들이 있기 때문이다.

셋째, 교사들이 공개 토론의 장에서 문제를 논의하는 데 익숙하지 않다는 점을 들 수 있다. 민주적인 토론 문화에 익숙하지 못한 일부 교사는 자기의 의견을 일방적으로 주장하거나 교사 간의 감정 대립을 심화시키는 경우를 발생시키기도 한다. 의사결정 참여자 사이의 논의가 정상적으로 이루어질 때에도 갈등이 야기되는 경우가 있다. 일부 교사들은 개혁보다는 옛것을 고수하려는 경향을 보이기도 한다. 심지어는 토론장에서 고함을 지르거나 감정을 통제하지 못하는 상황이 일어나는 경우도 있다. 이런 것들은 토론을 통해 문제를 해결하는 능력이 부족한 탓이라고 할 수 있다.

Liontos와 Lashway는 참여적 의사결정의 단점으로 다음과 같은 것을 제시하였다.[22)]

그들은 참여적 의사결정은 업무의 비능률이 초래되고, 참여자들에게 과중한 업무가 부과되며, 빠르지 못한 의사결정 과정으로 인해 좌절감이 형성될 수 있음을 지적하였다. 참여적 의사결정을 수행하는 과정에서 교사와 행정가는 그들의 행위에 있어서 중요한 변화가 일어나야 한다. 그러나 그러한 변화가 이루어지기 위해서는 많은 시간과 노력이 필요하다.

초기에 참여적 의사결정을 경험했던 사람들은 그 과정에서 수반되는 시간의 부족과 증가된 임무와 책임감을 지적하고 있다. 일부에서는 부적절한 준비와 참여자의 훈련 미숙으로 인해 잘못된 의사결정이 있었음을 인정하고 있다. 결과적으로 그들은 좌절과 실

22) Lynn B. Liontos & Larry Lashway, *op.cit.*(1996), 229.

패를 경험하게 된다.

참여적 의사결정의 시간 문제는 많은 학교가 그 과정을 추진하지 못하게 하는 중요한 요인이 된다. 미첼(Mitchell)은 행정적인 의사결정에 교사들을 참여시키는 것은 시간 낭비이며, 그들을 좌절시키는 결과를 가져온다고 주장하였다. 행정가와 교사들은 위원회나 집단을 통해 의사결정을 내리는 데 오랜 시간이 소요되기 때문에 초조해 할 수 있다. 그리고 교사들은 수업 외의 추가적인 과중한 업무로 인해 부담감을 느끼게 된다. 구성원들이 새로운 기술을 학습하고 있을 때 의사결정이란 보통 느리고 어려운 것이 된다. 특히 초기 단계에서는 더욱 그러하다.[23)]

3 의사결정의 과정

경영자의 가장 중요한 기술의 하나는 의사결정이다. 이 기술은 경영자의 모든 기능에 관계하고 있다. 경영자는 조직 전체의 관점에서 조직하고, 지휘 및 관리하기 위해서 부하에게 영향을 주는 의사결정을 하지 않으면 안 된다. 경영자의 의사결정은 자기 자신의 행동에 영향을 미치는 심적 과정일 뿐 아니라 타인의 행동에 영향을 주기 때문에 사회적으로 중요한 것이다. 또한 조직의 구성원인 각 개인 또는 소집단은 스스로 업무를 수행하기 위해서 의사결정을 한다. 이들 개인과 집단의 의사결정은 경영자와 조직 전체의 행동에 영향을 주기 때문에 사회적으로 중요하다.

의사결정의 과정은 경영 직능의 중요한 그리고 종합적인 분야이다. 그것은 경영 문제를 해결하기 위한 특정 행동 과정의 의식적인 선택 행위이다. 최근 의사결정의 중심 과제는 경영의 목적 달성과 관련하여 경영 직능을 종합적으로 파악하기 위한 합리성을 추구하는 문제에 집중되고 있는데, 이것은 경영 조직에 있어서의 각 기능의 균형적 발전을 의도하는 것이다. 여기서 의사결정에 있어 환경과의 영향력(상호작용) 문제가 생긴다.

의사결정의 과정이란 목표, 대체안 및 그 결과라고 하는 결정 전체가 탐구, 설정, 발견되고, 세 가지의 결정 전체가 관련되어 대체안의 평가와 선택이 이루어지기까지의 일련의 동적인 과정이다. 의사결정의 구조가 시간적 순서 관계를 기초한 세 가지의 결정 전

23) Terence R. Mitchell, "Share the Power". *American School Journal*, 177(1), (1990), 42–43.

제 간의 정적인 관계, 즉 정적인 시스템인 데 비해서 의사결정의 과정은 결정 전제 간의 동적인 관계, 즉 의사결정의 동적인 시스템이다. 의사결정의 과정을 기본적으로 어떠한 하위 과정으로 나눌 것인가에 대해서는 여러 가지 분석이 이루어지고 있다.[24] 또한 사이어트와 마치(Cyert & March)는, ① 목표 형성 과정, ② 대체안과 결과의 탐구 과정, ③ 선택 과정으로 나누었다.[25]

그 외에도 학자에 따라 의사결정의 과정을 다양하게 제시하였는데, 그 예를 보면 〈표 7-3〉과 같다.

〈표 7-3〉 의사결정의 과정

학자	의사결정 과정
Simon	① 정보활동, ② 계획활동, ③ 선택활동, ④ 재검토활동
Griffiths	① 문제의 인식 확인 및 한정, ② 문제의 분석과 평가, ③ 판단의 기준 설정, ④ 자료의 수집, ⑤ 우선권이 있는 대안의 선정, ⑥ 대안의 실행
Drucker	① 문제의 정의, ② 문제의 분석, ③ 대안 해결책의 개발, ④ 최선의 대안 선택, ⑤ 최선안의 실행
Hoy & Miskel	① 문제의 인식 및 정의, ② 자료 수집 및 분석, ③ 문제 해결을 위한 준거 설정, ④ 행동 계획과 전략 개발, ⑤ 행동 계획의 실행과 평가

여기서는 Hoy와 Miskel이 구분한 의사결정의 과정을 중심으로 설명한다.

(1) 문제의 인지 및 정의

의사결정 과정의 첫 단계는 문제를 인지하고 정의하는 것이다. 의사결정 과정에서 문제를 어떻게 인식하고 정의하느냐는 후속해서 이루어질 문제 분석과 해결에 중대한 영향을 미치게 되므로 매우 중요하다.

문제를 인지하고 규정하는 데에는 사건의 발생 시기, 중요성, 파장 범위 이외에도 의사결정권자의 인성, 사회적 배경과 경험, 가치관 등에 따라 달라진다.

이 단계에서 행정가는 조직에 대한 이해와 전문적 지식을 바탕으로 예리한 감각과 통찰력을 가져야 한다. 만약 복합적인 문제인 경우에는 주어진 문제를 보다 하위 문제로

---

24) Herbert A. Simon, *op.cit.*(1957), 2.

25) Richard M. Cyert & James G. March, *A behavior Theory of the Firm*(Englewood Cliffs, New Jersey: Prentice Hall, 1963).

세분화하는 것도 하나의 방법이다.

(2) 자료 수집 및 분석

두 번째 단계는 문제를 해결하기 위해서 자료, 정보, 지식을 수집하여 분석하는 단계이다. 자료수집은 누구를 대상으로 어떤 내용과 방법을 사용할 것인가가 중요하다. 이때 문제의 중요성 정도, 문제의 구체화와 가능성, 시간적 제약, 자료수집의 절차나 구조, 필요한 정보의 내용과 수준 등 여러 가지 요인을 고려한다. 자료수집은 계획적이고 다양한 방법을 통해 가능한 한 정확한 자료를 수집하는 일이 필요하다.

(3) 문제 해결을 위한 준거 설정

세 번째 단계는 문제가 해결되었다고 생각할 수 있는 문제 해결의 목표를 정하는 단계이다. 문제 해결을 위한 준거로 목표를 설정하는 데에는 최소한 수준과 최대한 수준의 목표로 나누어 정하는 것이 바람직하다. 중요한 요인 중 하나는 이상과 현실을 인식하는 일이다. 준거 설정은 조직의 목표와 일관성을 가지고 적절하고 구체적으로 세워야 한다.

(4) 행동 계획과 전략 개발

네 번째 단계는 수집 및 분석된 자료에 입각하여 행동 계획을 수립하고 전략을 개발하는 단계이다. 우선 문제 해결을 위한 각종 대안을 최대한 모색하고, 구체화한다.

각 대안마다 그 대안이 설정된 목표를 달성할 수 있는데, 실제로 문제를 해결할 수 있느냐, 실천 가능성이 있느냐, 그리고 부작용은 없느냐 하는 관점에서 신중히 검토하여 행동 계획과 전략을 수립한다.

(5) 행동 계획의 실행과 평가

최종적으로 여러 대안 중에서 실천 가능한 대안을 실행하고 그 결과를 평가하는 단계이다. 대안의 실행에는 먼저 활동 계획을 작성하고, 그 집행을 위해 의사소통하며, 실행을 위한 감독과 그 결과를 평가하는 것 등이 포함된다.

이상에서 살펴본 의사결정의 과정은 현존 상황과 상호작용하면서 순환의 과정을 거치게 되는데, 이를 그림으로 나타내면 [그림 7-3]과 같다.

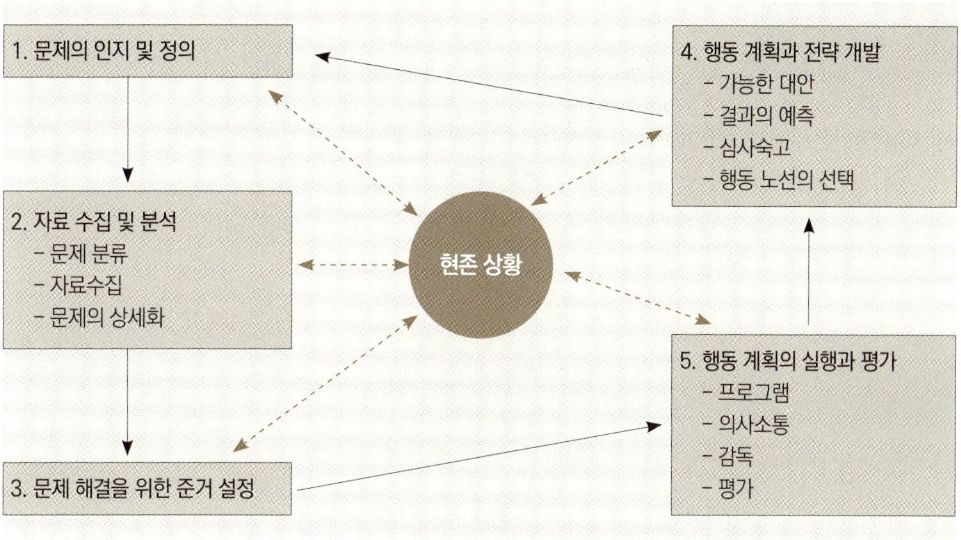

[그림 7-3] 의사결정의 순환 과정

출처: Wayne K. Hoy and Cecil G. Miskel, *Educational administration: theory, research, and practice*(New York: Random House, 1987), 321.

적용하기

❶ 단위학교 내에서 의사결정에의 참여자는 교직원, 학부모, 학생, 지역사회 인사 등이 될 수 있다. 이 중 교사들의 의사결정 참여가 결정된 사안의 성패를 좌우하는 중요 요인이라고 할 때, 그들의 의사결정 참여를 촉진시키는 요인과 저해하는 요인이 무엇인지 논하시오.

❷ 의사결정의 유형에서 단독으로 하는 의사결정과 집단으로 하는 의사결정의 장단점을 논하시오.

❸ 의사결정의 여러 모형(합리적 · 만족화 · 점증적 · 혼합적 · 최적화 모형) 중에서 본인이 선호하는 모형의 특성을 설명하고, 그 이유를 논하시오.

❹ 의사결정의 과정이 어떻게 이루어지는지를 서술하고, 합리적 의사결정을 위해 현행 학교에 가장 적합한 의사결정 모형이 무엇인지 논하시오.

역량강화하기

부모가 자녀에게, 교사가 학생에게 해야 할 말과 해서는 안 되는 말

디스카운트 언어	스트로크 언어
사람 되긴 다 틀렸어(문제아야, 문제아).	괜찮아, 다음에 잘하면 돼.
몇 번 말해야 말을 들을래?	~하니까 ~하면 안 되겠지?
도대체 몇 번째야?	실수했구나. 괜찮아, 다음엔 잘하도록 해 봐.
제대로 하는 게 뭐가 있어?	넌 잘할 수 있어! 열심히 하면 잘할 수 있어!
너 언제 철들래?(사람 될래?)	무엇을 잘못했는지 생각해 봐.
너는 누굴 닮아 그래?	넌 아빠 닮아서 잘할 수 있어.
도대체 너 왜 그러니?	우리 아들은 큰일을 할 아들이야.
그건 안 돼!	~해 봐, ~하면 좋겠다.
너는 도대체 몇 살이니?	잘할 수 있어!
이것만 안 틀렸으면 100점이잖아.	참 잘했어! 조금만 더 열심히 하면 더 잘할 수 있어!
빨리빨리 해!	시간을 보면서 하도록 해라.
똑바로 해! 확실히 해!	차근차근히 해 봐. 잘할 수 있어.
아이고, 이 바보야.	그래 잘했다. 최고야!
사내 녀석이 울긴 왜 울어.	자, 엄마한테 우는 이유를 말해 봐.
뚝 그쳐, 뚝!	자, 엄마한테 우는 이유를 말해 봐.
이것도 몰라?	천천히 생각해 봐.
공부 좀 해라, 공부.	우리 아들은 자기 관리를 잘해. 자기를 이기는 사람이야.
꿀 먹은 벙어리야? 왜 말이 없어?	너는 어떻게 생각해?
쓸데없는 소리(짓) 하고 있네.	와, 스티커 부자이구나.
TV(컴퓨터) 그만 좀 봐라.	스스로 관리할 줄 알아야 한다.
말대꾸야?	그래, 네 생각도 일리는 있는 것 같아. 그런데…….
아빠한테 이른다.	넌 그 일에 대해 어떻게 생각해?
네가 언니(형)이니까 참아야지(동생이니까 양보해야지).	형제간에 싸우는 것은 좋은 것이 아니야.
이게 마지막이야.	그건 안 되는 거야.
왜 그랬어? 누가 그랬어?	어떻게 하다가 이렇게 되었어?
웬일이야? 내일은 해가 서쪽에서 뜨겠네.	우리 아들도 의젓해졌어.
누굴 봐라, 얼마나 공부를 잘하니?	너도 열심히 하면 잘할 수 있어.
아저씨한테 혼난다.	다른 사람에게 피해를 주면 안 되겠지?
밥 좀 먹어라, 밥.	밥을 잘 먹으면 키가 커진단다.
거짓말 할 거야, 안 할 거야.	거짓말은 나쁜 거야.
너는 몰라도 돼.	그건 말이야……
용돈 줄 테니 청소 좀 해라.	엄마 좀 도와주면 고맙겠다.

교육칼럼 7

그럼 칭찬의 말은 어떻게 하는 거지!

말에는 힘이 있다. 말에는 능력이 있다. 말은 축복의 도구이다. 말은 우리의 자아상을 회복하고 변화시키는 놀라운 에너지를 가지고 있다. "사람은 입의 열매로 말미암아 복록에 족하며 그 손이 행하는 대로 자기가 받느니라"(잠 12:14). 한편, 잘못된 말은 불행을 만든다. 나쁜 말은 자신을 파멸시킨다. 비난하는 말은 상대방에게 상처를 준다. "미련한 자의 입은 그의 멸망이 되고 그 입술은 그의 영혼의 그물이 되느니라"(잠 18:7).

"하나를 가르칠 때 일곱 가지를 칭찬하고 세 가지를 꾸짖어 착한 아이를 만들자"라는 격언이 있다. 학교에서나 가정에서 아이를 가르칠 때 지켜야 할 좋은 법칙으로 여긴다. 칭찬과 꾸중을 적절히 배분하여 바람직한 인격자로 성장시키는 것이 어른이 해야 할 일이다.

일본 호리바 제작소 회장인 호리바 마사오는 "나는 3분을 야단치기 위해서 3시간 동안 고민한다. 야단이나 꾸중에는 분명히 의욕 저하와 함께 생산성의 저하가 있다. 그래서 야단치는 사람은 신중해야 하고, 3시간을 투자할 정도의 열정이 있어야 한다. 이것이 바로 꾸중이다"라고 말했다. 아이를 꾸짖을 때에도 지혜롭게 꾸짖어야 한다. 아이에게 절대로 해서는 안 되는 말이 있다. "너는 아무짝에도 쓸모가 없어"(아이의 장래 가능성을 부정하는 말), "별일이군, 오늘은 해가 서쪽에서 뜨겠네"(아이의 노력을 비아냥거리는 말), "너 같은 애는 엄마 자식이 아니야"(부모로부터 버림받았다고 생각하게 하는 말), "너는 왜 그렇게 머리가 나쁘냐?"(타고난 결점을 비난하는 말), "이게 호랑이라고, 너무 안 닮았다"(아이의 자신감이나 의욕을 상실케 하는 말) 등이 있다.

반면, 삶에 기쁨을 주고 사람을 변화시키는 칭찬 언어가 있다. 부모나 교사가 아이들에게 자주 하는 칭찬 언어는 아이에게 자긍심과 용기를 심어 준다. 가령, "다음번에는 더 좋아질 거야!" "멋지게 해내고 있군" "한 번만 더 해 보면 더 잘 해낼 수 있겠다" "그래, 바로 그렇게 하는 거야" "너는 누구보다 열심히 하는구나!" "너 때문에 내가(우리 가족이) 행복하다" "너를 보고 있으면 마음이 편하다"와 같은 언어는 아이를 살리는 긍정적인 말이다.

사람은 마음속의 생각과 다른 말을 함으로써 상대방의 기분을 상하게 할 때가 있다. 시간이 지난 후에 그 말을 후회하지만 이미 엎질러진 물이라 주워 담을 수 없다. 인간의 사회적 행위는 한 가지 요인에 의해 나타나는 것이 아니라 다양한 요소가 상호작용하여 나타난다. 겉으로 드러난 인간의 행위는 그 사람의 역할기대와 욕구 성향이 상호작용하여 나타나기도 한다. 즉, 행위는 역할과 인성의 상호작용에 의해 결정된다. 상대방의 행위에 대한 나의 반응이 상대방의 역할과 인성에 대한 고려 없이 즉각적으로 이루어질 때 상대방에게 상처를 줄 수 있다. 그 반응은 나의 견해, 관점, 시각, 경험에 의해 결정되기 때문에 고정관념이나 편견이 많이 개입되고 만다. 상대방의 입장을 고려한 객관적인 판단을 내리기란 어려운 일이다.

성경에 나오는 아브라함, 모세, 엘리야, 베드로는 약점도 많고 실수도 많았던 사람이다. 그러나 하나님은 이런 실수투성이들을 비난하거나 책망하기보다는 칭찬하고 비전을 제시해 줌으로써 인류의 믿음의 조상이나 시대의 지도자로 삼으셨다. “넌 다른 아이들과 다른 점이 있어. 다른 아이들과 같지 않기 때문에 틀림없이 비범한 인물이 될 거야”라는 어머니의 말은 천재 과학자 아인슈타인을 만들었다. “조지, 나쁜 버릇을 하루아침에 고칠 수는 없지만 하나님은 한 번 당신의 자녀로 삼은 자녀는 절대로 버리지 않으신단다. 낙심하지 말고 꾸준히 노력하면 반드시 훌륭한 사람이 될 것이다”라는 동네 목사님의 말씀이 부랑아 조지 뮐러를 성자로 만들었다. 그리고 대학 졸업 작품 때 “야, 불암아! 너 노역(老役)은 아주 타고났구나. 할아버지 연기는 너를 따라올 사람이 없겠다” 라고 한 선배의 칭찬 한마디가 최불암을 낙담과 좌절에서 건져 내어 할아버지 역으로 승승장구하게 만들었다.

그리스도인의 입은 사람에게 상처를 주거나 저주하는 말이 아니라 생명을 주고 내면의 상처를 치유하는 언어로 무장되어야 한다. 말 한마디가 상대방의 마음을 편안하게 하고, 서로의 긴장을 풀어 주고, 희망과 용기를 갖게 한다는 사실을 생각하면서 한마디의 칭찬으로 삶을 행복하게 만드는 지혜를 가지면 좋겠다.

제8장

교육경제와 교육재정

며느리밥풀꽃을 아시나요

이진주

뒷산 밭 산비탈에 숨어서 피는
샐비어보다 붉고 여린
초혼의 품에 서럽게 피어난 꽃
며느리밥풀꽃을 아시나요

모진 구박 허기진 어린 며느리
엄동설한 살얼음보다 더 앙칼진
시어머니 낯선 품에 안겨
애담다 한으로 피어난 꽃

어린 가슴은 어스름이 내리고
조석 뺏거리만 받아들고 배고파
쌀알 몇 개 입 안에 밀어 넣고
삼키지 못해 흐느끼는 당신

찬바람은 홋치맛자락에 달려 붙고
울어 대는 어린애는 겻줄에 보채는데
밤마다 서방님은 칭얼대고
배딱지는 등골에 붙었구나

밥상에 남은 밥알 두 톨
혀에 붙여 집어먹다
시어미 불호령에 질겁하여 죽은
열일곱살 한 많은 며느리의 삶

며느리밥풀꽃을 아시나요.

성공하고 싶으면 봉사하라

▸ 위대한 봉사자, 베푸는 자가 되면 당신을 성공으로 이끈다. 우리 인생에 있어 불변의 법칙이다.

– 헨리 밀러

▸ 진정한 부자는 다른 사람들보다 더 많이 베푸는 사람이며, 바로 그 때문에 그는 다른 사람들보다 더 많이 받는 것이다.

– 마크 피셔

▸ 착한 사람이 부자가 되고, 착한 기업이 성공하는 그런 세상을 만들어 가자.

교육에 대한 경제적인 측면에 관심이 커짐에 따라 지난 수십 년 동안 교육과 경제성장, 교육투자의 이익, 교육인력의 역할 등을 과학적이고 계량적으로 분석하려는 새로운 학문 영역이 대두되었다. 그게 바로 교육경제학(economic of education)으로, 1950년대부터 발생하여 1960년대 이후 급속히 발달해 왔다. 1950년대 말과 1960년대 초에 미국과 영국에서 발전된 인간자본론(human capital theory)의 형성은 교육과 경제와의 관계에 새로운 관심을 일으키는 계기가 되었다.[1)]

여기서 교육경제학을 학문적으로 정의하면 "교육의 생산적인 목적을 달성하기 위하여 교육자원의 활용과 배분의 선택을 체계화하는 하나의 과학"[2)]이라고 할 수 있다. 교육의 생산적 목적이란 궁극적으로 개인과 사회의 부를 증식시키고, 개인의 행복과 사회의 복지를 증진시키는 것을 말한다. 전자는 경제적인 측면이고, 후자는 정신적이고 비경제적인 측면에 해당된다. 이처럼 경제적인 것뿐만 아니라 비경제적인 측면도 교육경제학의 영역에 포함된다. 그러나 비경제적인 측면은 그것을 분석할 수 있는 마땅한 측정 도구가 마련되어 있지 않기 때문에 대부분의 연구는 교육의 경제적인 가치를 척도로 잴 수 있는 것에 한정하여 진행되고 있다. 즉, 교육경제학의 의미는 교육 현상이나 교육 문제를 경제적 가치라는 척도를 통하여 분석하고 그것을 교육적인 측면에서 해석하는 것이라고 할 수 있다.

1) Martin Woodhall, "Economics of Education: A Review". In G. Psacharopoulos (Ed.), *Economics of Education: Research and Studies*(New York: Pergamon Press, 1987), 1.

2) 한국교육행정학회(편), **현대 교육행정이론**(서울: 형설출판사, 1997), 37.

1 교육의 투입과 산출

투입과 산출 요소는 일반 경제학에서는 비교적 간단하게 파악할 수 있다. 즉, 자본노동(노동시간)과 자원이라는 투입과 생산물(품)이라는 산출로 명확히 구분되고, 그것은 금전적 가치로 나타낼 수 있다. 그러나 교육에 있어서 투입과 산출 요소들은 금전적인 가치로 분명히 나타낼 수 없는 것들이 많고, 그 요소들도 종류가 매우 다양하다.

1) 교육의 투입 요소

교육에 투입되는 생산 요소는 크게 두 가지로 나누어 생각할 수 있다. 그 하나는 국가적·사회적 측면에서의 투입이고, 다른 하나는 개인적·가정적 측면에서의 투입이다.

(1) 국가적 · 사회적 투입

교육에 대한 국가적·사회적 투입은 경제적인 요소와 비경제적인 요소로 구분된다. 경제적인 투입 요소는 교육을 행하는 데 필요한 재산취득비, 경상운영비, 그리고 시설비 등이 대부분을 차지한다. 예를 들어, 토지구입비, 교실이나 실험실, 운동장, 강당, 도서실, 기숙사, 관사 등의 설치비가 여기에 포함되는 요소들이다.

비경제적인 요소로는 학교의 주변 환경 정화를 위한 법적 규제, 학생들의 교통안전을 위한 대책, 학생들을 위한 건전한 사회적·문화적 풍토 조성, 학생들의 생활지도를 위한 국가적 관심 등을 들 수 있다.

(2) 개인적 · 가정적 투입

교육에 대한 개인적·가정적 투입도 경제적인 요소와 비경제적인 요소로 구분하여 생각할 수 있다. 먼저 경제적인 투입 요소에는 학생 자신과 학부모가 부담하는 수업료, 기성회비, 입학금, 실험실습비, 보충수업비, 학생회비와 같은 공교육비와 도서 구입비, 피복비(교복, 체육복, 실습복), 교통비, 과외학습비, 하숙비, 학습용품 구입비 등을 포함하는 재정적 투입이다. 또한 학부모가 자녀를 위해 교육보험에 가입하는 것, 일정 기간 적금을 넣어 미래의 교육비에 충당하는 일 등과 같은 후생적인 투입이 있다. 그리고 비경제적인 투입에는 학습 장소의 환경을 좋게 하는 일, 부모의 교육에 대한 열의와 관심, 가정에서 좋은 교육적 분위기를 형성하는 일 등이 있다.

한편, 교육목적과의 관련성 정도 혹은 운영 형태 및 부담의 원천에 따라 교육비용을 분류하면 [그림 8-1]과 같다.

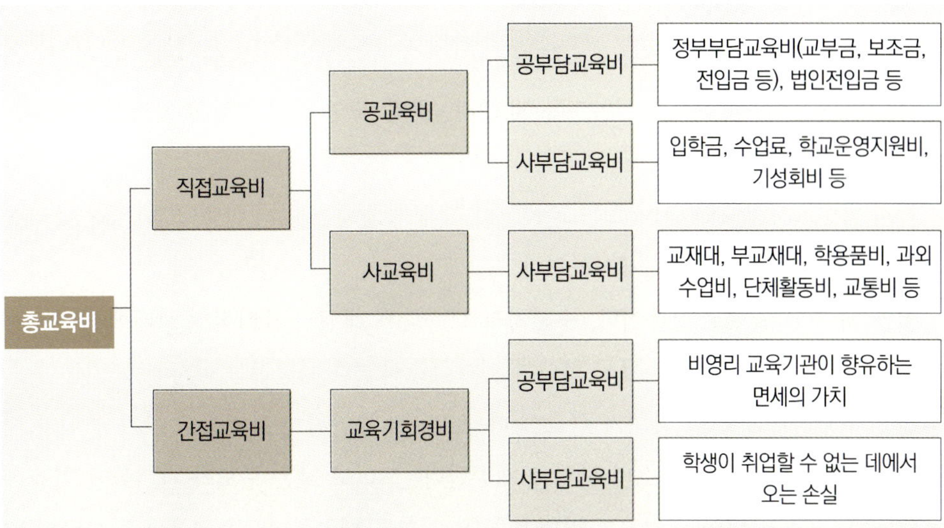

[그림 8-1] 총교육비의 분류체계

2) 교육의 산출 요소

교육의 산출 요소도 투입 요소와 같이 국가적·사회적 산출과 개인적·가정적 산출로 구분하여 경제적인 측면과 비경제적인 측면으로 생각할 수 있다.

(1) 국가적·사회적 산출

교육의 국가적·사회적 산출에서 경제적인 측면을 살펴보면, 첫째, 한 개인이 교육을 많이 받으면 받을수록 그 개인의 소득이 향상되어 국가에 납부하는 직접세가 많아진다. 또한 소득이 많기 때문에 생활수준이 높아져서 간접적으로 국가에 내는 세금도 많아진다. 이처럼 교육을 받은 결과 국가적·사회적으로 더 많은 이득이 초래된다. 둘째, 교육인력이 증가하면 할수록 산업이 발달하여 산업구조가 제3차 산업 및 정보화사회로 변화되어 생산성이 향상된다. 셋째, 교육받은 사람이 많아질수록 소득의 재분배가 잘 이루어져서 국가와 사회가 안정되어 간다고 할 수 있다. 그리고 비경제적인 측면으로는 첫째, 국가의 산업발전에 필요한 지식과 기술의 축적을 들 수 있다. 이것은 지식과 기술을 계발하고 축적하기 위해 정부나 기업에서 많은 연구비를 투입한 결과이다. 둘째, 능력 있고 올바른 지도자를 길러 내고 그런 사람을 선거 과정을 통해 선출할 수 있는 민주시민을 육성한다. 그리고 객관적이고 합리적인 판단력을 길러 주어 건전한 국가 의식을 확립하도록 해 준다. 셋째, 교육을 더 받을수록 사회질서를 준수하고 준법정신이 강한 인간이 되어 사회의 민주화가 실현된다. 즉, 개인을 시민정신이 투철한 사회 구성원으로 형성시켜 주고, 자유와 정의를 위해 헌신하도록 해 준다. 넷째, 도농 간의 문화적 동질성이 확립되어 국가적 통합에 기여한다.

특히 와이스브로드(Weisbrod)는 교육으로 인해 발생되는 여러 산출(편익) 가운데 다음의 세 가지를 사회적 산출로 제시하였다.[3)]

첫째, 주거와 관련된 산출이다. 수혜자와 교육받은 개인의 물리적인 상태에서 나오는 주거와 관련된 산출은 여러 가지 형태가 있다. ① 학교가 제공하는 아동보호 기능이다. 이것은 부모들에게 그들 자녀가 학교에 다님으로써 불안감이 감소되고 증가된 여가 시간을 즐길 수 있는 점에서 소비 편익을 제공한다. 그리고 많은 부모가 자녀들을 학교에 보낸 후 일자리를 얻어 경제적인 편익을 누릴 기회를 제공한다. ② 교육받은 사람의 미래 가정에서 일어나는 산출이다. 교육받은 부모들은 그들 자녀에게 비형식적인 교육을 제공한다. ③ 이웃에 대한 효과이다. 학교는 아동이 통제하지 못하는 활동들에 대해 어떤 대안을 제공해 주는 단기적인 효과가 있다. 또한 교육받은 사람은 그들의 이웃에게 긍정적으로 이익이 되는 사회적 가치를 창출해 내는 장기적인 효과가 있다. ④ 납세자들에 대한 편익이다. 교육이 잘 이루어지면 실업이나 범죄가 줄어들기 때문에 납세자들은 그런 문제의 비용 부담을 줄일 수 있다.

둘째, 고용과 관련된 산출이다. 이것은 협동적인 노력을 통해 생산이 이루어지는 상황에서 동료들의 전체 생산성에 대해 교육받은 개인의 효과와 관련이 있다. 즉, 이것은 일부 노동자를 교육시키면 다른 노동자들의 생산성이 올라간다는 기본적인 생각에서 나온다. 이런 효과의 중요성은 교육이 융통성과 적응성을 계발시킨다는 점에 근거를 두고 있다.

셋째, 사회에 대한 잔여 산출이다. 지역사회의 다른 부분들(가정, 이웃, 동료 등)은 그 지역사회의 몇몇 사람의 교육으로부터 경제적인 부가효과를 경험하게 된다. 그러나 이것은 넓은 지역사회에 기초하여 그 결과를 확인하는 데 따르는 커다란 어려움 외에도 이런 효과를 금전적으로 평가하는 데 더 많은 난점이 있다. 연구활동은 노동자의 생산수준을

---

3) Martin O'Donoghue, *Economic Dimensions in Education*(Great Britain: Gill and Macmillan, 1971), 84–92.

향상시키는 데 영향을 미친다. 이것이 교육 자체에 대한 산출이 아니라고 할지라도 연구자들이 진보에 대한 기초를 형성하기 위해서는 필수적으로 교육을 받지 않으면 불가능하다. 또한 문해력이 시민을 지적으로 만들고, 경제활동에 필요한 원활한 조직을 형성하고, 경제성장에 가장 필수적이라는 사실에서 나온다. 더욱이 교육은 빈민 구제와 복지사업의 필요를 최소화함으로써 사회의 재정적인 부담을 줄여 줄 수 있다.

(2) 개인적 · 가정적 산출

교육의 개인적·가정적 산출 역시 경제적인 측면과 비경제적인 측면으로 나누어 살펴보기로 하자. 경제적인 측면을 보면, 첫째, 한 개인이 한 단계의 교육을 더 받게 되면 그만큼 소득이 높아져서 그 개인의 평생 소득이 향상된다. 둘째, 교육을 많이 받으면 받을수록 직업의 안전을 찾을 수 있고 승진의 기회가 넓어진다. 비경제적인 측면은 심리적인 보상과 관련된 것으로, 지적 호기심 충족, 성취감, 자아실현, 창조적인 생활 등을 들 수 있다.

또한 Weisbrod는 교육을 받음으로써 발생되는 사적 산출(편익)로 다음과 같은 것을 들었다.[4)]

첫째, 더 높은 단계의 교육을 계속적으로 받을 선택 가치이다. 이것은 모든 연구자가 교육적인 달성과 소득 간에는 긍정적인 상관이 있다고 주장한 연구 결과에서 나오게 되었다. 비록 이런 금전적인 수익의 일부가 분명히 그 사람의 능력, 포부, 그리고 많은 사회적·경제적 변인 때문이기도 하지만, 교육이 긍정적인 역할을 한다는 점을 모든 연구자가 인정해 왔다. 따라서 교육에 의해 획득된 지식과 기술 혹은 인격이나 태도 등이 학습자에 내면화된 인적자본으로 기능하여 수익률을 높이는 것으로 나타난다.

둘째, 더 폭넓은 고용 기회를 선택할 수 있는 가치이다. 이것은 가장 높은 성취단계 이전의 각 교육단계가 개인에게 그다음 단계의 교육을 획득하고, 그 교육에서 귀착되는 부가 편익을 받을 기회를 제공한다는 사실과 관련이 있다. 여기서는 직업의 금전적인 면과 비금전적인 면을 구분하는 데 상당한 어려움이 따른다. 예를 들어, 어떤 사람이 현재보다 보수가 더 낮은 직업을 선택하는 경우, 그 직업과 관련된 교통비와 다른 부수적인 비용이 상대적으로 더 낮기 때문에 그의 순임금은 더 많을 수 있다.

셋째, 기술 변화에 잘 적응할 수 있는 능력이다. 교육은 한 개인이 어떤 직업에 계속 머물며 더 복잡한 기계를 이용하거나 전혀 다른 직업에 접할 때 기술 변화의 결과에 잘 적

4) Martin O'Donoghue, *op. cit.* (1971), 56–61.

응할 수 있는 가능성을 높여 줌으로써 나타난다. 실질적으로 교육은 노동자들을 더 융통성 있게 해 주고 새로운 기술이나 지식을 더 빨리 받아들일 수 있게 만든다.

넷째, 비시장성 산출이다. 이 산출은 눈으로 확인하고 설명하기는 대단히 어렵지만, 분명히 중요한 사적 산출 혹은 편익 중의 하나이다. 이것은 한 개인이 교육을 받은 결과 손수 수행할 수 있는 모든 형태의 직업에서 나온다. 비시장성 산출은 사고팔 수는 없지만 생산적인 모든 활동을 말한다. 이것은 풍요로운 삶을 이끌 수 있는 능력과도 관련이 있다. 이런 산출을 다루는 데 있어 흔히 철학적인 문제로 인해 어려움에 빠지기 쉽기 때문에 대부분의 연구자는 범위를 좁혀 경제적인 측면만을 다루는 경우가 많다. 자신이 손수 소득세를 계산하는 일과 가정에서 자기 자녀들을 돕는 일은 이런 비시장성 활동의 예들이다. Weisbrod는 교육받은 개인이 그의 소득세를 직접 계산하는 경우를 한 예로 들었다. 이때 회계사에게 주는 만큼의 수수료는 교육을 받음으로 인해 생기는 납세자의 절약으로 평가될 수 있다. 이런 계산에서 나타나는 결함은 소득세를 직접 계산하는 데 사용한 시간의 가치 있는 대안이 없다고 가정하는 것이다. 그러나 만약 회계사를 고용하고 자신은 근로를 선택하는 경우를 생각할 수 있다. 개개인이 전부는 아닐지라도 경제적인 수익의 대부분을 받기 때문에 비시장성 산출은 주로 개인의 성격에 달려 있다.

2 교육재정의 본질

1) 교육재정의 개념

교육재정이 교육의 목적을 달성하는 데 중요한 영역이라는 사실은 최근 들어 널리 인식되어 왔다. 그러나 교육재정이 교육계획을 수립하는 차원에서 실질적으로 적용될 수 있는 이론적인 바탕을 마련하는 연구는 미진한 상태에 있다고 할 수 있다.

한 학문의 연구 분야가 독립된 학문으로 정립되기 위해서는 그 분야에서만 발견되는 독특한 요소나 이론의 정립이 필요하다. 그런데 오래 전부터 교육재정을 하나의 학문 영역으로 보기보다는 일반 행정가들이나 국가정책 수립자들이 교육예산을 수립 및 집행하는 교육활동의 단순한 요소로만 취급하는 경향이 있었다. 그러나 점차 교육의 효율적인 운영에 대한 논의가 활발해지면서 교육재정에 포함되어 있는 교육재정 영역을 구체적이고 독자적으로 연구하기 시작하였다.

대부분의 학문, 특히 응용과학 분야의 학문은 그것들과 관련된 순수학문의 지식과 기술체계와 밀접한 관련을 가지고 있다.[5] 응용사회과학 중의 하나인 교육학도 그것과 인접해 있는 순수 사회과학의 제 이론, 원리, 그리고 연구 방법 등을 많이 원용해 왔다고 할 수 있다. 따라서 교육재정의 개념을 이해하기 위해서는 재정과 재정학(public finance)의 개념을 살펴보지 않을 수 없다. 재정이란 일반적으로 국가 및 공공단체가 공공의 욕구를 충족하기 위하여 필요한 수단을 조달하고 관리 및 사용하는 경제활동 또는 간단히 정부의 경제라고 정의할 수 있다.[6] 그리고 재정학이란 정부의 조세정책이나 지출정책과 같은 정부의 각종 정책이 경제에 어떠한 영향을 끼치고, 나아가 사회 구성원들의 후생에 어떠한 변화를 가져다주는지를 연구하는 학문이다.[7] 그러면 교육재정이란 무엇인가?

김윤태는 "국가나 지방공공단체가 교육에 필요한 재화(財貨)를 공권력에 의해 조달하고 그것을 합목적적으로 관리 및 지출하는 경제 행위"[8]로 정의하였다. 윤정일 등은 교육재정이란 "국가의 공익사업인 교육활동을 지원하기 위하여 국가나 공공단체가 필요한 재원을 확보, 배분, 지출, 평가하는 일련의 경제활동"[9]이라고 정의하였다. 김종철 등은 교육재정이란 "국가나 지방공공단체가 교육활동의 운영을 지원하기 위하여 경비를 조달하고 그것을 관리 및 사용하는 것"[10]으로 보았다.

이상의 내용을 종합해 볼 때 교육재정이란 교육활동을 지원하기 위하여 국가 및 지방공공단체가 필요한 경비를 조달, 배분, 지출, 평가하는 경제활동이라고 정의할 수 있다. 좀 더 구체적으로 언급하면 교육재정은 교육에 대한 재정이 어떻게 조달되어야 하고, 정부, 기업, 그리고 개인 간에 재정적인 부담은 어떻게 이루어지고, 재원의 공적 부담과 사적 부담 간의 균형이 어떻게 이루어져야 하는지를 연구 대상으로 삼는다.

교육재정을 화폐를 매개체로 하는 유통경제면에서 볼 때 가계 중심의 사금융(private finance)도 아니며, 사기업체 중심의 회사금융(corporation finance)과도 구분되는 공금융(public finance)이라고 할 수 있다. 교육재정은 적어도 세 가지 면에 있어서 사경제활동과 다르다.[11] 첫째로, 사경제가 개인이나 사기업체의 이윤추구를 목적으로 하는 영리활동

5) 신동로, **교육과정과 교육평가**(서울: 형설출판사, 1993), 15.
6) 차병권, **재정학 개론**(서울: 박영사, 1987), 3.
7) 김동건, **현대 재정학**(서울: 박영사, 1992), 19.
8) 김윤태, **교육행정·경영신론**(서울: 배영사, 1986), 323.
9) 윤정일, 송기창, 조동섭, 김병주, **전게서**(2002), 311.
10) 김종철, 이종재, **교육행정의 이론과 실제**(서울: 교육과학사, 1994), 499.
11) 상게서, 499-503 재인용.

인 데 반하여 공경제로서의 재정은 국민 전체의 공공복지를 향상시키는 데 주안점이 있다. 즉, 일반편익(general benefit)을 추구하는 것을 특징으로 한다. 둘째로, 개인의 기업활동은 가격화되어 교환관계를 통하여 보상이 이루어지는 시장경제인 데 반하여 공경제활동으로서의 재정은 국민으로부터 소득의 일부를 조세정책 등을 통하여 강제적으로 받아들임으로써 성립되는 강제경제라는 특징을 가지고 있다. 셋째로, 사경제에 있어서는 양입제출(量入制出)의 원칙에 따라서 수입과 지출 관계를 규제하지만 교육재정에 있어서는 영리를 위주로 하는 것이 아니고 강제경제의 성격을 띠게 되기 때문에 양출제입(量出制入)의 원칙을 앞세우게 된다. 이와 같이 적어도 세 가지 면에서 재정은 사경제와 기본적으로 그 성격을 달리하는 공경제임을 특징으로 하며, 이것은 교육재정에 있어서도 그대로 해당된다.

2) 교육재정의 성격

교육재정도 일반 공공재정이 가지고 있는 일반적인 성격과 특성이 있지만 교육사업이라는 특수한 목적에 경비가 지출된다는 점에서 일반재정에서 볼 수 없는 특수한 성격을 지니고 있다. 이를 살펴보면 다음과 같다.

첫째, 교육재정은 개인의 이익만을 위한 것이 아니라 국가 전체의 이익을 위한 활동이기 때문에 공공성을 지니고 있다. 시장경제의 목적은 개인의 사적 효용이나 편익을 극대화하는 데 있지만 국가 경제의 목적은 국민 전체의 효용이나 편익을 극대화하는 데 있다. 여러 국가 활동 중에서 교육활동은 여타의 공공사업보다 혜택 범위가 광범위하고 높은 공공성을 가지고 있다. 교육은 교육받은 한 개인이 얻는 것보다 가족, 이웃, 그리고 사회 전체에 더 많은 편익을 주기 때문이다.

둘째, 교육재정은 장기투자라는 면에서 비생산성과 비긴급성의 성격을 가지고 있다. 교육에 투자된 재정은 민간경제에서의 투자와 같이 곧바로 요구된 상품이 나오거나 시급을 요하는 재정으로 인식하지 않는다. 왜냐하면 교육의 결과는 교육받은 즉시 나오는 경우보다 교육을 받은 사람의 전 생애에 걸쳐 나타나고, 국가안보나 국민의 생계에 직결되지 않기 때문이다. 그러나 장기적인 안목에서 볼 때 교육을 통해 국가 발전과 직결되는 인적자본(human capital)이 형성되기 때문에 교육투자는 비생산적인 소비가 아니고 생산적인 투자이며, 정부 정책들의 우선순위에서 반드시 선행되어야 할 것이다.

셋째, 교육재정은 비가시적이기 때문에 결과를 측정하기가 어렵다. 오늘날의 모든 재정투자는 실적을 중시하기 때문에 계수적으로 측정 및 평가될 수 있는 객관적이고 가시적인 결과를 요구한다. 그러나 교육활동은 수량화할 수 없는 질적인 측면이 많기 때문에 그 실적을 측정하기가 어렵다는 특성이 있다.

이외에도 교육재정은 교육활동의 범위를 결정하고, 교육경비가 반복적, 계속적으로 투자되는 성격을 가지고 있다.

3) 교육재정의 배분

여러 가지 국가의 필수적인 공공사업 중의 하나가 교육활동이다. 이러한 교육활동을 수행하기 위하여 전술한 바와 같이, 재원을 조달하고 그 확보된 재원을 효율적으로 배분(allocation)하는 일이 교육재정의 중요한 과제 중의 하나이다. 그러나 이러한 교육재원의 확보와 배분의 의미는 엄밀히 구분하기가 곤란하다. 왜냐하면 교육재원의 활용 기관을 중심으로 볼 때 중앙의 교육행정기관을 중심으로 한 모든 교육행정기관과 학교단위가 모두 재원의 활용 기관이라는 의미이고, 따라서 재원의 확보 기관은 조세를 포함한 각종 재원을 확보하는 여타의 기관이 될 것이다. 따라서 사립학교는 직접 교육재정을 확보하는 기관인 동시에 활용 기관이 된다.[12] 그러나 교육재정의 성격이 독자적인 조세활동을 포함한 재원활동을 수행하는 기관이 아니기 때문에 실질적으로 중요한 내용은 확보된 교육재원을 배분해 주는 기능과 역할이 될 것이다.

교육재원 배분의 기본적인 목적은 확보된 재원으로 교육의 효율을 어떻게 높일 수 있느냐에 있다.[13] 교육에 있어서 배분성이 중시되는 이유는 다음과 같이 세 가지 관점에서 생각할 수 있다. 첫째, 교육에 투입되는 재원은 무한하지 않고 항상 부족하다는 점, 둘째, 교육에 투입되는 재원의 외현적 또는 잠재적 효율은 배분 양식에 따라 동일하지 않다는 점, 셋째, 교육자원의 배분 양식은 무수하며 그 효율도 각기 다르다는 점이다.

교육재원이 교육활동에 도움을 주기 위해서는 확보된 재원을 다양한 방법과 기준으로 배분해야 한다. 자원 배분의 기준으로 특히 강조되고 있는 몇 가지 사항을 구체적으로 살펴보면 다음과 같다.

---

12) 김남순, 교육재정과 교육비 연구(서울: 교육과학사, 1992), 102-109.

13) 배종근, 정태범(편), 교육행정.교육경영(서울: 정민사, 1991), 370.

(1) 평등성

평등성(equality)이란 모든 인간은 차별 없이 평등하게 대우를 받아야 한다는 것을 말한다. 국가나 지방공공단체는 개인이 갖는 수교육권을 재정상으로 보장하는 책임을 가지고 있다. 즉, 지역, 성별, 인종, 사회적·경제적 지위, 출신 성분, 그 밖의 개인이 갖는 특성에 따라 교육재원이 차등적으로 운영되어서는 안 된다는 것이다. 이러한 생각은 근대국가의 성립과 더불어 형성 및 발전되었으며, 프랑스혁명 의회는 교육은 모든 국민에 대한 사회적 책임을 선언하고 교육의 전 단계에 대한 무상 지원을 주장하기도 하였다.[14)]

교육자원의 평등성이 중요시되는 이유는 첫째, 국민의 교육에 대한 수요가 커지면서 국가의 교육에 대한 부담이 과중되고 따라서 어떤 지역이나 사회적·경제적 계층 또는 성별에 따라 차를 두어 교육자원의 배분이 행해지고 있기 때문이며, 둘째, 교육자원이 더욱 부족해짐에 따라 국민의 기본 권리인 교육받을 권리를 보장하는 최저 수준의 자원이 보장되지 않는 상태가 계속되기 때문이다.

(2) 공평성

공평성(equity)은 어떠한 기준에 의하여 교육재원의 규모나 교육자원 배분의 차이가 생기는 것을 정당화하는 것이다. 즉, 공평성은 교육환경, 교육정책 목표, 교육 프로그램의 종류, 학교 설립 형태, 학교급별 등에 따라 교육자원 배분에 차이를 두는 것이 정당하다는 것이다. 교육재원의 배분 과정에서 모든 재정 수요를 충족시킬 수 있을 만큼 충분한 재정이 주어지지 않기 때문에 투자의 우선순위에 따라 자원이 배분될 수밖에 없다. 이러한 공평성은 정치, 경제, 사회, 문화 그리고 교육 등 복합적인 원인에 의하여 영향을 받고, 평등성의 우선순위를 결정하는 기준이 되기도 한다.

공평성은 크게 수평적 공평성과 수직적 공평성으로 구분된다. 수평적 공평성이란 균등한 것을 균등하게 취급하도록 요구하는 것을 말한다. 즉, 교육재원의 분배에 있어서 모든 교육 대상에게 균등한 보장을 하는 것이다. 그리고 수직적 공평성이란 불균등한 것을 불균등하게 취급하는 것을 말한다. 이것은 학습자 개개인이 가지는 차이를 균등화시키기 위해 차별적인 대우나 분배가 이루어져야 한다는 것이다. 수직적 공평성은 사회정의를 실현하고, 모든 이에게 인간다운 삶을 영위할 수 있는 동등한 권리를 부여하는 것과 관련이 있다고 하겠다.

---

14) 배종근, 정태범, 전게서(1991), 87.

(3) 효율성

효율성(efficiency)이라는 용어는 어떤 한 과정의 투입과 산출 간의 관계를 말하고, 일반 경제학자들이 어떤 생산 과정에서 투입과 산출 간의 관계를 분석하는 것과 같이 교육에도 똑같이 적용될 수 있다. 공장이나 산업 현장에서 효율성을 분석하는 것과 교육에 있어서 효율성을 분석하는 것과의 차이는 교육의 산출이나 결과를 정의하고 측정하기가 더 어렵다는 점에 있다.[15)]

교육자원 배분에서 효율성의 원칙은 공평성의 원리와 대립되는 개념이다. 지나치게 공평성을 추구하다 보면 효율성이 떨어지는 결과를 초래하고, 반대로 효율성을 강조하다 보면 공평한 자원의 배분이 어렵게 된다. 따라서 이 양자는 상호 보완적인 차원으로 생각하여 경제적인 투자 효과뿐만 아니라 사회 전체의 효율성을 높이는 방향으로 기여하여야 한다.

여기서 효율성이란 최소의 투입으로 최대의 결과 및 효과를 가져오는 것을 말한다. 그런데 교육자원의 배분 기준으로 효율성을 적용하는 것은 적절하지 못하다는 주장이 있다. 그 이유는 교육에 있어서 효율성의 측정이 극히 한정된 범위에서만 가능하고 측정 불가능한 요소가 많기 때문이다. 그러나 효율성과 배분의 문제를 경비 효과의 측면에서만 논의하는 것은 그것을 다만 통계적인 차원에서만 생각하는 것이다. 효율성 문제의 핵심은 학습 과정에 새로운 기술과 방법을 도입하거나 낭비 요소를 줄여 주어진 자원을 보다 합리적으로 사용하는 데 있다.

3 학교예산의 운영

1) 학교예산 회계제도

학교예산이란 일정 기간 동안 학교가 교육활동을 실천해 나가는 데 필요한 세입과 세출의 체계적인 계획서를 말한다.[16)] 회계의 사전적 의미는 "특정의 경제적 실체에 관하여 이해관계를 가진 사람들에게 합리적인 경제 의사결정을 하는 데 유용한 재무적 정보를 제공하기 위한 일련의 과정 또는 체계"이다. 따라서 학교예산 회계제도란 단위학교를 중

---

15) Martin Woodhall. *op. cit.*(1987), 3.

16) 성삼제, 학교예산 회계제도의 이해(서울: 교육과학사, 2002), 11.

심으로 예산편성, 예산심의, 예산집행, 결산 등 예산 과정이 이루어지고, 학교의 재정과 관련하여 이해관계를 가진 사람들에게 합리적인 의사결정을 하는 데 정보를 제공하기 위한 일련의 과정이나 체계라고 할 수 있다. 학교예산 회계제도는「초·중등교육법」제30조의2에 의하여 국립·공립의 초등학교·중학교·고등학교 및 특수학교에 각 학교별로 학교회계를 설치하고, 이 회계를 통하여 수입과 지출 그리고 예산편성, 예산심의, 예산집행, 결산 등 일련의 예산 과정이 이루어진다.

학교회계는 세입과 세출로 구성된다. 학교회계의 세입은, ① 국가의 일반회계 또는 지방자치단체의 교육비 특별회계로부터의 전입금, ② 학교운영지원비, ③ 학교발전기금으로부터의 전입금, ④ 학교운영위원회의 심의를 거쳐 학부모가 부담하는 경비, ⑤ 국가 또는 지방자치단체의 보조금 및 지원금, ⑥ 사용료 및 수수료, ⑦ 이월금, ⑧ 기타 수입으로 구성된다.

학교회계 세출은 학교운영 및 학교시설의 설치 등을 위하여 필요한 일체의 경비로 구성된다. 예측할 수 없는 예산의 지출 또는 예산 초과 지출을 충당하기 위하여 예비비로서 상당한 금액을 세출예산에 계상할 수 있다.

학교예산의 운영은 회계연도 단위로 이루어진다. 회계연도는 3월 1일에 시작하여 다음해 2월 말에 종료한다. 학교장은 회계연도마다 학교회계 세입·세출 예산일을 편성하여 회계연도 개시 30일 전까지 학교운영위원회에 제출하여야 한다. 학교운영위원회는 회계연도 개시 5일 전까지 예산안을 심의하여야 한다. 학교장은 회계연도마다 결산서를 작성하여 회계연도 종료 후 2월 이내에 학교운영위원회에 제출하여야 한다. 회계연도가 개시될 때까지 예산이 확정되지 아니한 때에는, ① 교직원 인건비, ② 학교교육에 직접 사용되는 교육비, ③ 학교시설의 유지 관리비, ④ 법령상 지급 의무가 있는 경비, ⑤ 이미 예산으로 확정된 경비는 전년도 예산에 준하여 집행할 수 있고, 전년도 예산에 준하여 집행된 예산은 당해 연도의 예산이 확정되면 그 확정된 예산에 의하여 집행된 것으로 본다.

2) 학교예산 회계제도의 주요 내용

학교운영에 적합한 재정제도를 도입하고자 하는 움직임은 오래 전부터 있어 왔다. 기존에 학교재정 운영에 적용되는 회계법규는 국가나 지방자치단체와 같은 재정 규모 단위가 큰 기관에 적합한 것이었고, 학교와 같이 자율적인 재정 운영이 요구되는 기관에는

적합하지 않다는 지적이 제기되어 왔다.[17)]

학교재정 운영 실태 면에서 보면 학교예산 회계제도가 도입되기 이전에는 국립 및 공립 초·중등학교의 경우 학교를 운영하는 데 소요되는 재정이 여러 가지 경비로 관리 및 운영되었다. 교직원 인건비와 교육부나 교육청이 지원하는 보조금은 일상경비로, 일반운영비는 도급경비로 배부되어 각각 별도로 관리되었다. 중·고등학교에는 학부모회 규약에 근거하여 징수하는 학교운영지원비가 별도로 관리되고 있었으며, 학교발전기금은 학교운영위원회가 기금 조성과 운영을 주관하고 있었다. 이외에도 자치구나 시군에서 개별 학교로 지원되는 교육경비 보조금도 별도로 운영되었다.

이 재원은 별도로 관리될 뿐만 아니라 각 경비에 적용되는 법규가 달라 학교 현장에서 학교재정이 교육과정을 효과적으로 지원하는 데 많은 어려움을 초래하였다. 전라북도 교육청이 조사한 바에 따르면, 학교재무관리를 규정하고 있는 법과 규정이 18종이나 되었다. 이와 같이 학교재정이 여러 가지 경비로 나뉘어 각기 다른 지침에 의해 관리되는 방식으로는 교육과정 운영과 교수·학습 활동을 학교재정이 효과적으로 지원하기에는 어려움이 있었다. 이에 따라 학교에서 재정을 효율적으로 운영할 수 있도록 관련 법령을 개정하여 학교운영에 적합한 학교예산 회계제도를 도입하게 되었다.

학교예산 회계제도의 시행과 함께 2001년부터 국립 및 공립의 초등학교, 중학교, 고등학교 및 특수학교에 학교회계가 설치됨에 따라 여러 회계로 나뉘어 관리되었던 경비가 통합되어 운영하게 되었다. 국가의 일반회계 또는 지방자치단체의 교육비 특별회계로부터의 전입금, 학교운영지원비, 학교발전기금으로부터의 전입금, 수업료, 기타 납부금 및 학교운영지원비 외에 학교운영위원회의 심의를 거쳐 학부모가 부담하는 경비, 국가 또는 지방자치단체의 보조금 및 지원금, 사용료 및 수수료, 기타 수입, 즉 예금이자, 실습물 매각대금, 불용품 매각대금 등이 학교회계의 세입이 되며 학교운영 및 학교시설의 설치 등을 위하여 필요한 일체의 경비가 학교회계의 세출이 된다.

학교회계의 설치와 운영에 관하여 필요한 사항을 교육부령으로 정하도록 되어 있는데, 이에 따라 제정된 교육부령이 국립 및 공립 초·중등학교 회계규칙이다. 종래에는 각 경비별로 적용되는 법령이나 지침이 달라 재정을 효율적으로 운영하기 어려웠으나 단일의 회계규칙이 제정됨에 따라 일관성 있는 재정 운영이 가능하게 되었다.

---

17) 교육부, 학교회계길잡이(서울: 한국교육개발원, 2000), 10.

3) 학교예산 운영의 과정

학교예산은 예산의 확보, 편성, 심의 및 확정, 집행, 결산 그리고 예결산의 공개의 과정을 거친다.

(1) 학교예산의 확보

학교재정의 효율화를 위해서는 여러 가지 방안이 있을 수 있겠으나 학교마다 주어진 재정 여건에서 자체적인 노력을 통한 학교재정 확보의 최종 책임이 학교장에게 있으므로 학교재정을 확보하기 위한 노력이 학교장의 가장 중요한 직무가 될 것이다. 단위학교 수준에서 교육재정을 확대하는 방안은 국가나 지방자치단체의 확충 노력에 편승하여 단위학교에 배분되는 교육재정의 규모를 늘리는 방안과 단위학교 자체의 노력에 의하여 단위학교 재정의 규모를 늘리는 방안으로 구분하여 생각할 수 있다. 그러나 국가나 지방자치단체의 교육재정 규모는 단위학교의 노력에 의하여 좌우되는 것이 아니기 때문에 단위학교에서 충분한 학교재정을 확보하기 위해 자체적인 노력을 기울여야 한다. 자체적인 노력에 의해 확보될 수 있는 학교예산으로는 시·군·자치구로부터의 무상급식 지원금, 학교 시설물 사용료, 이자수입, 학교발전기금 등이 있다.

(2) 학교예산의 편성

학교예산안은 학교장이 편성하여 제출한다. 학교예산 과정 중에서 예산편성은 그 어느 과정보다 중요한 단계이다. 학교예산안의 편성 절차는 학교회계 예산편성 기본 지침이 회계연도 개시 3개월 전까지 단위학교에 시달되면 교직원으로부터 교육과정운영 및 학교운영을 위하여 필요한 사업 및 재정 소요액 등을 기록한 예산요구서를 제출받는다. 그리고 연간 총 전입금 및 분기별 자금교부 계획을 통보받아 예산 조정 작업 및 예산안을 확정한 후에 예산안을 회계연도 개시 30일 전까지 학교운영위원회에 제출한다.

예산편성은 1년 동안 학교의 금전출납을 예상하여 이를 문서로 작성하는 활동이고 학교교육계획은 1년 동안의 교육활동을 중심으로 이를 예상하여 작성하는 교육활동계획이므로, 교육활동이 정상적으로 지원되기 위해서는 학교교육 계획과 예산이 긴밀하게 연계되어야 한다. 현재 각급 학교의 예산편성은 교육청에서 시달된 예산편성 지침을 근거로 하여 단위학교의 예산 주무 부서인 행정실에서 학교장의 방침을 받아 예산편성 기준을 작성하고, 이를 각 부서와 교직원에게 통보하여 각 부서별로 학교교육계획서, 부서별 사업 소요 예산을 요청받은 후에 이를 부장회의와 관련 부서를 통하여 협의·조정 단계를 거쳐 학교장에 의해 최종 결정되는 과정으로 진행한다. 또한 학교예산에 대하여는 학교운영위원회의 심의를 거쳐야 한다.

종래에는 학교교육계획서와 예산편성 지침이 연계되지 않고 단위학교의 예산편성, 예산심의도 일부 부장급 이상의 관련 교사들만 참여함으로써 전체 교사들의 여론 수렴이 제대로 이루어지지 못하였다. 그리하여 단위학교의 예산 계획이 합리적으로 작성되지 않았기 때문에 예산집행의 분기별, 월별로 계획성 있는 예산지출을 하지 못하였다. 그리하여 학교예산 회계제도 시행 4년이 경과됨으로써 현재는 단위학교 예산편성이 학교교육계획 및 교육과정활동 등 계획과 연계하여 편성하고, 교육과정운영비에 중점 배부하여 교직원 대부분이 적극적으로 편성 과정에 참여하고 있다.

(3) 학교예산의 심의 및 확정

학교장으로부터 제출된 예산안은 학교운영위원회의 심의를 받게 된다. 이러한 학교 구성원의 대표 기관을 통한 예산심의는 단위학교의 재정 운영에 대한 학교 구성원의 의사를 반영할 수 있는 제도적 장치를 마련함으로써 자율성 증대와 함께 책무성을 동시에 제고하기 위한 것이다. 따라서 학교운영위원회의 예산안 심의는 예산이 학교운영을 효과적으로 뒷받침할 수 있도록 학교의 설립 목적과 교육과정에 비추어 성실하게 이루어져야 하며, 예산안의 심의 및 확정 절차는 〈표 8-1〉과 같다.

〈표 8-1〉 예산안의 심의 및 확정 절차

구분	내용
예산안 통지	• 학교 운영 위원들에게 회의 개최 7일 전까지 예산안 통지
예산심사소위원회 구성	• 예산심의의 효율성을 높이기 위하여 학교운영위원회의 의결에 의해 자율적으로 구성
학교장 제안 설명 및 관계자 의견 청취	• 학교의 교육시책 방향 및 재정 여건, 예산편성 방향 및 내용에 대한 학교장(행정담당자) 설명 • 예산과 관련된 교직원 의견 청취 • 소위원회 구성 시 소위원회 위원장이 심사 의견 발표
예산안 심의 결과 송부	• 회계연도 개시 5일 전까지 심의 종료 • 학교장에게 예산안 심의 결과 송부
예산 확정	• 학교장이 학교회계 세입·세출 예산 확정

출처: 교육부, 학교회계 길잡이(서울: 한국교육개발원, 2000).

학교예산의 심의는 1996년 학교운영위원회가 구성된 후 학교운영위원회에서 하고 있다. 학교예산 회계제도 시행 초기에는 예산심의가 학교운영위원회에서 형식적으로 이루어지는 경우가 많아 내용을 제대로 파악하여 심의하기보다는 심의했다는 통과의례 수준에 머무는 경우가 대부분이었다.[18] 이는 한편으로는 학교운영 위원들이 학교예산 과정에 대해 잘 알지 못해 제대로 심의할 수 없기 때문이기도 하고, 다른 한편으로는 예산심의에 제시되는 예산서도 관, 항, 목으로 통합되어 제시되기 때문에 부서별·사업별 예산 사항을 파악할 수 없기 때문이기도 하다. 이를 극복하기 위해서 매년 학교운영 위원과 교직원들에게 예산제도에 대한 연수 및 홍보를 강화하여 단위학교 운영위원회에서는 좀 더 학교예산·결산 심의를 철저히 해야 하며, 학교예산·결산 심사소위원회를 구성하여 학교재정 운영에 대한 신뢰성을 확보해야 한다.

(4) 학교예산의 집행

예산이 편성되면 예산을 집행하게 되는데, 예산집행이란 학교운영위원회의 심의를 거쳐 확정된 예산에 따라 회계연도 개시와 더불어 수입을 조달하고 공공경비를 지출하는 재정활동을 의미한다. 이는 단순히 예산으로 정해진 금액을 수납하고 지출하는 것만을 뜻하는 것이 아니라 수입의 조정, 납입의 통지, 수납, 지출 원인 행위의 실행, 세출예산의 이용 및 전용, 계약의 체결, 지급 등을 모두 포함한다.

세입예산은 법령 및 조례, 규칙에 근거하여 정한 징수 방식에 따라 수입 처리하며, 세입예산에 계상된 금액에 제한을 받지 않으나, 세출예산의 집행 시에는 예산에 표시된 목적과 금액의 범위 내에서 지출이 이루어지며, 일시차입과 같은 제도가 없는 단위학교의 특정상 자금의 수급을 고려하여 이루어져야 한다.

세출예산의 집행 시에는 학교운영위원회의 심의 결과를 존중하고, 예산편성의 목적을 달성하기 위하여 예산에 정한 목적 외에 사용할 수 없도록 하고 있다.

예산은 학교재정 운영에 대한 약속이라고 할 수 있으며, 예산에 정한 목적을 벗어나 방만한 예산집행을 하게 되면 예산제도 존재 자체가 무의미하게 되는 결과를 가져오기 때문이다.

학교에서 예산집행은 편성된 예산에 기초하여 이루어진다. 학교를 운영하기 위한 공

---

18) 장성기, 새로운 학교예산회계제도 도입에 따른 학교재정의 효율적 운영방안에 관한 연구(전북대학교 교육대학원 석사학위논문, 2000), 13.

통경비와 교수·학습 활동 경비는 업무 담당자가 품의하고 행정실에서 집행한다. 이 과정에서 제기되는 문제점은 학교에 배분되는 재원이 교육활동을 정상적으로 수행하기에 충분치 못하여 학교예산 집행을 어렵게 하고 있다. 일부의 경우는 학교에서 시행하고 있는 사업과 중복되기도 하여 예산의 낭비를 초래하기도 하고, 배분되는 예산이 계획보다 늦게 배분되어 교육활동을 어렵게 만들기도 한다.

또한 학교재정 운영 측면에서는 회계 업무 전산화가 이루어져 회계 업무 처리에 신속하고 정확하며, 예산집행 상황도 관리자들이 즉시 확인할 수 있어 재정 운영을 더 원활하게 할 수 있다. 하지만 교원들의 참여가 활발하게 이루어지지 않고 있어 편성된 예산이 적기에 집행되지 못하고 있을 뿐만 아니라 교육활동에도 적합한 예산집행이 이루어지지 못하고 있는 실정이다.

(5) 학교예산의 결산

단위학교 결산은 매 회계연도가 종료하는 시점을 기준으로 한 회계연도에 있어서 단위학교의 재정활동 전반에 대한 수입과 지출의 실적을 확정적 계수로 표시하는 행위를 의미한다.

세입결산 사항으로는 각각의 목별로 세입내역, 세입예산액, 징수결정액, 수납액, 불납결손액 및 미수납액을 기록하고, 세출결산 사항으로는 각각의 목별로 집행내역, 예비비 지출액, 이용·전용 사항, 사고이월, 명시이월 내역을 기록한다.

결산은 예산의 집행을 마무리하는 활동으로, 집행된 결과를 학교운영위원회에서 심의하도록 하고 있다. 이러한 심의는 예산집행의 타당성을 검토하고, 장래의 재정 계획 수립의 합리화를 도모하며, 효율적으로 재원이 배분되도록 유도하기 위한 통제 장치로서 그 중요성이 높다고 할 수 있다.

학교회계의 결산은 사업별 집행 내역 위주로 결산서를 작성하여 어떠한 사업에, 어떠한 명목으로, 어느 정도의 예산이 집행되었는지를 단지 결산서만을 보고 쉽게 이해할 수 있도록 작성되어야 하나 결산서의 항목들이 알아보기 어렵게 되어 있고, 결산 심의위원들의 전문성 부족으로 결산심의도 적정하게 수행되지 못하고 있는 실정이다. 학교회계 결산의 절차는 〈표 8-2〉와 같다.

〈표 8-2〉 학교회계 결산의 절차

회계연도 종료	• 매년 2월 말일 기준 • 당해 회계연도의 징수 행위 및 지출 원인 행위 종료
출납폐쇄 정리	• 회계연도 종료 후 20일 • 당해 회계연도에 징수 행위 및 지출 원인 행위가 된 사항의 세입금 수납 및 세출금 지출 마감
결산서 작성	• 제 장부 마감 및 세입·세출 결산서 작성 • 예산의 이용·전용 내역, 이월경비 내역, 예비비 사용 내역 첨부
결산서 제출	• 회계연도 종료 후 2월 이내에 학교운영위원회에 제출
결산심의	• 학교운영 위원들에게 회의 개시 7일 전까지 결산서를 개별 통보 • 단위학교의 장이 결산안 내용 설명 • 의문 사항에 대하여 관련 교직원의 의견 청취
결산안 심의 결과 통보	• 회계연도 종료 후 4월 이내에 결산안 결과를 학교장에게 통보

(6) 학교 예·결산의 공개

앞의 과정에 따라 편성 및 집행된 예·결산은 관할청이 정하는 바에 의하여 학부모, 교직원 등 학교 구성원들에게 공개하도록 하고 있다. 예·결산의 공개는 학부모 또는 국민이 낸 돈으로 운영되는 학교가 학교 설립 본래의 목적대로 학생들을 올바르게 가르치기 위하여 돈을 사용하고 있는지를 학교 구성원 모두가 알 수 있도록 해야 한다. 그리하여 학교재정 운영의 투명성과 책무성을 제고하는 데 예·결산 공개의 목적이 있다.

이러한 예결산의 공개는 학생 수 등 학교 규모, 학교 홈페이지 개설 여부 등의 여건에 따라 적합한 방법을 선택하여 투명성과 책무성 제고라는 본래의 목적을 달성할 수 있어야 한다. 예를 들어, 학생 수가 적은 소규모 학교의 경우에는 예산서와 결산서 모두를 인쇄하여 개개의 학부모에게 가정통신문 등을 통하여 공개할 수 있다. 이와 반대로 대규모 학교의 경우에는 일일이 예산서와 결산서를 학부모에게 송부하기는 불가능하며, 또한 교직원에 대한 예산 공개를 위해 학교 게시판이나 행정실 자체에 예산서를 비치할 수 있다. 특히 요즘은 학교 홈페이지에 예·결산을 공개함으로써 학생, 학부모, 교직원, 그 밖의 학교에 관심 있는 누구나 볼 수 있게 되어 있다.

4) 학교예산 운영의 원리

학교예산 운영의 원리는 확보단계, 배분단계, 지출단계 그리고 평가단계로 구분된다.

확보단계에서는 충족성과 자구성의 원리, 배분단계에서는 효율성과 공정성의 원리, 지출단계에서는 자율성과 적정성의 원리, 평가단계에서는 책무성과 효과성의 원리가 강조된다.

(1) 예산 확보의 충족성과 자구성의 원리

충족성이란 교육활동을 운영하는 데 있어서 최소한의 필요한 재원이 충분히 마련되어야 한다는 것으로서 달리 표현하면 적정교육재정 확보의 원리라고 할 수 있다. 이는 정상적인 교육발전을 도모하기 위해서 매우 중요하다.

사실 공정성의 개념도 대단히 복잡한 것인데, 충족성이란 공정성보다 그 정도가 더하다고 볼 수 있다. 왜냐하면 이는 최소로 적정한 자원의 투입 수준과 학교교육의 성과에 관한 비용산출까지 연계시키고 있으며, 궁극적으로는 성취해야 하는 정책과 가치판단까지 요구하고 있기 때문이다.[19] 한국 교육의 선진화를 실현하고 21세기를 주도할 한국인을 육성하기 위하여 시급히 혹은 장기적으로 해결해야 할 과제들은 교육관, 학생, 교원, 시설 및 환경, 교육과정, 교육방법, 교육 조직 및 제도, 교육행정 등 교육 전반에 걸쳐 산적해 있다. 이와 같은 장단기의 교육과제들을 해결하기 위해서는 교육재정의 수요가 한층 더 증대되어야 할 것이다.

지방자치단체들은 중앙으로부터 지원되는 기본 교육경비 외에 필요한 재원을 지방자치단체 스스로가 확보할 수 있도록 재원 확보 방안을 모색 및 활용하도록 노력하고, 이를 지원하는 제도적 장치가 마련되어야 한다. 또한 단위학교에서도 학교장이나 학교운영위원회를 통한 자구 노력 여하에 따라서 재원을 확보할 수 있도록 「초·중등교육법」에 학교발전기금 조성의 근거가 마련되어 재원 확보 노력이 강조되고 있다. 따라서 단위학교를 지역사회의 평생교육 차원에서 다양한 교육 프로그램을 활용하여 지역 주민에 대한 교육요구를 충족시킴으로써 지역사회와의 유대 관계를 강화하고, 지방자치단체의 지원금 및 보조금이나 학교발전기금 조성에 다양한 노력이 전개되어야 할 것이다.

(2) 예산 배분의 효율성과 공정성의 원리

경제적 효율성이란 간단히 말하여 최소의 노력과 비용으로 최대의 효과를 거두려는

---

19) 채경희, 초등학교 학교회계제도의 효과성에 관한 조사연구(전주교육대학교 교육대학원 석사학위논문, 2003), 15.

노력이라고 할 수 있다. 효율성은 크게 두 가지 측면에서 제고될 수 있다. 즉, 미리 정한 목표의 산출을 위하여 가능한 한 최소의 노력과 경비를 투입하는 측면과 일정하게 주어진 경비와 노력을 투입하여 가능한 한 최대의 효과를 가져오려는 측면이 그것이다. 따라서 학교교육에서 효율적으로 교육을 할 수 있는가, 즉 학교가 어떻게 최소의 비용으로 최대의 학습을 산출할 수 있는가에 관심을 갖게 된다.[20)]

그러나 학교 상황에서는 다음과 같은 이유 때문에 효과성을 증진시키기 어렵게 되어 있다. 첫째, 교육에 대한 투자는 비교적 명확하게 파악할 수 있으나, 산출은 무엇인가가 상당히 모호하여 생산성을 높이도록 하는 유인체제가 부족하다. 둘째, 교육에서 평등이나 자유를 달성하려고 할 때 흔히 효율성은 침해받게 된다. 셋째, 민간 부문의 유출효과 때문에 교육 부문의 인건비는 생산성과 무관하게 증가하게 되고, 따라서 효율성은 저하된다. 교육은 고도로 노동 집약적인 부문이기 때문에 비록 생산성이 향상되는 일이 없더라도 유능한 교사를 확보하기 위해서는 민간 부문의 보수와 근무조건에 맞먹는 수준까지 향상시켜 주어야 하는 것이다.

공정성은 일반적으로 재화, 서비스, 또는 부담을 배분하는 데 있어서의 정의로움 또는 공평함을 의미하는 것으로 사용된다. 교육재정학자들에 의해 논의된 교육재정의 공정성 개념을 크게 몇 가지 범주로 나누어 보면 다음과 같다. 첫째, 모든 학생은 균등하기 때문에 학생들은 균등한 교육투입, 과정, 결과를 얻어야 한다는 수평적 공정성, 둘째, 학생들이 지니고 있는 능력, 재능 그리고 신체적 차이를 인정하고 그에 따라 교육자원을 보다 적극적으로 차등 지원해야 한다는 수직적 공정성, 셋째, 부모나 교육청의 재정 능력에 따라 학생들에게 제공되는 교육 서비스가 차이가 나서는 안 된다는 재정적 중립성 또는 기회균등원칙, 그리고 마지막으로 아직 적용하기에는 어려움이 있으나 교육재정 투입에 따른 효과성이 균등하게 배분되어야 한다는 효과성의 공정성이다.[21)]

(3) 예산지출의 자율성과 적정성의 원리

자율성이란 일반적으로 자기규율 및 자기통제를 의미한다. 즉, 자율이란 자기 자신의 행위를 지배하는 규범이나 규칙을 스스로 선택, 결정하여 그것을 실천하는 자유의지라고 말할 수 있다. 이는 타인이나 외재적 힘에 의하여 지시와 감독을 받으며, 외부 통제에

---

20) 황종미, 학교회계제도 운영에 대한 평가 연구(경기대학교 행정대학원 석사학위논문, 2002), 11.
21) 상게 논문, 12.

의하여 규율을 확립하는 타율과는 대조되는 개념이다.

공정성(equity)과 적정성(adequacy)을 구별하는 가장 유용한 개념은 적정성에서는 충분하고 절대적인 차원에서 자원 활용의 효과를 논의하지만, 공정성에서는 상대적이고 분배적인 차원에서 자원 활용의 의미를 논한다.

또한 적정성은 얼마나 많은 프로그램과 어느 수준의 교육 프로그램을 제공하느냐와 관련된 것이다. 즉, 교육 프로그램의 양과 질이 교육대상자의 필요를 충족시켜야 한다는 것이다. 따라서 적정성이란 특별한 목적을 위한 프로그램과 학습 기회가 충분할 때 달성된다. 그러므로 적정한 프로그램의 제공은 학생당 경비의 균등성을 가정하는 것이 아니라 불균등한 학생당 경비의 지원이 필요하기 때문에 수직적 공평성의 개념이 적용된다.[22)]

(4) 예산평가의 책무성과 효과성의 원리

책무성의 개념은 효과성에 대한 강조와 더불어 부각되었다. 즉, 1960년대에 들어서 효율성의 개념은 교육에서 관심의 대상이 되었고, 이에 따라 학교교육의 생산성을 높이기 위하여 책무성이라는 개념이 널리 활용된 것이다. 책무성에 대한 다양한 견해가 주창되고 있고, 때로는 관련 주제들 사이에서 책무성 개념을 이해함에 있어 갈등이 야기되기도 하지만 적어도 다음의 네 가지 당위성에 대해서는 대체로 동의하고 있다. 첫째, 학교의 질은 더 이상 단순한 투입 요소에 의해서 결정되는 것이 아니라, 학교교육의 결과 또는 산출의 관점에서 학교의 성취와 교육 프로그램의 질을 판단해야 한다. 둘째, 비용–효과의 지수로서 특정 기간에 투입된 비용에 대한 학습활동의 정도를 측정할 수 있다. 셋째, 납세자, 학부모, 관할 지원 관청에서는 해당 학교와 관련된 비용 및 편익, 비용 및 효과의 결과를 알 권리를 가지고 있다. 넷째, 책무성은 보다 나은 학교교육의 성취를 조장하는 정보와 행동 지침을 제공할 것이다.[23)]

이러한 책무성은 사용된 경비에 대해서 납득할 만한 명분을 제시할 수 있고, 책임을 질 수 있음을 의미한다. 이것은 곧 효율성과도 일맥상통한다고 할 수 있다. 그러나 효율성에서와 마찬가지로 책무성은 교육산출의 불가시성, 평등이나 자유와의 갈등, 민간 부문의 유출효과 등으로 인하여 그 달성이 매우 어렵다.

---

22) 윤정일, "교육재정평가의 과제와 발전 방향". 교육재정경제연구, 8(1), 5.

23) 윤정일, 교육재정의 이론과 실제(서울: 세영사, 2000), 5.

효과성이란 투입된 재원이 교육의 질적 향상을 가져오도록 해야 한다는 의미로서 단순한 물질적 효율만을 의미하는 것도 아니고, 그렇다고 정신적 측면만을 의미하는 것도 아닌 이 모두를 의미하는 것이다. 교육 프로그램에 대한 재정투자가 반드시 만족할 만한 성과로 이어지는 것은 아니다. 교사와 학생들의 소질과 능력, 그리고 요구에 부응할 수 있는 좋은 교육 프로그램을 제공하였는가의 여부에 따라 그 만족과 효과는 달라진다. 물론 교육의 효과는 장기적이고 비계량적이라는 특수성을 가지고 있으나, 교육재정의 활용은 다양한 방법으로 효과를 높이는 데 사용되어야 한다. 투입된 교육비나 인건비에 대한 교육성과나 만족도를 측정함으로써 집행된 경비의 수월성을 진단해 보아야 한다. 학교재정은 실제 사용하는 부서, 즉 교사는 교육활동에 투입하여 효과를 극대화할 수 있는 다각적인 노력을 기울여서 예산을 요구하고 재정을 운영하여야 한다.

적용하기

❶ 일반 재정의 성격과는 다르게 교육재정이 가지는 특수한 성격은 어떤 것들이 있는지 논하시오.

❷ 단위학교에서 학교예산 운영의 원리는 확보 · 배분 · 지출 · 평가 단계로 구분할 수 있다. 각 단계에서 강조되고 있는 원리는 무엇인지 논하시오.

❸ 교육의 산출 요소 중에서 비경제적인 측면의 사적 산출로는 어떤 것이 있는 말해 보시오.

❹ 학교예산 운영의 원리 중 예산 배분의 효율성과 공정성의 원리 측면에서 현재 '작은 학교 살리기'와 '작은 학교 통폐합' 중 한 가지 관점을 정하여 논하시오.

역량강화하기

하루 네 끼 식사와 5% 재(才)테크

나는 하루에 밥을 네 끼 먹으라고 충고한다.
3번은 밥을 먹고, 나머지 한 번의 식사는 활자로 하라는 말이다.
하루에 적어도 30분은 뭔가를 읽는 데 할애하는 습관을 가져야 한다.
이 습관의 누적효과는 대단히 크다.

또한 자신의 수입에서 5%는 이 세상에서 가장 소중한
자신의 가치를 높이는 데 투자해야 한다.
돈을 불리는 재(財)테크도 좋지만,
그전에 자신을 계발하는 재(才)-테크에 투자하면 결과적으로 재산도 늘어난다.

– 출처 미상 (일본 자기계발서에서)

출처: 행복한 경영이야기

뛰어난 경영자들에게는 공통적 특징이 있습니다.
그것은 바로 매일 자기혁신을 게을리하지 않는다는 점입니다.
재(才)-테크와 학습을 소홀히 하는 경영자,
그런 리더는 이제 존재 자체가 힘들어집니다.

깨끗한 부자 되기 위한 실천 10계명

1. 부자들의 공통된 특징은 '긍정적 사고'를 가지고 있다는 것이다.
2. 끊임없는 '자기계발'에 있다.
3. 역시 부자들은 주위의 '사람 관리'에 대해서 철저하다는 점이다.
4. '자녀 교육'에 대해 철저하리만큼 엄격하다는 것이다.
5. '가정 화목'을 중요시 여긴다.
6. '강한 실천력'이 있다.
7. '부자 일지 기록'을 자세히 한다.
8. '건강관리'에 많은 시간과 노력을 투자한다.
9. 목표가 뚜렷하며, 젊을 때 '종잣돈'을 모은다.
10. 투자용 빚은 감수하지만 사치는 두려워한다.

교육칼럼 8

이 시대, 팔로워십이 더 요구된다

이미 이 시대의 성공 조건의 하나로 리더십을 제시한 바 있다. 누구나 인생에서 성공하길 원하기 때문에 리더십을 키우는 데 많은 관심을 가지고 있다. 그러한 관심을 반영하듯이, 오늘날 우리 사회는 리더십에 관한 연구, 서적, 세미나, 훈련 등이 활발하게 이루어지고 있다. 그러나 각종 리더십 프로그램에서 제시되는 "훌륭한 리더가 되려면 이렇게 하라"는 인스턴트식 방법론은 리더십 향상에 별로 도움이 되지 않는다. 그 이유는 사람을 다루는 일이 쉽지 않기 때문이다.

사람마다 그 성격, 성장배경, 교육수준, 문화 등이 다양할 뿐만 아니라 시대와 분야, 역사적 상황 등도 다양하다. 이러한 복잡한 요소들을 잘 조화시켜서 그 조직이 추구하는 목표에 도달하게 하는 과정이 리더십이기 때문에 그것은 아주 정교한 아트(art)이다. 정교한 예술작품으로 완성되기 위한 리더십에는 리더의 탁월한 지도력만으로는 부족하다. 훌륭한 자질을 가진 리더와 더불어 팔로워(follower)와 상황이 잘 조화되어야 한다.

여기서 주목해야 할 것은 팔로워, 즉 추종자의 자질과 역할이다. 모든 사람이 리더가 되길 원하지만 조직에서 필요한 리더는 몇 명에 불과하다. 나머지는 팔로워가 되어야 한다. 그럼에도 불구하고 리더십에 대해서는 많은 것을 가르치고 배우고 있지만 팔로워십(followership)을 배우고 가르치는 교육은 별로 없다. 추종자들이 리더의 영향력을 받겠다는 동의가 전제되어야 리더십이 발휘되기 때문에 추종자의 역할이 대단히 중요한 것이다.

우리는 어떻게 하면 좋은 팔로워가 될 것인가를 생각해야 한다. 팔로워의 자질은, 첫째, 리더의 비전이나 사명에 헌신하는 사람이다. 리더 한 개인에 헌신하거나 충성하는 것보다 리더가 추구하는 비전에 대한 확신에서 오는 헌신이다. 둘째, 주어진 임무를 완수할 수 있는 능력과 전문성을 가져야 한다. 리더에 대한 충성과 헌신만으로 팔로워의 역할이 끝나는 것이 아니다. 자신에게 주어진 중요한 임무를 집중해서 처리할 수 있는 전문성을 기르는 일이 중요하다. 셋째, 리더의 결정을 믿고 따르는 용기가 있어야 한다. 리더의 결정이 옳다고 판단되면 목숨을 걸고 따르는 팔로워가 있어야 한다. 그러나 잘못된 결정이라고 판단되면 정중하게 그러나 단호히 지적할 수 있는 용기가 필요하다. 넷째, 일과 사람을 객관적으로 평가할 수 있는 능력이 있어야 한다. 끊임없이 자기 자신과 리더를 제대로 평가할 수 있어야 한다. 높은 질은 높은 수준의 평가제도에서 나온다는 말이 있다.

팔로워의 수준이 높아져야 리더의 질도 높아질 수 있다. 윈스턴 처칠은 "국민은 꼭 자기 수준에 맞는 지도자를 가지게 되어 있다"라고 말을 했다. 좋은 팔로워들이 있어야 훌륭한 리더가 나온다. 무조건 지도자의 잘못을 지적하기보다는 과연 나는 좋은 팔로워였는지를 생각할 필요가 있다. 리더에게 진정으로 충성된 모습을 보이며, 맡은 바 일에 전문성을 가지고 잘 처리했는지를 현명하게 평가할 수 있어야 한다. 그리고 리더는 자신을 따르는 이들에게 빚을 진 존재라는 사실을 깨닫고,

그들이 자신의 재능과 잠재력을 맘껏 발휘하여 일의 성취감과 만족감을 경험할 수 있도록 해 주어야 한다.

"오직 너는 마음을 강하게 하고 극히 담대히 하여 나의 종 모세가 네게 명한 율법을 다 지켜 행하고 좌로나 우로나 치우치지 말라. 그리하면 어디로 가든지 형통하리니"(수 1: 7). 전설적인 대 지도자 모세가 없는 상태에서 젊은 지도자 여호수아와 이를 따르는 이스라엘 백성들이 진정한 리더와 팔로워의 모습을 보여 주고 있다. 실전 경험이 없어 불안함과 두려움에 쌓여 있는 여호수아에게 보내 준 하나님의 강력한 메시지는 그에게 용기를 갖게 했고, 모세에게 했던 것처럼 여호수아에게 철저하게 순종했던 이스라엘 백성에게 가나안 정복이라는 축복을 주었던 것이다. 이는 리더와 따르는 자들 간의 아름다운 조화가 이루어 낸 멋진 결과이다.

"사람이 나를 섬기려면 나를 따르라. 나 있는 곳에 나를 섬기는 자도 거기 있으리니 사람이 나를 섬기면 내 아버지께서 저를 귀히 여기시리라"(요 12: 26). "예수께서 또 일러 가라사대 나는 세상의 빛이니 나를 따르는 자는 어두움에 다니지 아니하고 생명의 빛을 얻으리라"(요 8: 12). 하나님께 완전히 순종하는 사람, 즉 하나님을 따르는 사람은 하늘과 땅의 모든 권세를 아버지께로부터 위임받게 되고 영원한 승리자가 된다는 믿음을 가지길 원한다.

제9장

동기이론

위로

이세종

까만 밤 유난히 눈에 띄는 불빛
계속 보고 있으면 더 보고 싶고
가장 높은 건물 끝에 세워서
가장 깊은 곳을 비추며
양팔 벌려 안을 듯 안길 듯
보고만 있어도 편안합니다.

까만 밤 유난히 선명한 불빛
경건한 마음으로 그냥 진실을 말하고
진실한 마음으로 그냥 눈물이 흐르면
눈물을 흘리며 기도를 합니다.
더 가까이에서 용서를 빌며
당신을 찾습니다.
까만 밤 유난히 그리운 불빛
십자가에 묶여 나를 부르신 그 음성이
오늘 밤 너무도 그립습니다.

탁월함은 훈련과 습관이 만들어 낸다

- 탁월함은 훈련과 습관이 만들어 낸 작품이다. 탁월한 사람이라서 올바르게 행동하는 것이 아니라, 올바르게 행동하기 때문에 탁월한 사람이 되는 것이다. 자신의 모습은 습관이 만든다.

  – 아리스토텔레스
- 습관에는 행동 습관과 사고 습관이 있다.
- 나쁜 습관을 버리지 못하면 그 습관으로 인해 패배의 나락으로 빠지게 된다.
- 사고 – 행동 – 습관 – 성격 – 운명이 바뀐다.
- 습관은 부단한 훈련을 통해 기른다.

1 동기의 정의와 과정

1) 동기의 정의

동기(motivation)란 용어는 원래 '움직인다(to move)'는 뜻을 가진 라틴어의 'Movere'에서 유래되었다. 그러나 심리학에 있어서 동기란 용어는 그 후 학자들에 따라 여러 가지 의미로 사용되어 왔으나 눈으로 관찰하거나 손으로 만질 수 없는 심리적인 과정을 포함하고 있기 때문에 그 의미가 아직 명확하게 규정되어 있지 못하다. 그럼에도 불구하고 동기의 본질적 개념을 파악하기 위해서는 몇몇 대표적인 학자의 정의를 살펴보지 않을 수 없다.

존스(Jones)[1)]는 동기를 "행동이 어떻게 시작되고, 어떻게 활력화되어 유지되는가, 또 그것은 어떻게 인도되고 중지되는가, 그리고 이 모든 과정이 진행될 때 인간 내부에 어떤 주관적 반응이 나타나는가를 다루는 것"이라고 했다. 스티어스와 포터(Steers & Porter)[2)]는 "동기는 인간의 행동을 활성화시키고, 지시하고, 유지시키는 세 가지 요소로 구성되어 있다"고 하였다. 그리고 브룸(Vroom)은 "선택 가능한 의도적인 활동 중에서 인

1) Marshall R. Jones (Ed). *Nebraska Symposium on Motivation*(University of Nebraska Press, 1955), VII.
2) Richard M. Steers & Lyman W. Porter, *Motivation and Work Behavior*, 2nd ed.(New York: McGraw-Hill, 1979), 3-27.

간이나 하위 유기체가 결정하는 선택의 지배 과정"[3]이라고 하였다. 또한 캠벨과 프리차드(Campbell & Pritchard)는 동기를 "인간 행동의 방향과 힘, 지속성을 설명해 주는 일련의 독립·종속 변수와 관계가 있으며, 인간 행동과 기술에 일정한 영향을 미치는 것"[4]으로 보았다.

이상에서 제시한 몇 가지 동기의 정의들로부터 동기의 개념이 지니는 세 가지 공통적 요소를 찾을 수 있는데, 이 요소를 동기의 기본적 속성이라고 볼 수 있다.

① **인간 행동의 활성화:** 인간 행동을 일정한 방식으로 유발시키는 개인 내의 활성적인 요인을 말한다. 이는 동기가 지니는 충동(drive) 또는 자극 유발(arousal)의 차원을 가리킨다.

② **인간 행동의 방향 설정 또는 목표지향화:** 행동이 어떤 목표를 지향하여 이루어지는 현상을 가리킨다. 따라서 이는 동기가 지니는 방향(direction) 또는 목표(goal)의 차원이다.

③ **인간 행동의 유지 및 지속:** 충동의 강도와 에너지의 방향을 지닌 행동을 계속해서 유지시키려는 힘을 의미한다. 이는 동기가 지니는 지속성 또는 행동적인 차원을 말한다.

이상에서 제시한 동기의 세 가지 속성을 고려할 때 특정한 행동의 동기를 알고자 하는 것은 그 행동이 개인 내부의 어떤 요인에 의해서 유발되었으며, 무엇을 목표로 하고 있으며, 또한 얼마나 지속적으로 나타나는가를 문제 삼는 것이다. 따라서 개인이든, 조직 내에서든 동기화된 행동을 이론적으로 설명하려는 동기이론은 다음과 같은 문제를 다루게 된다.[5]

첫째, 인간을 활성화시키는 요인들은 어떤 것이며, 이 요인들이 어떠한 이유에서 활성화 요인으로 작용하며, 또한 어떠한 과정을 거쳐서 최종적으로 인간의 행동을 활성화시키는가?

---

3) Victor H. Vroom, *Work and Motivation*(New York: Wiley, 1964), 6.

4) John P. Campbell & Richard D. Pritchard, "Motivation Theory in Industrial and Organizational Psychology". In Richard McNally (Ed), *Handbook of Industrial and Organizational Psychology*, (1976), 65.

5) 강정대, 현대경영조직론(서울: 박영사, 1995), 343-344.

둘째, 인간이 여러 행동 중에서 특정한 행동을 하도록 하는 것은 어떤 요인이며, 이 요인들이 어떠한 이유에서 영향을 미치며, 또한 어떠한 과정을 거쳐서 최종적인 행동으로 나타나게 되는가?

셋째, 인간이 특정한 행동을 지속하도록 만드는 요인은 어떤 것들이며, 어떠한 이유에서 행동을 지속시키며, 또한 이 요인들이 어떠한 과정을 통해서 일정한 행동을 지속시키거나 중단시키는가?

2) 동기의 과정

인간의 욕구는 무한하게 지속되면서 동태적 성격을 갖고 있는 인간 행동을 유발시키는 원인이 되고 있다. 인간 행동을 유발하기 위한 동기는 개인이나 집단의 행위가 조직의 목표에 부합되도록 그 방향과 정도에 영향력을 행사하려는 경영자 측의 의식적인 시도라고 할 수 있다.[6] 개인 행동의 형성 관점에서 볼 때 동기는 여러 가지 요소를 포함하고 있다. 동기는 개인의 욕구(need)에 의하여 발생되고, 그 강도는 욕구의 결핍(deficiency) 정도에 따라 직접적인 영향을 받게 된다. 발생된 동기는 욕구를 충족시키기 위한 목적지향적(goal-directed) 행동으로 전환된다. 이 전환 과정에는 직무구조, 리더십, 집단의 특성, 유인 요소 등 여러 가지 조직체의 변수(organizational variables)가 작용함으로써 동기 자체와 목적지향적 행동에 자극을 준다.

동기와 목적지향성의 정도에 따라서 개인의 노력(effort) 수준이 정해지고, 노력은 개인의 능력(ability)과 결합되어 성과(performance)로 연결된다. 그리하여 개인은 성과의 결과(outcome)로 보상이나 인정 등을 받음으로써 자신의 욕구를 충족하게 된다. 이러한 욕구 충족 여하에 따라서 개인의 만족감(satisfaction)이 영향을 받게 된다.

이와 같이 얻은 만족감은 하나의 학습효과로서 차후의 동기 과정에 있어서 결과에 대한 기대감(expectation)으로 작용하여 개인의 동기 자체와 목적지향성, 그리고 노력 수준에 영향을 주게 된다. 그리고 이 동기 과정에서 관리자와 조직체는 리더십과 직무구조, 유인(incentive) 등의 조직변수를 조정하여 개인의 욕구를 자극하고, 동기를 작동시켜서 조직체의 목적 달성을 위한 성과지향적 행동을 유도한다. 그뿐 아니라 달성된 성과에 대한 자극적인 강화로 개인의 동기를 조정해 나간다.

---

6) Walter J. Dunca, *Organizational Behavior*(Houghton Mifflin Co., 1978), 140.

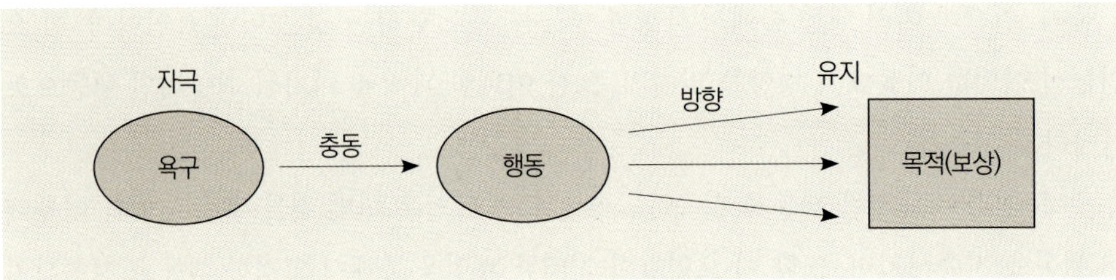

[그림 9-1] 동기의 과정

인간의 동기 그리고 직무수행 동기를 설명하고 동기 유발 방법의 처방을 시도하는 이론들은 대단히 많아 동기이론들을 분류하여 범주화한다는 것은 상당히 어려운 일이다. 그러나 일반적으로 널리 이용되는 분류 방법을 채택하여 동기의 내용, 즉 동기를 유발하는 요인에 관련된 것이면 내용이론, 동기의 과정, 즉 동기를 유발하는 과정에 관련된 것이면 과정이론으로 분류하여 살펴보고자 한다.

2 내용이론

동기를 유발하는 요인의 내용을 설명하는 동기이론의 범주를 내용이론(content theories)이라고 한다. 내용이론은 무엇이 사람들의 동기를 유발하는가에 관심을 갖고, 욕구에서 비롯되는 충동, 욕구의 배열, 유인 또는 달성하려는 목표 등을 설명한다.

내용이론에서 다루는 주요한 대상은 대개 인간의 욕구이다. 즉, 인간이 경험하는 욕구의 유형에 관련하여 동기의 성격을 규명하려는 이론들이 내용이론의 주류를 이룬다. 사람들은 일정한 기본적 욕구를 지녔으며, 욕구의 충족을 가져올 행동을 하려는 동기를 유발한다고 보는 것이 내용이론의 특성이다. 동기의 내용이론에는 매슬로의 욕구단계이론, 앨더퍼(Alderfer)의 ERG 이론, 허즈버그(Herzberg)의 2요인설, 맥그리거(McGregor)의 X이론과 Y이론, 아지리스(Argyris)의 미성숙·성숙 이론 그리고 맥클렐런드(McClelland)의 성취동기이론 등이 있다.

1) Maslow의 욕구단계이론

매슬로(Maslow)의 욕구단계이론(need hierarchy theory)은 인간의 욕구가 계층을 형성할 수 있으며, 상위 욕구는 하위 차원의 욕구가 충족될 때 동기부여 요인으로서 작용한다는 점을 가정하고 다음과 같은 명제를 제시하였다.[7)]

첫째, 인간은 부족한 존재이다. 인간은 항상 무엇을 원하고 있으며, 또 더 원하게 된다. 대체로 인간은 그가 원하는 한 가지 욕구를 충족하게 되면 그 대신 새로운 욕구의 실현을 꾀하게 된다. 이러한 과정은 끊임없이 계속된다. 따라서 인간의 어떤 특정한 욕구는 충족될 수 있으나, 전반적인 욕구는 충족될 수 없는 것이다.

둘째, 이미 충족된 욕구는 인간 행동의 동기를 유발하는 요인이 아니다. 충족되지 못한 욕구만이 행동의 동기가 되는 것이다. 예컨대, 우리 인간은 공기가 없으면 한시라도 살아갈 수가 없다. 그러나 인간은 평소에 공기에 대하여 별다른 관심이 없다. 그러나 일단 그것을 상실하거나 혹은 상실될 위험에 직면할 때 인간의 행동은 크게 영향을 받는다.

셋째, 인간의 욕구는 그 중요성에 따라 계층별로 분류할 수 있다. 이와 같은 명제하에, Maslow는 욕구단계를, ① 생리적 욕구, ② 안전 욕구, ③ 사회적 욕구, ④ 자존 욕구, ⑤ 자아실현 욕구의 5단계로 분류하였다.

이처럼 Maslow는 개인의 동기부여를 단순하고 비조직적인 욕망의 목록이라고 생각하기보다는 이를 미리 정해 둔 욕구의 순서라는 입장에서 파악하고, 아울러 개인의 욕구는 그 나름의 등급이 있는 것으로 가정하였다. 그의 욕구단계에 있어서 생리적 욕구는 가장 원초적인 것이며, 따라서 동기이론의 출발점이 되고 있다.

Maslow가 주장하는 인간 욕구의 단계별 내용을 살펴보면 다음과 같다.

① **생리적 욕구**: 생리적 욕구(physiological needs)는 욕구 계층의 최하위에 위치하고 있으며, 이는 생활을 영위하는 데 가장 필수적인 욕구이기도 하다. 공기, 음식, 배설, 성, 휴식 등이 이에 포함된다. 생리적 욕구는 몇 가지 중요한 특징을 지닌다.
- 생리적 욕구는 비교적 상호 독립적이다.
- 이 욕구는 신체의 부분과 관련되어 있는 경우가 많다.
- 물질적인 풍요가 보장된 인간에게는 동기부여적 요인이 아니라 예외적인 것이다.

---

7) Abraham H. Maslow, *Motivation and Personality*, Rev. ed.(New York: Harper & Row, 1954), xii.

- 생리적 욕구는 비교적 짧은 시간 내에 반복적으로 충족시키지 않으면 안 된다.

② **안전 욕구**: 생리적 욕구가 어느 정도 충족되면 계층상 다음 단계의 욕구, 즉 안전 혹은 안정 욕구(safety or security needs)가 인간의 행동을 지배하기 시작한다. 이 단계의 욕구는 위험, 손실, 위협으로부터의 보호와 관련된 것이며, 오늘날 물리적 위협으로부터의 보호는 중요성이 적은 반면, 경제적 안정은 아직 강한 욕구로 남아 있다. 그리고 경제적 안정은 근로자의 고용주에 대한 의존을 고려할 때 특히 중요하다. 이 욕구 충족의 예로는 안전한 고용관계, 노조가입, 그리고 좋은 집, 좋은 자동차와 더불어 높은 생활의 질을 위해 안정된 직장을 선호하는 것 등을 들 수 있다.

③ **사회적 욕구**: 생리적 및 안전 욕구가 충족된 이후에는 사회적 욕구(social needs)가 행동의 중요한 동기 요인이 된다. 사회적 욕구는 애정을 주고받는 것, 다른 사람들과 교제하고 그들이 받아들이는 것, 자신을 사회집단의 한 부분으로 느끼는 것 등을 포함한다. 개개인은 동료집단에 소속되고 싶어 하며, 그곳에서 동료들과 어울려 우의와 애정을 나누기를 원하며, 그러기 위해서 친구도 사귀고 결혼을 한다. 이 욕구가 충족되지 않으면 개인과 집단 간의 갈등을 일으켜 조직 구성원 간에 적대적이고 비협조적인 분위기가 형성된다.

④ **자존 욕구**: 자존 및 타인으로부터의 존경에 관한 욕구들로서 자존 욕구(self−esteem needs)는 성취, 능력, 자신감 및 지식에 관한 욕구를 가리킨다. 이 욕구는 두 가지 측면을 가지고 있는데, 즉 본인 스스로가 자신이 중요하다고 느껴야 할 뿐 아니라 이 감정이 다른 사람으로부터 인정을 받아야 한다. 이 양자가 결합될 때에만 비로소 올바른 의미의 자존심이나 자기확신이 생기게 된다. McGregor 존경의 욕구는 완전히 충족되기는 힘들고, 생리적·안전·사회적 욕구가 잘 충족되고 나서야 비로소 지배적인 욕구가 충족된다고 주장했다. 구체적으로 이러한 욕구에는 명예, 덕망, 존경, 성취, 승진 등이 포함되며, 이러한 욕구 결핍 시에는 신경과민, 무기력, 열등감에 사로잡히게 된다.

⑤ **자아실현 욕구**: 계층상 가장 높은 욕구로서 개인의 잠재력을 실현하려는 욕구와 능력을 완전히 활용하려는 욕구이다. 다시 말해서 개인이 성취할 수 있는 모든 것을 달성하려는 욕구이다. Maslow는 자아실현 욕구(self−actualization needs)를 가리켜 "인간이 될 수 있는 가능한 모든 것이 되어 보려는 욕망"이라고 정의하였다. 이 욕구 수준에 이르면, 자아 개발, 창의성 발휘, 자기표현의 구체화, 잠재력의 최대한

발휘를 위해 노력한다. 이러한 욕구의 구체적인 형태는 인간의 퍼스낼러티가 그러하듯이 개개인에 따라 매우 다양하게 표현된다.

Maslow는 자신의 잠재력을 최대한 활용한 사람들을 역사적 인물 속에서 뽑아냈다. 스피노자(Spinoza), 제퍼슨(Jefferson), 링컨(Lincoln), 제임스(James), 아인슈타인(Einstein), 루스벨트(Roosevelt) 등은 자아실현의 욕구를 충족한 대표적인 인물로서 다음과 같은 특징과 행동 양식을 가지고 있었다.[8)]

① 자아실현자들의 모습

- 현실을 효율적으로 인지하고, 불확실감을 참아낼 수 있다.
- 자기중심적이기보다는 문제중심적이다.
- 훌륭한 유머 감각을 갖고 있다.
- 매우 독창적이다.
- 의도적으로 비습관적이 되지는 않지만, 속물이 되는 데에는 저항한다.
- 인간의 복지에 대한 배려를 한다.
- 생활의 기본적 경험을 깊이 음미한다.
- 타인과의 깊고 만족스런 대인관계를 형성한다.
- 객관적 관점에서 생활할 수 있다.

② 자아실현에 이르는 행동 양식

- 어린애와 같이 완전히 몰두하고 집중하면서 생활을 체험한다.
- 자기 자신과 타인을 있는 그대로 받아들인다.
- 자발적인 사고와 행동을 한다.
- 확실하고 안전한 방법에 집착하기보다는 어떤 새로운 것을 항상 추구한다.
- 경험을 평가하는 데 있어서 전통이나 권위 혹은 다수의 의견보다는 자신의 느낌에 귀를 기울인다.
- 정직하다. 즉, 가식과 술수를 피한다.

8) Abraham H. Maslow, "Self-Actualizing People: A Study of Psychological Health". In C. E. Moustakas (Ed.), *The Self: Explorations in Personal Growth*(New York: Harper & Row, 1956).

- 자신의 견해가 타인과 일치하지 않을 경우에 생길 무언가에 대비한다.
- 자신의 약점을 찾아내고자 하며, 그것을 버릴 용기를 갖고 있다.

Maslow는 사람들이 이러한 욕구를 만족시키려고 하는 순서는 변할 수 있으며, 경우에 따라서는 좀 더 높은 목표를 충족시키려고 기본적 욕구까지도 무시될 것이라는 것을 인식하였다. 또한 Maslow와 McGregor는 많은 단계가 상호 의존적이고 중복되며, 따라서 상위 욕구는 하위 욕구가 완전히 충족되기 전에도 나타날 수 있다는 점을 강조하였다.

한편, 이러한 Maslow의 욕구단계설을 실제에 적용할 때 고려해야 할 사항은 다음과 같다.[9)]

- 그의 욕구 계층은 하나의 경직된 구조(a rigid structure)로 볼 수 없다. 개개의 단계는 명확하게 나누어지는 것이 아니고 서로 중첩된다.
- 그의 이론은 일반 인간에 기초한 욕구의 일반 이론이기 때문에 실제로 그가 제시한 계층의 일반 순서에는 예외가 있을 수 있다.
- 상이한 두 사람이 동일한 행동을 하였다고 해서 이것이 반드시 동일한 욕구에서 비롯되는 것은 아니다. 예컨대, 어떤 사람이 자기 확신과 성취 의욕에 넘쳐 공식석상에서 지나치게 많은 발언을 하면서 스스로를 내세울 수 있다. 그러나 어떤 사람은 자신의 정서적 불안감을 감추기 위하여 똑같은 행동을 할 수도 있다. 이때 전자의 경우는 존경이나 자아실현의 욕구를 실현하기 위한 행동인 반면에 후자의 경우는 안전 욕구를 충족시키려는 동기에서 비롯될 수 있다.
- 동일한 욕구라고 해서 모든 개인에게 반드시 동일한 반응을 일으키는 것은 아니다.

Maslow의 욕구단계설은 실증적 연구가 어렵다는 이론상의 약점 때문에 비판을 받기도 하지만, 인간의 다양한 욕구를 체계적으로 분류함으로써 인간 행동의 동기를 이해하는 데 많은 도움을 주었다. 또한 그의 이론은 자아실현 욕구를 최고 차원의 욕구로 제시하고 있다는 점에서 인본주의적 방향감을 갖게 하는 데 큰 영향을 주었다.

9) 추헌, 조직행동론(서울: 형설출판사, 1994), 381-382.

2) Alderfor의 ERG 이론

ERG 이론은 앨더퍼(Alderfor)에 의해 주장된 욕구단계이론으로서 Maslow의 욕구단계설이 직면했던 문제점들을 극복하고자 제시되었다. 그는 Maslow와 같이 저차원적 욕구와 고차원적 욕구 간의 기본적 구별이 필요하다고 생각하고, Maslow의 5단계를 세 가지 핵심적 범주로 구분하였다. 즉, 그는 인간의 욕구를 생존 욕구(Existence needs: E), 관계 욕구(Relatedness needs: R), 그리고 성장 욕구(Growth needs: G)의 세 가지 범주로 나누었다.

① **생존 욕구**: 여기에 해당되는 욕구는 배고픔, 갈증, 안식처 등과 같은 생리적·물질적 욕망 등이다. 또한 보수, 부가급부, 직업의 안정, 작업조건 등과 같은 물질적 욕구가 여기에 속한다. 이러한 형태의 욕구는 Maslow의 생리적 욕구, 안전 욕구의 일부에 해당된다.

② **관계 욕구**: 가족 구성원, 감독자, 공동작업자, 부하 직원, 친구 등과 같은 타인과의 관계와 관련되는 모든 욕구를 포함한다. 관계 욕구는 분노와 혐오의 감정을 표현하고, 타인과의 친근하고 따뜻한 개인적 관계를 통해 충족된다. 이러한 욕구는 Maslow의 안전 욕구, 사회적 욕구, 그리고 자존 욕구의 일부에 해당된다.

③ **성장 욕구**: 개인의 잠재력을 최대한 발휘하고, 개인이 성장 및 발전하고자 욕구를 말한다. 이러한 욕구는 한 개인이 자기 능력을 최대한으로 이용할 수 있을 뿐만 아니라 새로운 능력 개발을 필요로 하는 일에 종사함으로써 욕구 충족이 가능하다. Maslow의 자존 욕구 일부와 자아실현 욕구가 여기에 해당된다.

Maslow의 이론과 Alderfor의 이론을 비교해 보면 [그림 9-2]와 같다.

욕구 / 이론	하위 욕구		상위 욕구
Maslow	생리적 욕구, 물리적 측면의 안전 욕구	대인관계 측면의 안전 욕구, 사회적 욕구, 자존 욕구의 일부	자존 욕구의 일부, 자아실현 욕구
Alderfor	생 존	관 계	성 장

[그림 9-2] Maslow 이론과 Alderfor 이론의 관계

① **욕구 좌절(needs frustration)**: 이는 상위 욕구가 충족되지 않을수록 하위 욕구를 더욱 갈망하게 되는 것을 말한다. 즉, 성장 욕구가 충족되지 않을수록 관계 욕구를 더욱 갈망하게 된다.

② **욕구 강도(desire strength)**: 이는 하위 욕구가 충족될수록 상위 욕구에 대한 갈망이 커지는 것을 의미한다. 예를 들면, 존재 욕구(봉급 같은)가 충족될수록 관계 욕구(대인관계의 만족 같은)에 대한 갈망이 커진다.

③ **욕구 만족(needs satisfaction)**: 이는 각 수준의 욕구가 충족되지 않을수록 그 욕구에 대한 갈망은 더욱 커지는 것을 말한다.

Alderfor의 ERG 이론은 Maslow의 욕구단계설보다 더 유연성을 가지고 있다. ERG 이론에서 제시한 세 가지 욕구가 한 개인에게 어느 정도 동시적으로 작용할 수 있다는 점을 들 수 있다. 예를 들어, 경제적인 어려움을 겪고 있는 교사가 새로운 지식을 얻기 위해 공부를 하거나 다른 교사와의 인간관계를 유지하는 데 높은 관심을 기울이는 것을 볼 수 있다. 또한 욕구단계설은 만족-진행 접근법(satisfaction-progression approach), 즉 하위 욕구가 만족되었을 때 상위 욕구로 진행된다는 이론에 바탕을 두고 있으나 ERG 이론은 만족-진행 접근법뿐만 아니라 좌절-퇴행 접근법(frustration-regression approach)을 수용하고 있다. 좌절-퇴행 접근법은 상위 욕구가 만족되지 않거나 좌절되어 있으면 하위 욕구에 대한 중요성이 더욱 증가한다는 것이다. 요컨대 어떠한 이유로 지적인 성장의 욕구가 좌절된 교사는 그 이전 단계인 관계의 욕구를 충족하는 데에서 더 큰 만족을 찾고자 한다.

이러한 ERG 이론은 비교적 최근에 발표된 이론이기 때문에 이를 평가한 연구가 많지 않으나 최근 그 이론의 보편성에 대한 의문이 제기되고 있다.[10] 즉, 모든 조직에 적합하다는 증거가 부족하다. 그러나 많은 행동과학자는 ERG 이론을 욕구 개념을 근거로 한 동기부여 이론 중에서 Maslow나 Herzberg의 이론보다는 훨씬 현실적인 방안이라는 점에서 가장 연구할 만한 가치가 있는 이론으로 받아들이고 있다. 이러한 관계를 도식화하면 [그림 9-3]과 같다.

---

10) John P. Wanous & A. Zwany, "A Gross-Sectional Test of Need Hierarchy Theory". *Organizational Behavior and Human Performance, 18*(1), (1977), 78-97.

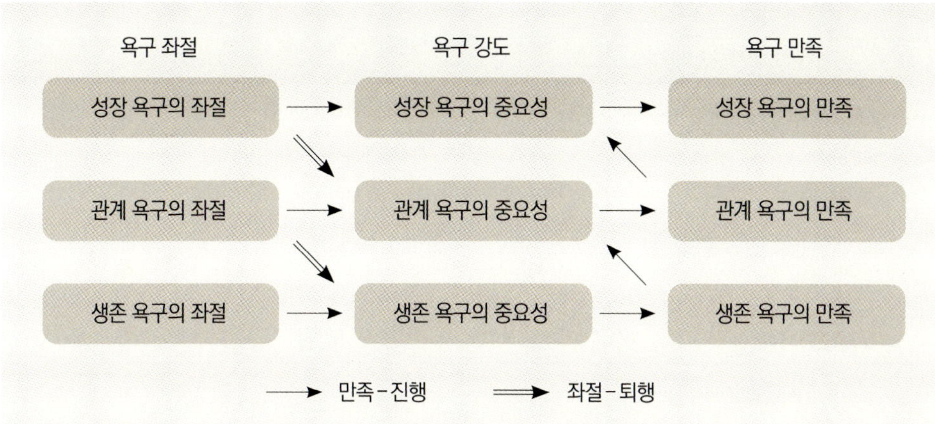

[그림 9-3] ERG 이론의 만족-진행 및 좌절-퇴행

출처: Andrew D. Szilagyi, Jr. & Marc, J. Wallace, Jr., *Organizational Behavior and Performance*, 4th ed.(Glenview, Illinois: Scott, Foresman and Co., 1987), 103.

3) Herzberg의 2요인설

Maslow의 욕구단계설과 더불어 조직행동 분야와 실제 조직경영에서 가장 많이 인용되는 이론 중의 하나가 Herzberg의 2요인설(two factor theory)로, 동기-위생이론(motivation-hygiene theory)이라고도 부른다.

그는 피츠버그시에 있는 11개 산업체에서 200명의 기술자와 회계담당자를 선정하여 면접조사를 실시하였다. 피면접자들에게, ① 직무를 수행하는 과정에서 어떠한 불만을 느끼게 되었는가. ② 어떤 직무에 만족을 느끼게 되었는가 하는 질문을 하였다. 조사 결과에서 인간은 상호 독립적인 두 가지 종류의 이질적인 욕구를 가지고 있으며, 이들은 행동에 대하여 각각 다른 영향을 미치고 있다는 것이다. 인간은 직무에 만족을 느끼면 직무 그 자체(work itself)에 관심을 가지게 되며, 반대로 직무에 불만을 느끼면 자기가 일하고 있는 환경(environment)에 관심을 가지게 된다는 것을 발견하였다.

Herzberg는 환경에 관계된 첫 번째 욕구 범주는 불만을 예방할 수 있는 작용을 한다고 생각했기 때문에 이를 위생요인(hygiene factors), 직무 그 자체에 관계된 두 번째의 욕구 범주는 보다 높은 업적을 위하여 인간을 동기부여하는 데 유효한 작용을 한다고 생각했기 때문에 이를 동기요인(motivation factors)이라고 하였다. 위생 요인에는 회사정책, 관리, 감독, 작업조건 등을 말하고, 동기요인은 직무의 본질을 반영하는 요소로서 성취, 인정, 승진, 책임 등을 말한다.

〈표 9-1〉 위생요인과 동기요인

위생요인(환경)	동기요인(직무)
1. 사회정책과 관리	7. 성취감
2. 감독	8. 인정감
3. 작업조건	9. 도전감
4. 개인 상호 간의 관계	10. 책임감
5. 임금, 보수	11. 성장과 발전
6. 승진, 지위	12. 자아실현

이 이론에서는 동기요인만이 행동에 동기를 부여하고, 위생요인은 종업원의 불만족을 감소시키지만 적극적 만족을 가져오지는 않는다고 주장한다. Herzberg가 주장하는 2요인설을 정리하면 다음과 같다.

① 인간의 기본적인 욕구는 이원적인 구조를 가지고 있다. 한 가지 욕구체계는 불유쾌한 것 또는 고통을 피하려는 것이고, 다른 한 가지 욕구체계는 개인 성장을 갈망하는 것이다.

② 조직 상황에 있어서 불만족과 만족은 서로 별개의 차원에 있으며, 불만족의 반대가 만족이 아니다.

③ 조직 상황에서 만족을 주는 요인과 불만족을 주는 요인은 서로 다르고, 직무만족의 결정인자는 직무상의 성취감과 그에 대한 인정, 보람 있는 직무, 직무상의 책임과 성장 등 직무 자체에 관련되어 있고, 불만족을 야기하는 것과 관련된 요인들은 조직의 정책과 행정, 감독, 보수, 대인관계, 작업조건 등 직무 외적 또는 환경적인 것들이다.

④ 불만족요인의 제거는 불만족을 줄여 주는 소극적 효과를 가질 뿐이며, 그러한 효과가 직무 행동에 미치는 영향은 단기적이다. 반면 만족요인의 확대는 인간의 자기실현 욕구에 자극을 주고 적극적인 만족을 가져다준다. 불만족요인을 제거하는 것은 불만족을 방지하는 데 그치지만, 만족요인을 개선하는 것은 직무수행의 동기를 유발하는 효과를 가져다준다.

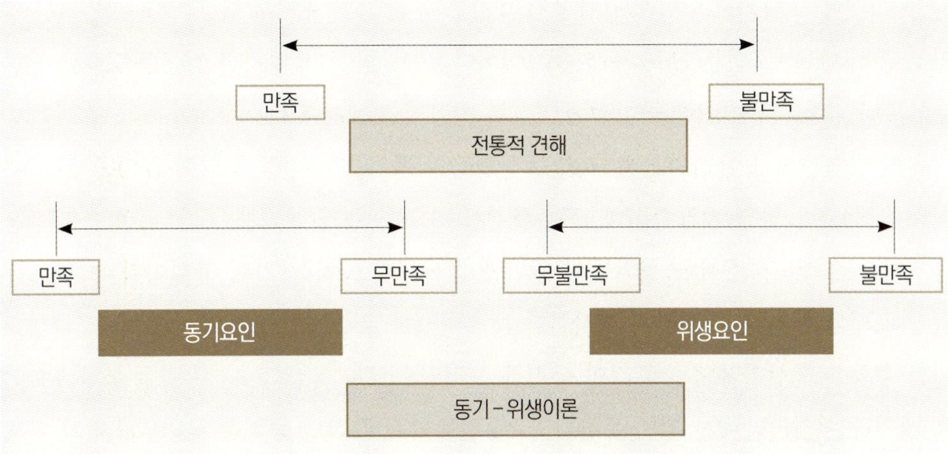

[그림 9-4] 동기–위생요인의 만족과 불만족

Herzberg의 이론은 성취감, 안정감, 책임감, 도전적인 직무에 대한 기회 같은 직무만족 또는 동기요인은 종업원들이 보다 높은 수준의 욕구인 성취 및 자존의 욕구를 갈망하기 때문에 종업원들을 동기부여시킬 수 있다. 그러나 이 욕구들은 완전히 만족될 수 없기 때문에 대부분의 사람은 무한한 갈망을 가지게 된다. 따라서 종업원들을 동기부여 시킬 수 있는 최선의 방법은 직무에 대한 도전과 성취의 기회를 확대하는 것이다. 조직 구성원의 만족감을 향상시키고 보다 높은 동기를 부여하기 위해서는 개개인이 업무 자체에 자기의 능력을 이용하고 자기통제를 할 수 있도록 책임과 기회를 보다 많이 부여해야 한다. 이것을 Herzberg는 직무풍요화(job enrichment)라고 호칭하였다.[11] 따라서 종업원을 만족시키기 위해서는 업무를 단순히 순환시키거나 확대하는 것으로는 안 되며, 업무 자체를 재구성하거나 자신의 재능과 기술을 이용하여 업무를 통한 성취감, 안정감, 책임감을 경험하도록 하여야 한다. 사람 중에는 동기요인이 제공되면 만족을 얻고, 직무수행의 동기를 거기에서 얻는 동기추구자(motivation seekers)가 있는가 하면, 자아실현의 욕구가 발현되는 성격 발달단계에 도달하지 못하면 만성적인 불만에 싸여 있으면서 회피적인 행동으로 행복을 추구하고자 하는 위생추구자(hygiene seekers)가 있다.

Herzberg의 이론은 작업환경의 속성 및 리더십의 개발 측면에서 실무경영자들에게 관심을 끌고 있다. Maslow의 이론을 개조하여 이것을 작업 동기유발에 응용할 수 있게

---

11) Frederick Herzberg, "One More Time: How Do Motivate Employees?", *Harvard Business Review*, 46, (1968), 53–62.

하고, 이것에 무시되고 있던 직무내용적인 요소에 관심을 가지게 했다는 것도 우리가 결코 소홀히 다룰 수 없는 Herzberg의 기여이다.[12] 또한 그가 제시한 직무풍요화를 통한 동기부여 기법은 동기이론을 현실에 적용한 성공적인 예가 된다.

흔히 경영진이나 관리자들은 조직 구성원들의 동기를 부여하기 위해 급여를 올려 주거나, 상여금을 일괄 지급하거나, 직무환경을 바꾸어 주거나 하는 등의 '위생 요인'만을 단기적으로 충족시켜서 구성원들의 동기를 끌어내려고 하는 것이 사실이다. 그러고는 자신이 해야 할 일은 다했다고 생각한다. 하지만 Herzberg의 2요인설이 말하듯, 위생요인의 충족은 구성원들의 궁극적인 동기를 불러일으키지 못한다. 단지 직무 불만족요인을 제거하는 의미밖에는 되지 못한다. 구성원들의 궁극적인 동기를 불러일으키기 위해서는 '동기요인'을 자극할 그 무엇이 있어야 한다. 종업원의 성장, 종업원의 성공 체험, 종업원에게의 권한이양 등에 경영진과 관리자들은 신경을 써야 한다는 것을 의미한다.

Herzberg의 이론은 최근에 급부상하고 있는 '일하기에 훌륭한 포천 100대 기업'의 개념과 일맥상통하는 바가 크다. 일하기에 훌륭한 포천 100대 기업의 특징을 살펴보면 그들이 급여나 직무환경의 위생요인을 특별히 크게 충족시켜 주는 기업은 아니다. 하지만 그러한 100대 기업은 인간 존중의 사상을 기본에 두고 구성원들의 성장 등 동기요인에 매우 깊은 관심을 가지고 있다는 것은 공통적인 사실이다.

Herzberg는 만족과 불만족 그리고 동기요인과 위생요인을 뚜렷하게 이분화시킴으로써 조직 내의 인간관리 체제를 모색하는 데 좋은 암시를 주었다고 할 수 있으나 인간의 욕구 충족을 철저히 이원화시켰을 뿐만 아니라 실제의 동기유발이 아니라 만족에 초점이 맞추어져 있으며, 개인차의 확인에 실패한 이론이라는 비판을 받고 있다.[13] 또한 그의 이론을 도출한 조사 연구의 방법론에도 비판이 가해지고 있는데, 조사 대상으로 삼은 표본이 미국 피츠버그시의 기업체들에 종사하고 있는 두 가지 직종이므로 조사 결과가 다른 조직, 직업종사자에게도 적합하다고 보기는 어렵다는 것이다. 그가 사용한 조사 도구는 중요사실기록법(critical incident method)인 바, 그것은 접근 경험에 의한 착오 발생 가능성, 즉 좋았던 일은 자기 책임하에 있는 직무수행과 관련시키고, 바람직하지 않았던 일은 자기통제권 밖에 있는 여건에 결부시키는 의도적 답변을 함으로써 결론을 왜곡시

---

12) Earl French, Morton Metersky, David Thaler, & Jerome Tresler, "Herzberg's Two-Factor Theory: Consistency Versus Method Dependency". *Personnel Psychology, 26*, (1973), 369–386.

13) David A. Whitsell & Erik K. Winslow, "An Analysis of Studied Critical of the Motivator Hygiene Theory". *Personnel Psychology, 2*(4), (1967), 391–415.

켰을 가능성이 크다는 점을 지적하는 사람들도 있다.[14)]

4) McGregor의 X이론과 Y이론

McGregor는 그의 저서인 『기업의 인간적 측면(The Human Side of Enterprise)』[15)]에서 경영자가 조직의 구성원을 통제함에 있어 근거로 하는 이론적 가정이 무엇이냐에 따라 조직의 전체적 성격이 결정된다고 전제하고, 이러한 이론적 가정을 X, Y라는 두 가지 이론으로 설명하였다.

(1) X이론

X이론에서의 인간에 대한 가정은 다음과 같다.

- 원래 인간은 일하기를 싫어하며, 가능하면 일을 피하고자 한다.
- 인간은 별로 야심이 없고, 책임 회피를 좋아하며, 명령받기를 좋아하고, 안전을 추구한다.
- 대다수의 사람은 조직 문세를 해결할 만한 창의싱이 없다.
- 인간은 조직의 요구에 무관심하고, 오직 자신만을 생각한다.
- 인간은 변화를 근본적으로 싫어한다.

이와 같은 X이론에 따르면, 인간의 동기는 대체로 저차원 수준의 욕구, 즉 생리적 욕구 수준, 안전 욕구 수준에 머무르고 있다고 가정한다.

X이론의 기본적 가정은 직무에 대한 소극적·타율적 인간관으로서 명령 통제에 관한 전통적인 관리 철학과 본질적으로 상통된다. 따라서 조직 목표의 달성을 위해서는 강제, 명령, 위협, 처벌과 같은 엄격한 통제를 수단으로 사용한다. McGregor는 X이론의 인간성에 관한 가설은 잘못된 것이며, 특히 조직의 목표를 향한 조직구성원들의 자발적인 동기를 부여하는 방법으로 극히 부적당하다고 이를 비판했다. "즉, 조직을 위한 전통적 관리 방안인 기업의 인적자원 명령 통제 방법은 성인이 아닌 유아적 능력 및 특징에 부합되는 것이다"라고 말했다. 인간은 계속적으로 성장을 하는 존재임에도 불구하고, X이론에

14) 추헌, 전게서(1994), 392.

15) Douglas McGregor, *The Human side of Enterprise*(New York: McGraw-Hill, 1960). 6.

서는 인간이 미성숙한 채로 그대로 존재하고 있는 것으로 생각한다.

그러나 X이론은 아직도 많은 조직에서 응용되고 있으며, 이러한 상황이 계속되는 한 고전이론 이후에 대두된 수많은 인간주의적 관리 접근방법에 있어 그 적용상의 한계 또한 부정하기 어렵다.

(2) Y이론

Y이론에서의 인간에 대한 가정은 다음과 같다.

- 일한다는 것은 자연적인 현상이며, 따라서 스포츠를 할 때나 놀이나 휴식의 경우와 다를 바 없다. 일은 고통의 원천이 되기도 하지만 조건 여하에 따라서는 기쁨을 가져오는 것이다. 조건이 허락하면 인간은 책임을 스스로 질 뿐 아니라, 오히려 그것을 추구한다.
- 인간이 조직의 목표에 관여하는 경우, 그들은 자기지향(self-direction)과 자기통제(self-control)를 행한다.
- 개인이 조직의 목표에 헌신적으로 관여하는 정도는 목표 달성과 보상(rewards)과의 함수이다. 목표추구적 노력의 가장 큰 대가는 자아 및 자기 실현 욕구의 충족이다.
- 대체로 인간은 조직의 문제를 해결하기 위해 창의적 능력을 구비하고 있다.
- 현대 조직에 있어서 평균적 인간의 지적 능력은 그 일부분밖에 활용되지 않고 있다.

X이론과 비교할 때, Y이론은 인간에 관한 동태적 견해를 대표하고 있다. 즉, 개인은 본성적으로 성장과 발전의 잠재력을 갖춘 행동 주체로 인식되고, 동기부여의 문제도 또한 관리층의 책임으로 규정하고 있다. Y이론에 따르면, Y이론에 부합되는 형태는 인간의 본성적 표현이기보다는 조직 내에서 학습된 행동 유형에 불과하다. Y이론에서 중요시 여기는 원리는 통합의 원리이다. 조직의 구성원들이 그들의 노력과 정력을 조직의 성공에 지향시킴으로써 그들 자신의 목표를 가장 잘 잘 달성할 수 있도록 하는 조건이 형성된다는 원리이다. 따라서 통합의 원리는 조직의 필요와 개인의 필요를 함께 인정할 것을 요구한다.

(3) X · Y 이론의 평가

Y이론은 대체로 X이론에 비하여 인성에 관한 보다 발전적인 가정체계로 인식되고 있

으나, 이 이론 역시 다음과 같은 비판을 받고 있다.[16)]

첫째, Y이론은 무엇보다도 지나치게 이상주의적인 요소가 강하다. Y이론은 자율성, 자기지향성, 개인적 자유 및 제반의 가치를 포용하고 있다. 그러나 이들 제 조건은 어떤 사람들에게는 매우 중요한 조건들이지만, 어떤 사람들은 이를 원치도 않을뿐더러 또 이를 통제할 수 있는 능력을 갖고 있지 못하다.

둘째, Y이론은 욕구 충족의 주된 장소로 작업 현장(on the job)을 강조하고 있으나, 실제로 많은 노동자는 그들의 욕구를 작업장 밖(off the job)에서 충족하고 있다. 이러한 경향은 작업시간의 단축과 레저의 중요성이 강조됨으로써 더욱 뚜렷하다. Y이론은 작업장 내에서 성취되는 상위 수준의 욕구 충족을 지나치게 강조한다.

셋째, Y이론에 따르면 작업의 단순화 및 표준화 등은 직무만족을 크게 저하시켰고, 이에 따라 대규모 대량 생산업체 내의 퍼스낼러티와 조직 내의 갈등이 심화되었다고 설명한다. 그러나 이는 조직 갈등의 하나의 원인에 불과하며, 따라서 과장되어 표현되었다.

결론적으로 볼 때 McGregor의 이론은 인간관계 문제에 접근할 수 있는 하나의 틀을 제공하였다고 볼 수 있다. 의존 대 독립, 지배 대 자유, 통제 대 허용의 이분법적 설명이 그것이다. 즉, 고용주와 피고용자의 관계에 대한 접근에 있이 X이론은 의존, 지배 및 통제를 강조하는 데 반하여 Y이론은 독립, 자유 및 허용을 바탕으로 하고 있다.

5) Argyris의 미성숙 · 성숙 이론

아지리스(Argyris)는 공식조직이 개인의 행태에 미치는 영향을 검토하는 과정에서 미성숙·성숙 이론을 전개하였다. 그에 의하면, 개인의 성숙 과정에 있어 퍼스낼리티의 변화는 [그림 9-5]와 같은 하나의 연속선상에 표시될 수 있다.

16) 추헌, 전게서(1994), 384-385.

[그림 9-5] Argyris의 미성숙 · 성숙 이론

출처: Chris Argyris, *Personality and Organization: The Conflict Between the System and the Individual*(New York: Harper & Row, 1975), 190.

Argyris는 일곱 가지의 변화를 예시하면서 건전한 인간의 퍼스낼리티라고 하는 것은 미성숙 상태로부터 성숙한 상태로 발전하는 것이라고 설명했다. 그는 또한 성숙한 인간은 자아실현이라는 고유의 경향을 갖고 있으며, 따라서 조직 구성에 있어서도 가능한 한 인간 최대의 성숙 상태를 실현할 수 있는 방법이 모색되어야 한다고 주장했다.

그는 건전하고 성숙한 퍼스낼리티의 욕구와 공식조직의 요건 간의 모순 내지 불일치는, ① 조직 구성원의 퍼스낼리티가 미성숙하면 할수록, ② 공식구조가 조직의 유효성을 극대화하기 위하여 보다 구조화되면 될수록, ③ 명령 계통이 하부로 내려가면 갈수록, ④ 직무가 기계화되면 될수록 더욱 증대한다고 설명했다. 이러한 개인과 조직 간의 기본적 괴리는 조직 구성원의 좌절감, 갈등, 실패감 또는 단기적 조망을 더욱 심화시킨다.

자아실현을 추구하는 성숙한 인간의 욕구에 대응하기 위해서는 조직구조를 변경하지 않을 수 없다. Argyris는 문제 해결 방안으로, ① 직무확대(job enlargement), ② 참여적 혹은 종업원 중심적 리더십(participative or employ−centered leadership) 및 ③ 현실 중심적 리더십(reality−centered leadership)을 제시하였다.

Argyris의 이론은 본질적으로 McGregor의 X·Y 이론과 일맥상통한다. 그는 동기부여 과정에 있어서 가장 큰 장애는 경영자의 그릇된 인간관임을 밝히고, 경영자가 조직 구성원들에게 그들의 성숙한 욕구를 충족시킬 수 있도록 관리할 때 비로소 공식조직과 조직 구성원 간에 발생하는 인간적 욕구 간의 괴리가 해소될 수 있다고 주장했다.

6) McClelland의 성취동기이론

성취동기이론(achievement motivation theory)은 맥클렐런드(McClelland)가 Maslow의 이론과 같이 인간의 욕구를 기초로 주장한 동기부여 이론이다. 그에 의하면, 한 개인의 퍼스낼리티는 인간 행위를 동기부여 시킬 수 있는 잠재력을 지닌 세 가지 욕구로 구성된다고 하였다.

- 성취 욕구(need for achievement): 사람들로 하여금 성공을 위해 강력한 노력을 하고 실패의 가능성을 줄이도록 노력한다. 성취 동기를 지닌 사람은 경제적이고 목표지향적이며 책임감이 있고 열심히 일하는 경향이 있다.
- 권력 욕구(need for power): 높은 권력 욕구를 가지고 있는 사람들은 영향력과 통제력을 행사하는 데 큰 관심을 가지고 있다. 이러한 사람들은 리더로서의 일을 찾고 강압적이고 자기본위적인 경향이 강하다.
- 친화 욕구(need for affiliation): 친화 욕구가 높은 사람들은 다른 사람과 친근한 관계를 가지려고 하며, 사회집단으로부터 소외되는 아픔을 피하고자 하는 경향이 강하다. 또한 친절하고 동정심이 많고 기꺼이 다른 사람에게 도움을 주며 다른 사람과 즐겁게 지내는 경향이 있다.

이러한 욕구를 Maslow의 이론과 비교해 보면 성취 욕구와 권력 욕구는 Maslow의 자존 및 자아실현 욕구와 일맥상통하며, 친화 욕구는 사회적 욕구와 유사하다고 할 수 있으나 욕구에 대한 개념상의 차이가 있다. 즉, McClelland는 인간의 욕구는 학습된 것이며, 행동에 영향을 미칠 수 있는 잠재력을 지닌 욕구단계는 개인에 따라 차이가 있다고 주장하였으나, Maslow는 인간은 누구에게나 공통의 욕구단계가 있다고 주장하였다. McClelland는 세 가지 욕구 중에서 성취 욕구의 중요성을 강조하였다.

한편, McClelland는 성취 욕구를 유도하는 상황을 다음과 같이 설명하였다.[17)]

첫째, 우연이나 행운보다는 노력이나 능력을 통해 무엇인가를 성취할 수 있는 상황이어야 한다. 즉, 결과에 대한 개인적 책임과 명예를 가질 수 있는 상황이어야 한다.

둘째, 난이도와 위험이 중간 수준인 상황이다. 과업이 어려우면 성공할 확률이 적고, 따라서 동기가 크게 유발되지 않는 반면에 너무 쉬운 과업은 성취해도 큰 만족의 유발이

---

17) David C. McClelland, "Business Drive and National Achievement". *Havard Business Review, 40*(4), (1962), 99–112.

불가능하다. 또한 성취 동기가 부여된 사람은 상황과 관련된 위험을 계산하고 자기 능력보다 약간 벅찬 상황을 선택한다.

셋째, 노력한 결과의 성공에 대한 분명한 피드백(feedback)이 있는 상황이어야 한다. 성공과 실패가 명확히 구분될 수 없는 상황은 성취 만족이 존재할 수 없으므로 적절한 시간 내에 결과에 대한 지식을 되돌릴 수 있는 상황이어야 한다.

넷째, 혁신과 참신한 해결안이 가능한 미래지향적 상황이어야 한다.

앞과 같은 내용의 성취동기이론은 1960년대까지 기업의 발전과 경영에 관련된 일반적 이론의 하나였다. 1970년대에 들어와 McClelland는 권력 욕구를 경영상의 성공을 이해하고 예측하는 데 필수적 요소로 보았다.

이상의 동기의 내용이론들을 비교해 보면 [그림 9-6]과 같다.

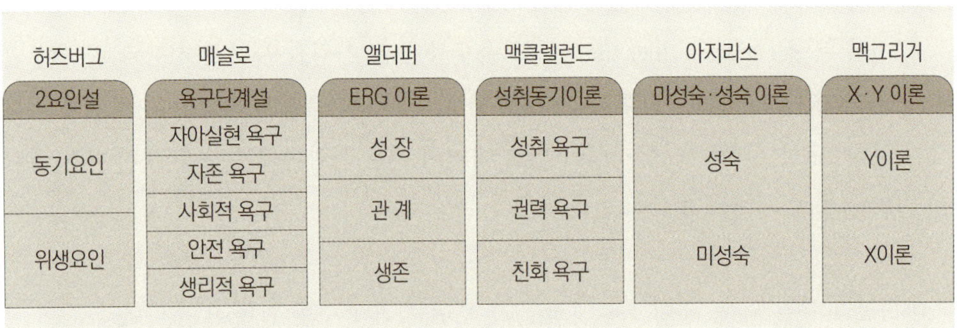

[그림 9-6] 동기의 내용이론 비교

3 과정이론

어떤 과정을 통해 어떻게 동기가 유발되는가를 설명하려는 이론을 과정이론(process theories)이라고 한다. 과정이론은 동기유발의 요인들이 교호작용을 통해 행동을 야기하고 그 방향을 설정하며 지속 또는 중단하는 과정이 어떻게 이루어지는지를 설명하려는 것이다.

과정이론은 인간의 욕구와 그에 대한 자극 유인 등 동기유발의 기초가 되는 요인의 내용보다는 동기유발의 과정에 우선적으로 관심을 기울이기 때문에 과정이론과 내용이론은 무관한 것처럼 생각하는 사람들도 있다. 그러나 대개 묵시적으로 그리고 때로는 명시적으로 내용이론이 과정이론에 기초를 제공하고 있다. 동기의 과정이론에는 브룸(Vroom)의 기대이론, 포터와 롤러(Porter & Lawler)의 동기 모형, 애덤스(Adams)와 로젠블럼(Rosenbrum)의 공정성이론, 그리고 로크(Locke)의 목표설정이론 등이 있다.

1) Vroom의 기대이론

동기의 기대이론(expectancy theory)에 있어서 개인의 동기부여는 행위와 보상이 어떻게 연결될 것인가에 관한 개인의 지각에 의존하는 것이다.[18] 기대이론은 욕구 충족과 직무수행 사이의 직접적이고 적극적인 상관관계에 회의를 표시하고, 욕구와 만족 그리고 욕구이론과는 구별된다. 즉, 기대이론은 욕구, 만족, 동기유발의 체제에 기대라는 인식론적 개념을 첨가하고, 동기유발의 과정에 치중된 설명을 하기 때문에 전통적인 욕구이론과는 구별되는 것으로 보아 왔다. 그러나 기대이론 역시 인간 욕구의 존재를 전제로 하고, 조직 구성원의 욕구 충족과 동기유발에 관심을 갖는 것이므로 욕구이론의 미흡한 부분을 보완하는 것이라고 이해하여야 한다.

이 기대이론은 Vroom에 의해서 제시되었는데, 그는 우선 동기부여를 여러 자발적인 행위 가운데에서 사람들이 선택하는 것을 지배하는 과정으로 정의하였다. 따라서 그는 [그림 9-7]에 제시된 바와 같이 네 가지 개념, 즉 산출과 보상, 성과 기대, 유의성 그리고 수단성을 다음과 같이 설명하였다.[19]

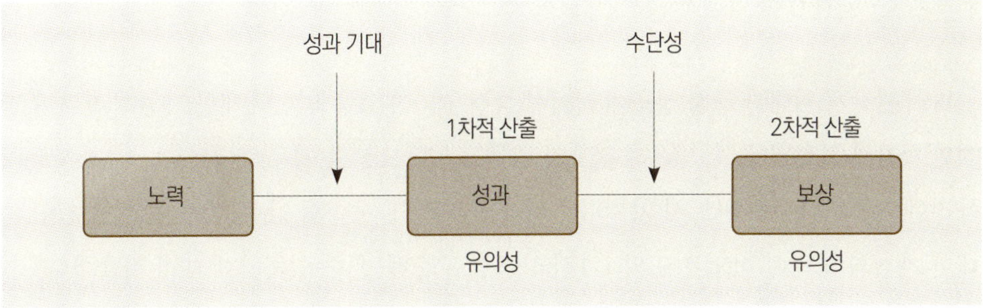

[그림 9-7] Vroom의 기대 모형

출처: Fred C. Lunenburg and Allan C. Ornstein, *Educatioanl Administration: Concepts and Practices*, 4th ed. (Delmont Cal.: Wadsworth Publishing, 2004), 104.

---

18) Daid Nadler & Edward E. Lawler, III. "Motivation: A Diagnostic Approach". In J. R. Hackman, Edward E. Lawler, III., & Lyman W. Porter (Ed), *Perspectives on Behavior in Organizations*(New York: McGraw-Hill, 1977), 34.

19) Victor H. Vroom, *Work and Motivation*(New York: Wiley, 1964).

① 산출과 보상

산출(outcome)과 보상(reward)은 특정한 행동의 최종산물로서 1차적 산출과 2차적 산출로 분류된다. 1차적 산출(first-level outcomes)은 직무 목표 달성 등과 같은 성과와 관련되어 있으며, 개인의 직무수행 노력의 결실이라고 할 수 있다. 2차적 산출(second-level outcomes)은 1차적 산출이 가져다주리라고 기대하는 보상(임금인상 또는 승진 등)을 말한다.

② 기대

기대(expectancy)는 일정 수준의 노력과 일정 수준의 성과 사이의 지각된 관계를 말한다. 다시 말해서 기대는 사람들이 자신의 노력이 실제로 1차적 산출을 가져오게 할 것이라고 믿는 정도를 의미한다. 브룸의 모형은, ⓐ 개인이 어떤 과업을 선택할 것인가, 그리고 ⓑ 유의성, 수단성 및 관련된 기대를 근거로 하여 자신이 선택한 과정에 어느 정도 노력을 기울일 것인가를 예측하는 데 목적을 두고 있다. 요컨대, 브룸은 동기부여가 대개 다음과 같이 의식적인 단계의 사고 과정을 가진다고 주장했다.

- 개인이 승진과 같은 2차적 산출을 중요한 것으로 혹은 유의성이 높은 것으로 느끼는가?
- 높은 성과와 같은 1차적 산출이 자신의 승진에 도움이 될 것이라고 느끼는가?
- 노력이 실제로 성과 증대를 가져올 것이라고 느끼는가?

다시 말해서 기대란 특정 정도에 대해서 특정 결과가 보충되는 데 대한 가능성 혹은 주관적인 확률과 관련된다. 이 믿음의 정도가 관계가 없다고 믿을 경우 '0'에서부터 어떤 행동이 특정한 1차적 산출을 반드시 가져다주리라는 확신 '1' 사이의 값을 갖는다. 이는 목표에 대한 자신의 노력이 어느 정도의 1차적 산출을 도출해 낼 수 있는가에 대한 확률이다.

③ 유의성

유의성(valence)이란 어떤 결과에 대해 개인이 가지는 가치나 중요성을 나타낸다. 즉, 특정한 행동 과정의 결과에 대한 유인이나 개인의 욕구에 대한 선호의 강도를 나타낸다. 선호의 강도는 개인에 따라 나타나는 긍정적 가치, 또는 부정적 가치로서 양의 유의성(개인이 특정 결과를 바랄 경우), 음의 유의성(개인이 특정 결과를 바라지 않을 경우), 영의 유의성(개인이 특정 결과와 무관한 경우)의 값을 갖는다. 직무 상황하에서 양의 유의성이란 임금, 승진, 인정 등을 말하고, 음의 유의성이란 동료와의 갈등, 직무 압력, 감독자의 꾸중 등을 말한다.

④ 수단성

수단성(instrumentality)은 1차적 산출이 2차적 산출, 즉 보상을 가져오게 되리라고 믿는 개인이 지각하는 주관적인 확률이며, 이것은 0에서 100%의 값을 가지고 있다. 만일 1차적 산출(높은 성과)이 2차적 산출(승진)을 반드시 가져다준다면 수단성은 100%의 확률을 가진다. 만일 높은 성과를 냈음에도 불구하고 그에 따른 보상(2차적 산출)이 전혀 이루어지지 않았다면 수단성은 0%의 확률을 가진다.

동기에 관한 기대이론으로부터 도출되는 검증 가능한 몇 가지 예측은 다른 조건이 일정하다는 전제하에 다음과 같이 제시할 수 있다.

- 노력이 성과를 가져올 것이라는 기대가 크면 클수록 노력의 양이 많아질 것이다.
- 수단성이 크면 클수록, 즉 보상이 성과 여부에 달려 있다고 지각될 가능성이 크면 클수록 노력의 양이 증가할 것이다.
- 유의성, 즉 보상이나 결과의 가치가 크면 클수록 기울이는 노력의 양은 증가할 것이다.
- 만일 성과 기대나 수단성 또는 유의성이 0이라면 노력도 0이 될 것이다.

이러한 브룸의 기대이론은 여러 학자에 의해 보완되었다. 우선 일부 학자들은 2차적 산출에 대한 유의성을 승진과 보상 등의 직무의 외재적 요소와 성취, 개발, 인정 등의 직무의 내재적 요소로 세분하여 개인의 동기 과정을 분석하였다. 그러나 또 다른 학자들도 개인의 기대감을 두 가지로 나누어서 1차적 기대감(expectancy I)으로 노력과 성과 간의 관계를, 2차적 기대감(expectancy II)을 성과와 상여 간의 관계를 분석함으로써 개인의 동기 과정을 더욱 명확히 하였다.[20]

---

20) John P. Campbell, Marvin D. Dunnette, Edward E. Lawler, III, & Karl E. Jr. *Managerial Behavior, Performance and Effectiveness*(New York: McGraw-Hill Book Company, 1970), 344-346.

기대이론의 여러 연구자가 주장하는 내용에는 일관성이 다소 결여되어 있지만 공통적으로 우리에게 주는 시사점은 있다.

- 높은 성과는 보상을 받게 되거나 보상을 받는 데 도움이 된다고 믿는 개인들은 그렇게 믿지 않는 개인들보다 더 나은 업무 성과를 보여 준다.
- 노력과 업무 성과 간의 기대 연계에서도 종업원 자신들의 노력이 효율적인 성과를 가져올 것이라고 믿고 있는 곳에서는 그러한 연계가 분명하지 않은 곳보다 종업원들이 일반적으로 더 많은 노력을 기울인다.
- 종업원의 노력이나 성과는 보상의 가치나 유의성에 의해 좌우될 것이라고 생각하기 쉬우나, 여기에 대한 연구 결과들은 서로 모순된 것들이 많아 분명한 결론을 내리기는 어렵다.

2) Porter와 Lawler의 동기 모형

포터(Porter)와 롤러(Lawler)는 브룸(Vroom)의 기대이론을 기초로 하여 조직에 있어서의 종업원의 작업에 대한 태도와 성과와의 관계를 규명하였다.[21] 그들에 의하면, 개개인은 과거에 습득한 경험이나 미래에 대한 기대감에 의해 동기를 부여받는다고 주장하였다. 그들의 동기 모형에는 노력(effort), 업적(performance), 보상(reward) 및 만족감(satisfaction) 등의 많은 핵심적인 변수가 포함되어 있다.

그들의 연구에서는 다음과 같은 9개의 변수가 사용되었다.[22]

- 보상의 가치(value of reward): 이는 유의성을 나타내는 것으로서 하나의 성과가 지니는 매력의 정도를 말한다.
- 노력 대 보상의 확률(effort-reward probability): 이는 보상이 노력을 근거로 하여 주어진다는 것에 대한 지각을 말하는 것으로, 구체적으로 노력, 성과와 성과, 보상으로 인식된다.
- 노력(effort): 특정한 과업을 수행하는 과정에서 사용되는 힘을 말한다.

---

21) Lyman W. Porter & Edward E. Lawler, III, *Managerial Attitude and Performance*(Homewood, Illinois: Richard D. Irwin. Inc., 1968), 10−15.

22) 추헌, 전게서(1994), 408−409.

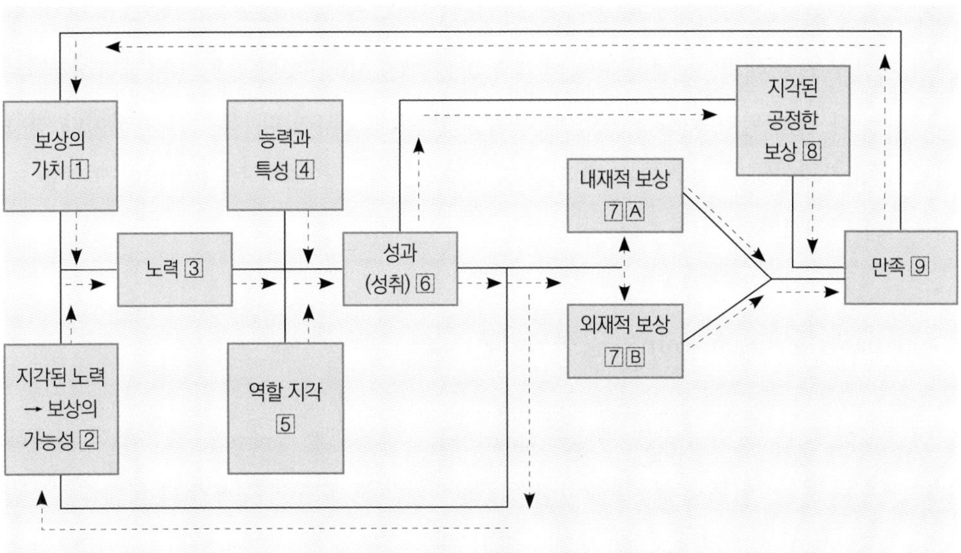

[그림 9-8] Porter와 Lawler의 동기 모형

출처: Lyman W. Porter & Edward E. Lawler, III, *Managerial Attitudes and Performance*(Homewood, Illinois: Irwin Richard D., 1968), 165.

- 능력(abilities)과 특성(traits): 이는 특정인이 갖는 장기적 특성을 의미한다.
- 성과(performance): 이는 직무를 담당하고 있는 개인의 과업 성취를 의미한다.
- 역할 지각(role perceptions): 이는 조직 구성원이 자신의 직무와 과업에 대해서 갖는 사명감을 말한다.
- 보상(reward): 이는 자기 자신의 생각이나 다른 사람들의 행동으로부터 얻을 수 있는 바람직한 상태로서 이에는 내재적 및 외재적 보상이 있다.
- 지각된 공정한 보상(perceived equitable rewards): 한 사람이 공정하다고 생각하는 보상의 양을 말한다.
- 만족(satisfaction): 이는 직무성과에 따라 제공된 보상에 대하여 개인이 느끼는 욕구의 충족 정도를 의미한다.

Porter와 Lawler는 이상과 같은 9개의 변수로 구성된 동기의 이론적 모형을 [그림 9-8]과 같이 제시하였다.

개인이 어떤 종류의 집단이라는 환경하에서 행동을 할 때는 그 행동은 혼자 있을 때와는 양상을 달리하게 된다. 왜냐하면 집단이라는 환경하에서의 행동은 집단 내의 다수가 기대하거나 집단이 인정하는 방식으로 생각하고 느끼고 행동하게 하는 인지된 힘의 체계인 집단구조 속에서 그 영향을 받아 행동하기 때문이다. 집단구조로는 집단의 풍토, 집단의 문화, 구성원의 응집성, 구성원 간의 역할 기대 등이 있다. 동기의 과정이나 영향력을 제대로 파악하기 위해서는 이와 같은 집단구조가 구성원의 동기에 어떤 영향을 미치는가를 살펴보아야 한다.

3) Adams와 Rosenbrum의 공정성이론

공정성이론(equity theory)은 애덤스(Adams)와 로젠블럼(Rosenbrum)에 의하여 체계화된 이론이다.[23)] 이 이론을 균형이론(balance theory) 또는 교환이론(exchange theory)이라고도 한다. 이 이론에 의하면, 각 개인은 자기 자신의 투입과 산출의 비율을 동일한 직무상황 내에 있는 다른 사람들의 투입과 산출의 비율과 비교한다는 것이다. 그리하여 이 두 비율이 같을 때는 공정성이 지각되고, 이 두 비율 간에 어느 한쪽이 크거나 혹은 작은 때는 불공정성이 지각된다.

어떤 사람의 투입(경력, 노력 등)을 I_F, 산출(그가 받는 임금)을 O_F라 하고, 비교 대상 또는 준거인물의 투입을 I_R, 산출을 O_R이라고 하자. 이때의 상황은 다음과 같은 것 중의 하나가 될 것이다.

$$\left(\frac{O}{I}\right)F=\left(\frac{O}{I}\right)R \quad \text{(a)}$$

$$\left(\frac{O}{I}\right)F<\left(\frac{O}{I}\right)R \text{ 혹은 } \left(\frac{O}{I}\right)F>\left(\frac{O}{I}\right)R \quad \text{(b)}$$

(a)의 경우에는 공정성을 지각하여 공정한 결과에 대한 만족이 표현된다. (b)의 경우에는 불공정한 지각하게 되어 심리적 불균형과 긴장, 불안감이 뒤따른다. 이런 긴장 및 불안감을 해소하는 과정에서 개인의 동기와 행동이 형성된다. 비교 대상 또는 준거인물은 동료 작업자가 될 수도 있고, 자기가 속한 집단이나 자기와 같은 직업을 가진 사람 혹은 동일 산업이나, 같은 지식을 사용하는 전문가 집단이 될 수도 있다. 그러나 누구를 비교

---

23) John P. Campbell & Robert D. Pritchard, "Motivation Theory in Industrial and Organizational Psychology". In M. D. Dunnette (Ed.), *Handbook of Industrial and Organizational of Psychology*(Chicago: Rand McNally, 1976). 63–130.

대상으로 할 것인가에 대한 명확한 근거는 아직 없고, 대개는 동료 작업자가 비교 대상이 되고 있다. 그리고 투입 요소 및 산출 요소는 〈표 9-2〉와 같다.

〈표 9-2〉 투입 요소와 산출 요소

투입 요소	산출 요소
교육, 경험, 훈련, 기능, 사회적 지위, 경력, 직무에 대한 노력, 개인적 용모, 기능, 연령, 건강	보수, 내적 보상, 연공에 따른 혜택, 직무의 지위, 단조로움, 불확실성, 열등한 작업조건, 기타 불만족요인

동기이론에서 공정성 이론은 사람들의 행위가 다른 사람들과의 관계에서 공정성을 유지하는 쪽으로 동기유발된다는 것이다. 공정성 이론은 개인이 행하는 투입(노력, 기능, 교육 등에 의한 것)과 그가 받는 결과(보수, 표창, 승진 등)에 관하여 개인과 조직 사이에 발생하는 교환에 초점을 맞춘다. 이때 개인에 대한 교환의 순가치(net value)는 결과에 대한 투입의 비율로 표현될 수 있는데, 여기서 결과(보상)는 각 개인의 지각된 중요도에 따라 가중치가 다르게 부여된다. 개인이 지각한 공정성이나 불공정성은 사람들이 자신이 투입 대 산출의 비율을 조직 내의 다른 사람들의 투입 대 산출의 비율이 그러할 것이라고 믿는 것과 비교할 때 발생한다. 기본적으로 만일 어떤 사람이 불공정성을 지각한다면 그의 마음속에 긴장이나 추진력이 발생하여 긴장과 불공정성을 감소시키거나 제거하기 위해 동기부여될 것이라는 것이 공정성 이론의 내용이다. 이 지각된 불공정성이 긴장을 초래하게 되는 과정을 페스팅거(Festinger)가 주장하는 인지부조화이론(cognitive dissonance theory)이라고도 한다. 인지부조화 이론은 인간은 인지에 있어서 나타나는 태도 간에 혹은 태도와 행위 간에 존재하는 비일관성을 싫어하기 때문에 그러한 비일관성, 즉 부조화한 상태를 조화로운 상태로 유지하기 위해 어떤 형태의 노력을 기울이게 된다는 것이다. 이러한 노력으로 인해 인간의 동기가 부여된다는 것이다.

불공정성을 결정짓는 요인에는 투입, 산출, 투입과 산출, 자신과 준거인물 등이 있다.

① 투입: 회사로부터 보상이 오기를 기대하면서 자신이 먼저 상대방에게 주었다고 지각하는 것으로, 그 내용으로는 교육, 경험, 훈련, 기능, 사회적 지위, 경력, 직무에 대한 노력, 개인적 용모, 기능, 연령, 건강 등을 들 수 있다.

② **산출**: 투입과 반대되는 것으로, 투입에 대한 대가로 개인이 받게 되는 보수, 내적 보상, 연공에 따른 혜택, 직무의 지위, 단조로움, 불확실성, 열등한 작업조건, 기타 불만족요인 등이 이에 속한다.

③ **투입과 산출**: 투입과 산출을 별개의 것이라고 볼 수 없으며, 이는 사회에서나 규범적으로 투입과 산출의 비율이 비슷하거나 비슷해야 된다는 기대가 존재한다. 이 내용들은 주관적인 가치를 가진 경우가 많기 때문에 그 비교되는 사람에 따라 다르게 느끼게 된다. 공정성과 불공정성의 지각은 대부분 개인이 사회화 과정에서 학습되는 것이 일반적이다.

준거인물과의 비교 결과, 자신의 비율이 상대적으로 큰 경우 $(\frac{O}{I})F > (\frac{O}{I})R$, 개인은 자기의 투입을 증가시킴으로써 비율 간의 균형을 맞추려고 노력한다. 반면에 자신의 비율이 적은 경우 $(\frac{O}{I})F < (\frac{O}{I})R$에는 자기의 투입을 감소시키게 된다.[24)]

일반적으로 자신의 비율이 상대적으로 적을 때는 $(\frac{O}{I})F < (\frac{O}{I})R$ 투입을 하향 조정하는 경향이 크고, 자신의 비율이 준거인물의 비율보다 더 클 때는 $(\frac{O}{I})F > (\frac{O}{I})R$ 투입을 상향 조정하는 경향이 더 많이 나타난다.

④ **자신과 준거인물**: 준거인물이란 자기의 투입 대 성과와 비교하는 대상 인물을 말하며, 대개 자기의 주위에서 자기와 투입 요소가 비슷한 사람인 경우가 많다.

실라지와 월리스(Szilagyi & Wallace)가 정리한 공정성 이론은 [그림 9-9]와 같다.

24) J. Stacy Adams & William B. Rosenbaum, "The relationship of worker productivity to cognitive dissonance about wage inequities". *Journal of Applied Psychology, 46,* (1962), 161-164.

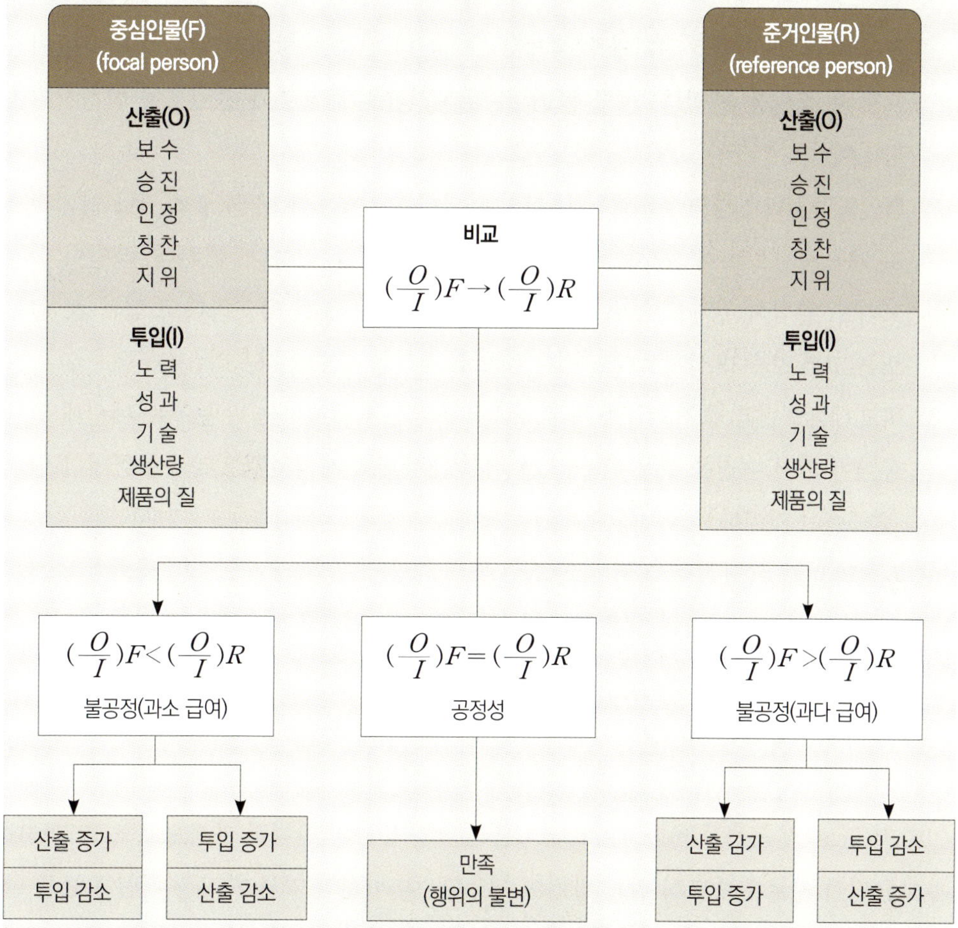

[그림 9-9] 공정성 이론 모형

출처: Andrew D. Szilagyi & Marc J. Wallace, Jr., *Organizational Behavior and Performance*, 3rd ed.(Glenview, Illinois: Scott Foresman and Co., 1983), 100.

이때 사람들은 불공정을 느끼게 되면 다음과 같은 방법으로 불공정성을 해소하려고 한다.

① **투입의 변경**: 투입을 증가시키거나 감소시킴으로써 타인과의 균형을 유지하려고 하는데, 예를 들어 타인에 대하여 보수가 적다고 느낄 때는 경력이나 교육은 감소시킬 수 없지만 직무 노력은 감소시키려고 할 것이다.

② **산출의 변경**: 대개의 경우 산출은 높이려는 시도를 행하며, 노동조합의 힘을 이용하

여 보상이나 부가급부를 높이려는 시도를 하거나 내재적인 보상을 높이려고 한다.

③ **자신의 투입과 산출의 인지왜곡**: 실제로 투입이나 산출을 변경시키지 않고도 인지적으로 변경시킬 수 있다. 예를 들면, 투입과 산출의 중요도와 관련도를 변경시키는 방법이다.

④ **타인의 투입과 산출의 인지왜곡**: 타인의 투입이나 산출을 변경하게 하거나 인지적으로 왜곡시킴으로써 실제로 변경된 것과 같은 효과를 얻는다. 예컨대, 타인이 실제보다도 열심히 일하고 있으므로 많은 보수를 받는 것은 당연하다고 믿는 것이다. 또는 그의 보수가 실제보다도 적은 것으로 지각할 수도 있다.

⑤ **비교 대상의 변경**: 준거인물을 바꿈으로써 불공정을 해결하는 방법으로, 예컨대 입사 동기가 먼저 승진을 했을 경우 그를 비교 대상에서 제외시킴으로써 불공정의 인지를 줄이는 것이다.

⑥ **직장의 이동**: 극단적인 대처 방안으로 아예 직장을 옮겨 버림으로써 사회적 관계를 끊는 방법이다. 이것은 다른 방법이 없을 때 가장 최후로 사용되는 방법이다.

4) Locke의 목표설정이론

로크(Locke)의 목표설정(goal setting)이론은 작업 동기의 인지적 과정으로[25], 1970년대에 보급되어 지금은 주도적 접근 방법이 되었다. 이 이론의 기본 가정은 어떤 목표를 달성하려는 의도가 기본적으로 동기유발을 하는 힘이 된다는 것이다. 이 이론에서는 개인이 가지고 있는 가치와 판단 기준에 따라 어떤 욕망과 정서가 형성되며, 그것을 바탕으로 개인의 의도 혹은 목표가 설정됨으로써 개인의 실제 행위나 성과가 나타난다는 것이다. 이를 그림으로 설명하면 다음과 같다.

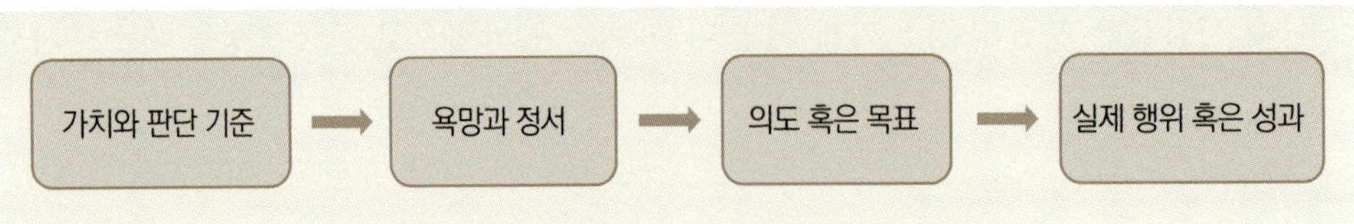

[그림 9-10] Locke의 목표설정이론

출처: E. A. Locke, "Toward a Theory of Task Motivation and Incentives". *Organizational Behavior and Human Performance, 3*(2), 1968, 171.

25) 김형관, 오영재, 신현석, 박종필 공역, **교육행정: 이론, 연구, 실제**(서울: 원미사, 1994), 196–200.

적용하기

❶ 동기의 내용이론과 과정이론을 각각 설명하고, 그 차이점에 대해 설명하시오.

❷ 학자들이 연구한 동기의 내용이론을 비교, 설명하고, 이 중 학교조직에서 가장 유용하게 적용될 수 있는 이론 하나를 선택하여 그 적용 방안에 대해 논하시오.

❸ 동기의 과정이론들의 공통점과 차이점을 설명하고, 각 이론에 근거하여 학교관리자가 교육현장에 적용할 수 있는 방안에 대해 논의하시오.

❹ 허즈버그의 동기-위생요인을 설명하고, 학교장의 입장에서 교사들의 동기요인을 자극하기 위한 방안들이 무엇인지 논하시오.

역량강화하기

행복의 조건

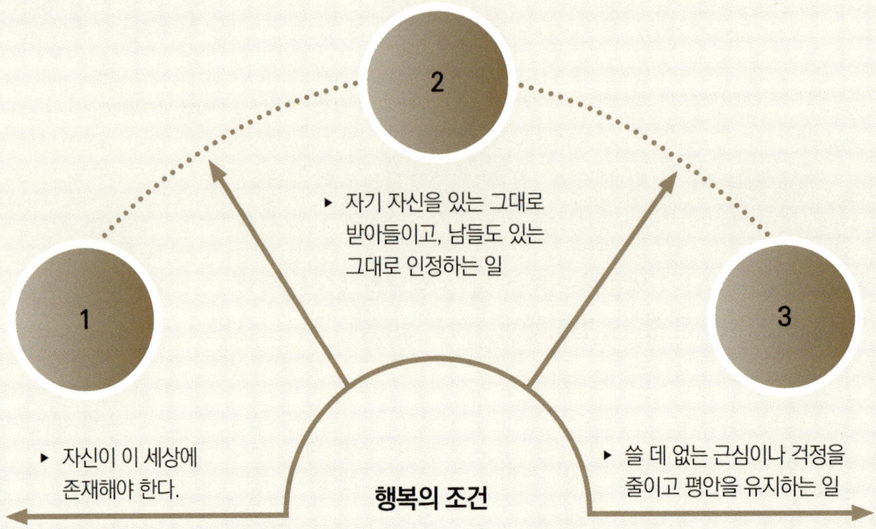

인간이 살아가는 데 진정한 행복을 창출하는 12가지 요소

1. 희망, 비전: 기대감과 성취욕의 달성을 통한 행복감
2. 심리적·경제적 여유: 일상생활의 풍요와 평화로운 행복감
3. 배려, 친절: 좋은 인상과 친밀한 행복감
4. 사랑, 좋아함: 좋은 관계와 지속적인 인연을 바라는 행복감
5. 용서, 포용력: 상대방을 이해하고 동정하는 행복감
6. 상호 의사소통, 이해: 지속적인 관계를 유지하려는 행복감
7. 감사, 친밀감: 보답하기 위한 기회와 접촉을 유발하는 행복감
8. 건전한 사고방식: 신뢰, 믿음, 확신하고픈 행복감
9. 격려, 칭찬: 인간관계의 발전과 이를 유지하려는 행복감
10. 열정: 집중과 도전에 대한 행복감
11. 나눔, 협조: 상호 관계, 동참, 참여를 통한 행복감
12. 동정, 인지상정: 어려움, 슬픔 등을 동감, 동조하는 행복감

– 송현수의 『고객 행복 경영(2019)』에서

교육칼럼 9

창의성 교육, 제대로 되는 거야!

흔히 우리나라 교육은 주입식교육이 문제라고 한다. 주입식교육은 학생의 흥미, 의욕, 능력 등을 고려하지 않고 일방적으로 지식과 가치관을 집어넣는 교육방법을 말한다. 그렇다고 주입식교육이 무조건 나쁜 것은 아니다. 단기간에 가장 능률적이고 효율적인 학습효과를 기대할 수 있는 게 바로 이 방법이다. 주입한 것을 다 소화하지 못하거나 개개인의 독창성이 무시되어 낙오자가 발생할 경우 그에 따른 적절한 조치가 쉽지 않다는 것이 문제이다.

주입식교육이 안고 있는 문제점을 해결하기 위한 방법 중의 하나가 창의성 교육이다. 창의성 교육이 제대로 되기 위해서는 정규학교의 교육과정, 즉 표면적 교육과정에서뿐만 아니라 가정이나 사회의 잠재적 교육과정에서도 창의력을 길러 주는 학습환경이 조성되어야 한다. 유치원 교육에서는 놀이 중심의 학습이니, 창의적 교구재 활용이니 하면서 다분히 창의성을 강조하는 교육이 진행된다. 그러나 초등교육 단계에서 시작되는 정규 학교교육에 들어서면서 우리의 교육은 창의적인 싹을 꺾어 버리는 교육환경으로 변해 가는 것 같아 안타깝다.

옛날에는 학교에서 익혀야 할 최소한의 기능을 3Rs라고 하여 읽기(Reading), 쓰기(Writing), 셈하기(Arthmetics)에 역점을 두었다. 요즘은 4Cs라고 하여 비판적 사고력(Critical Thinking), 의사소통(Communication), 협동심(Collaboration), 창의력(Creativity)을 중요하게 여기고 있다. 이 중에 비판적 사고력이 포함된 것처럼, 비판적이고 창의적인 사고능력이 학교에서 익혀야 할 중요한 요소로 떠오르고 있다. 이제는 3Rs 시대에서 4Cs로 옮아 가고 있다는 점을 인식해야 하고, 아이들에게 창의성을 어떻게 키워 줘야 하는가에 관심을 기울여야 한다.

그럼 창의력이란 무엇인가? 창의력에는 '새로운' '보람 있는' '만들어 내는'이라는 세가지 요인이 포함된다. 즉, 새롭고 보람 있는 것을 만들어 내는 힘이라고 할 수 있다. 우선 '만들어 낸다'는 것에는 어떤 물건을 만들어 내는 것뿐만 아니라 어떤 해결책을 생각해 내고, 답을 찾아내고, 그림을 그려 내고, 조소를 빚어내고, 문예 작품을 쓰는 것 등의 의미가 모두 들어 있다. 둘째, '새로운'이란 남들이 생각하지 않은, 남들이 만들어 내지 않은, 지금까지 없었던 새로운 것을 말한다. 새로운 기술, 새로운 관점, 새로운 이론, 새로운 사상 등이 모두 포함된다. 마지막으로, '보람 있는'이란 새롭게 만들어 낸 것이 그냥 새로운 것이 아니라 어떤 문제를 해결하는 데 실용적인 도움이 되거나 새롭게 만들어 낸 것 그 자체가 만든 이에게 희열이나 보람이 되는 것이다.

교실 현장에서 창의성을 발휘할 수 있는 환경이 제대로 조성되는지 점검할 필요가 있다. 아무래도 기성세대들은 새로운 것을 찾기보다는 기존의 것을 습관적으로 답습하는 경향이 있다. 따라서 열린 마음, 열린 사고를 가지고 새롭고 기발한 것을 중요한 가치로 여기는 학습 풍토를 제공하는 교육자가 학교 현장에 많아야 한다. 정확한 답만 요구하거나, 지나치게 논리성과 실용성을 강조한다거나, 한 현상을 여러 가지로 해석하는 것을 방해하는 등의 정신적 감옥에서 탈출해야 한다.

지난 100년의 노벨 수상자들을 면밀히 관찰한 노벨박물관장 스반테 린드크비스트(Svante Lindqvist)는 개인이 창의성을 발휘하기 위해서는 용기, 도전, 불굴의 의지, 조합, 새로운 시점, 장난기, 우연, 노력, 순간적 번뜩임과 같은 아홉 가지 항목이 필요하다고 하였다. 인간은 태어날 때부터 창의성을 가지고 태어나지만 그 후의 환경에 의해 창의성의 발휘 여부가 결정된다. 창의적이지 못한 부모나 교사 밑에서는 창의적인 아이가 나타나기 어려운 것이다. 자라나는 청소년들에게 생각할 수 있는 능력을 길러 주는 것이 대단히 중요하다. 깊이 있고 다양한 질문을 통해 새로움과 정체성을 찾고 창조적 사고능력을 키워 주어야 한다.

예수님이 제자 교육에서 중요하게 생각하고 실천했던 교육목표는 그들의 사고를 새롭게 전환하는 것이었다. 무식하고 가난한 어부나 세리들을 훈련을 통해 예수님이 원하신 방향으로 변화시켜 영적인 세계를 볼 수 있고, 온 세상을 지배할 수 있는 능력 있는 제자로 만드셨다. 상상력과 창조적인 발상을 하게 하는 영적 사고력만이 현실을 뛰어넘는 초월적 신비의 세계를 이해할 수 있다.

예수님이 이 땅에 오셔서 우리에게 가르쳐 주신 것은 인간의 능력이나 힘으로는 도저히 해낼 수 없는 창의적인 내용으로 가득하다. 감히 인간이 흉내 낼 수도, 따라 할 수도 없는 전지전능하신 하나님만이 해낼 수 있는 것이다. 죽은 자를 살리기도 하셨고, 물 위를 걷기도 하셨고, 한센병자를 깨끗하게 하셨고, 귀신을 쫓아내신 것 등이 모두 그렇다.

제 10 장

지도성이론

즐거운 편지

황동규

내 그대를 생각함은 항상 그대가 앉아 있는 배경에서
해가 지고 바람이 부는 일처럼 사소한 일일 것이나
언젠가 그대가 한없이 괴로움 속을 헤매일 때에
오랫동안 전해오던 그 사소함으로 그대를 불러보리라.

진실로, 진실로 내가 그대를 사랑하는 까닭은
내 나의 사랑을 한없이 잇닿은 그 기다림으로
바꾸어 버린 데 있었다.

밤이 들면서 골짜기엔 눈이 퍼붓기 시작했다.
내 사랑도 어디쯤에선 반드시 그칠 것을 믿는다.
다만 그때 내 기다림의 자세를 생각하는 것뿐이다.
그 동안에 눈이 그치고 꽃이 피어나고 낙엽이 떨어지고
또 눈이 퍼붓고 할 것을 믿는다.

세상은 내가 아는 만큼 보이고 들린다

▶ 안다는 것은 어떤 사실을 이해하고 기억하고 설명할 수 있다는 의미이다.

▶ 알아야 참으로 보게 된다(知則爲眞看, 지즉위진간).

▶ 바르게 아는 것이 중요하고, 어떻게 보느냐에 따라 다르게 보일 수 있다.

인간은 누구나 조직의 구성원으로 살아가면서 언젠가는 그 조직의 리더가 되겠다는 욕망을 가지게 된다. 조직의 평범한 일원으로서의 역할이 아니라 조직 전체를 이끌어 가는 중차대한 역할을 수행하고자 한다. 특히 교사는 학생들을 올바른 방향으로 이끌고 그들을 변화시켜야 하는 막중한 책무를 지니고 있기 때문에 학급에서 효과적인 지도성을 발휘해야 한다. 때로는 한 학교의 전반적인 운영을 책임져야 하는 경영자 혹은 관리자의 위치에서 지도성을 발휘해야 한다. 따라서 교사의 지도자적 자질과 역할은 학교 현장에서 중요한 자리를 차지하고 있다.

1 지도성의 성격

1) 지도성의 정의

지도성(leadership)에 관한 의미와 정의는 사용하는 사람에 따라 다양하다. 어떤 이는 지도성을 권력이라고 한마디로 정의하기도 하며, 또 어떤 이는 그것을 영향력이라고 이야기한다. 이렇듯 지도성이란 학자들에 따라 매우 다양하게 정의되고 있다. 몇몇 학자의 지도성에 관한 정의를 소개하면 다음과 같다.

- **스토그딜**(Stogdill): 지도성은 집단이 목적을 설정하고 그것을 성취하도록 하기 위하여 집단 활동에 영향을 미치는 과정이다.[1)]

1) Ralph M. Stogdill, "Leadership, Membership and Organization". *Psychological Bullentin, 47*, (1950), 1–14.

- 더빈(Dubin): 지도성은 권한을 행사하고 의사결정을 하는 것이다.[2)]
- 에치오니(Etzioni): 지도성은 인간적 특성에 근거를 둔 권력이며, 일반적이고 규범적인 성격을 가지고 있다.[3)]
- 바스(Bass): 지도성은 목표를 달성하기 위하여 집단 행동에 영향을 주는 과정이다.[4)]
- 쿤츠와 오도넬(Koontz & O'Donnell): 지도성은 한 개인이나 다른 구성원에게 이미 설정된 목표를 향해 정진하도록 영향력을 행사하는 과정이다.[5)]

여러 학자의 다양한 정의를 통해서 다음과 같은 몇 가지 사실을 도출할 수 있다.

첫째, 지도성은 다양한 개념을 지니고 있어 혼란을 일으키며, 일치된 정의를 찾기 어렵다. 즉, 지도성은 아직까지 설명하기 어려운 '검은 상자(black box)'와 같은 것이다.

둘째, 지도성의 개념은 발전적으로 전개된다는 점이다. 즉, 특성론, 행동론 그리고 상황론의 순으로 발전되어 왔다.

셋째, 지도성의 효과는 세 가지 요소, 즉 지도자, 부하, 그리고 상황적 요소의 상호작용에 의해 결정된다.

지도성에 관한 여러 학자의 정의에서 알 수 있듯이, 지도성이란 어떤 상황하에서 집단이나 조직의 과업 달성을 위해 구성원의 호의적인 노력을 주도할 수 있는 개인의 능력과 행동이라고 할 수 있다. 이런 지도성의 개념을 한 단어로 표현하면 권력, 권한, 영향력, 그리고 의사결정 등으로 요약할 수 있다. 반면에 지도성과 반드시 구별되어야 하는 용어로서는 직권력, 관리자, 상사 등을 들 수 있다. 여기서 지도자와 관리자의 차이점을 제시하면 다음과 같다. 지도자(leader)는 미래의 변화에 관심이 있고, 창의와 모험을 즐기며, 집단의 성장에 관심을 갖고, 집단 구성원들의 성장과 교육에 많은 것을 할애하며, 무슨 일을 '왜' 해야 하는지를 더 많이 생각하고, 옳은 일을 하는 데 더 많은 관심이 있다. 반면, 관리자(manager)는 현상 유지에만 관심이 있고, 선례와 관례에 집착하고, 집단의 안정과 집단 구성원들의 질서유지에 더 많은 관심이 있고, 주어진 일을 '어떻게' 조용하고도 차질 없이 수행하느냐만을 생각하고, 일을 바르게 하는 데 더 많은 관심이 있다.

---

2) Robert Dubin, *Human Relations in Administration*, 2nd ed.(Englewood Cliffs, New Jersey: Prentice-Hall, 1968). 385.

3) Amitai Etzioni, *A Comparative Analysis of Complex Organizations*(New York: Free Press, 1961), 116.

4) Bernard M. Bass, *Leadership & Performance Beyond Expectations*(New York: Free Press, 1985), 56.

5) Harold D. Koontz & Cyril O'Donnell, *Management: A System and Contingency Analysis of Managerial Functions*, 6th ed.(New York: McGraw-Hill Co., 1976), 578.

이러한 특성에 비추어 볼 때 모든 교육자는 관리자이기보다는 지도자가 되어야 한다. 교사에게 지도자적 자질이 없으면 유능한 교육자일 수가 없다.

- 지도자의 요건: 꿈, 설득력, 믿음성, 도량, 개인 배려
- 교육자의 요건: 이념과 목적, 내용과 방법, 도덕성과 인격, 포용력, 인간애와 개별 지도

지도성이 발휘되기 위해서는 다음의 세 가지 개념이 내포되어야 한다. 첫째, 두 사람 이상이 모여 설정된 공동의 목표가 있어야 한다. 집단이 달성하고자 하는 목표가 설정된 상황하에서 리더십이 발휘된다. 둘째, 집단 구성원 간의 권한이나 권력이 불균등하게 배분되어 있어야 한다. 권력구조의 상하 관계가 분명하게 설정되어 있지 않은 상태에서는 지도성이 발휘되기 어렵다. 셋째, 지도자로부터 영향을 받겠다는 추종자들의 암묵적 동의가 전제되어야 한다.

2) 리더의 영향력 원천

프렌치와 레이븐(French & Raven)은 교사 권력의 형태를 다음과 같이 다섯 가지로 제시하였다.

첫째, 합법적 권력으로, 학교조직의 위계 속에서 부여된 지위나 역할에서 권력이 나온다. 이것은 교사가 학생에게 영향력을 행사할 수 있는 권리를 가지고 있다는 사실을 교사와 학생 모두가 받아들임으로써 행하는 권력이다.

둘째, 보상적 권력으로, 교사가 학생에게 보상을 줄 수 있는 능력에서 나오는 권력이다. 권력의 강도는 교사가 통제할 수 있는 보상의 양과 보상을 바라는 학생의 열망 정도에 따라 다르게 나타난다.

셋째, 강압적 권력으로, 지시를 따르지 않는 학생을 통제하고 벌을 줄 수 있는 능력에서 나오는 권력을 말한다. 이는 보상적 권력과 반대되는 권력으로, 자주 혹은 강하게 사용할 때 부작용이 발생할 가능성이 높다.

넷째, 전문적 권력으로, 교사가 가지고 있는 특별한 능력과 전문적 지식에 근거하여 나오는 권력이다. 교사의 권력 가운데 가장 강력한 힘을 가지고 있어 학생들에게 많은 영향력을 행사할 수 있는 권력이다.

다섯째, 위탁적 권력으로, 교사 자신의 인성적 강점, 카리스마로 인해 추종할 수밖에 없는 상황을 만드는 권력이다. 교사 개인이 가지는 매력과 인성적 특성이 학생에게 강력한 영향력을 발휘하게 된다.

여기서 강압적 권력과 보상적 권력은 조직에 근거한 권력이고, 전문적 권력과 위탁적 권력은 개인에 근거한 권력이라고 할 수 있다.

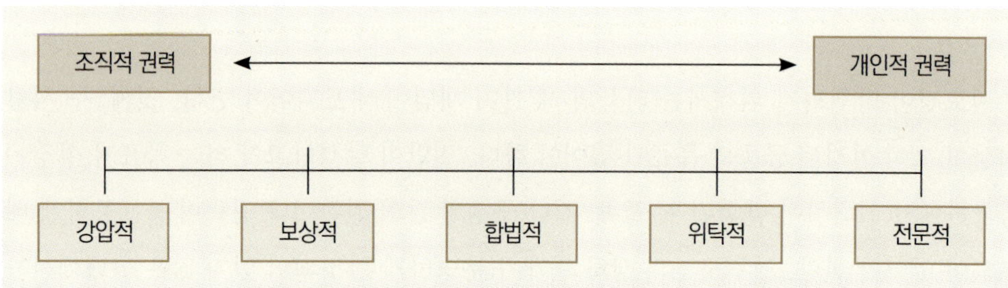

[그림 10-1] 권력의 원천과 기반

출처: J. R. P. French & B. Raven, "The Bases of Social Power". The Studies in Social Power. In D. Cartwright (Ed.), *Studies in Social Power*. Institute for Social Research. 1959. 100-110.

2 지도성이론의 세 가지 접근

지도성이론은 시대적인 발전 과정에 따라 특성론적 접근, 행동론적 접근, 상황론적 접근의 세 가지 범주로 나누어진다. 특성론적 접근은 1940년 중반 이전까지, 행동론적 접근은 1950년대 전반부터 1960년대 후반까지, 그리고 상황론적 접근은 1960년대 후반에서 부터 1980년 전반까지 지도성이론의 주류를 이루었다.

〈표 10-1〉 지도성이론의 발전 과정

기간 \ 내용	접근방법	중심 주제
1940년대 중반 이전	특성론적 접근	지도성 능력은 선천적이다.
1950년대 전반~1960년대 후반	행동론적 접근	지도성 유형은 지도자의 행동에 따라 달라진다.
1960년대 후반~1980년대 전반	상황론적 접근	지도성 유형은 상황에 따라 달라진다.

1) 특성론적 접근

특성론적 접근은 1950년대까지의 지도성 연구를 주도해 왔다. 이때 지도자는 육체적,

심리적, 그리고 사회적 특성에서 선천적으로 뛰어난 능력을 가지고 태어났다고 보는 접근방법이다. 이런 특성론적 접근을 특성론, 위인론(the great man approach), 자질론(traits theory)이라고도 한다. 특성론적 접근에서는 훌륭한 리더란 선천적으로 그리고 유전적으로 타인과 다른 '무엇'을 가지고 태어났다고 보고, 지도자로부터 이런 특성이나 자질을 찾는 데 노력하였다. 다시 말해, 효과적이고 성공적인 리더의 특성(traits)과 능력(abilities)이 '무엇(what)'인가 하는 문제가 주된 연구 대상이었다.

Stogdill은 1904년부터 1947년 사이에 수행되었던 120개의 지도자의 특성을 연구한 결과, 지도자와 관련된 인간적 특성을 다섯 가지의 영역으로 분류하였다.[6)]

- 재능(capacity): 지능, 기민성, 언어의 유창성, 독창력, 판단력
- 성취(achievement): 학문, 지식, 운동경기의 성취
- 책임(responsibility): 신뢰, 솔선수범, 인내력, 적극성, 자신감, 성취 욕구
- 참여(participation): 활동성, 사교성, 협동성, 적응성, 유머 감각
- 지위(status): 사회경제적 지위, 인기

깁(Gibb)은 지도성을 하나의 통일된 자질(unitary trait)로 보고 모든 상황, 모든 문화에 있어서 이와 같은 특성 또는 자질을 지닌 사람이 지도자가 되며, 또한 지도자만이 그러한 특성 또는 자질을 지닌다고 하였다.[7)]

지도성의 특성론적 접근은 리더들의 많은 자질과 특성을 분석하여 제시하고 있으나 그러한 접근방법은 다른 학자들에 의해 비판을 받아 왔다. 그 내용을 요약하면 다음과 같다.

- 모든 사람도 갖고 있는 것으로, 리더 고유의 것이라고 볼 수는 없다.
- 다양한 리더의 우수한 특성과 능력을 한 개인이 모두 갖추기는 불가능하다.
- 지도자의 특성을 계량적으로 측정하기 어렵고, 측정 기술도 신뢰할 수 없다.
- 분야와 집단의 성격이 다르기 때문에 리더에게 필요한 특성도 다를 수밖에 없다.

---

6) Ralph M. Stogdill. "Personal Factors Associated with Leadership: A Survey of the Literature". *Journal of Psychology, 25*, (1948), 35–71.

7) Cecil A. Gibb, "Leadership". In G. Lindsey (Ed.), *The Handbook of Social Psychology*, *Vol. VI*, (Cambridge, Mass: Addison–Wesley, 1969), 205.

- 다른 상황에서의 리더십을 예언치 못한다. 리더십에서의 상황 요소와 영향력에 대한 설명이 부족하다.

2) 행동론적 접근

특성론적 접근 이론의 문제점과 한계를 극복하려고 1950년대 전반을 중심으로 등장한 접근방법이 행동론적 접근이다.

특성론적 접근이 "리더는 어떤 특성을 지닌 사람인가?"를 통해 리더의 특성과 성격이 무엇(what)이냐에 주된 관심을 두는 데 비해 행동론적 접근은 "리더는 어떻게 행동하는가?"라는 물음을 통해 과정, 즉 방법(how)에 관련된 리더의 행동과 리더십 효과에 주된 관심을 두고 있다. 즉, 행동론적 접근은 리더의 행동뿐만 아니라 추종자의 반응에 관심을 두고 양자의 상호작용에 관한 연구에 주력하였다. 행동론적 접근의 중요한 특징을 살펴보면 다음과 같다.

첫째, 특수한 상황을 고려하지 않고 보편타당하게 받아들일 수 있는 효과적인 지도성을 찾는다.

둘째, 최선의 리더십 행동 유형을 찾는다.

셋째, 후천설에 근거하고 있기 때문에 교육과 훈련을 통해 바람직한 리더, 효과적인 리더를 양성할 수 있다.

따라서 행동론적 접근은 지도자의 행위를 관찰 및 기술함으로써 지도성 행위의 어떤 패턴을 밝혀내고자 하였다. 이에 대한 실증적 연구들을 살펴보면 다음과 같다.

(1) 아이오와 대학의 연구

지도성에 대한 행동론적 접근의 효시는 1938년에 레빈(Lewin)의 지도하에 리피트와 화이트(Lippitt & White)에 의해 수행된 "지도성과 집단생활에 관한 실험적 연구(An Experimental Study of Leadership and Group Life)"이다. 그들은 지도성 유형을 전제형(autocratic), 민주형(democratic) 및 자유방임형(laissez faire)으로 분류하였다.[8] 그들은 11세의 초등학생 20명을 5명씩 네 집단으로 구성하여 한 집단은 통제집단으로, 세 집단은

8) Kurt Lewin, Ronald Lippitt, & Ralph K. White, "Pattern of Aggressive Behavior in Experimental Created 'Social Climate". *Journal of Social Psychology, 10*, (1939), 271–299.

실험집단으로 구분하여 사전에 훈련받은 초등학교 교사들로 하여금 세 가지 유형(전제형, 민주형, 자유방임형)의 지도자 역할을 연출하도록 하였다. 각 유형의 지도성이 아동들에게 미치는 영향과 지도자가 바뀔 때 아동들의 반응이 어떠한지를 분석하였다. 각종 재료를 주고 공작물을 만들도록 한 이 실험에서 지도자가 독단적으로 의사결정을 하며 강압적 방법을 사용한 전제형 집단에서는 지도자에 대한 반감, 구성원 간의 공격성, 공동체의식의 결여 등이 나타났으며, 집단토의를 거쳐 의사결정을 하며, 동기유발적 방법을 사용한 민주형 집단에서는 지도자에 대한 존경, 원만한 인간관계, 강한 공동체의식 등이 나타났다. 한편, 완전한 자율을 허용하여 모든 것을 위임한 자유방임형 집단에서는 지도자를 타인으로 여기고, 낮은 생산성, 독자적 행동 등이 나타났다.

이 연구는 민주형 지도자가 이끄는 집단은 생산성과 구성원의 만족도가 가장 높으며, 전제형 지도자의 생산성은 초기에는 급격하게 상승하였으나 시간이 흐름에 따라 급격히 저하되는 결과를 낳았다. 자유방임형 지도자가 이끄는 집단은 좌절과 방향감각 상실, 우유부단한 행동이 관찰되었다.

이들이 제시한 지도성 유형은 행동론적 접근의 효시라는 점에 중요한 의의를 가지고 있으나 몇 가지 문제점을 가지고 있다. 이를 정리하면 다음과 같다.

첫째, 실험 과정에서 주변 환경이 미치는 영향 요인을 통제하지 않았다.

둘째, 소집단을 연구 대상으로 삼아 그 결과를 일반화하기에는 무리가 따른다.

셋째, 사회문화적 배경과 시대적 상황이 다른 현대의 역동적인 대규모 조직에 그 결과를 그대로 적용하기 어렵다.

(2) 오하이오 주립대학의 연구

지도자의 행동에 초점을 맞춘 일련의 연구들이 오하이오 주립대학 경영연구소(Bureau of Business Research)와 인사연구위원회(Personnel Research Board)를 중심으로 시도되었다. 연구팀은 다양한 집단의 지도자를 대상으로 지도자의 행동 차원을 밝혀내기 위하여 지도자행동기술척도(Leader Behavior Description Questionnaire: LBDQ)를 개발하였다. 이 척도를 통해 다양한 집단과 상황에 있어서 지도자의 행동을 객관적으로 분석하는 획기적 계기를 마련하였다. 특히 할핀과 와이너(Halpin & Winer)는 공군 지휘관의 지도성 행동에 대한 승무원들의 LBDQ 반응을 요인분석(factor analysis)하여 지도자의 행동을 과업중심차원(initiating structure dimension)과 인화중심차원(consideration dimension)의 두 차원으로 구분하여 제시하였다. 과업중심차원과 인화중심차원이라는 이 두 용어는 1953년

에 플라이스만(Fleisman)에 의해 처음으로 사용되었다.[9)]

과업중심차원은 집단활동에 있어서 자신과 소속 구성원이 명백한 조직의 관계를 형성하고, 의사소통 경로를 만들며, 절차 방법을 마련하려고 노력하는 지도자의 행동을 말한다. 따라서 지도자는 구성원 각자에게 기대되는 역할이 무엇인지 분명히 제시해 주고, 그에 따라 임무를 배정하고, 미리 계획을 세우며, 일을 처리하는 방법과 절차를 세우고, 분명한 결과가 나타나는 일들만 추진하는 것으로서 구조성 차원이라고 부르기도 한다. 인화중심차원이란 지도자와 집단 구성원의 욕구에 깊은 관심을 가지며, 집단 구성원이 의사결정과정에 적극 참여하도록 하고, 의사소통을 활발히 하도록 장려하는 지도자의 행동으로서 배려성 차원이라고 부르기도 한다. 즉, 과업중심차원은 조직 수행의 목표에 초점을 두고 있으며, 인화중심차원은 집단 구성원의 욕구 충족에 초점을 두고 있다.

할핀은 교육 현장에서 LBDQ를 사용하여 과업중심차원과 인화중심차원을 양축으로 한 다음, 평균점을 중심으로 [그림 10-2]와 같이 지도성을 4상한으로 도형화하였다.[10)]

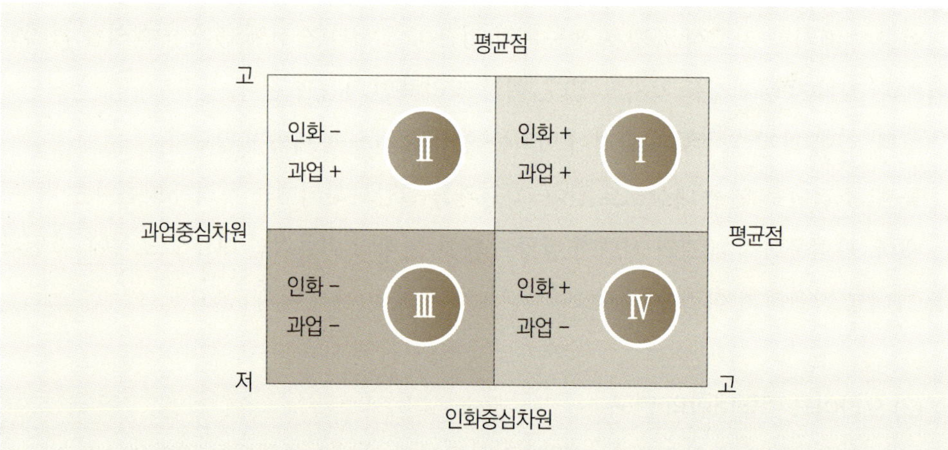

[그림 10-2] 인화중심차원과 과업중심차원에 의한 지도성 유형

출처: Andrew W. Halpin, "Superintendent's Effectiveness as a Leader". *Administrator's Notebook*, 7(2), 1958, 2.

이 네 가지 지도성 유형에서 양 차원의 점수가 모두 평균 이상인 I 상한(인화 +, 과업+)을 효과적인 지도성(effective leadership)으로, 인화차원의 점수는 평균 이하이나 과

9) Edwin A. Fleishman, "Leadership Climate, Human Relations Training, and Supervisory Behavior". *Person Psychology*. 6, (1953), 205–222.

10) Andrew W. Halpin, "Superintendent's Effectiveness as a Leader". *Administrator's Notebook*, 7(2), (1958), 2.

업차원의 점수는 평균 이상인 II상한(인화 −, 과업 +)을 과업중심 지도성(task−centered leadership)으로, 양 차원의 점수가 모두 평균 이하인 III상한(인화 −, 과업 −)을 비효과적 지도성(ineffective leadership)으로, 인화차원의 점수는 평균 이상이나 과업차원의 점수는 평균 이하인 IV상한(인화 +, 과업 −)을 인화중심 지도성(human relationship−centered leadership)으로 부르게 되었다.

한편, Halpin은 LBDQ를 사용한 오하이오 주립대학에서 수행된 일련의 연구들로부터 다음과 같이 주요 결론을 도출하였다.[11]

① LBDQ에 의해 측정된 과업중심차원과 인화중심차원은 지도자 행동의 근본을 이루는 두 차원이다.

② 효과적인 지도자 행동은 양 차원에서의 높은 성취와 관련되는 경향이 많다.

③ 조직 위계상의 상위자와 하위자는 지도성의 효과성을 평가하는 데 있어서 양 차원의 기여 정도를 정반대로 평가하는 경향이 있다. 즉, 상위자는 과업중심차원을 강조하는 경향이 있는 반면, 하위자는 인화중심차원에 보다 많은 관심을 가지고 있다. 여기서 지도자는 어느 정도의 역할 갈등을 겪게 된다.

④ 양 차원이 모두 높은 I 상한의 지도성 유형은 구성원 간의 조화, 친밀감, 명확한 절차, 변화에의 호의적인 태도 등과 같은 특성과 관련되어 있다.

⑤ 상이한 조직 환경은 상이한 지도성 유형을 요구하는 경향이 있다.

오하이오 주립대학의 연구는 지도성 유형을 양극단으로 나누어 생각했던 종래의 연구와는 달리 처음으로 지도자의 행위를 단일선상이 아닌 두 개의 축 위에 표시하였으며, 과업 및 인화라는 것이 별개의 독특한 차원임을 밝혀냈다는 데 그 의의가 있다. 또한 과학적 관리론의 과업지향성과 인간관계론의 인화지향성을 배합시키면서 지도자의 행동 특성을 단계적, 이론적, 실증적으로 규명하고자 노력하였으며, 지도성 연구의 이론적 기초를 제공했다는 점에서 의의를 찾을 수 있다. 그러나 두 차원이 어떠한 비율로 어떻게 조직 효과에 영향을 주는지를 분명히 밝히지 못했으며, 지도성을 단지 두 차원에서만 파악하여 환경 요인을 고려하지 않고 있으며, 지도성의 효과성을 측정하는 데 있어서 주로 질문지의 반응에만 의존했다는 점 등에서 비판을 받고 있다.

---

11) Andrew W. Halpin, *op. cit.*(1958), 97−98.

(3) 미시간 대학의 연구

1947년에 미시간 대학의 사회조사연구소 초대 소장이었던 리커트(Likert)와 그의 동료들은 병원, 정부 기관을 비롯한 다양한 조직에서 일하고 있는 지도자와 종업원들로부터 자료를 수집하여 분석한 결과, 지도성 유형을 직무중심(job-centered) 지도자와 종업원중심(employee-centered) 지도자로 나누었다.[12] 조직의 목표 달성과 구성원의 만족을 위해 개인들의 노력을 효과적으로 관리할 수 있는 최선의 방법을 알아보려는 것이 이 연구의 목적이었다.

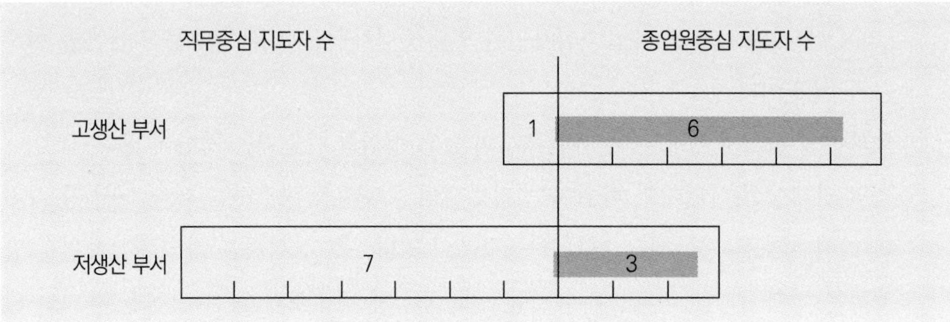

[그림 10-3] 직무중심 지도자 수와 종업원중심 지도자 수

출처: Rensis Likert, *New Patterns of Management*(New York: McGraw-Hill, 1981), 7.

직무중심 지도자는 종업원들에게 업무를 분담시키고, 그들을 철저히 감독하며, 생산성을 높이기 위한 유인체제를 강구하고, 종업원을 조직 목표 달성의 수단으로 간주하면서 합법적이고 강압적인 권력을 사용하는 생산지향적 입장을 취한다. 반면에 종업원중심 지도자는 책임을 종업원에게 위임하며, 종업원의 복지, 욕구, 발전 및 개인적 성장에 관심을 가지는 인간지향적 입장을 취한다.

그들은 이 두 가지 행동 유형을 하나의 연속선상의 양 축에 위치시켜 매트릭스를 만들어 설명하면서 리더는 결국 어느 한편의 리더십 행동을 할 수밖에 없고, 그중에서 종업원중심 지도자가 가장 바람직하고 효과적인 리더십이라고 했다.

(4) Tannenbaum과 Schmidt의 연구

1957년에 탄넨바움과 슈미트(Tannenbaum & Schmidt)는 경영자의 권위 정도와 구성원의 의사결정 과정 참여 정도에 따라 경영자중심(boss-centered)의 전제적 지도자와 구성

12) Rensis Likert, *New Patterns of Management*(New York: McGraw-Hill, 1981), 7.

원중심(subordinate-centerd)의 민주적 지도자로 나누었다. 그들은 [그림 10-4]와 같이 이를 양극단으로 하여 연속선상에 다양한 행위 유형이 있을 수 있다고 하였다.13)

양극화된 연속선상에서 한 극단에 위치한 전제적 지도자일수록 독단적이고, 과업지향적이며, 통제를 주로 행사하고, 의사결정과정에 구성원을 참가시키지 않으며, 모든 의사결정을 거의 혼자서 내리는 경향이 있는 반면에, 다른 한 극단에 위치한 민주적 지도자일수록 의사결정의 권한을 대폭 구성원들에게 위임하고, 협의를 통해 의사결정을 하는 인간지향적인 경향이 있었다. 그리고 [그림 10-4]에 나타나지는 않았지만, 방임주의적 지도성은 지도성이 부재한 상태와 같기 때문에 의사결정의 방향이 구성원에 의해 좌우되는 것이 일반적이다. 자유방임적 지도자는 지도자로서의 자기 역할을 완전히 포기한 상태이기 때문에 개인들은 단지 개인으로만 남는 경향이 있다.

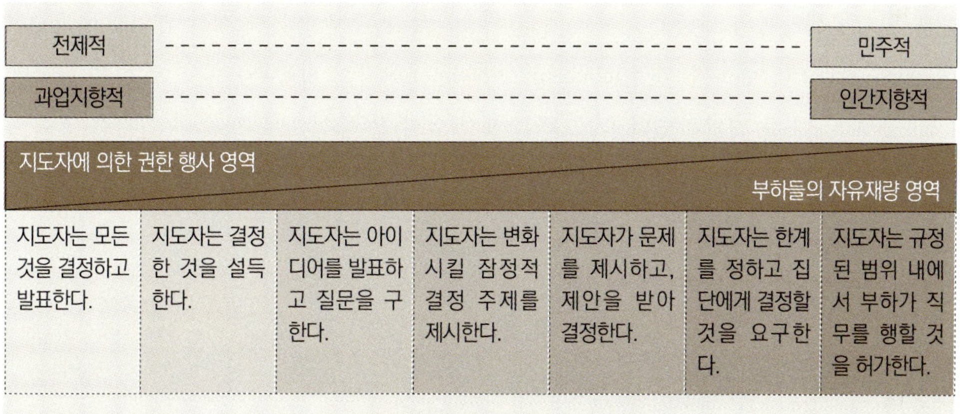

[그림 10-4] 지도자 행동의 연속성

출처: Paul Hersey & Kenneth H. Blandchard, *Management of Organizational Behavior Utilizing Human Resources*, 2nd ed.(Englewood Cliffs, N.J.: Prentic-Hall, Inc., 1972), 71.

실제로 이 두 극단 사이에는 지도자 자신과 작업 집단, 그리고 상황에 따라 수많은 유형의 지도성이 존재할 수 있지만, 가장 효과적인 지도자는 구성원의 능력 및 자신의 능력을 조직의 목표와 연결시켜 권한을 효율적으로 배분할 줄 아는 지도자이다. 따라서 Tannenbaum과 Schmidt는 전제적이든, 민주적이든 양극단적인 것을 선정하지 말고, 지도자는 주어진 상황에 따라 융통성 있게 지도성을 행사하여야 한다고 주장하였다. 이는

13) Robert Tannenbaum & Warren H. Schmidt, "How to Choose a Leadership Pattern". *Harvard Business Review*, (May-June, 1973), 3-12.

피들러(Fiedler)로 대표되는 상황조건이론(contingency theory)과도 일맥상통하는 바가 있다. 특히 Tannenbaum은 구성원의 목표에 가장 관심이 많고 조직의 목표에 가장 관심이 적은 지도자가 효과적인 지도자라고 주장하면서 그 일차적 요건은 상황에 따른 신축성이라고 보았다.

그러나 이들의 모델은 연속선상의 무수히 많은 행동 유형 중에서 정확히 어떤 행동 유형을 선택해야 될 것인가에 관해서는 엄밀하게 제시하지 못하고 있다. 일반적으로 생산성과 효과성의 측면에서 볼 때 전제적 유형과 민주적 유형은 그 우위를 결정하기가 힘들며, 자유방임적 유형은 최악의 상태를 가져오는 것으로 보인다.

(5) Blake와 Mouton의 연구

블레이크와 모우튼(Blake & Mouton)은 지도성 훈련 세미나를 진행하던 중 과업중심차원과 인화중심차원의 개념을 원용하여 [그림 10-5]와 같이 생산에 대한 관심(concern for production)과 인간에 대한 관심(concern for people)을 각각 횡축과 종축으로 하는 관리망(managerial grid)을 개발하였다.[14] 그들은 생산(업적)을 중심으로 한 축과 인간을 중심으로 한 축을 각각 9단계로 나누고, 81개의 유형 가운데에서 논의의 편의상 다음과 같은 다

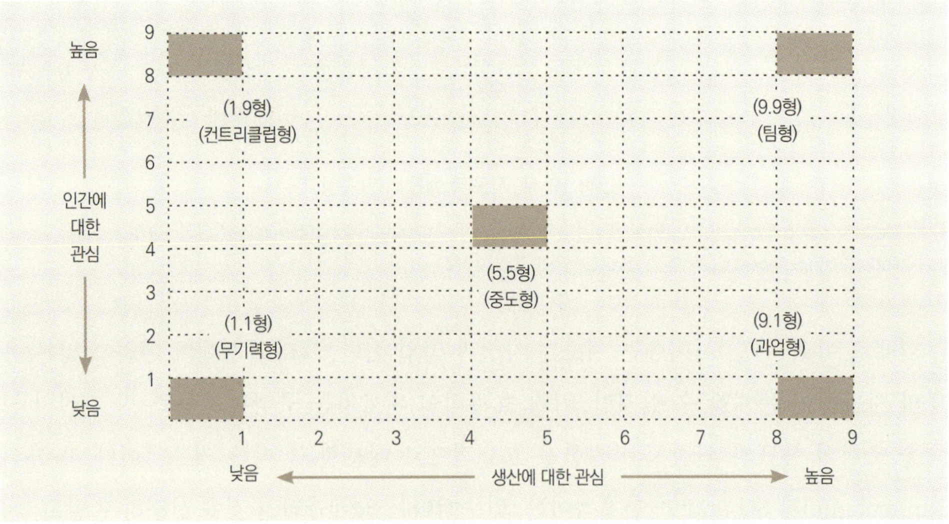

[그림 10-5] Blake와 Mouton의 관리망 이론

출처: R. R. Blake and J. S. Mouton. *The Managerial Grid, Houston*(Texas: Gulf Publishing Co., 1984), 10.

---

14) Robert R. Blake & Jane S. Mouton. *The Managerial Grid, Houston*(Texas: Gulf Publishing Co., 1984), 10.

섯 가지의 기본적인 모형(무기력형, 과업형, 중도형, 컨트리클럽형 및 팀형)을 제시하면서 이 유형 가운데에서 팀형을 가장 이상적인 추구형으로 제시하였다.

가장 기본적인 다섯 가지 유형에 대해 살펴보면 다음과 같다.

① **무기력형**(impoverished style: 1.1형): 생산과 인간에 대한 관심이 둘 다 적은 유형이다. 이 유형은 조직 구성원의 자격을 유지할 정도로 행동하기를 바라며, 그렇게 되도록 내버려 둔다. 어느 누구와도 접촉을 삼가고 비개입적 태도를 취한다.

② **과업형**(task style: 9.1형): 생산에 대한 관심은 높지만, 인간에 대한 관심은 적은 유형이다. 이 유형은 생산성을 높이기 위하여 엄격한 규칙과 과업예정표에 의하여 명령과 통제를 가중시킨다. 상급자들이 결정하면 하급자들은 단지 추종할 뿐이다.

③ **중도형**(middle of the road style: 5.5형): 생산에 대한 관심과 인간에 대한 관심이 둘 다 적당한 정도로 균형을 유지하려는 유형이다. 이 유형은 공정하지만 확고한 표준을 고수하면서 절도 있는 유화 강경책(carrot and stick)을 사용하며, 종업원들의 능력을 신뢰한다.

④ **컨트리클럽형**(country club style: 1.9형): 이 유형은 종업원들의 사회적·심리적 욕구 충족을 중시하면서 원만한 인간관계를 중심으로 조직을 유지해 나가려고 한다. 상하급자 간에 '함께 어울린다(togetherness)'는 것을 강조하며 상호 간의 의견 불일치나 비판을 삼가도록 노력한다.

⑤ **팀형**(Team Style: 9.9형): 생산과 인간 양 차원에 모두 지대한 관심을 보이는 통합형적 지도 유형이다. 이 유형은 종업원들의 자아실현의 욕구를 만족시켜 주고 이것이 높은 생산성을 가져올 수 있다고 생각한다. 인간의 창의성을 존중하고 고무시킨다. 조직의 지속적인 개선과 종업원들의 성장이 지도자의 목표이다.

관리망 이론은 직무 환경이라는 현실 속에서 실무관리자가 행동하는 실제를 통하여 상황별로 각자가 자신의 지도 유형을 어떻게 바꿔야 하는가를 알게 해 주고, 인간관계뿐만 아니라 직무상의 업적도 중요시하고, 상위층뿐만 아니라 하위층 모두 훈련을 받을 수 있고, 이론 모형 자체가 복잡하지 않다는 점에서 T-group 또는 감수성 훈련보다 이상적이라는 평을 받고 있다. 그러나 이 이론이 가지는 문제점과 한계도 지적하지 않을 수 없다.

첫째, 사람은 누구나 이 같은 대표적인 다섯 가지 기본 유형의 특성을 골고루 가지고 있으나 다만 사람에 따라 그 구성 비율이 조금씩 다르다는 점이다. 따라서 지도성의 효과는 리더 개인의 특성에만 달려 있는 것이 아니라 상황, 가치관, 개성 및 기회와 같은 여러 가지 조건이 조화됨으로써 결정된다는 사실을 간과하고 있다.

둘째, 9.9형이 모든 상황에서 최선의 지도성 유형임을 지지해 주는 확고한 증거가 부족하다.

셋째, 이 이론도 다른 행동론적 접근과 마찬가지로 한 가지 보편타당한 효과적인 지도성 유형을 찾고자 하였으나 실패하고 말았다.

3) 상황론적 접근

1960년대 후반부터 지도성 연구의 초점이 효과적인 리더십은 여러 가지 상황에 따라 다르다는 관점으로 옮겨 가기 시작했다. 리더는 '시대와 상황의 산물'이라는 표현처럼, 이 접근은 리더십의 본성이 상황적인 것에 근거한다는 신념에서 나온 것이다. 상황론적 접근(contingency approach)은 상황조건적 이론, 상황적합이론, 상황적응이론, 우발성이론, 상황중심적이론 등의 다양한 이름으로 불리고 있으나, 그 기본 생각은 어떤 상황에서나 효과적이며 유일한 지도성이란 존재하지 않는다는 것이다.

상황론적 접근은 생산과 인간이라는 두 축에 효과성이라는 또 하나의 축을 첨가하여 상황적 변수를 강조하고 있다. 즉, 복잡한 상황적 변수가 지도성의 효과와 어떠한 관계가 있는가를 다차원적으로 접근하고 있다. 따라서 지도성의 효과는 복잡한 상황변수가 지도자의 행동과 어떻게 조합되느냐에 따라 결정되기 때문에 지도자에게 가장 효과적일 수 있는 상황의 여러 측면을 확인하는 데 연구의 초점을 맞추고 있다. 오늘날 리더십 연구에서 가장 포괄적이고 지배적인 것으로 인정받고 있는 이론 중의 하나가 바로 이 접근방법이다.

(1) Fiedler의 상황론적 접근

상황론적 접근을 최초로 제시한 사람은 피들러(Fiedler)이다. 그는 지도성 유형은 지도자의 동기유발 구조(motivational system)에 의해 결정된다는 점과 조직의 효과성은 지도성 유형과 상황의 호의성(situational favorableness)과의 결합에 의해 결정된다는 점을 기본 가설로 삼았다. 그는 지도자의 동기유발 구조를 측정하여 지도성 유형을 제시하였으며, 집단의 목표를 성취하는 데 부합되는 환경 상황이 얼마나 호의적인가를 측정하였다.[15)]

15) Fred E. Fiedler, *A Theory of Leadership Effectiveness*(New York: McGraw-Hill Book Co., 1987), 13-14.

그는 지도자의 동기유발 구조를 측정하기 위해 LPC(Least Preferred Coworker: LPC) 점수에 따라 지도성 유형을 과업지향형과 관계지향형으로 구분하였다. LPC 척도는 16문항으로 구성된 척도인데, 지도자는 함께 일하기가 가장 싫은 동료 작업자 한 사람을 선택한 다음, 지도자 자신의 그 사람에 대한 정서적인 반응을 문항별로 평가하도록 되어 있다. LPC 점수가 낮은 과업지향형 지도자들은 지시적, 통제적이었고, 과업 목표 달성 및 직무의 달성에 우선적으로 동기를 부여하였으며, LPC 점수가 높은 관계지향형 지도자들은 온화하고 사려심이 깊으며 대인관계를 밀접하게 가지려는 동기성향이 우세하였다.[16)]

LPC 점수에 의하여 분류된 두 가지 지도성 유형의 효과성 여부는 전적으로 상황의 호의성에 따라 결정된다는 것이다. 이 상황의 호의성이란 그 상황이 지도자로 하여금 자기 집단에 대해 영향력을 행사할 수 있게 하는 정도를 말한다. 상황의 호의성을 결정하는 요인은, ① 지도자와 구성원 간의 관계(leader-member relations), ② 집단에 부여된 과업의 구조화(task structure) 정도, 그리고 ③ 지도자의 지위 권력(position power)이다. 이 세 가지 상황 변수가 상황의 호의성 정도를 결정하는데, 이 상황 변수의 조합 관계에 따라 8개의 집단 상황이 가능하게 된다.

지도성이 효과적이기 위해서는 상황의 호의성 정도에 따라 지도성의 유형이 달라져야 하는데, 그는 3개의 상황 변수에 서로 다른 가중치를 부여하여 8개의 집단 상황에 대해 3개의 호의성 정도, 즉 호의적 상황, 중간 정도의 상황, 비호의적 상황으로 구분하였다. 이 상황의 호의성 정도에 따라 효과적인 지도성 유형을 [그림 10-6]과 같이 제시하였다.

즉, 상황의 호의성이 집단 상황 Ⅰ, Ⅱ, Ⅲ과 같이 매우 호의적이거나 또는 집단 상황 Ⅷ과 같이 매우 비호의적일 경우에는 LPC 점수가 낮은 과업지향형 지도자가 LPC 점수가 높은 관계지향형 지도자보다 더 효과적이며, 상황의 호의성이 집단 상황 Ⅳ, Ⅴ와 같이 중간 정도일 경우에는 LPC 점수가 높은 관계지향형 지도자가 집단의 과업을 더 잘 수행할 수 있다는 것이다. 여기서 호의성이 중간 정도라는 것은, ① 지도자와 구성원의 관계가 양호하나 과업의 구조화 정도는 명확하지 않으며, 지도자의 권력이 약하게 행사되는 상황이거나, ② 지도자와 구성원의 관계가 원만하지 않으나 과업 구조가 명확하고 지도자의 권력이 강력하게 행사되는 상황을 말한다.

Fiedler의 상황론적 접근은 상황 변수를 도입한 최초의 이론이라는 점, 지도성 효과를

16) Fred E. Fiedler, *op. cit.*(1987), 35-50.

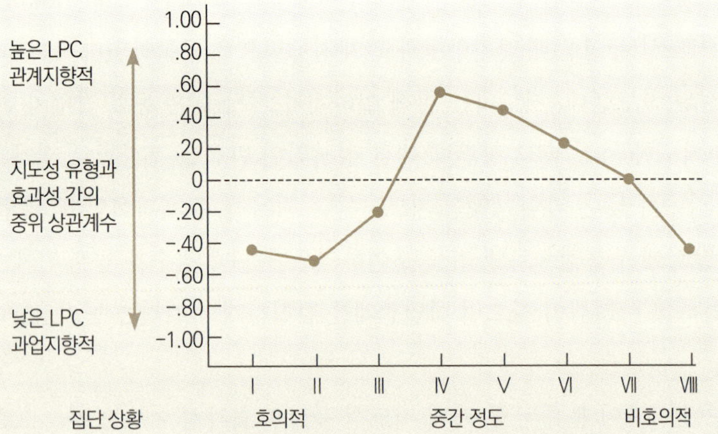

지도자-구성원 간의 관계	양호	양호	양호	양호	불량	불량	불량	불량
과업의 구조화 정도	명확		불명확		명확		불명확	
지도자의 지위 권력	강	약	강	약	강	약	강	약

[그림 10-6] 피들러의 상황 모형

출처: Paula Silver, *Educational Administration*(New York: Harper & Row, 1983), 158.

상황 변수와 지도성 유형에 의해 결정함으로써 효과성을 높이는 데 공헌했다는 점, 지도자에게 도움이 되는 이론이라는 점, 그리고 지도성에 대한 과학적 연구의 새로운 계기를 마련함으로써 이를 검증하기 위한 많은 연구가 이후에 수행되었다는 점 등에서 그 의의를 찾을 수 있다. 그러나 LPC 척도의 타당도와 신뢰도 검증이 과학적으로 이루어지지 않았다는 점, LPC 점수에 의해서만 지도성 유형을 이원화했다는 점, 상황 변수로 구성원의 능력을 고려하지 못했다는 점, 그리고 LPC 점수와 상황의 호의성 간에 정적인 상관관계가 성립될 수 없다는 점 등에서 이론의 한계를 가지고 있다.

(2) Reddin의 3차원 관리유형이론

레딘(Reddin)은 기본적인 지도성을 관계성 차원과 과업 차원에 의하여 구분하고, 이 기본적인 지도성 모형에 3차원인 지도성의 효과성 차원을 추가하여 효과적인 지도성 유형 네 가지와 비효과적인 지도성 유형 네 가지를 제시했다. 즉, 기본 유형을 ① 통합형(integrated: 높은 과업, 높은 관계성), ② 관계형(related: 낮은 과업, 높은 관계성), ③ 헌신형(dedicated: 높은 과업, 낮은 관계성), ④ 분리형(separated: 낮은 과업, 낮은 관계성)으로 구분하고, 여기에 효과성 차원(effectiveness dimension)을 추가하여 주어진 상황에 적합할 경우에는 효과적(effective)이 되어, ① 경영자형(executive), ② 개발자형(developer), ③ 자선적 독재자형(benevolent autocrat), ④ 관료형(bureaucrat)의 효과적 지도성 유형이 나타나게 되고, 반대로 주어진 상황에 적합하지 않을 경우에는 비효과적(ineffective)이 되어, ① 타협자형(compromiser), ② 선교사형(missionary), ③ 독재자형(autocrat), ④ 방임자형(deserter)의 지도성 유형이 나타나게 된다는 이른바 3차원 관리유형이론(3-D management style theory)을 제시하였다.[17] 이를 그림으로 나타내면 [그림 10-7]과 같다.

Reddin은 지도자의 두 행동 차원은 그 자체만으로는 아무런 의미가 없기 때문에 상황의 적절성과 관련을 맺을 때에만 그 의미가 살아난다고 보았다. 즉, 상황이 달라지면 그에 따라 지도성 유형도 달라져야 하며, 어느 한 유형의 지도성 효과는 그것이 어떠한 상황에서 행사되었느냐에 따라 좌우된다는 것이다.

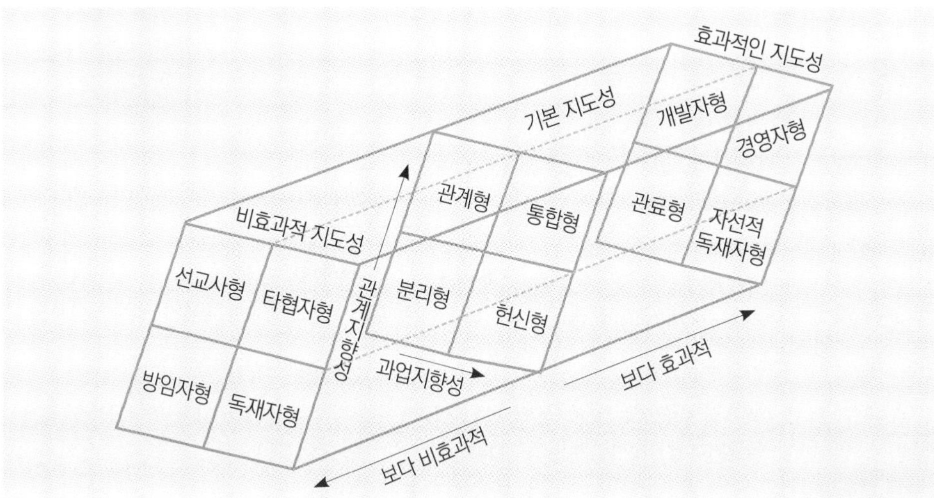

[그림 10-7] Reddin의 3차원적 지도성 유형

출처: William J. Reddin, *Managerial Effectiveness*(New York: McGraw-Hill, 1970), 206.

여기서 과업 차원이란 조직의 목표 달성을 위해 힘쓰는 지도자의 행동을 말하며, 관계성 차원은 구성원에게 신뢰, 존경 그리고 정서적 배려를 하면서 인간관계를 중요시하는 지도자의 행동을 뜻하고, 효과성 차원은 지도자가 자신의 책임하에 있는 목표를 달성하는 정도를 뜻하는데, 현실적으로 지도성이 발휘되는 지도자의 환경을 의미한다.

지도성 유형의 효과성은 그것이 사용되는 상황에 따라 달라지기 때문에 효과적·비효과적 유형 간의 차이는 지도자의 실제적 행동이 아니라, 그 행동이 사용되는 상황에 대한 지도자 행동의 적합성 여부를 나타내는 것이다. 또한 효과, 비효과라고 하는 것은 양

17) William J. Reddin, *Managerial Effectiveness*(New York: McGraw-Hill, 1970), 11-18.

분된 개념이 아니라 효과성 차원의 연속선상에서 파악되는 개념이다. 따라서 효과성은 정도의 문제이며, 특정 지도성 유형은 효과적인 것에서 비효과적인 것에 이르는 연속선상의 어느 한 위치에 놓이게 된다. 지도성 유형의 효과성을 결정하는 데 영향을 주는 상황 변수로서는, ① 조직의 심리적 풍토, ② 과업 수행 방법과 관련된 작업 기술, ③ 상위자의 유형과 기대, ④ 동료 작업자의 유형과 기대, ⑤ 하위자의 유형과 기대 등을 들 수 있다. 따라서 효과적인 지도자가 되기 위해서는 상황 변수를 정확하게 진단, 평가, 조작할 수 있어야 하며, 상황의 요구에 맞추어 지도성 유형을 바꿀 수 있어야 한다.

지도성의 기본유형 그리고 상황에 대한 적합성 여부에 따라 구분된 효과적 유형과 비효과적 유형의 특징을 살펴보면 〈표 10-2〉와 같다.

〈표 10-2〉 Reddin의 효과적 및 비효과적 지도성 유형

기본 지도자형	보다 효과적	보다 비효과적
• 통합형 높은 관계 높은 과업	• 경영자형 동기유발, 높은 기준 설정, 개인차 인정, 팀 경영의 선호	• 타협자형 부적절한 압력에 심하게 영향을 받는 줏대 없는 의사결정자
• 분리형 낮은 관계 낮은 과업	• 관료형 규칙과 규정을 공평하고 양심적으로 행사하여 현상 유지 및 통제	• 방임자형 수동적, 때로는 간섭하며, 책임 포기
• 헌신형 낮은 관계 높은 과업	• 자선적 독재자형 해야 할 일을 알고, 그것에 적개심을 일으키지 않으면서 효율적으로 하는 적극적 추진자	• 독재자형 무감각, 오만함, 완고함, 타인에 대한 불신, 즉시적 일에만 관심
• 관계형 높은 관계 낮은 과업	• 개발자형 타인을 신뢰하는 온화한 인간, 타인의 개인적 발전에 관심	• 선교사형 조화에 관심을 두며, 조직이 목적(방향감) 없이 표류하는 동안에도 선의(goodwill)를 전도

출처: Wayne K. Hoy & Cecil G. Miskel, *Educational Administration: Theory, Research, and Practice*(New York: Random House, 1978), 205.

Reddin의 이론은 이차원적 지도성 모형에 효과성 차원을 추가하여 최초로 3차원적 모형을 제시했다는 점, 지도성 유형의 효과성에 대한 상황 변수의 중요성을 암시했다는 점, 모든 상황에 적절한 유일한 지도성 유형이 없다는 것을 인정한 점 등에서 그 의의를 인정받고 있다. 그러나 지도성 유형의 명칭이 너무 많아 혼란스럽다는 점과 어떤 상황이 어떤 지도성 유형에 적합한지를 명확히 밝히고 있지 않다는 점, 그리고 체계적인 실험적 검증 연구가 부족하였다는 점 등에서 비판을 받고 있다.

(3) Hersey와 Blanchard의 3차원적 지도성 유형

허시(Hersey)와 블랜차드(Blanchard)는 오하이오 주립대학의 연구, Blake와 Mouton의 관리망 이론, Reddin의 3차원 관리유형 이론에 근거하여 지도자의 행동을 과업 행동(task behavior)과 관계성 행동(relationship behavior)으로 개념화하고 여기에 성숙도 차원을 추가하였다.

또한 이들은 기본적인 지도성 유형들이 효과적인 경우와 비효과적인 경우를 상정하여 12개의 상황을 설정한 문항으로 이루어진 지도자의 효과성과 적응성 기술 척도(Leader Effectiveness and Adaptability Description Questionnaire)를 제작하여 사용하였다. 4개의 기본 유형이 상황에 대한 적절성 여하에 따라 효과적 유형이 될 수도 있고 비효과적 유형이 될 수도 있으며, 각각의 유형은 지도자의 동료 작업자나 하위자 또는 상위자의 지각에 의하여 구분된다.

Hersey와 Blanchard는 지도성의 효과는 지도자, 추종자, 그리고 조직의 특수한 상황에 의하여 결정된다고 하면서 E=f(l · f · s)라는 공식으로 나타내고, 이것을 효과적인 지도자 행위나 상황적응론의 가장 유용한 모델로서 제시하였다. 이들은 지도성 유형의 효과성을 결정짓는 상황 변수로서 구성원의 성숙도(maturity)라는 개념을 사용하였는데, 최근에 와서는 성숙도 대신에 준비도(readiness)라는 개념을 사용하였다.[18] 준비도는 성취동기, 책임감, 교육 수준과 경험, 직무수행에 있어서의 심리적 자신감 등으로 구성되며, 이 변인들은 수행해야 할 구체적인 과업과의 관련 하에서만 고려되어야 한다. 물론 상황 변수로서의 준비도는 어느 정도 포괄성을 지니고 있다고 본다. 준비도의 일반적 개념 속에는 직무 준비도(job readiness)와 심리적 준비도(psychological readiness)가 모두 포함되는데, 직무 준비도는 과업 수행에 필요한 능력과 기술적 지식으로 구성되며, 심리적 준비도는 자신감, 책임감, 성취동기, 자존심 등의 긍정적 개념으로 구성된다.

이들은 지도자의 과업 행동, 관계성 행동, 그리고 구성원의 준비도 간의 상호작용에 따라 나타나는 곡선적 관계에 지도성이 기초를 두고 있다고 하였다. 구성원의 준비도에 따라 지도자의 과업 행동과 관계성 행동을 효과성과 관련시켜 종 모양의 곡선(bell-shaped curve)으로 표시한 하나의 주기로 제시하였다. 조직 구성원의 준비도는 시간이 경과함에 따라 증대될 것이며, 구성원의 준비도가 증대하면 효과적인 지도성 유형은 과

18) Paul Hersey & Kenneth H. Blanchard, *Management of Organizational Behavior: Utilizing Human Resources*, 5th ed.(Englewood Cliffs, New Jersey: Prentice-Hall, Inc., 1988), 182.

업 행동의 감소와 관계성 행동의 증가로 특징지을 것이라는 점이다. 그러므로 주어진 상황에서 어떤 지도성 유형이 가장 효과적인가를 결정하기 위해서는 구성원의 준비도를 측정하여 준비도를 나타내는 연속선상의 한 점에서 위쪽으로 90도 각도의 직선을 그으면 효과성 곡선의 어느 한 점과 교차하게 되는데, 바로 이 점이 있는 상한에 해당된 지도성 유형이 그 상황에서 가장 적절한 지도성임을 보여 준다. 이를 그림으로 나타내면 [그림 10-8]과 같다.

이들은 구성원의 준비도에 따라 지도성 유형을 네 가지로 분류하였는데, 구성원의 준비도가 낮으면 과업 행동을 높이고 관계성 행동을 줄이는 지도성을 발휘하고, 준비도가 높아감에 따라 지시형(telling), 설득형(selling), 참여형(participating), 위임형(delegating)으로 지도성 유형을 바꾸어 나가야 한다.

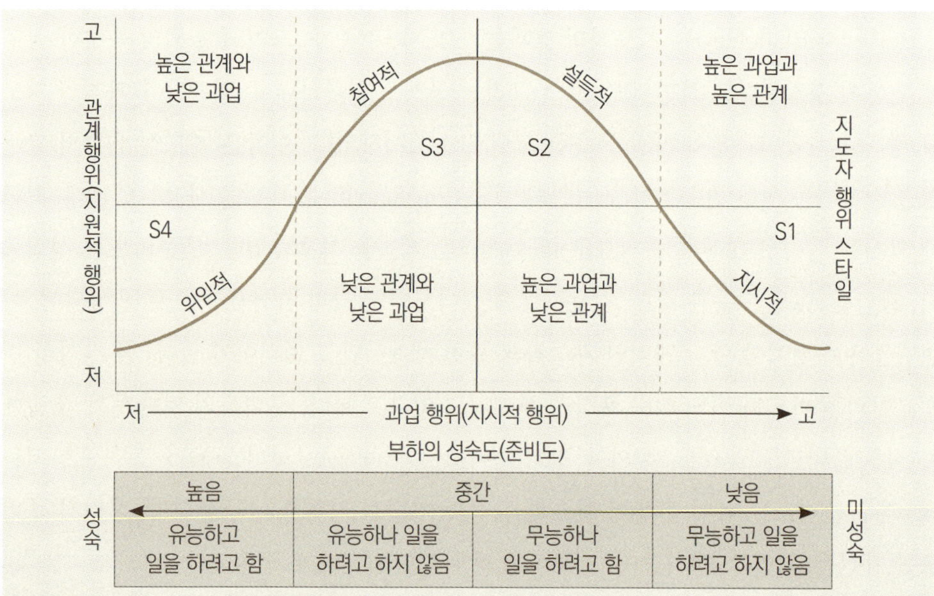

[그림 10-8] Hersey와 Blanchard의 3차원적 지도성 유형

출처: Paul Hersey & Kenneth H. Blanchard, *Management of Organizational Behavior: Utilizing Human Resources*, 5th ed.,(Englewood Cliffs, New Jersey: Prentice-Hall, Inc., 1988), 200.

- 지시형: 높은 과업 행동과 낮은 관계성 행동을 보이는 유형으로, 구성원이 무능하면서도 일을 하려는 의지도 없는 낮은 성숙 수준을 보일 때 효과적이다.
- 설득형: 높은 과업 행동과 높은 관계성 행동을 보이는 유형으로, 구성원이 무능하나 일을 하려는 의지가 있는 중간의 성숙 수준을 보일 때 효과적이다.

- **참여형:** 낮은 과업 행동과 높은 관계성 행동을 보이는 유형으로, 구성원이 유능하나 일을 하려는 의지가 별로 없는 중간의 성숙 수준을 보일 때 효과적이다.
- **위임형:** 낮은 과업 행동과 낮은 관계성 행동을 보이는 유형으로, 구성원이 유능하면서 일을 하려는 의지도 있는 높은 성숙 수준을 보일 때 효과적이다.

이 이론은 서로 다른 구성원은 서로 다른 방법으로 지도해야 하며, 같은 구성원일지라도 상황의 변화에 따라 서로 다르게 취급해야 한다는 점을 강조했다는 점에서 매우 융통성 있고 적응성 있는 이론으로 인정받고 있다. 그러나 상황 변수로 구성원의 준비도만을 다루고 있으며, 그 구성원의 준비도를 각기 다른 상황에서 정확히 측정하기가 어렵다는 한계점을 가지고 있다.

3 최근 지도성이론

지도성 이론은 전통적인 세 가지 접근, 즉 특성론적 접근, 행동론적 접근, 그리고 상황론적 접근의 시대를 거치면서 1980년대 초반 이후에 비전, 가치 공유, 사기, 변화, 카리스마, 서번트 등과 같은 핵심 용어를 연구의 핵심으로 삼는 새로운 형태의 이론들이 등장하기 시작했다. 본 절에서는 새롭게 부각된 변혁적 지도성, 카리스마적 지도성, 가치부가적 지도성, 그리고 서번트 리더십, 감성 지도성, 분산적 지도성 등을 간략히 소개하고자 한다.

1) 변혁적 지도성

변혁적 지도성(transformational leadership)의 개념은 1978년 번즈(Burns)에 의하여 처음 시도되었고, 바스(Bass)에 의해 발전되었다. Burns는 가치 개념에 의해 지도성을 변혁적 지도성과 교환적 지도성(transactional leadership)으로 구분하였다. 변혁적 지도성은 리더와 부하들이 서로의 사기를 높이고, 고차원적인 욕구를 자극하여 부하를 변화시키고자 한다면, 교환적 지도성은 부하들이 갖고 있는 이해를 충족시켜 부하들을 동기유발시키려는 것이라고 볼 수 있다. 변혁적 지도성을 변화지향적 지도성으로, 교환적 지도성을 거래적 지도성으로 부르기도 한다.

Bass는 변혁적 지도성의 특성을 다음과 같이 제시하였다.[19] ① 변혁적 지도자는 명시된 결과들의 중요성과 가치, 목표 달성 방법 등에서 부하의 의식 수준을 고양시킨다. ② 변혁적 지도자는 집단, 부서, 조직의 이익을 위하여 부하에게 자신의 이해관계를 초월하도록 한다. ③ 변혁적 지도자는 Maslow 또는 Alderfer의 욕구 계층에 있어서 안정·소속의 욕구와 같은 하위 욕구에서 자아실현과 같은 상위 수준의 욕구로 부하를 변화시킨다.

변혁적 지도성은 부하에게 기대 이상으로 과업 수행을 하도록 영감을 불어넣는, 즉 부하가 원래 기대한 것 이상으로 과업을 수행하도록 동기화시켜 준다.[20] 호이와 미스켈은 변혁적 지도성의 핵심 개념을 다음과 같이 네 가지로 요약하였다.[21]

- 이상적인 영향력(idealized influence): 지도자가 높은 기준의 윤리적·도덕적 행위를 보이고, 목표 수행 과정에서 야기하는 위험을 부하와 함께 공유하고, 자기 자신보다는 상대방의 요구를 배려하고, 개인의 이익보다는 조직의 이익을 위해 행동함으로써 부하들로부터 존경과 신뢰를 받고 칭찬을 얻는다.
- 감화적 동기유발(inspirational motivation): 지도자는 조직의 장래와 비전을 창출하는데 부하들을 참여시키고, 부하들이 지도자에게 바라는 기대가 무엇인지 분명히 전달함으로써 조직의 문제들을 해결하고, 부하들의 동기를 변화시켜서 단체정신, 낙관주의, 열성과 헌신 등을 이끌어 낸다.
- 지적인 자극(intellectual stimulation): 이는 틀에 박힌 것에 의문을 제기하고, 전통적인 방식을 새롭게 접근하도록 자극하는 혁신적이고 창의적인 지도성이다.
- 개별적 배려(individualized consideration): 지도자가 성장하려는 개인의 욕구에 특별한 관심을 보이고, 개인이 잠재력을 계발하고 개인적 발전을 모색하도록 새로운 학습 기회를 만들어 주고, 책임감을 부여해 주는 것이다.

지도자가 상황에 부합되는 방식으로만 리더십을 효과적으로 발휘할 수 있다고 주장하는 상황론적 접근을 반박하면서 등장한 변혁적 지도성은 상황의 중요성을 지나치게 소

19) Bernard M. Bass, *Leadership and Performance Beyond Expectation*(New York: Free Press, 1985), 26–40.

20) James M. Burns, *Leadership*(New York: Harper & Row, 1978), 4.

21) Wayne K. Hoy & Cecil G. Miskel, *Educational Administration: Theory, Research, and Practice,* 7th ed.(New York: McGraw–Hill, 2005), 397–399.

홀히 다루고 있다는 비판을 받게 된다. 그러나 리더가 상황 속에서만 조직을 관리하는 것이 아니라 리더 자신의 특성과 행동에 따라 조직을 변화시키고, 부하에게 영향을 행사할 수 있는 환경을 만들어 내야 한다는 변혁적 지도성의 주장은 지도성 이론 연구에 새로운 시사점을 제시해 주고 있다.

2) 카리스마적 지도성

카리스마(charisma)라는 말은 희랍어로서 '하나님의 은총'이라는 뜻을 가지고 있다. 카리스마에 대해 브리태니커 사전에서는 "추종자들이 지도자가 갖추고 있다고 믿는 경외로운 속성이나 마력적인 힘, 또는 사람을 강하게 끌어당기는 인격적인 특성"이라고 정의하고 있다. 카리스마적 지도성은 카리스마를 부하들에 의해 만들어지는 귀속적 특성(attribution)으로 보는 관점이다. 즉, 지도자의 관찰된 행동을 카리스마적 자질의 표현으로 보는 것이다. 카리스마는 독일의 사회학자 Weber가 학술적인 용어로 본격적으로 사용하였다. 그는 사회적 권위를 전통적 권위, 합법적 권위, 그리고 카리스마적 권위로 분류하고, 카리스마의 개념을 사용하여 카리스마적 지도성이 카리스마적 권위로부터 발휘됨을 제시하였다. 여기서 보통 부정적인 의미로 받아들이기 쉬운 카리스마는 지도성 유형의 측면에서 긍정적으로 수용할 때 조직의 효과성을 높이는 지도성으로 활용될 수 있다.

카리스마에 대한 다양한 정의에서 Etzioni는 카리스마를 "어떤 행위자가 다른 행위자의 규범적 성향에 강력한 영향력을 발휘하는 능력"[22]으로 정의하였고, 쉐인(Schein)은 카리스마를 신으로부터 받은 천부적인 재능 또는 힘, 많은 사람에게 개별적인 권위를 갖는 특별한 자질, 지도성에 있어서 비범한 능력, 존경의 가치성 등을 지닌 사람에게 제공되는 어떤 관직, 지위 등의 특별한 덕목[23]으로 정의하였다. 하우스(House)는 카리스마의 개념을 공식조직에 적용하고, 카리스마적 지도성의 특성을 인성적 측면, 행동적 측면, 그리고 상황적 측면으로 구분하여 제시하였다.[24]

콩거와 카눙고(Conger & Kanungo)는 '지도자의 카리스마를 부하의 지각에 의해서 이

22) Amitai Etzioni, *op. cit* (1961).

23) Edgar H. Schein, *Organizational Psychology*(New Jersey: Prentice-Hall, 1980).

24) Robert J. House. "A 1976 Theory of Charismatic Leadership". In James G. Hunt & Lloyd L. Larson (Eds.), *Leadership: The Cutting Edge*, (Carbondale, IL: Southern Illinois University Press, 1977), 189-207

루어지는 귀속적 현상'으로 설명하고, 카리스마 개념을 기업이나 조직 현장에 적용하였다. Conger & Kanungo는 개인이나 조직이 목표를 달성하기 위해서는 단계적인 카리스마적 지도성 행동이 있어야 함을 강조하면서 카리스마적 지도성 모형을 제시하였다.[25)]

[그림 10-9]에서 보는 바와 같이, 카리스마적 지도성의 행동 과정은 다음의 세 단계로 개념화된다. 1단계는 지도자들이 기존의 상황을 평가하고, 하위자의 욕구와 만족 수준을 진단하고, 그리고 기존의 자원들이 조직의 목적에 어떻게 영향을 미칠 것인가를 결정하는 단계이다. 2단계는 지도자들이 조직의 목표를 공식화하고 그것을 제시하는 단계이다. 3단계는 지도자들이 종종 자기희생적으로 행동하면서 개인적 위험을 감수하는 단계이다. 이는 부하의 신뢰를 구축하고 목표들이 어떻게 성취될 수 있는가를 입증하는 것이다. 카리스마적 지도자는 1단계에서는 환경적 제약 요인에 대한 민감성과 현재의 결핍 상태를 확인하는 능력, 2단계에서는 미래의 비전 설정과 제시 및 인상적인 경영 기술, 3단계에서는 비전을 성취하고 구별된 특성을 지닌 부하에게 영향을 미치기 위한 개인적인 힘을 사용할 수 있는 수단을 지닌 자이어야 한다.

지도자 행동				가정된 결과
단계 1 현 상태의 평가	단계 2 조직의 목표 설정	단계 3 성취 수단		조직 차원의 결과 • 높은 내적 응집력 • 낮은 내적 갈등 • 높은 가치의 조화 • 높은 합의
• 환경자원, 제약 요인 및 구성원의 욕구 평가 • 현 결핍 상태의 현실화	• 전략적 비전으로 환경적 기회의 설정 • 현 상태와 매우 다르나 수용 범위에서 영감적 비전 제시	• 개인적 사례, 위험 감수, 반문화, 권한 위임 및 인상적 경영의 수행 • 지도자는 목표를 전달하고, 성취 수단을 제시하고, 부하의 신뢰를 구축하면서 부하를 동기화시킴	→	개인 차원의 결과 • 지도자에 대한 존경, 신뢰, 만족 • 작업 집단의 응집성 • 높은 과업 수행

[그림 10-9] 카리스마적 지도성의 행동 모형

출처: Jay A. Conger and Rabindra N. Kanungo, *Charismatic Leadership in Organizations*(Thousand Oaks, CA: Sage Publications. Inc., 1998), 50.

그들은 또한 카리스마적 지도자의 특징으로, 카리스마적 지도자는 비카리스마적 지도자에 비하여, ① 현상(status quo)에 반대하며, ② 미래에 대한 이상적인 비전(idealized

25) Jay A. Conger & Rabindra N. Kanungo, *Charismatic Leadership in Organizations*(Thousand Oaks, CA: Sage Publications. Inc., 1998), 47-50.

vision)을 가지고 있으며, ③ 개인적 위험과 대가를 기꺼이 감수하며, ④ 현존 질서의 초월을 위하여 비관습적 수단을 활용하는 데 익숙하며, ⑤ 과업 환경에 매우 민감하며, ⑥ 달성 목표를 분명히 명시하며, ⑦ 정예주의와 창업가 정신을 추구함을 들었다.[26)]

3) 가치부가적 지도성

Sergiovanni는 지도성을 학교조직에 적용하면서 교환적 지도성을 가치 지도성(value leadership) 차원으로, 변혁적 지도성을 가치부가적 지도성(value added leadership) 차원으로 명명하고, 가치 지도성을 교환(bartering)으로서의 지도성, 가치부가적 지도성을 조성(building) 및 결속(bonding)으로서의 지도성으로 구분하였다.

교환으로서의 지도성(leadership as bartering)은 부하의 욕구와 욕망이 지도자의 그것과 교환될 수 있으면 계약이 성립된다는 것이다. 훌륭한 과업 수행에는 긍정적인 강화가, 업무 수행의 질적 향상에는 부가적인 성과급이, 개인의 지속적인 성장에는 승진의 기회가 교환적으로 이루어진다. 교환으로서의 지도성은 생리적·안전·사회적 욕구에 반응한다.

조성으로서의 지도성(leadership as building)은 인간의 잠재 능력을 일깨우고, 고차원의 욕구를 충족시키고, 리더와 부하의 기대 수준을 높여서 고차적인 수준의 헌신과 업무 수행을 하도록 동기유발하고, 개별적인 관심이나 목표에 상관없이 리더와 부하는 양자에게 공통적이고 고차적인 수준의 목표를 달성하기 위하여 상호 연합한다. 조성으로서의 지도성은 자존·자율성·자아실현의 욕구에 반응한다.

결속으로서의 지도성(leadership as bonding)은 리더와 부하의 인간적 행동 수준과 윤리적 기대 수준을 높여 서로의 변화를 유도하는 지도성의 한 형태이다. 이의 초점은 조직의 목표를 공유된 공약의 수준으로까지 끌어올리기 위해 리더와 부하가 도덕적 헌신으로 서로 결속하는 것이다. 결속으로서의 지도성은 인간 행동의 목표, 의미, 그리고 중요성과 관련된 동기를 유발하는 데 민감하게 반응하며, 문화적 지도성과 도덕적 지도성의 개념과 유사하다.

이 세 가지 지도성은 다음과 같이 서로 다른 결과를 가져온다. 교환으로서의 지도성에서는 교환을 통해 거래가 성립되면 자기의 일에 타산적으로 참여하는 결과를 낳는다. 즉, 리더와 부하는 계약의 목적이 서로에게 유효하다고 느낄 때에만 교환에 참여한다.

26) J. A. Conger & R. N. Kanungo, "Toward a Behavioral Theory of Charismatic Leadership in Organizational Settings", *Academy of Management Review, 12*, (1987), 637–647.

조성으로서의 지도성에서 부하의 참여는 내부적으로 이루어진다. 그들은 외부의 힘과 조건에 반응하는 대신에 리더와 부하는 내적인 힘에 의해 동기유발된다. 자기가 원하는 것에 자신의 동기를 교환하기보다는 일 자체의 특성, 가치, 성취감에 의해서 일하게 된다. 결속으로서의 지도성에서는 부하의 참여 여부가 도덕적인 측면에서 결정되기 때문에 매우 고차원적이다. 이는 조성으로서의 지도성과 마찬가지로 과업 목표가 외적인 환경이나 조건을 초월하여 달성되고, 양과 질에 있어서도 도덕적인 기대치를 초과하여야 만족이 따른다.

4) 서번트 리더십

서번트 리더십은 1977년 그린리프(Greenleaf)가 저술한 『서번트지도성(Servant Leadership)』에서 처음으로 제시되었다가 1996년 Jossey-Bass사가 『섬기는 지도자가 되는 것에 관하여(On Becoming a Servant-Leader)』를 출간한 것을 계기로 새롭게 관심을 갖게 되었다. 그 책에서 Greenleaf는 서번트 리더십을 "타인을 위한 봉사에 초점을 두며, 종업원, 고객 및 커뮤니티를 우선으로 여기고, 그들의 욕구를 만족시키기 위해 헌신하는 리더십"이라고 정의하였다.

서번트 리더십은 "너희 중에는 그렇지 않을지니 너희 중에 누구든지 크고자 하는 자는 너희를 섬기는 자가 되고 너희 중에 누구든지 으뜸이 되고자 하는 자는 모든 사람의 종이 되어야 하리라. 인자가 온 것은 섬김을 받으려 함이 아니라 도리어 섬기려 하고 자기 목숨을 많은 사람의 대속물로 주려 함이니라(마가복음 10: 43-45)"는 그리스도의 말이 생각나게 할 만큼 기독교 정신에 바탕을 두고 있다.

그린리프 연구센터(Greenleaf Center for Servant Leadership)의 연구소장인 스피어스(Spears)는 서번트 리더의 주요 특성으로 경청(listening), 공감(empathy), 치유(healing), 청지기 정신(stewardship), 부하의 성장을 위한 몰두(commitment to the growth of people), 그리고 공동체 형성(Building community)을 제시하였다.

서번트 리더는 구성원들을 이끌어 가기 위해 방향제시자, 파트너, 지원자로서의 역할을 동시에 가지고 있어야 한다. 방향제시자 역할은 조직의 비전을 제시해 주는 역할을 의미한다. 서번트 리더는 부하들이 보지 못하고 알지 못하는 미래를 바라보고, 비전을 보여 줄 수 있는 능력을 갖고 있어야 한다. 구성원들은 자신에게 분명한 방향과 목표가 주어질 때 잠재력을 발휘하여 최상의 성과를 거둔다는 사실을 일깨워 준다. 파트너로서의 역할은 구성원 간의 합의를 이끌어 내기 위해 의견을 조율하는 역할을 말한다. 파트너로서 서번트 리더는 재능 있는 음악가들로 이루어진 오케스트라의 훌륭한 지휘자와 같은 존재라고 할 수 있다. 지원자로서의 역할은 구성원들이 업무 수행을 원활히 할 수 있도록 지원하고, 업무 외의 개인적인 생활에서도 업무와 균형을 이룰 수 있도록 돕는 역할이다. 즉, '일과 생활의 균형(balance of work and life)'이 이루어지도록 배려하는 것이다. 이 역할에 충실하기 위해서는 구성원들이 찾아오기를 기다리기보다는 먼저 찾아다니면서 그들의 어려움이 무엇인지, 도울 것이 무엇인지를 살피는 것이 중요하다.

따라서 서번트 리더는 구성원들에 대한 인간적인 배려와 공감대 형성이 필수적이며, 이를 위해 경청, 공감, 설득의 과정이 지속적으로 이루어져야 한다.

5) 감성 지도성

감성 지도성은 2000년대 이후에 주목을 받게 되었고, 감성지능의 효과를 리더십 성공의 지표로 삼으면서 각광을 받게 되었으며, 그 후에 성공적인 지도자는 지능보다는 감성이 보다 중요하다는 많은 연구 보고가 나오게 되었다.

골먼(Goleman)은 유능한 지도자들은 높은 수준의 감성 능력을 가지고 있다는 점이 유사하다고 하면서 감성 능력이 더욱 더 중요하다고 주장하였으며, 또한 카리스마적 리더는 자신의 감정을 조직 구성원들에게 확실하게 옮겨 줄 수 있는 능력을 지니고 있으므로 중요하다고 하였다.[27)]

감성 지도성에 대한 학자들의 정의를 살펴보면 라파엘리와 월린(Rafaeli & Worline)은 감성 지도성을 "구성원들에게 영향력을 행사하고 감독하기 위해서 가장 강력한 방법의 하나인 감성적 역동성을 사용하는 능력"으로 정의하였다.[28)] Goleman, 보야치스(Boyatizs), 맥키(McKee)는 감성 지도성을 "리더 스스로 자기인식과 자기관리를 통하여 구성원들의 감성을 명확하게 이해하고 구성원들과의 사회적 관계를 효과적으로 관리하는 능력"이라고 하였다.[29)] 김상돈은 "학교장 스스로가 자기인식과 자기관리를 통하여 자

27) Daniel Goleman, Richard E. Boyatzis, & Annie McKee, *Primal Leadership: Realizing the Power of Emotional Intelligence*(Boston: Harvard Business School Press, 2002), 37–52.

28) Anat Rafaeli & Monica Worline, "Individual Emotion in Work Organizations". *Social Science Information, 40*(1)(2001), 95–123.

29) Daniel Goleman, Richard E. Boyatzis, & Annie McKee, "The Emotional Reality of Teams". *Journal of Organizational Excellence, 21*(2)(2002), 55–65.

신의 감성과 학교 구성원들의 감성을 명확하게 이해하고, 학교 구성원들과의 사회적 관계를 효과적으로 관리하는 학교장으로서의 능력"으로 보았다.[30] 유평수는 감성 지도성을 "지도자 스스로 자기인식과 자기관리를 통하여 구성원의 감성을 이해하고 그들과의 관계를 효과적으로 관리하는 능력"이라고 정의하였다.[31]

Goleman 등은 감성 지도성의 구성 요인을 네 가지 유형, 즉 자기인식능력, 자기관리능력, 사회적 인식능력, 관계관리능력 등으로 구분하였다.[32] 첫째, 자기인식(self-awareness)능력은 자신의 감정을 명확하게 이해하는 능력으로, 자신의 감정, 능력, 한계, 가치, 목적에 대해 깊이 이해하는 것을 말한다. 둘째, 자기관리(self-management)능력은 리더가 목표를 성취하기 위해 갖춰야 할 보다 구체화된 힘으로, 자기 자신의 감성을 효과적으로 관리하는 능력이다. 셋째, 사회적 인식(social awareness)능력은 다른 사람의 감성을 명확하게 이해하는 능력이라고 할 수 있다. 넷째, 관계관리(relationship management)능력은 다른 사람의 감성을 효과적으로 관리하는 능력을 말하며, 자기인식, 자기관리, 사회적 인식능력의 세 가지 요소가 종합된 능력을 말한다.

〈표 10-3〉 감성 지도성 구성 요소의 정의와 특성

구성 요인	세부 요인	정의	특성
개인 역량 (personal competence)	자기인식 (self-awareness)	자신의 감정, 정서, 욕구뿐만 아니라 그것이 미치는 영향을 이해하고 인지하는 능력	감성적 자기인식 정확한 자기 평가 자기 확신
	자기관리 (self-management)	파괴적인 충동이나 기분을 교정하거나 통제하는 능력. 행동하기 전에 생각하고 판단을 유보하는 성질	감정적 자기통제 투명성, 적응력, 성취력, 주도성, 긍정주의
사회적 역량 (social competence)	사회적 인식 (social awareness)	감정이입, 다른 사람들이 느끼는 방식에 맞출 수 있는 능력. 그룹을 이끄는 우선순위와 공유된 가치를 감지하는 능력	감정이입 서비스 방향 정하기 조직적 인식
	관계관리 (relationship management)	다른 사람의 정서적 기질을 이해하는 능력. 그들의 정서적 반응에 따라 사람들을 다루는 능력	영감을 주는 리더십, 영향력, 다른 사람 개발하기, 변화 촉진, 갈등 관리자, 팀워크와 활동

30) 김상돈, 학교장의 감성적 지도성과 학교조직 개방성이 학교조직 효과성에 미치는 영향(국민대학교 대학원 박사학위논문, 2008).

31) 유평수, "특성화 고등학교 교사의 임파워먼트, 교사의 헌신도, 그리고 학교장의 감성지도성이 조직 효과성에 미치는 영향". 교육행정학연구, 30(1), (2012), 584.

32) Daniel Goleman et al., *op. cit.*(2002), 205.

Goleman 등이 제시한 감성 지도성의 구성 요소와 그 특성을 정리하면 〈표 10-3〉과 같다.

학교조직에서 나타나는 감성 리더십의 효과를 살펴보면 학교장의 감성적 리더십이 학교조직의 효과성에 직접적인 영향을 미칠 뿐만 아니라, 학교조직의 개방성을 통해서 간접적으로 영향을 미치고 있는 것으로 나타났다.[33] 즉, 학교장의 감성적 리더십이 학교조직의 개방성에 직접적인 효과와 학교조직의 개방성을 매개로 한 간접적인 효과가 부가되어 전체 효과가 강하게 나타나고 있음을 보여 주고 있다. 신동한은 교사가 지각하는 학교장의 감성 리더십과 교사의 교직 헌신도 및 학교조직의 효과성 간의 관계 연구에서 감성적 리더십이 주는 시사점을 말했다.[34] 따라서 학교장은 교사의 감성을 자극하여 교사의 교직 헌신도를 높이는 감성 리더십의 발휘가 궁극적으로 학교조직의 효과성에 중요한 영향을 미친다는 것을 인식하여 교사의 전문 의식, 교육애 및 열정을 높이는 방향으로 학교의 행정력을 집중해야 할 것이다.

6) 분산적 지도성

학교조직의 리더십이 복잡다단한 개방체제에서 실행되고 있다는 사실을 이해한다면 학교가 직면하고 있는 모든 문제에 있어서 학교장의 역할과 기능이 얼마나 주요한지 우리 모두는 인정하게 된다. 그러나 학교경영에 대한 책임을 학교장 한 사람이 아닌 구성원 모두의 책임이라는 것으로 학교장 리더십에 대한 새로운 접근이 시도되어 왔다.

미국과 영국의 경우, 수석 교사 및 교장의 임용과 확보가 큰 과제로 최근 부상되고 있는 바 그 이유는 조직 성과와 책임이 교장 한 사람에게 집중됨으로써 학업성취도 개선에 대한 과다한 업무 스트레스와 위험 부담을 느낌에 따라 학교장의 조직 이탈이 심화되고 있기 때문이다. 이에 최근에는 교사의 학교경영에의 능동적 참여와 상호 협조를 통한 책임의 분산과 책임 완수를 위한 공동의 노력을 강조하는 참여적·민주적·공유적 리더십의 성격을 지닌 분산적 지도성의 중요함이 대두되고 있다.

분산적(distributed)의 사전적 의미는 '배분적' '분배적' '분산적' 등의 의미를 가지고 있다.

---

33) 신중식, 김현진, 김상돈, "학교장의 감성적 지도성과 학교조직 개방성이 학교조직 효과성에 미치는 영향". **교육행정학연구**, 27(4), (2009), 199-224.

34) 신동한, "학교장의 감성리더십과 교사의 교직헌신도 및 학교조직 효과성 간의 관계". **교육행정학연구**, 26(3), (2008), 125-149.

즉, 지도력의 중심이 한 곳에 집중되어 있는 '집중된 지도력'에 대한 상대적인 개념을 '분산된 지도력'으로 볼 수 있지만, 아직 리더십의 개념으로 확고하게 정립된 상태는 아니다.

해리스와 스필레인(Harris & Spillane)은 분산적 리더십이 규범적 파워(normative power), 상징적 파워(representative power), 경험적 파워(empirical power)를 지니고 있기 때문에 학교 리더십 연구에서 주목받고 있다고 주장했다.[35] 규범적 파워는 리더십이 능동적이면서 유목적적으로 학교 내에 분산되는 것에 초점을 둔다. 상징적 파워는 학교에 대한 외부의 요구와 압력에 대해 학교를 리모델링하고, 다양한 형태로 전문성 및 리더십을 공유하며, 협조, 네트워크 및 전문성 개발 등의 형태로 신축성 있게 대응하고 있기 때문에 대외적으로 유용하다. 경험적 파워는 분산적 리더십이 조직의 성과와 학생의 학습, 학교 개선 및 변화 등과 관련한 경험적 증거를 강력히 제공한다.

Harris와 Spillane[36]은 분산적 리더십을 "조직의 상부 구조에 기반을 둔 통제 방식의 리더십이기보다는 모든 조직 구성원과 조직 상황에 의해 방향이 설정되고 영향력이 미치는 것"으로 설명하였다. 박선형[37]은 "분산적 리더십은 지도성이 조직 내 구성원들과 추종자들의 인지구조에 의하여 지각되고 해석되면서 이들을 둘러싸고 있는 다양한 환경적 요인과의 상호작용 속에서 발휘"되는 것이라고 하였다. 주영효와 김규태[38]는 분산적 지도성을 조직의 효과성, 개인의 전문성과 역량의 극대화를 위해 조직 내 다수의 공식적·비공식적 지도자가 네트워크를 형성하여 조직의 상황과 맥락에서 목표 또는 특정 문제 및 이슈에 대한 의사결정을 공유하고, 상호 협력과 전문성 공유를 통해 공동 실행을 촉진하는 '지도성 실행'과 '지도성 분산'에 초점을 두고 있는 지도성이론으로 보았다.

분산적 지도성 이론의 대표적인 학자인 Spillane은 지도성을 한 개인의 역량이나 기능 안에 머물러 있는 것이 아니라, 지도자와 그 조직의 구성원들, 그리고 상황이라는 세 요소 간의 상호작용에 걸쳐 있다고 주장하고,[39] 이 세 가지를 분산적 지도성의 요소로 제시하였다. 주영효와 김규태는 학교조직 내 공식적 지위와 권위, 학교 구성원들의 전문적 지식 등이 특정 개인에게 집중된 것이 아니라는 점을 강조하면서 지도자 확대, 조직의

35) Alma Harris & James P. Spillane, "Distributed Leadership Through the Looking Glass". *Management in Education, 22*(1), 31-32.

36) *Ibid.*, 38.

37) 박선형, "변혁적 지도성에 대한 비판적 고찰: 분산적 지도성을 중심으로". **교육행정학연구**, 21(4), (2003), 181.

38) 주영효, 김규태, "분산적 지도성의 이론적 탐색". **교육행정학연구**, 27(2), (2009), 32.

39) 라연재, 엄준용, 정우진, 최상민, **분산적 지도성**(서울: 학지사, 2010), 7.

상황, 학교 구성원 간의 협력적인 조직문화와 조직학습을 제시하였다.[40]

Spillane이 주장하는 지도성 실행의 상호작용 관계를 정리하면 [그림 10-10]과 같다.[41]

분산적 리더십은 상향적 참여(bottom-up participation)와 비위계적·포용적 리더십을 지향하게 되며, 이러한 속성은 전문화, 다원화, 복잡화되어 가는 학교조직에서 구성원들의 의사결정 및 학교경영 참여 방식에 시사하는 바가 크다.[42] 분산적 지도성은 지도성 실제 행위를 보다 구체적으로 이해하고자 하는 시도로서 향후 교육 지도성 연구 개선을 위한 통합적인 이론적 모델을 제공하여 준다. 그동안의 지도성 연구에 있어서 교육 현장에서 빈번하게 이용되고 있는 시험 점수 자료, 교육과정 문서, 교사 평가 양식, 교재, 다양한 교육 도구 등은 지도성과 전혀 관련이 없는 주제로 간주되었다. 기존의 연구와는 달리 분산적 지도성은 지도자가 수행하는 과업뿐만 아니라 과업이 발생하는 모든 사회적·물질적·상징적 상황 간의 관계성이 지도성이라는 실제적 행위를 파악하는 데 중요한 요인이 된다는 것을 강조한다.[43]

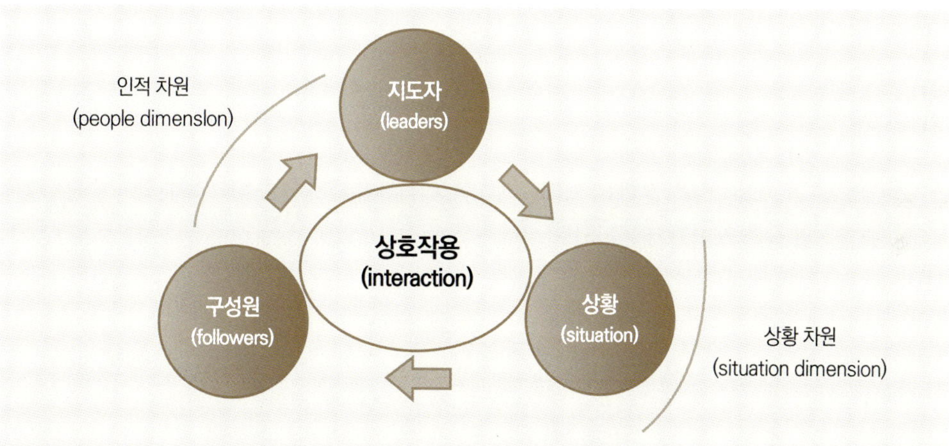

[그림 10-10] Spillane의 상호작용

출처: 라연재, 엄준용, 정우진, 최상민 공역, 분산적 지도성(서울: 학지사, 2010), 157.

---

40) 주영효, 김규태, 전게 논문(2009), 34-35.
41) 라연재, 엄준용, 정우진, 최상민, 전게서(2010), 157.
42) 전용환, 교육리더십(서울: 동문사, 2010), 256.
43) 박선형, 전게 논문(2003), 190.

적용하기

❶ 지도성의 세 가지 접근 이론 중에 본인이 지지하는 이론은 어떤 것이며, 그 이유를 설명하시오.

❷ 지도성이론에서 제시한 여러 요소 중 본인이 현재 지니고 있는 요소들은 무엇이며, 앞으로 채우거나 개발해야 한다고 생각하는 요소들은 어떤 것이 있는지 설명하시오.

❸ 변혁적 지도성의 특징을 살펴보고, 이러한 지도성이 우리나라의 학교조직에 주는 시사점에 대하여 논하시오.

❹ 학교에서 일어나는 여러 문제(예: 비행, 자살)를 해결하기 위해서 오늘날 학교장이나 교사들은 어떠한 지도성이 적합한지 논하시오.

❺ 지도성이론 중 지도력과 직권력의 차이점에 대하여 설명하고, 학교교육 현장에서 교장이 갖추어야 할 지도성은 무엇인지 논하시오.

역량강화하기

리더는 연날리기의 고수다

권한위양은 연날리기와 같다.
부하 직원의 능력이 약하면 연줄을 당겨야 하고,
부하 직원의 능력이 강하면 연줄을 놓아야 한다.
뛰어난 리더는 연 만드는 기술자가 아닌
연 날리기의 고수가 되어야 한다.

– 국제전략 전문가, 린정다(林正大)

출처: 행복한 경영이야기

구성원은 하늘을 나는 연과 같습니다.
그들이 얼마나 높이 날아가든 리더의 손에는 튼튼한 얼레가 있어서
모든 것은 리더의 손에서 통제됩니다.
뭐든지 그냥 무조건적으로 맡기는 것이 아니라,
과업의 중요도와 구성원의 능력을 고려해
적절하게 개입하고 풀어 주는 노력을 끊임없이 계속해야 합니다.

리더십의 시작과 끝

리더십에 대한 토론은 보통 능력과 경쟁에 대한 이야기로 시작되지만,
반드시 한 개인의 인격과 성실성에 대한 이야기를 하는 것으로 끝이 난다.
강한 생존력과 최저의 이직률, 그리고 근면함을 자랑하는 직원이 종사하는
성공적인 기업들은 분명히 눈에 보이지 않는 무언가를 갖고 있다.

–론 시몬스

출처: 행복한 경영이야기

리더십을 공부하면 할수록
리더십은 인격과 성품, 도덕성에 기초함을 깨닫게 됩니다.
책임감과 솔선수범, 정직과 성실, 포용력을 갖추면
별도의 노력 없이도 리더십이 발현됩니다.
그러나 수많은 노력을 기울여도 도덕성과 인격 하나만 무너지면
그 순간 리더십은 흔적도 없이 사라집니다.

교육칼럼 10

교사에게도 리더십이 필요하다

오늘날 우리 사회에서는 성공을 위한 덕목으로 리더십을 중요하게 생각한다. 서점 진열장의 상당 부분을 차지하는 리더십 관련 서적을 보더라도 리더십이 우리 사회에서 얼마나 중요한 성공 조건인지를 알 수 있다. 그렇다면 과연 미래 사회의 주역을 양성하는 데 전력을 기울이는 교육자에게도 리더십이 필요한 것인가? 두말할 것도 없이 리더십은 교사가 갖추어야 할 중요한 자질 중의 하나이다.

리더십에 대한 요구나 본질은 시대에 따라 변화하기 때문에 시대나 조직의 상황을 초월하여 지속적으로 적용되는 리더십은 존재하지 않는다. 즉, 변화하는 사회에 따라 리더십에 대한 패러다임도 변화한다는 것이다. 지금은 권력과 통제를 기반으로 한 기존의 리더십 패러다임이 영향력과 지원의 리더십으로 새롭게 바뀌고 있다. 새로운 리더십 패러다임에서는 구성원들에게 권위를 부여하고, 독립적인 사고와 행동을 자극하고, 자기검토와 자기평가를 하도록 하는 리더십 발휘가 특징적으로 나타난다.

리더십에 관한 전통적인 연구들은 리더가 선천적으로 타고난다는 특성이론, 효과적인 리더와 비효과적인 리더의 행동 패턴이 다르게 나타난다는 행위론, 그리고 성공적인 리더십은 리더의 특성과 행동 외에 상황적 조건에 의해 결정된다는 상황이론으로 구분된다. 이 외에도 최근에는 리더십에 대한 새로운 연구가 이루어져서 변혁적 지도성, 도덕적 지도성, 카리스마적 지도성, 수퍼 리더십, 문화적 지도성 등 수많은 리더십 이론이 등장하고 있다.

그렇다면 리더가 가지고 있는 자질이나 특성은 선천적으로 타고나는 것일까? 물론 유전적으로 물려받는 자질도 있으나 그렇지 않은 것들은 본인의 노력이나 교육을 통해서 획득될 수 있다. 그러기에 교육을 통해 교사의 지도성을 개발할 필요가 있으며, 지도력을 갖춘 그 교사를 통해 학생과 학부모의 학교교육에 대한 만족도를 제고시켜야 한다. 교사에게 요구되는 리더십의 요소는 과연 무엇일까?

첫째, 분명한 비전을 제시하는 교사가 되어야 한다. 학생 개인의 비전과 학교조직의 비전을 연계시켜 양자의 만족과 목표 달성을 이루도록 해야 한다. 『어린왕자』의 저자 생텍쥐페리는 "만일 당신이 배를 만들고 싶다면 사람들을 불러 모아 목재를 가져오게 하고, 일을 지시하고, 일감을 나눠 주는 등의 일을 하지 마라! 대신 그들에게 저 넓고 끝없는 바다에 대한 동경심을 키워 줘라"라고 하였다. 교사는 학생 개개인에게 맞는 분명한 목표를 설정해 주고, 그 목표를 달성할 수 있도록 학습 동기를 유발시켜 주는 일을 잘 해야 한다.

둘째, 솔선수범하는 교사가 되어야 한다. 아무리 많은 지식을 학생들에게 전달한다고 해도 솔선수범과 자기희생의 리더십을 보여 주지 않으면 학생들의 열정을 이끌어 내기가 어렵다. 어느 날 어떤 어머니가 사탕을 먹겠다고 고집을 피우는 자신의 아이를 데리고 마하트마 간디에게 가서 교육을 부탁하였다. 그런데 놀랍게도 간디는 그들을 돌려보내며 한 달 후에 다시 오도록 했다. 그들이 다시 오자 간디는 즉시 아이에게 사탕을 그만 먹으라고 말했다. "한 달 전 우리가 이곳에 왔을 때 그렇게 말할 수도 있지 않았습니까?"라고 아이 엄마가 물었다" 사실 그때는 저도 사탕을 끊지 못하고 있었습니다" 이러한 간디의 솔선수범과 겸손이 수많은 사람을 움직이게 하는 리더의 힘이 된 것이다.

셋째, 책임감 있는 교사가 되어야 한다. 자기가 맡은 학생 하나하나를 끝까지 책임지려는 자세와 행동을 보여 주어야 한다. 공부 잘하고 말 잘 듣는 학생보다는 뭔가 부족하고 말썽을 많이 피우는 학생들에게 지속적인 관심과 사랑을 더 베푸는 일이 교사의 사명이다. 학생지도에서 나타나는 여러 문제를 가정교육이나 사회교육의 잘못으로 돌리기보다는 그 학생을 담당하는 교사 자신의 책임으로 돌리는 자세가 필요하다. 링컨이 남북전쟁 중 가장 치열했던 게티즈버그 전투 때 미드 장군에게 공격 명령을 내리면서 짧은 편지 한 통을 함께 보냈다. "존경하는 미드 장군! 이 작전이 성공한다면 그것은 모두 당신의 공로입니다. 그러나 만약 실패한다면 그 책임은 내게 있습니다. 만약 작전에 실패한다면 장군은 링컨 대통령의 명령이었다고 말하십시오. 그리고 이 편지를 모두에게 공개하시오!" 책임은 자신이 지고 영광은 부하에게 돌린 링컨의 리더십을 우리 모두는 본받아야 할 것이다.

교사는 학생들이 나아갈 삶의 목표, 즉 하나님이 주신 비전을 발견할 수 있도록 인도해 주어야 한다. 그들이 하나님의 비전을 받을 만한 존귀한 존재임을 정확히 인식시켜 주어야 한다. 하나님의 극진하신 사랑으로 선택받은 존재임을 깨달을 때까지 끝없이 사랑으로 그들을 돌봐 주어야 하고, 격려해 주고, 꾸짖어 주고, 다듬어 주는 교사가 진정한 리더십을 가진 크리스천 교육자가 아닌가?

제11장

조직이론

사랑은 작은 마음입니다

하원택

내가 당신을 바라보는 마음은
어찌 표현해야 할지 몰라 하는
늘 망설이는 마음입니다

내가 당신에게 바라는 작은 기도는
그냥 모르게라도 당신이 행복하기 바라는
늘 감추어진 마음입니다

내가 당신에게 나누는 작은 정성은
그렇게 당신이 누리는 천국의 씨앗이길 바라는
늘 희생하는 마음입니다

내가 진심으로 간절히 소망하는 마음은
우리가 함께 천국에서 영원하길 바라는
늘 함께하는 마음입니다

내가 나누는 작은 관심의 눈빛이
사랑의 밑거름 되어
당신이 거듭나길 바라는
복음의 마음입니다.

조직 생활의 핵심 가치는 협력이다

▸ 팔로워십을 발휘하다.

▸ 조직의 이익과 개인의 이익이 상충될 때 조직의 이익을 우선한다.

▸ 황제펭귄의 협력 정신: 허들링(huddling)

모든 인간은 태어날 때 불완전하다. 그런 인간이 성장하면서 자기 역할을 감당할 수 있게 되는 것은 타인과 상호작용 속에서 서로 도움을 주고받을 수 있기 때문이다. 서로 간에 도움을 주고받는 관계가 잘 이루어지는 곳이 바로 조직이다. 인간은 혼자 살 수 없는 존재이기 때문에 옛날부터 조직을 만들어 왔다. 조직을 통해 인간은 좀 더 많은 일에 가담하고 더 많은 성과를 올릴 수 있다. 조직이 추구하는 목표에의 몰두는 개인과 조직 모두에게도 이득이 된다. 인간은 조직을 떠나 살 수 없으며, 조직에 속해 있는 개인은 조직의 성장과 발전에 기여하도록 노력해야 한다.

1 조직의 개념과 원리

1) 조직의 개념

행정이 이루어지기 위해서는 조직이 있어야 하며, 그 조직을 관리하는 것이 곧 행정이다. 조직이 인간의 몸이라고 한다면, 행정은 그 몸의 각 기능을 조정하는 것이라고 할 수 있다. 따라서 행정과 조직은 분리해서 생각할 수 없는 관계이다. 교육행정에서 접근하는 교육조직을 이해하기 위해서는 조직에 대한 일반적인 정의를 이해할 필요가 있다. 조직에 대한 여러 학자의 정의를 살펴보면 다음과 같다.

- Barnard: 조직은 두 사람 이상의 활동이나 힘이 의식적으로 조정되는 체제이다. 그는 공식조직의 3요소로, 조직에 기여하려는 의욕, 공동 목표 그리고 의사소통을 들

었다.[1)]

- Etzioni: 조직을 특정의 목표를 성취하기 위하여 의식적으로 구성, 재구성되는 사회적 단위라고 정의하였다.[2)]
- Campbell 등: 조직을 주어진 상황에서 일정한 목표를 달성하기 위하여 함께 일하는 사람들의 집단으로 정의하고, 조직의 요소로 목표, 기술, 분업, 권력구조, 그리고 환경을 들었다.[3)]
- 샤인(Schein): 조직을 업무와 기능의 분담을 통하여, 그리고 권위와 책임의 위계를 통하여 공동의 명시적 목적이나 목표를 성취하기 위하여 여러 사람의 활동이 계획적으로 조정되는 것이라고 하였다.[4)]
- Weber: 조직을 협동적인 집단으로 보고, 특별한 종류의 활동이 계속적이고 의도적으로 이루어지는 체제라고 정의하였으며, 조직의 속성을 다음과 같이 제시하였다. ① 경계가 있고, ② 구성원의 상호작용이 조직에 따라 다르게 이루어지고, ③ 조직 내부에서는 권한의 위계 속에서 업무의 분담이 이루어지고, ④ 조직 내의 질서는 관리 기능을 담당하는 부서에 의해 유지되고, ⑤ 조직 내의 상호작용은 공생적인 것이 아니라 연합적으로 이루어지며, ⑥ 조직의 특정한 목적을 달성하기 위한 활동들이 지속되며, ⑦ 조직은 구성원의 생애를 초월하여 존재한다.[5)]
- Simon: 조직이란 조직 구성원의 공헌을 노동이나 금전의 형태로서 받아들이고, 이러한 공헌의 대가로서 각종 보상을 제공하는 균형적인 체제로 정의하면서, 조직의 기능을 ① 업무의 분담, ② 업무 수행 기준의 설정, ③ 권한과 영향력의 행사, ④ 의사소통, ⑤ 교화와 훈련 등으로 제시하였다.[6)]

이상의 정의들을 통해 조직의 개념을 간단히 정의하면 조직이란 "두 사람 이상이 모여

----

1) Chester I. Barnard, *The Function of the Executive*(Cambridge, Mass.: Harvard University Press, 1938), 73-82.

2) Amitai Etzioni, *Modern Organization*(Englewood Cliffs, New Jersey: Prentice-Hall, 1964), 3.

3) Roald F. Campbell, John E. Corbally, & John A. Ramseyer, *Introduction to Educational Administration*, 3rd ed.(Boston: Allyn and Bacon, Inc., 1966),

4) Edgar H. Schein, *Organizational Psychology*, 3rd ed.(Englewood Cliffs, New Jersey: Prentice-Hall, 1965), 15.

5) Max Weber, *The Theory of Social and Economic Organization*, translated by A. M. Henderson & Talcott Parsons(New York: The Press, 1947), 136-153.

6) Herbert A. Simon, *Administrative Behavior*(New York: Macmillan Co., 1974). 102-103.

공동의 목표를 달성하기 위해 협력하는 체제"라고 할 수 있다. 이런 조직이 성립되기 위해서는 충족되어야 할 세 가지 속성이 있다. 첫째, 조직은 달성하고자 하는 공동의 목표가 있어야 한다. 둘째, 조직은 조직의 목표를 달성하기 위해 구성원들의 행동을 조정하고 통제하는 규정과 규칙이 존재하며, 구성원은 그 규정과 규칙을 반드시 따라야 한다. 셋째, 공동 목표를 합리적으로 달성하기 위해 구성원은 주어진 역할 범위 내에서 상호 협력적인 관계를 유지해야 한다.

2) 조직의 원리

조직의 원리는 조직의 업무를 효과적으로 수행하기 위해 지켜야 할 조직 활동의 이상적인 규범 혹은 지침이라고 할 수 있다. Fayol은 모든 조직에 공통적으로 적용할 수 있는 14개의 기본 원리로, ① 분업의 원리, ② 권한과 책임의 원리, ③ 규율의 원리, ④ 명령 통일의 원리, ⑤ 지휘 통일의 원리, ⑥ 개인보다 전체 이익 우선의 원리, ⑦ 보상의 원리, ⑧ 집중화의 원리, ⑨ 권위 계층의 원리, ⑩ 질서의 원리, ⑪ 공평의 원리, ⑫ 신분보장의 원리, ⑬ 솔선수범의 원리, ⑭ 단체정신의 원리 등을 들었다.[7] 한편, 김종철은 행정조직의 기본 원리로, ① 계층의 원리, ② 기능적 분업의 원리, ③ 조정의 원리, ④ 적도집권의 원리를 제시하였다.[8]

여기서는 조직의 원리로서, ① 계층제의 원리, ② 분업의 원리, ③ 조정의 원리, ④ 적도집권의 원리, ⑤ 명령 통일의 원리, ⑥ 통솔 한계의 원리 등을 소개하고자 한다.

(1) 계층제의 원리

계층제는 공식조직을 구성하는 구성원 간의 상하 관계, 즉 권한이나 책임의 정도가 서열화 혹은 등급화되어 있는 것을 말한다. 권한은 의사결정을 하고, 다른 사람의 일을 지시할 권리를 말한다. 책임은 일을 수행할 권한 뒤에 반드시 따라오는 것이다. 그래서 권한과 책임은 불가분의 관계이다.

조직에 있어 계층제는 다음과 같은 기능을 수행한다.

---

7) Henri Fayol, *General and Industrial Management*, trans, by Constance Storrs(London: Sir Isaac Pitman and Sons Ltd, 1949), 17–50.

8) 김종철, **교육행정의 이론과 실제**(서울: 교육과학사, 1982), 144–149.

① 지휘의 통로
② 의사전달의 통로
③ 권한위임의 통로
④ 행정적 결정의 검토 및 책임 소재의 규명 수단
⑤ 행정 목표의 설정과 업무 분담
⑥ 조직 내의 분쟁 조정과 해결
⑦ 영향력과 추종력의 행사 방법 제공
⑧ 사회 내에서 조성된 분위기의 조직 내 도입
⑨ 질서와 통일의 확보

(2) 분업의 원리

분업의 원리는 업무 수행의 효율을 높이기 위해서 한 사람에게 동일한 업무를 분담시키는 것으로, 결과적으로 업무수행자는 반복되는 업무 수행으로 전문가가 되어 나름대로 업무 수행상의 노하우를 가지게 된다. 분업의 원리를 전문화의 원리라고 부르는 이유가 바로 여기에 있다. 조직의 규모가 커지고, 수행해야 될 업무가 복잡해짐에 따라 분업이나 전문화의 원리는 현대 조직의 필수적인 원리가 되고 있다.

분업의 형태는 크게 횡적 분업과 종적 분업으로 구분된다. 횡적 분업은 직능의 성질에 따라 동일 계층 내에서 직무를 배분하는 것이며, 종적 분업은 계층제의 원리와 같이 계층과 계층 사이에 업무가 분담되도록 권한을 위임하는 것을 말한다. 이러한 점에서 분업의 원리는 계층제의 원리와 상보적인 관계에 있다고 볼 수 있다.

분업은, ① 개인의 작업 능률을 향상시킬 수 있고, ② 도구 및 기계의 발달을 기할 수 있고, ③ 신속한 업무처리를 할 수 있다는 점을 장점으로 들 수 있고, 단점으로는 ① 일에 대한 흥미와 창의성 상실, ② 시야의 협소화, ③ 업무의 중복, 낭비 및 책임 회피, ④ 조정의 곤란 등을 제시할 수 있다.

(3) 조정의 원리

조정의 원리는 조직의 목표를 효율적으로 달성하기 위해 업무를 조정하는 것을 의미한다. 업무 간이나 집단 간에 상호 관계를 조화있게 유도하는 것은 조직의 목표 달성에 필수불가결하다. 조정의 원리는 조직의 원리 중에서 제1의 원리이며, 다른 원리들은 결국 조정을 위한 수단적 원리에 불과하다고 생각할 수 있다. 조정의 원리가 중요한 만큼 조정을 어렵게 하는 현실적인 제약 요인들도 많을 수 있다. 결국 행정가가 조정을 잘하느냐, 못하느냐에 따라 그 조직의 성패가 크게 좌우된다.

김종철은 행정가가 조직에서 조정의 묘를 얻기 위해서는 다음과 같은 점에 유의해야 한다고 하였다.

① 조직상 권한과 책임의 한계가 명확해야 한다.
② 조직체 운영에 있어서 합리적이고 균형적인 계획에 의거해야 한다.
③ 조직체 구성원 간에 공식적 및 비공식적 의사소통의 길이 개방되어 있어야 한다.
④ 조직체 구성원 간에 인화를 조성하고 자발적 협조 의식이 조장되어야 한다.
⑤ 업무 수행상 준거가 될 수 있는 규칙이 서 있으며, 가급적 성문화된 규정이 있어야 한다.
⑥ 규율이 확립되어 있어야 하며, 감독자에 의한 통제의 방법도 마련되어 있어야 한다.[9)]

(4) 적도집권의 원리

지방분권과 중앙집권의 장점을 살려 적정한 균형을 유지하려는 원리를 말한다. 지방분권제는 지방의 특수성과 자율성을 보장해 주고 지역 주민의 의견을 의사결정에 최대한 반영하고자 하는 민주적인 제도인 반면에 어떤 정책의 결정이나 시행에 오랜 시간이 걸리거나 비능률이 초래될 가능성이 높으며, 행정체계의 문란과 업무 중복 등의 단점이 있다. 중앙집권제는 권한의 집중화로 인해 업무의 능률성이 높은 반면에 독선적이거나 비민주적인 방법으로 의사결정이 될 가능성이 높으며 창의성과 적극성이 결여되는 등의 단점이 있다. 적도집권의 원리는 지방분권이 가지는 민주적인 요소와 중앙집권이 가지는 능률적인 요소를 적절히 받아들여서 균형의 묘를 살리는 제도라고 할 수 있다. 적도집권의 원리는 적도분권의 원리라고도 한다.

(5) 명령 통일의 원리

이 원리는 부하는 자신에게 권한과 책임을 부여한 오직 한 사람의 상관으로부터 지시나 지휘를 받고, 또 그에게 보고해야 한다는 것이다. 조직 운영의 최종 권한은 이 한 사람

9) 김종철, 전게서(1982).

인 상관에게 있어야 한다.

Gulick은, 여러 지도자의 명령을 받은 부하는, ① 혼돈을 일으키고, ② 비능률적이고, ③ 무책임한 데 비하여, 한 지도자의 명령을 받은 부하는, ① 조직적이며, ② 능률적이고, ③ 책임 있게 일한다고 하여 명령 통일의 중요성을 강조하였다.[10] 그러나 오늘날 참모의 기능이 확대되면서 명령 통일의 원리에 대한 한계를 지적하기도 한다. 즉, 참모의 기능이 단순히 계선조직을 자문하고 보조하는 기능에서 명령의 기능이 추가됨으로써 나타나는 현상이다.

(6) 통솔 한계의 원리

통솔 한계의 원리는 통솔 범위의 원리라고도 하며, 한 사람의 상관이 직접 효과적으로 다스릴 수 있는 부하의 수에는 한계가 있다는 것이다. 그러나 구체적으로 한 사람이 어느 정도의 부하를 잘 통솔할 수 있는지의 통솔 범위에 대해서는 학자들마다 그 견해를 달리하고 있다. 과업의 성질이나 통솔자의 능력에 따라 그것은 달라질 것이기 때문에 통솔 범위를 한마디로 말하기는 어렵다고 할 수 있다. Fayol은 하위층을 관리할 수 있는 범위로 20~30명을 제시하였으며, 상위층을 통제하는 데에는 5~6명을 초과해서는 안 된다고 주장하였다. 데이비스(Davis)는 감독의 종류에 따라 통솔 범위가 다르다고 하면서 육체적인 업무를 담당하는 직원들에 대한 감독의 범위를 18~26명으로, 정신적인 업무를 담당하는 직원들에 대한 통솔의 범위는 3~8명으로 제시한 바 있다. 한편, Simon은 통솔 범위는 마법의 수와 같은 것이므로 그것을 일률적으로 정할 수 없으며 상황에 따라 변할 수 있다고 하였다.

2 조직의 구조와 유형

1) 조직의 구조

일반 조직의 구조를 공식조직(formal organization)과 비공식조직(informal organization), 계선조직과 참모조직으로 구분하여 설명하고자 한다.

10) 유훈, 행정학 원론(서울: 법문사, 1982), 196 재인용.

(1) 공식조직과 비공식조직

조직은 공식적 기능을 수행하기 위해 짜인 공식조직과 비공식적이고 자연발생적으로 만들어진 비공식조직이 있다. 공식조직은 일정한 목적을 달성하기 위하여 의식적, 인위적으로 형성된 조직을 말한다. 일정한 규정과 약속에 의해서 일을 분할하고, 권한을 부여하고, 상호 연결시킨 조직을 공식조직이라고 할 수 있다. 즉, 조직의 목표 달성을 위해 과업의 분담과 책임 관계를 공식적으로 명확하게 표시해 놓은 조직기구표(조직도)는 공식조직의 형태를 그림으로 그려 놓은 것이다. 예를 들면, 교육청의 교육감-부교육감-국장-과장의 지시와 보고의 체계라든가, 단위학교의 교장-교감-부장교사-부원 교사 등의 배치는 모두 공식조직의 구성 요소가 된다.

그런데 모든 조직 속에는 공식조직도 있지만 저절로 생긴, 그리고 잘 보이지도 않는 비공식조직이 존재한다. 즉, 공식으로 정해 놓지도 않았는데 개인들끼리 자신들의 개인적 목적을 위해 만들거나, 아니면 일부러 만들지도 않았는데 어느 날 우연히 생긴 조직들이 있는데 이를 비공식조직이라고 한다. 예를 들면, 골프회, 축구회, 동문회, 향우회처럼 겉으로 드러나 있는 것도 있고, 점심을 자주 같이하는 몇 사람, 같은 동네에서 출퇴근을 함께하는 몇 사람처럼 드러나지 않는 경우도 있다. 물론 이들 모임에서는 공식적으로 정해진 업무 분할이나 공식 규정 혹은 권한 계층이나 보고 채널이 통하지 않는다. 그러나 조직의 업무 수행과 무관한 것은 아니기 때문에 비공식조직도 공식조직 못지않게 중요하다. 공식조직은 능률과 규정에 의해 움직이지만 비공식 조직은 감정과 인간적 관계가 더 중요하다. 비공식조직은 파벌, 관습, 신념 등에 의해 자연발생적으로 생기기 때문에 자생조직이라고 한다.

비공식조직은 다음과 같은 순기능과 역기능을 가지고 있다. 먼저, 순기능으로는, ① 구성원의 만족감과 소속감 부여로 업무 능률이 향상되고, ② 정보교환의 장으로서 의사소통 체계와 통로가 확장되며, ③ 구성원의 좌절감이나 불만 해소의 장이 되며, ④ 구성원의 업무 태도와 내부 사정 등 조직의 병리 현상을 쉽게 파악할 수 있다는 점이다. 반면, 역기능으로는, ① 개인의 이익 도모, 파벌 형성 등으로 사기 저하나 정실주의가 조장되고, ② 왜곡되거나 근거 없는 정보가 유통될 가능성이 높고, ③ 비공식조직의 목표와 공식조직의 목표가 대치되는 경우 등을 들 수 있다.

(2) 계선조직과 참모조직

계선조직(line organization)은 행정의 지휘 계통이 명확히 정립되어 있고 업무를 직접

담당 및 수행하는 제1차적인 조직을 의미한다. 예를 들어, 교육부의 장관–차관–실장–국장–과장으로 이어지거나 시도 교육청의 교육감–부교육감–국장–과장으로 이어지는 지휘 계통을 말한다. 반면, 참모조직(staff organization)은 계선조직을 지원 및 보조해주는 부차적인 조직으로, 수평적인 분할로 형성된 조직이다. 연구, 조사, 계획, 정책 구상 등 전문가로서 계선의 수장에서 권고, 조언, 자문하는 권한은 가질 뿐 직접 지시나 명령권을 행사하지 않는 것이 일반적이다. 이런 참모조직을 막료조직이라고도 한다. 교육부의 기획조정실 내 정책자문위원회, 학교지원국 내의 국사편찬위원회, 그리고 단위학교의 학교운영위원회가 여기에 해당된다.

계선조직은 책임과 한계가 명확하여 업무 수행의 효율성이라는 측면에서 신속한 정책결정을 할 수 있고, 강력한 통솔력을 발휘할 수 있으며, 업무처리가 간편하여 조직 운영비가 적게 든다는 점에서는 유익하지만, 지도자의 주관적이고 독단적인 결정을 방지할 수 없어 조직이 경직화되는 단점도 있다. 참모조직은 전문적인 지식과 경험을 활용함으로써 합리적 결정을 할 수 있고, 수평적인 업무 조정이 가능하지만, 조직 운영을 위한 경비 지출이 많고, 조직의 복잡성으로 구성원 간의 갈등과 책임 전가의 우려가 있으며, 의사전달의 혼란을 일으킬 수 있는 단점이 있다.

한편, 대규모 행정조직은 계선조직과 참모조직 외에도 보조조직을 가진다. 보조조직(auxiliary organization)은 서비스의 성격을 띠는 일종의 참모적 운영기관으로서 계선조직과는 별개로 그 내부나 외곽에서 계선조직의 기능을 부분적으로 심화 및 보조하기 위한 역할을 수행하는 조직을 말한다. 교육정책의 연구를 위한 연구조직이나 국정교과서의 발행을 위한 미래앤교과서(구 대한교과서주식회사) 등이 이러한 보조조직의 성격을 지닌다.[11)]

(3) 집권화 조직과 분권화 조직

집권화(centralization) 조직이란 지시와 명령의 권한이 상부에 집중되어 있는 조직을 말한다. 이 조직에서는 정책 결정 및 수행의 통일성과 능률성이 향상되지만, 지역 주민의 교육에의 참여 기회가 줄어든다. 분권화(decentralization) 조직이란 지시와 명령권이 하부에 분산되어 있거나 위임되어 있는 현상을 말한다. 이 조직에서는 지역 주민의 참여가 보장되고, 교육정책 결정에 지역 주민의 의사가 잘 반영되며, 지역의 특수한 상황에

11) 윤정일, 송기창, 조동섭, 김병주, 교육행정학원론(서울: 학지사, 2015), 127.

맞는 교육내용을 발전시킬 수 있는 장점을 가지고 있다. 그러나 이 조직이 가지는 단점은 일관된 교육행정과 집행이 곤란하고, 행정의 비능률이 초래될 가능성이 높다.

행정에 있어서 조직의 권한이 상부에 집중되는 중앙집권화를 선택할 것인가 아니면 그 권한이 하부에 집중되어 있는 지방분권화를 선택할 것인가의 문제는 조직을 유지 및 발전시키는 데 대단히 중요하다. 따라서 오늘날에는 집권화와 분권화 사이에 적절한 정도의 권한 배분과 균형을 유지하여 행정의 묘를 살리는 경향이 나타나고 있다. 이것을 '적도집권(適度集權)의 원리'라고 부른다.

2) 조직의 유형

(1) Blau와 Scott의 구분

블라우(Blau)와 스콧(Scott)은 조직과 관계를 가진 사람들을 조직 구성원, 조직의 소유자나 경영자, 조직을 이용하는 고객, 일반 대중으로 구분하고, 여기서 조직의 주요 수혜자가 누구이냐에 따라 조직의 유형을 네 가지로 분류하였다.[12)]

① **호혜조직**: 호혜조직(mutual-benefit associations)은 주요 수혜자가 조직 구성원이다. 조직의 운영은 민주주의를 통한 구성원들의 참여와 통제에 의해서 이루어지는 것이 원칙이다. 하지만 조직의 주된 수혜자인 조직 구성원의 무관심으로 인해 조직 운영이 일부 소수의 활동적 구성원에 의해서만 이루어짐으로써 호혜조직이 가지는 장점을 살리지 못하는 경우도 발생한다. 여기에 해당하는 대표적인 조직으로는 정당, 노동조합, 전문가협회 등이 있다.

② **사업조직**: 사업조직(business concerns)은 주요 수혜자가 조직의 소유자나 경영자이다. 이 조직의 일차적인 목적은 능률의 극대화를 통해 이윤을 최대한으로 추구하는 데 있다. 대표적인 조직으로 사기업, 금융기관 등이 여기에 해당된다.

③ **봉사조직**: 봉사조직(service organization)은 주요 수혜자가 그 조직을 이용하는 고객이다. 여기서 고객은 자기 자신이 문제 해결 방법을 잘 모르기 때문에 문제 해결을 위해 전문가에 전적으로 의존하게 된다. 대표적인 조직으로 병원, 학교, 법률상담

---

12) Peter M. Blau & William R. Scott, *Formal Organization: A Comparative Approach*(San Francisco: Chandler, 1962), 42-58.

소, 사회사업기관 등이 여기에 해당된다.

④ **공공복리조직:** 공공복리조직(common wealth organization)은 주요 수혜자가 일반 대중이다. 조직의 주된 수혜자가 그 조직을 이용하는 사람이 될 수도 있지만, 불특정 대다수에게 그 혜택이 주어진 조직을 말한다. 대표적인 조직으로 경찰, 군대, 소방서 등 관공서를 들 수 있다.

(2) Katz와 Kahn의 구분

카츠와 칸(Katz & Kahn)은 조직을 목표 달성을 위한 사회체제로 보고, 조직의 본질적 기능이 무엇인지에 따라 조직의 유형을 네 가지로 분류하였다.[13)]

① **생산적 또는 경제적 조직:** 조직의 본질적 기능이 부의 창출, 물자의 제조, 그리고 서비스를 제공하는 데 있다. 이 조직은 인간의 기본적 욕구를 충족시키기 위한 산출물을 제공한다. 이 조직은 1차 산업(농업, 어업 등), 2차 산업(제조, 건설 등), 3차 산업(서비스, 통신 등)으로 재분류된다. 대표적으로 사기업과 금융기관이 여기에 해당된다.

② **유형유지조직:** 이 조직은 사회의 안정성 유지와 인간을 사회화하는 것이 주된 기능이다. 이 조직은 교육, 교화, 훈련을 통하여 구성원들이 사회의 일원으로서 사회규범을 내면화하고 사회체제를 유지하는 데 책임을 가지고 있다. 대표적으로 학교, 종교단체, 문화단체, 매스커뮤니케이션 등이 이에 속한다.

③ **적응조직:** 조직의 본질적 기능이 사회 변화에 적응하는 수단을 제공하는 것이다. 적응조직은 사회 변화에 따라 발생하는 문제를 해결하기 위해 새로운 지식을 창출하거나 이론을 발전시켜서 문제 해결의 기초 자료를 제공한다. 대표적으로 대학의 부설연구소, 각종 연구소나 조사기관, 문화·예술 연구소 등이 여기에 속한다.

④ **관리적 또는 정치적 조직:** 조직의 본질적 기능이 사회의 통합 및 관리에 있다. 따라서 이 조직은 사회의 인적·물적 자원을 배분하거나 여러 하위 체제를 조정 및 통제하는 기능을 수행한다. 대표적으로 정부 조직의 각 기관, 정당 등이 여기에 속한다.

여기서 학교조직은 유형유지조직에 속하나 적응조직의 기능을 동시에 수행하기를 요

---

13) Daniel Katz & Robert L. Kahn, *The Social Psychology of Organizations*, 2nd ed.(New York: John Wiley & Sons Inc., 1978), 110–148.

청받고 있다.

(3) Etzioni의 분류

Etzioni는 순응(compliance)의 개념에 기초하여 조직의 유형을 분류하였다.[14] 여기에서 순응이란 부하 직원에게 사용하는 권력과 부하 직원이 조직에 참여하는 수준 간의 관계를 말한다. 부하 직원에게 사용되는 권력의 수준을 강제적 권력, 보상적 권력, 그리고 규범적 권력으로 구분하고, 조직에의 참여 수준을 소외적 참여, 타산적 참여, 그리고 헌신적 참여로 구분하였다. 이 수준들에 대한 조합을 통해 아홉 가지의 순응 유형이 나타나지만 이 중에 세 가지 조합만이 효과적이고 지배적인 유형이라고 할 수 있다. 이를 살펴보면 다음과 같다.

① 강제 조직: 조직이 사용하는 권력은 물리적 제제와 위협을 통제 수단으로 삼고 있으며, 구성원의 참여는 매우 소극적으로 이루어지는 조직으로, 조직이나 사회의 질서 유지를 중요한 목표로 삼고 있다. 대표적인 조직이 교도소와 정신병원 등이다.

② 공리 조직: 조직이 사용하는 권력은 봉급이나 임금과 같은 물질적인 보상과 같은 것이며, 구성원은 그 보상으로 인해 이해타산적으로 참여하게 되는 조직으로, 조직의 목표를 이윤추구의 극대화에 두고 있다. 사기업체와 금융기관 등이 대표적이다.

③ 규범 조직: 조직이 사용하는 권력은 주어진 직위에 부여된 상징적인 권력을 행사하고, 구성원의 참여는 차원 높은 윤리의식에 근거하여 적극적으로 이루어지는 조직으로, 새로운 문화를 창출하고 계승하는데 조직의 목표를 두고 있다. 대표적인 조직이 학교, 종교단체 등이다.

---

14) Amitai Etzioni, *A Comparative Analysis of Complex Organizations: On Power, Involvement, and Their Correlates*(New York: Free Press, 1961), 12–67.

행사 권력 \ 참여 수준	소외적	타산적	헌신적
강제적	1 강제 조직	2	3
보상적	4	5 공리 조직	6
규범적	7	8	9 규범 조직

[그림 11-1] Etzioni의 분류

출처: Amitai. Etzioni, *A Comparative Analysis of Complex Organization*(New York: Free Press, 1961), 18.

(4) Carlson의 봉사조직 분류

칼슨(Carlson)은 고객 선발권과 조직 선택권 여부에 따라 봉사조직을 보다 더 세분화하였다. 조직의 입장에서 "고객을 선발할 권한이 있느냐?", 그리고 고객의 입장에서 "조직을 선택할 권한이 있느냐?"의 여부에 따라 봉사조직을 네 가지로 유형화하였다.

① 유형 Ⅰ: 이 유형은 조직이나 고객이 모두 독자적인 선택 결정권을 가지고 있는 조직이다. 대표적인 조직으로는 대학이나 병원이 여기에 해당된다. 이 조직은 고객이 참여하지 않는다면 조직이 생존할 수 없기 때문에 많은 동일 유형의 조직과 생존경쟁을 해야 한다. 살아남기 위하여 경쟁을 하지 않으면 안 되기 때문에 이를 야생조직(wild organization)이라고 한다.

② 유형 Ⅱ: 이 유형은 조직에는 고객 선발권이 없고, 고객에게만 조직 선택권이 있는 경우이다. 그래서 조직은 고객이 선택할 경우 무조건 받아들여야 한다. 대표적인 조직으로 미국에 있는 주립대학이나 지역사회대학 등이 있다.

③ 유형 Ⅲ: 이 유형은 고객에게는 조직 선택권이 없고, 조직이 고객 선발권을 가지고 있는 경우이다. 따라서 이 유형은 이론적으로 구분이 되지만 실제적으로는 그 예를 찾기가 어렵다.

④ 유형 Ⅳ: 이 유형은 조직이 고객을 선발할 권한도 없고, 고객도 조직을 선택할 권한이 없는 조직이다. 이 조직은 법에 의하여 강제적으로 조직이 고객을 받아들여야 하고, 고객도 의무적으로 그 조직에 가담해야 한다. 법적으로 존립이 보장되어 있기 때문에 사육조직(domesticated organization)이라고 한다. 대표적으로 공립초등학

교, 정신병원, 교도소 등이 여기에 해당된다.

조직의 고객 선발권 \ 고객의 조직 선택권	유	무
유	유형 Ⅰ 야생조직	유형 Ⅲ 이론적으로는 가능하나 실제로는 존재하지 않음
무	유형 Ⅱ 주립대학	유형 Ⅳ 사육조직

[그림 11-2] Carlson의 봉사조직 유형

출처: Richard O, Carlson, "Environment Constraints and Organizational Consequences: The Public School and Its Chents". Behavioral Science and Educational Adiministration, The 63th Yearbook of NSSE, Part II. (Chicago: University of Chicago Press, 1964), 424.

3 학교조직의 특성

일반 조직과 마찬가지로 학교조직도 두 사람 이상이 모여 공동의 목표를 달성하기 위해 만든 협동체제라고 할 수 있다. 따라서 일반적인 조직의 원리가 적용되며, 다양한 조직의 구조를 가지게 된다. 조직의 유형론으로 볼 때 학교조직은 봉사조직, 유형유지조직, 그리고 규범조직이며, 봉사조직에서도 사육조직에 해당된다. 그러나 학교조직만이 가지는 독특한 특징이 존재하는바, 이를 살펴보면 다음과 같다.

1) 전문적 관료제

Weber는 관료제를 특정한 조직의 형태 혹은 구조라고 규정하고, 이 관료제는 오늘날의 행정조직 구조의 편성과 관리에 크게 영향을 줄 것이라고 하였다. 따라서 학교조직도 목표달성을 위해 어느 정도 관료제의 영향을 받고 있다고 할 수 있다. 학교조직이 갖고 있는 관료제적 특성을 애벗(Abbott)은 다음과 같이 제시한 바 있다.[15]

---

15) Max G. Abbott, *op.cit.*(1969), 44–45.

① 학교조직은 전문화의 필요성과 과업의 세분화에 의해 분명히 영향을 받는다. 초·중등 단위로 학교의 분리, 학교 내에 과학, 수학, 음악, 기타 학과의 설치, 생활지도 프로그램과 심리학적 서비스의 도입, 행정 기능과 수업 기능의 분리 등 모든 것은 전문화의 필요에 따른 것이다.

② 학교조직은 명백하게 규정된 엄격한 권위의 계층을 개발한다. '계층'이란 용어는 교육행정가의 어휘로 드물게 사용되지만 실제 그 말은 일반적으로 널리 유행하고 있다.

③ 학교조직은 구성원의 행동을 통제하고 과업 수행의 합리적 통일성을 보장하는 기준을 발전시키기 위하여 일반적인 규칙 사용에 크게 의존한다.

④ 학교조직은 단합과 민주를 자주 내세우지만 합리적 배려에 근거하여 Weber의 비인격성의 원리를 폭넓게 적용한다.

⑤ 교육조직의 고용은 전문적 능력에 기초해서 이루어지며, 구성원 대부분이 전문적 경력으로 이어진다. 승진은 연공서열과 업적에 의해 결정되고, 정년(종신 재직권)이 보장되며, 고정된 보수와 연금 혜택이 보장된다.

이처럼 학교조직은 관료제적인 특성을 가지고 있으나 구성원인 교원이 교육을 받고 자격을 갖춘 전문가라는 점에서 일반 관료조직과는 다르다. 학교조직에서 나타나는 전문직적 성격을 보면 교원들에게 상당한 자율성이 주어진다는 점이다. 자율성이란 직무를 수행하는 데 어떠한 외부의 통제나 간섭을 받지 않으며, 스스로의 판단에 의해서 행동하며, 이에 대한 책임을 스스로 지는 것이다. 교사의 자율성 보장은, 특히 교실 수업에서 이루어진다. 수업 내용을 선정하고, 조직하며, 그것을 가르치는 방법을 선택하고 진행하는 모든 과정이 교사의 자율에 의해 결정되기 때문이다. 이러한 자율성이 발휘되기 위해서는 교사에게 고도의 전문 지식이 요구된다. 또한 교사들은 교사가 되기 위한 장기간의 직전 교육(pre-service education)과 교사가 된 이후 계속적으로 현직교육(in-service education)을 받아야 한다. 고도의 자율성을 발휘하고, 고도의 전문적 지식을 갖춤과 동시에 스스로를 통제하는 윤리강령을 제정하고 있다. 한편, 그들은 자율성 확보와 권익 보호를 위해서 전문적 단체를 결성하고 있다는 점에서 전문직의 성격을 가지고 있다.

따라서 학교조직을 관료적인 성격과 전문적인 성격을 동시에 가지고 있다는 점에서 전문적 관료제라고 부르기도 하고, 이중조직이라고도 한다. 이중조직이라고 할 때 수업 등과 관련된 특정한 측면에서는 전문직적 성격을, 행정적인 업무와 같은 비교수적 활동(수업 시간 결정, 학급편성, 담임 배정, 예산편성)에서는 관료제적인 성격을 동시에 가지고 있음을 의미한다.

2) 조직화된 무질서

Cohen, March, 그리고 Olsen은 학교조직이 조직화된 무질서(organized anarchy) 혹은 무질서 속의 질서의 특성을 가지고 있다고 하였다.[16] 학교는 하나의 조직으로서의 체계를 갖추고는 있으나 그 내부는 목표, 교수 기법, 참여의 측면에서 매우 다양하고 무질서한 양상을 띠고 있다.

첫째, 불분명한 목표는 학교조직의 목적이 구체적이지 못할 때가 많다는 것이다. 학교조직의 목표가 자주 바뀌며, 구성원마다 서로 다르게 설정되기도 한다.

둘째, 불확실한 교수 기법은 교사, 교육행정가, 장학담당자들이 사용하는 기법들이 명확하지 못하고 또 적용하는 사람에 따라 개인차가 있다는 것이다. 특히 다양한 특성을 가진 학생들에게 가장 적합한 교수 기법이 무엇인지에 명확한 답을 내릴 수 없다.

셋째, 유동적 참여란 학교조직에의 참여가 유동적, 간헐적 그리고 임시적으로 이루어진다는 것이다. 학생들이 입학한 후 일정 기간이 지나면 졸업하며, 교사와 직원들도 자주 이동하며, 학부모와 지역사회 관계자의 참여도 유동적이다. 특히 학생들의 수업에의 참여는 적극적으로 참여하는 학생이 있는가 하면, 소극적으로 참여하거나 전혀 참여하지 않는 학생이 있다.

3) 이완결합체제

Weick은 학교조직의 특성으로 이완결합체제(loosely coupled systems)를 제시했는데, 이는 "서로 연결은 되어 있으나 각자가 독자성을 유지하면서 어느 정도 분리되어 있는 모습"을 말한다.[17] 즉, 결합된 체제들이 상호 반응하지만 각 체제는 그 자신의 정체성과 물리적 또는 논리적 독립성을 가지고 조직의 하위체제와 느슨하게 결합되어 있는 상태를 의미한다. 학교조직이 자율성과 자유재량권이라는 전문직적 성격을 가지고 있어 매

16) Michael D. Cohen, James G. March, & Johan P. Olsen, "A Garbage Can Model of Organizational Choice". *Administrative Science Quarterly, 17*, (1972).

17) Karl E. Weick, "Educational Organizations as Loosely Coupled Systems". *Administrative Science Quarterly, 21*, (March 1976), 1–19.

우 느슨한 체제인 것이다.

비드웰(Bidwell)은 학교가 관료제적 특성을 갖고 있는 것은 사실이나 이는 초보적인 형태에 불과하다고 지적하며, 학교를 관료제와 구조적 느슨함(structural looseness)이 결합되어 있는 특수한 조직으로 개념화하였다.[18] 학교조직 내에서 행정의 실제가 학교마다 다르고, 학급이나 학년을 관리함에 있어서 느슨함을 가지고 있다. 또한 상담교사의 경우, 학교 경영자가 추구하는 목표에 민감하게 반응하지 않고, 주관적인 교육철학에 근거하여 학생들을 상담하는 경우가 많다. 조직에서의 느슨한 결합은 구성원의 성숙도가 높고 서로 간의 신뢰가 형성되어 있을 때 존재하게 된다.

4 학교조직풍토, 학교조직건강, 학교조직문화

사람마다 독특한 특성이 있는 것처럼 모든 조직은 그 나름대로 독특한 성격을 가지게 마련이다. 조직의 독특한 특성을 표현하는 말로는 조직풍토, 조직건강 그리고 조직문화 등의 용어가 있다.

1) 학교조직풍토

인간에게 개성이 있듯이, 조직에도 그 나름의 성격이 있게 마련이다. 조직풍토란 각각의 조직이 갖고 있는 문화적 특성 혹은 그 조직만의 독특한 분위기라고 할 때 학교조직풍토는 학교조직만이 가지고 있는 문화적 특성 혹은 독특한 분위기라고 할 수 있다. Hoy와 Miskel은 학교조직풍토를 참여자들에 의해서 경험되고, 그들의 행동에 영향을 주며, 학교 내에서 이루어지는 행동에 대한 교사들의 집단적 인식에 근거하고 있는 비교적 지속적인 학교환경의 특징이라고 하였다.[19] 할핀(Halpin)과 크로프트(Croft)는 학교조직풍토를 학교의 성격적 특성으로 규정하고, 학교조직 요인, 인간 요인, 주변 환경 요인의 상호작용에 의해 조성되는 사회심리적 분위기라고 명명하였다. 따라서 학교조직풍토는 구성원들의 성격적 특성과 관련되기 때문에 매우 다양할 뿐 아니라 그것을 유형화하

18) Charles E. Bidwell, "The School as a Formal Organization". *Handbook of Organization*(Chicago: Rand McNally, 1965).

19) Wayne K, Hoy & Cecil G. Miskel, *op.cit.*(1996), 225-226.

는 것도 쉽지 않다. Halpin과 Croft는 학교조직풍토를 유형화하기 위해 조직풍토기술척도(Organizational Climate Description Questionnaire: OCDQ)를 개발하였다. OCDQ는 교사 집단과 교장의 행동 특성을 각각 4개의 하위 변인으로 구분하였으며, 각 하위 변인은 8개의 문항으로 구성되었다. 교사 집단의 특성은 태만, 장애, 사기, 친밀성이고, 교장의 행동 특성은 냉담성, 생산성, 추진성, 배려성이다.

(1) 교사의 행동

① 태만(disengagement): 교사들이 주어진 직무에 충실하지 않고 대충 일을 처리한다.

② 장애(hindrance): 교사들이 생각하기에 불필요한 잡무라고 여기는 일상적인 일이나 회의 등을 교장이 자신들에게 부과하고 있다고 지각하고 느낀다.

③ 사기(esprit): 교사들이 자신들의 사회적 욕구가 충족되고 있을 뿐만 아니라 직무 수행에 있어서도 성취감을 느낀다.

④ 친밀성(intimacy): 교사 상호 간에 친밀이라는 사회적 관계를 유지함으로써 즐거움을 얻는다. 이 차원은 성공적인 직무 수행과는 관련을 가지지 않는 사회적 욕구 충족만을 의미한다.

(2) 교장의 행동

① 냉담성(aloofness): 공식적이고 몰인간적인 것으로 특징짓는 교장의 행동이다. 원칙에 의해서 행동하고, 비공식적인 대면 관계에서 교사를 대하기보다는 정해진 규칙과 방침을 따르기를 더 선호한다. 교사들과 적어도 감정적인 측면에서 일정한 거리를 유지한다.

② 생산성(production emphasis): 교사들을 철저하게 감독하는 교장의 행동이다. 매우 지시적이고 우두머리로서의 역할을 강조한다. 주로 하향적 의사소통에 의존하는 경향이 있고, 또 교사들로부터의 피드백에 민감하지 못하다.

③ 추진성(thrust): 조직을 이끌어 나가기 위하여 전력투구하는 역동적인 교장의 행동이다. 이는 철저한 감독에 의해서가 아니라 교장이 솔선수범하여 모범을 보임으로써 교사들을 동기화시킨다.

④ 배려성(consideration): 교사들을 인간적으로 대하고, 또 인간적인 측면에서 그들을 위하여 무엇인가를 도와주려고 하는 교장의 행동이다.

그들은 이러한 8개 변인에 대한 점수의 평균과 표준편차를 계산한 후에 학교조직풍토를 6개로 구분하였다. 개방성과 폐쇄성의 정도에 따라 일직선상의 연속적 개념으로 학교조직풍토를 설명하였다.

- **개방적 풍토**(open climate): 목표 달성과 구성원의 사회적 욕구 충족을 동시에 추구하는 매우 정력적이며 활기 넘치는 조직풍토이다. 지도성 행동은 집단과 리더 모두로부터 용이하고 적절하게 나타난다. 개방적 풍토의 주요한 특성은 모든 구성원 사이에서 나타나는 행동의 진실성(authenticity)이다. 교사의 행동 특성에서 사기와 교장의 행동 특성에서 추진성의 점수가 높다.
- **자율적 풍토**(autonomous climate): 지도성 행동이 주로 집단으로부터 나오는 풍토를 말한다. 리더는 집단 구성원에 대해 전혀 통제를 가하지 않는다. 높은 사기는 주로 사회적 욕구 충족으로부터 형성된다. 과업 성취로부터 얻게 되는 만족도 역시 있기는 하지만 그 정도가 높지 못하다.
- **통제적 풍토**(controlled climate): 몰인간적이며, 고도의 과업지향적 특징을 갖는 조직풍토이다. 집단의 행동은 주로 과업 성취에 치중하며, 사회적 욕구 충족에는 별다른 관심을 기울이지 않는다. 사기는 비교적 높지만, 이것은 사회적 욕구 충족을 희생시킨 대가로 얻은 성취를 나타낸다. 이 풍토에는 개방성 또는 행동의 진실성이 부족하다. 왜냐하면 그 집단은 과업 성취에 지나치게 편향되어 있기 때문이다.
- **친교적 풍토**(familiar climate): 매우 개인적이지만 통제는 별로 없다. 조직 구성원들은 자신의 사회적 욕구를 충족시키지만, 과업 성취와 관련한 사회통제에는 거의 관심을 기울이지 않는다. 따라서 사기가 매우 높지 못하다. 왜냐하면 집단 구성원들의 과업 성취로부터 만족을 얻지 못하기 때문이다. 이 풍토 내의 행동은 진실성이 없는 것으로 해석될 수 있다.
- **간섭적 풍토**(paternal climate): 교장이 집단으로부터 나오는 지도성 행동을 억누르면서 이 행동을 자기 자신이 주도하려고 시도한다. 집단 내의 다양한 목소리는 교장 자신의 능력을 보완하기 위해 사용되지 않는다. 따라서 조직 구성원은 과업 성취든, 사회적 욕구든 어느 것과 관련해서도 만족감을 얻지 못해 사기가 낮다.
- **폐쇄적 풍토**(closed climate): 모든 조직 구성원에 대한 무관심이 매우 높다. 조직이 활동을 멈추고 있다. 집단 구성원들이 사회적 욕구 충족도 채우지 못하면서 동시에 과업 성취를 통한 만족감도 얻지 못하기 때문에 사기가 낮다. 구성원의 행동은

진실성이 없는 것으로 해석될 수 있다. 교사의 행동 특성에서 사기의 점수가 가장 낮고, 태만과 장애의 점수는 높은 편이다. 교장의 행동 특성에서는 추진성과 배려성의 점수가 낮다.

호이와 클로버(Hoy & Clover)는 학교조직의 풍토를 유형별로 분류하여 하위 풍토를 나누기에는 '중간'에 위치한 조직풍토의 개방-폐쇄풍토 개념이 명확하지 못하기 때문에 학교풍토를 유형화하여 구분하는 것보다는 개방성-폐쇄성의 연속체로 보는 것이 타당하다고 지적하였다.[20]

한편, 윌로어(Willower) 등은 학생들의 행동 통제를 학교교육에서의 중요한 개념의 한 요소로 보고, 학교에서 학생들을 어떻게 통제하느냐에 따라 학교조직풍토가 어떻게 달라지는지를 연구하였다. 그들은 학생 통제의 방식을 보호감독적 방식과 인간주의적 방식의 연속선으로 가정하고, 이를 연구하기 위해 학생통제이념 질문지(Pupil Control Ideology: PCI)를 개발하였다.[21] 학생들은 이 척도를 통해 학교조직풍토를 보호감독적 학교와 인간주의적 학교로 구분하였다.

- 보호감독적 학교: 이 학교는 질서유지를 중요시하고, 엄격하게 통제된 상황을 제공하는 전통적인 학교를 말한다. 교사들은 무책임하고 훈련되어 있지 않으므로 징벌이라는 통제 수단으로 학생을 지도한다.
- 인간주의적 학교: 엄격한 교사의 통제보다는 스스로의 자제가 중요시된다. 학생들이 서로 협력적이고, 상호작용과 경험을 통해 배우며, 의사전달과 자기결정을 위한 열린 채널을 가진 민주적인 환경이 조성된 학교이다.

2) 학교조직건강

조직건강의 개념을 처음으로 학교조직에 도입한 학자는 마일스(Miles)이다. 그는 학교조직을 개방된 사회체제로 보고, 체제접근이론의 투입-산출 모형에서 과정(process)의

20) Wayne K. Hoy & Sharon I. R. Clover, "Elementary School Climate: A Revision of the OCDQ". *Educational Administration Quarterly*, *22*, (1986), 95.

21) Donald J. Willower, Terry L. Eidell, & Wayne K. Hoy, *The School and Pupil Control Ideology*(University Park: Penn State University, 1967).

내적 요소로, ① 목표의 인지, ② 역할 명료화와 성취, ③ 인간 상호 간의 수행 규범, ④ 보상체제와 같은 사회심리적 특성 등을 제시하였다. Miles는 건강한 조직이란 효과적으로 그 기능을 수행해 나갈 뿐만 아니라 더욱 완전하게 그 기능을 수행할 수 있는 조직으로 성장 및 발전시켜 나가는 능력이다. 그는 학교조직건강의 측정 요인으로 과업에 관련된 것, 조직내적 유지에 관련된 것, 그리고 성장과 변화에 관련된 것으로 구분하였다.[22)]

[과업에 관련된 것]

- **목표 중심성**(goal focus): 조직 목표의 명료성, 적절성, 달성 가능성, 수용성 및 합리성의 정도
- **의사소통의 적절성**(communication adequacy): 상하좌우로 의사소통의 장애가 없고, 환경과의 의사소통이 원만한 정도
- **권력 배분의 적절성**(optimal power equalization): 조직 내부의 영향력이 고르게 분포되어 있는 정도

[조직내적 유지에 관련된 것]

- **자원 활용도**(resource utilization): 투입된 자원이 효과적으로 활용되고 있는 정도
- **응집성**(cohesiveness): 조직 구성원들이 조직에 대해서 가지고 있는 일체감의 정도
- **사기**(morale): 조직 구성원의 만족감의 정도

[성장과 변화에 관련된 것]

- **혁신성**(innovativeness): 조직의 변화 수용성과 변화 지향성의 정도
- **자율성**(autonomy): 환경으로부터의 독립성과 능동성의 정도
- **적응성**(adaptation): 안정성과 적응 과정에서 발생하는 어려움을 관리하기 위한 내성력의 정도
- **문제 해결의 적절성**(problem-solving adequacy): 당면 과제를 잘 감지하고 적절하게 수습할 수 있는 능력

22) Matthew Miles, "Planned Change and Organizational Health: Figure and Ground". *Change Processes in the Public School*(Eugene, Oregon: The University of Oregon, 1965), 18–21.

이 외에도 학교조직건강을 측정하기 위한 도구들이 꾸준히 개발되어 왔다. Hoy 등이 개발한 조직건강척도(Organizational Health Inventory: OHI)는 학교 내에서의 학생, 교사, 행정가, 그리고 지역사회 인사 간의 관계에서 건강함을 파악하고자 하는 것으로, 기술적·관리적·제도적 수준에서 책임과 통제를 적절히 갖추고 있는지를 알아보는 것이다.[23] 루카스(Lucas)는 Miles의 이론적 모형과 10개의 측정변수 중에서 혁신성, 자율성, 적응성, 문제 해결의 적절성 등을 측정변수로 하여 학교조직건강을 평가하기 위한 조직건강질문지(Organizational Health Questionnaire: OHQ)를 제작하였다. 한편, 윤종건은 우리나라 학교에 적용 가능한 측정 도구로 조직건강진단설문지(Organizational Health Description Questionnaire: OHDQ)를 개발하였다.[24]

3) 학교조직문화

조직문화(organizational culture)란 조직 구성원 모두가 공유하는 가치와 신념, 규범과 전통, 지식과 이념, 습관과 기술 모두를 포괄하는 종합적인 규범이다. 조직문화에 대한 정의는 다양하지만 조직문화는 기본적으로 조직 구성원들이 집단적으로 공유하고 있는 것이며, 구성원들의 행동과 조직 전체 행동의 기본 전제로서 작용하는 지배적인 고유한 가치관, 신념, 규범, 관습, 행동 양식 모두를 포함하는 거시적이고 복합적인 개념이라고 할 수 있다.

조직문화의 구성 요소는 조직문화의 영역에 따라 핵심적 문화와 표출적 문화로 구분할 수 있다. 핵심적 문화는 문화의 내용에 해당하고, 표출적 문화는 이 문화가 어떻게 전달되고 어떻게 실행되는가를 설명한다. 표출적 문화에 있어서 문화의 전달 수단은 상징적 문화로, 문화의 실행은 실체적 문화로 구분된다. 각 영역에 따른 조직문화의 구성 요소는 다음과 같다.

---

23) Wayne K. Hoy, C. John Tarter, & James R. Bliss, "Organizational Climate, School Health, and Effectiveness: A Comparative Analysis". *Educational Administration Quarterly, 26*(3), (1990), 260-279.

24) 윤종건, 학교조직건강 진단검사 제작연구, 교육행정학연구, 55(2), (2004), 469-483.

〈표 11-1〉 조직문화영역에 따른 구성 요소

구분	성격	구성 요소
핵심적 문화	문화의 내용	가정, 가치, 신념, 이념
표출적 문화 상징적 문화 실체적 문화	 문화의 전달 수단 문화의 실행	이야기, 언어, 중심인물, 전설, 행사, 의식 전략, 구조, 과정, 제도

한편, 조직문화의 수준은 일반적으로 묵시적 가정으로서의 문화, 공유된 가치로서의 문화, 그리고 공유된 규범으로서의 문화로 구분된다.

(1) 묵시적 가정으로서의 문화

묵시적 가정이란 조직 구성원 사이에 공공연하게 이야기하거나 당연한 것으로 받아들이는 문화로, 문화의 수준 중 가장 심층적이고 추상적이다. 묵시적 가정은 조직 구성원들이 인간, 진리, 인간관계, 환경 등의 본질을 어떠한 관점에서 보느냐에 의해 결정된다. 조직문화를 이해하기 위한 중요한 것은 조직 구성원들이 공유하고 있는 기본 가정이 무엇인가를 알아내는 일이지만 가장 심층적이고 추상적이기 때문에 쉽게 알아내기가 어렵다.

(2) 공유된 가치로서의 문화

문화의 중간 수준은 조직 구성원들이 공유하는 가치이다. 조직의 공유된 가치는 구성원의 행동을 규정하고, 조직의 기본적 특성과 독자성을 반영해 준다. 따라서 만약 조직 구성원이 조직의 가치가 무엇이며, 조직이 추구하고자 하는 기준이 무엇인지를 이해하면 그들은 모든 의사결정에 있어서 조직이 추구하고자 하는 기준에 부합하도록 노력할 것이다. 그렇게 되면 조직 구성원은 그 조직의 일원임에 대하여 자부심을 느끼고 그 조직에 근무하는 것에 중요한 의미를 더 쉽게 가질 수 있다.[25)]

(3) 공유된 규범으로서의 문화

공유된 규범은 문화의 수준에서 가장 표면적, 구체적, 가시적이다. 규범은 성문화되지 않은 비공식적 기대 속에서 조직 구성원들의 행동을 규제한다. 예를 들어, "수업 시간에 떠들어서 수업을 방해해서는 안 된다"라는 말은 학교의 학칙이나 규정에는 성문화되어

25) Wayne K. Hoy & Cecil G. Miskel, *op. cit.*(1996), 130−131.

있지 않다. 하지만 모든 학생은 수업 시간에 떠들어서는 안 된다는 비공식적 기대 속에서 행동한다. 공유된 규범은 조직 구성원들이 조직의 목적이나 이상을 실현하기 위하여 당연히 따르도록 하는 원리나 법칙이다.

한편, 학교조직문화를 이해하기 위한 이야기(stories), 삽화(icons), 그리고 의식(rituals) 등의 상징체제를 설명하면 다음과 같다.

(1) 이야기

이야기란 조직과 관련하여 옛날부터 내려오는 학교의 설립자나 아니면 학교의 선배 중에서 입지적인 인물이나 학교의 특정 사건과 관련하여 전통적으로 내려오는 이야기이다. 이러한 이야기는 실제 사건에 기초한 것, 상상적으로 꾸며 낸 것 또는 실제 사건과 상상적인 내용이 혼합된 이야기 등이 있다. 그래서 실제로 진실인지 아닌지 확인이 어렵지만 그것에는 커다란 관심이 없다. 다만 그 이야기 속에 담긴 의미에만 관심을 가질 뿐이다.

(2) 삽화

삽화는 문화를 전달하기 위해 사용되는 하나의 가공물이다. 삽화의 형태로는 상징(logo), 표어(motto), 우승 기념품(trophy) 등이 있다. 어느 학교든지 교훈, 교목, 교화가 있고, 사립학교의 경우에는 설립 이념 등이 있다. 이러한 것들이 그 학교의 전통 속에서 그 학교의 조직문화를 표방하는 중요한 매체가 되고, 이를 통해 조직 구성원들은 그 학교에 근무하거나 다니는 것에 대해 자부심과 긍지를 느끼도록 한다. 결국 삽화도 오랜 시간을 거치면서 학교의 조직문화를 전달하는 중요한 매체가 되는 것이다.

(3) 의식

의식은 조직에 있어 생활 속에서 무엇이 중요한가를 표현하는 일상적 예식이다. 어느 학교에서는 매주 교직원 회의를 하는가 하면, 어느 학교는 한 달에 1회, 혹은 1년에 3~4회 정도밖에 회의를 하지 않는 경우가 있다. 이러한 의식을 아주 소중히 하는 조직과 하나의 형식으로 간주하는 조직 간에는 조직문화에 많은 차이가 있을 수 있다. 이러한 의식은 조직 구성원으로서 일체감을 불러일으킬 수도 있고, 조직의 단결력과 소속 구성원의 행동을 조직의 목적에 부합되도록 결속시키는 힘이 될 수도 있다. 이와 같이 한 학교의 교직원 회의, 운동회, 봉사활동 등 많은 의식은 문화 형성에 중요한 매체이다.

적용하기

❶ 교육행정을 수행하는 데 있어 교육행정가가 지켜야 할 지침인 조직의 원리에는 어떤 것들이 있는지 설명하시오.

❷ 조직의 유형은 학자마다 다르게 구분하고 있다. 다양한 학자의 구분에서 본인이 선호하는 한 학자의 유형을 자세히 설명하시오.

❸ 학교조직만이 가지는 독특한 특징을 설명하고, Carlson의 구분에 따른 사육조직이 의미하는 바를 논하시오.

❹ 공식조직과 비공식조직에 대하여 설명하고, 일선 현장에서 효율적인 교육행정을 위하여 비공식조직과 공식조직 간에 갈등이 발생했을 때 조정 방안을 설명하시오.

역량강화하기

세상과 소통해야 한다

1. 고독을 즐기며 약간은 자폐적으로 사람들과 어울리는 것을 좋아하지 않는 사람이 더 창의력을 발휘하기 쉬울까?

2. 다른 사람과 어울리기를 좋아하고, 소통도 잘하는 사람이 더 많은 창의력을 발휘할 수 있을까?

구분	고흐	피카소
공통점	1. 미술의 역사에 가장 위대한 천재 화가를 꼽으라고 하면 대부분의 사람은 고흐와 피카소를 꼽는다. 2. 세상에서 가장 비싼 그림도 고흐와 피카소의 그림이다.	
차이점	그는 철저하게 가난했고 고독했다.	그는 젊어서부터 천재성을 인정받았다.
	밑바닥의 인생을 살면서 평생 아무에게도 인정받지 못했다.	그는 20대에 이미 세계적인 명성을 얻었다. 다양한 분야의 친구들과 어울렸고, 현대미술계에 강력한 영향력을 행사했다.
	결국 그는 37세에 스스로 목숨을 끊으면서 삶을 마쳤다.	그는 백만장자로 살다가 92세에 억만장자로 죽었다.
	그는 극도로 폐쇄적인 인물이었다.	피카소는 매우 사교적이었다.
	그는 남들과 소통하지 못했다.	피카소는 적극적으로 남들과 소통했다.

교육칼럼 11

오른손으로 밥을 먹고, 글도 오른손으로 써야지

인간의 대뇌는 크게 좌뇌와 우뇌로 나누어져 있다. 좌뇌는 언어적 · 논리적 · 순차적 정보에 관한 것, 우뇌는 시각적 · 직감직 · 공간적 · 감성적 정보에 관한 것을 처리한다. 좌뇌나 우뇌의 어느 한 쪽 뇌혈관이 막혀 그 부근의 뇌세포가 죽게 되어 기능을 상실하게 되면 뇌졸중(중풍)에 걸리게 된다. 일반적으로 기능 상실이 좌뇌에 오게 되면 우측에 편마비가 오게 되어 언어장애도 함께 오게 된다.

현대인은 주로 좌뇌를 많이 사용한다. 학교에서 우등생 소리를 듣는 학생이나 회사에서 무리 없이 승진하며 출세하는 사람들 중에는 탁월한 좌뇌의 소유자들이 많다. 이런 좌뇌형 인간은 사회에서 빨리 출세하고 성공하는 경향이 있으나 치명적으로 노화현상이 빨리 진행되어 암이나 성인병에 걸릴 확률이 높다고 한다. 좌뇌형 인간이 가지고 있는 이러한 결점을 극복하기 위해서는 생활 속에서 우뇌를 많이 사용하도록 해야 한다(다음에 제시된 문항으로 좌뇌형인지, 우뇌형인지 체크하라!).

역사적으로 우뇌를 많이 사용한 사람으로 모차르트를 들 수 있다. 그는 "무슨 곡이든 순간적으로 뇌리를 스친다. 다음에 내가 할 일은 그것을 악보에 옮기는 일뿐"이라고 하였다. 또한 우뇌가 뛰어난 위대한 왼손잡이로는 레오나르도 다빈치, 뉴턴, 아인슈타인, 아리스토텔레스, 괴테, 베토벤, 피카소, 니체, 안데르센, 처칠, 간디, 잔다르크, 빌 게이츠 등이 있다. 1992년 대통령 선거를 위해 모인 빌 클린턴, 조지 부시, 로스 페로의 공통점은 대통령 후보라는 것 외에도 모두 왼손잡이였다.

우리나라에서는 왼손잡이에 대한 부정적인 인식이나 편견이 심하다. 왼손은 범상치 않다거나 부정한 것으로 생각하여 오른손으로 밥을 먹어야 하고, 글씨도 오른손으로 써야 올바른 것이라는 사회적 관습이 오랫동안 이어져 왔다. 그러나 무조건 왼손잡이를 오른손잡이로 바꾸려고 하는 사회 풍조는 상대방에게 많은 스트레스를 줄 뿐 아니라, 자신감을 잃게 하고, 우울한 정서를 갖게 할 수 있다.

미국, 캐나다, 영국, 독일 등의 나라에서는 왼손잡이를 억압하고 오른손 사용을 강요하는 부모나 교사들이 없다. 유치원이나 초등학교에서 왼손잡이는 왼손을 사용하고, 오른손잡이는 오른손을 사용하는 것을 당연하게 여긴다. 유치원이나 초등학교 교사는 왼손잡이를 위한 교재를 따로 만들어 왼손잡이 어린이에게 적합한 지도를 하고 있다. 이제 우리나라에서도 왼손잡이가 왼손을 거리낌 없이 당당하게 사용할 수 있도록 교육적인 환경과 사회적인 분위기를 조성해야 한다.

세상의 모든 것이 처음에는 오른손잡이와 왼손잡이에게 동등하게 만들어졌다. 두 팔의 자연적 능력은 똑같이 형성되었으나 관습에 따라 그것을 사용하지 않아서 불평등하게 만든 것은 바로 우리 자신이다. 우리는 왼손을 오른손보다 더 약하게 만들려고 애쓰면서 자연을 거스르는 우를 범하고 있는 것이다. 이러한 잘못을 범하지 않고 좌우의 손을 균형 있게 사용하기 위해서는 좌뇌와 더불어 우뇌를 활발히 사용하여야 한다. 좌뇌 중심의 삶에서 벗어나 우뇌를 충분히 활용하여야 한다. 잠자고 있는 우뇌를 깨우고 감성지수를 높이기 위해서는 오감(시각, 촉각, 미각, 청각, 후각)을 자극하는 훈련을 적극적으로 해야 한다. 익숙한 행동은 뇌를 자극하지 못하기 때문에 불편함을 느끼는 여러 상황을 일부러 연출해 보는 것이다.

좌뇌이든, 우뇌이든 두뇌에 신선한 자극을 줌으로써 새로운 두뇌 회로를 만드는 것이 중요하다. 균형 있는 식사와 운동이 필요하듯, 두뇌의 활동도 균형 있게 해야 한다. 신앙생활에도 좌뇌와 우뇌가 조화를 이루도록 해야 한다. 너무 감성적으로 뜨겁게만 나아가는 우뇌형도, 지나치게 냉정한 지성을 가진 좌뇌형도 바람직하지 못하다. 뜨거운 감성의 은혜와 냉철한 지성의 은혜가 적절하게 조화를 이루도록 우리의 신앙을 객관적으로 점검할 필요가 있다. 믿음 생활에 열정과 질서의 지혜로운 균형이 무엇보다 중요한 것 같다.

현재 나는 좌뇌형 인간인지, 우뇌형 인간인지 간단히 체크해 보자. 다음의 항목을 읽고 '깊이 생각하지 말고 순간적'으로 '예, 아니요'로 체크한다.

① 나는 공식 등의 암기에 약하다.
② 나는 약간의 실수는 그다지 신경 쓰지 않는다.
③ 나는 잡담을 좋아한다.
④ 나는 시간 약속을 잘 지키지 못한다.
⑤ 나는 미술관 관람을 좋아한다.
⑥ 나는 갹출해서 돈을 낼 때 계산이 서툴다.
'예'가 4개 항목 이상이면 우뇌형, 3개 이하이면 좌뇌형 인간에 해당된다.

출처: 요네야마 기미히로(2006). **청개구리 두뇌습관**. 전나무숲.

제 12 장

학교경영

뉴발 뉴발하다

유평수

초가을일까 여름 막바지일까
대원사 가는 계곡은
초여름 지리산 백무동 계곡의
신비하고 우람찼던 40년 전 젊음을
소환하기 충분하다

꽃무릇 숲에는 자태를 뽐내며
곧게 고개를 쳐들고 있는 것도
긴 허리를 자랑하려고 무리하다 꺾인 것도
비 폭탄으로 무거운 꽃 왕관을
이기지 못해 쓰러진 것도
예지력을 발휘하여 전쟁이 지나간 후에
고개를 빼꼼히 내민 새 봉우리도
사람들 처세처럼 참 다양하다

세 번 턱밑까지 숨 차움을 견디다
갖은 핑계삼아 하산하는 모습이 하여간 하다
지칠게 당연한 오후인데
연휴의 포만과 유식 덕분인가

평화사거리 좌회전 질주하고 간
여섯 번째 최근 정상 도전
결국 또 실패다
구순(九旬)의 어르신 뒷모습에
내 청춘을 노래하지만
당 떨어지면 큰일 날까 봐

꼬까옷 입고 잠든 명절의 순진한 아이처럼
뉴발 신고 거실을 거니는
허연 머리 육순(六旬)의 모습에
웃음이 절로 난다
자랑삼아 예배당을 돌아다녀도 아무 관심 없어도
산 돌부리에 걸려 상할까 봐
애지중지의 마음은
뜻밖의 선물에 기특하고 자랑스러움 때문에
구름 신발 신은 것처럼
초입의 미술관 옆에 자리 깔고
혼지 뉴발 뉴발하네.

인간이 극복해야 할 여섯 가지

- 자기의 이익을 위해서라면 남을 희생시켜도 된다고 생각하는 것
- 변화나 수정이 불가능하다고 고집하고 걱정만 하는 것
- 어떤 일에 대해 도저히 성취할 수 없다고 생각하고 움직이지 않는 것
- 사소한 애착이나 기호를 끊지 못하는 것
- 수양이나 계발을 게을리하고 독서와 연구 습관을 갖지 못하는 것
- 자기의 사고방식이나 행동 양식을 남들에게 강요하는 것

– 키케로

1 학교경영의 기초

1) 학교경영의 개념

학교경영은 학교조직을 대상으로 이루어지며, 협의의 학교행정과 개념상 크게 다를 바가 없다. 협의의 학교행정은 단위학교의 교육목적을 달성하기 위한 구체적인 지원활동이라고 할 수 있다. 학교경영은 특수성을 지닌 학교조직에서 학교장을 중심으로 학교교육의 목적 달성을 위하여 지원하고 교직원 집단이 서로 협동하여 계획, 실천, 평가하는 조직적 활동이라고 할 수 있다. 이처럼 학교경영은 학교행정과 거의 구분되지 않는 개념이다. 따라서 이 두 개념은 서로 혼용되는 것이 일반적이다. 다만, 학교경영은 학교운영의 구체성과 효율성을 강조하는 용어라고 할 수 있다.

학교경영은 학교가 교육목적을 효과적으로 달성하는 데 필요한 시설과 설비 등의 물적자원의 정비와 유지, 인적 자원의 유기적인 조직과 편성 및 기술, 정보를 확보하여 그것을 계획, 조직, 조정, 평가하는 일련의 활동 과정이다.

학교경영에 대한 주요 학자들의 견해는 다음과 같다.

학교경영이란 학교교육의 목적을 효율적으로 달성하기 위하여 교장의 자주적인 관점에서 인적·물적 자원과 기술 및 정보의 활용을 조정, 통합하는 활동이라고 정의한다.[1]

1) 김창걸, 교육행정학 및 교육경영(서울: 형설출판사, 1991), 342.

학교경영은 교수, 학습의 원칙이나 준거에 따라 교육과정의 효율성을 극대화하고 생산성을 높이기 위하여 학교경영의 계획, 조직, 운영, 평가를 포함하는 일련의 과정을 다룬다고 설명한다. 서정화 등은 학교경영을 학교의 교육목표를 달성할 수 있도록 제반 자원들을 확보하여 이를 배분하고 조정하며 평가하는 일련의 활동 또는 행위[2]라고 정의하였다.

학교경영은 단위학교 수준에서 실시되는 교육을 대상으로 공동 목표를 설정하고 거기에 필요한 제반 조건을 정비, 확립해야 한다. 경영에 있어서 학교의 교육목적을 충분히 달성하기 위해서는 학교장의 지시, 명령은 어디까지나 교육행정의 조직상 상부의 지시, 명령을 수행하는 소극적인 작용에 그치고, 학교 행정가로서는 상호 이해와 협조 및 지도, 조언 정도에서 교사의 전문성을 존중하고 발휘하도록 하여야 한다.[3]

이상의 학자들이 주장한 학교경영의 개념을 종합하여 정리해 보면 학교경영이란 학교교육의 목적을 달성하기 위하여 인적·물적 자원 및 기술, 정보를 확보하여 학교교육을 유기적으로 조직할 뿐만 아니라, 그 조직체를 통제하는 일련의 활동 과정을 말한다.

2) 학교경영의 원리

학교경영의 원리란 유기적 조직인 학교를 유지, 발전시켜서 교육 본래의 목적을 효과적으로 달성시키기 위해 필요한 합리적 지침이 되는 이념적 준거를 말한다. 효과적인 학교경영을 위해서는 몇 가지 기본 원리가 요청된다. 이는 학자들마다 조금씩 다른 견해를 가지고 있으며, 여러 학자의 견해를 소개하면 다음과 같다.

안병환 등은 학교경영의 원리로, ① 타당성의 원리, ② 민주적 운영의 원리, ③ 자율성의 원리, ④ 과학성의 원리, ⑤ 능률성의 원리, ⑥ 합법성의 원리, ⑦ 지역성의 원리[4]를 제시하였다.

박병량과 주철안은 학교경영의 원리를, ① 민주성(민주주의 원칙을 추구하는 것), ② 효과성(목적 달성), ③ 능률성(산출과 관련하여 투입과 과정의 최적한 상태), ④ 공평성(분배가 공평하게 이루어지는 것), ⑤ 규율성(규칙에 따라 통제되는 것), ⑥ 전문성(과업의 특수성으로 인하여 지적·기술적 수월성을 갖고 과업을 수행하는 것), ⑦ 자율성(스스로 결정하고, 스스로 통

---

2) 서정화, 서성욱, 김동희, 이수임, 교장학의 이론과 실제(경기: 교육과학사, 2002), 23.

3) 정하원, "학교행정의 자율화에 대한 교원의 기대 분석". 동국대학교 교육대학원(교육논총 제9집, 1989), 73-74.

4) 안병환, 신재흡, 이기용, 교육행정 및 교육경영(서울: 청목출판사, 2012), 313-314.

제하며, 결과에 대해서 스스로 책임을 지는 것), ⑧ 책무성(수행된 과업이 일정한 기준에 따라 평가받고, 그 결과에 대해 책임을 지는 것), ⑨ 지역성(지역의 특수성을 살리는 것), ⑩ 적응성(변화하는 환경에 대응하는 능력), 그리고 ⑪ 발전성(바람직한 방향으로 변화를 추구하는 경향성)[5]으로 구분하였다.

최희선은 학교경영의 원리를 법제면과 운영면 두 가지 측면으로 나누어 설명하였다. 법제면에서 본 기본 원리로는, ① 법치행정의 원리, ② 기회균등의 원리, ③ 자주성 존중의 원리, ④ 적도집권의 원리가 있고, 운영면에서 본 기본 원리로는 ① 민주성의 원리, ② 타당성의 원리, ③ 능률성의 원리, ④ 적응성의 원리, ⑤ 안정성의 원리[6]를 제시하여 설명했다.

이상에서 여러 학자의 견해를 살펴보았는데, 이들의 견해를 종합해 보면 ① 합목적성의 원리, ② 합법성의 원리, ③ 합리성의 원리, ④ 민주성의 원리, ⑤ 자율성의 원리, ⑥ 능률성의 원리, ⑦ 과학성의 원리, ⑧ 지역성의 원리 등으로 정리될 수 있다.[7]

첫째, 합목적성의 원리로서 바람직한 학교교육 목표를 설정하고 거기에 부합하는 학교경영 활동을 전개해야 하는 것을 의미한다. 학교경영은 그 자체가 목적이라기보다는 학교교육의 목표를 효율적으로 달성하기 위한 수단인 것이다. 따라서 학교경영 활동은 학습효과가 높아지고 전체 학교교육의 효과가 극대화될 수 있도록 하는 데 초점을 두어야 한다.[8]

둘째, 합법성의 원리로서 이는 학교경영이 국가의 법령과 관례 범위 내에서 이루어져야 한다는 것을 의미한다. 학교경영은 「대한민국헌법」 및 법령, 규칙, 조례 등에 의거하여 집행되어야 하는데, 이는 국민의 교육권 보장과 국가 예산의 효율적 집행뿐만 아니라 부당한 직무수행과 행정재량권의 남용을 방지하기 위해서이다.

셋째, 합리성의 원리로서 이는 학교교육 목적의 실현을 위해 합리적인 절차와 방법에 의한 논리적 방식에 합리성을 근거로 학교를 경영해 나가는 것을 말한다.

넷째, 민주성의 원리로서 학교경영의 민주화란 교육목표 설정, 학교 계획 수립 등 의사결정 과정에 교직원과 학생, 학부모의 광범위한 참여를 통하여 결정하고 공정한 의사를 반영하여, 이는 일차적으로 학교 경영에 책임 있는 교장 한 사람의 권한을 분산시켜

5) 박병량, 주철안, 교육행정 및 교육경영(서울: 학지사, 2012), 20-24.
6) 최희선, 학교 · 학급경영(서울: 형설출판사, 1984), 15-19.
7) 정주선, Charter School의 학교경영에 관한 연구(연세대학교 교육대학원 석사학위논문, 2003), 15.
8) 서정화, 학교경영, 교육과학전서, 제6권, 서정화, 김세기, 김용숙 공편(서울: 갑을출판사, 1990), 20-24.

독단과 전횡을 막음으로써 여러 사람의 생각과 지혜를 토대로 효율적인 경영의 효과를 높이려는 것이다.

다섯째, 자율성의 원리로서 자율성이란 타인이나 외부에 의한 지시나 통제를 받지 않고 자기 스스로의 원칙에 따라 자주적으로 결정하고, 실천하고, 그에 대한 책임을 지는 것이다.

학교에서의 자율성은 두 가지 측면에서 논의될 수 있다. 그 하나는 기관의 자율이다. 이것은 학교가 하나의 조직체로서 그 자체의 운영에 관한 의사결정에 있어서 가지는 자주성의 정도를 말한다. 즉, 교육과정 운영, 교수·학습 방법, 교내 자율장학, 학생 생활지도, 교직원 인사, 시설, 재정 등에 있어서 어느 정도의 재량권을 가질 수 있는가 하는 것이다. 다른 하나는 교직원 및 학생 개개인이 향유할 수 있는 자유와 자율의 정도와 관련된 것이다. 이는 학교의 조직문화, 학교장의 리더십, 교직원과 학생 개개인은 물론 집단으로서 자율성과 그에 수반되는 책임성의 유지 능력 등에 크게 좌우된다.[9]

여섯째, 능률성의 원리로서 이는 학교교육활동을 수행하는 데 있어서 최소한의 노력을 통하여 최대의 경영효과를 높이는 것이다. 즉, 최소 인적·물적 자원과 시간, 정보 및 노력 등을 투입하여 목표 달성의 극대화를 산출시키는 것이다. 교육이란 단기간에 목표달성이 표출되지 않고 장기적인 관점에서 평가되어야 하는데, 유형의 성과뿐만 아니라 무형의 성과도 중요하다는 사실을 인지해야 한다. 또한 학교 현장에 정확한 진단과 전망을 토대로 학교경영 계획이 수립되고 실천되어 그 결과에 의한 객관적인 피드백이 진행되어야 한다.

일곱째, 과학성의 원리로서 이는 설정된 교육목표를 달성하기 위하여 과학적으로 문제를 해결해 나가는 방법을 말한다. 과학적 방법의 구체적 단계는, ① 적절한 문제를 선택하여 파악하고, ② 필요한 사실을 파악하고 분석하며, ③ 각종 해결 방안을 모색하여 적절한 방법을 선정하고, ④ 문제 해결의 기준을 설정하며, ⑤ 설정된 기준에 따라 가설을 설정하고, ⑥ 가설을 검증하고 해석하며, ⑦ 추후연구를 계속한다. 즉, 이와 같은 과학적 방법의 단계에 따라 교육 문제를 해결해 나가야 한다.[10]

여덟째, 지역성의 원리로서 이는 학교가 위치하고 있는 지역사회에 특수성을 반영하여 학교를 경영해야 하는 것을 말한다. 학교는 지역사회의 인적·물적 자원을 교육에 활

---

9) 한국교육개발원 편, **교육행정의 자율화 방안**(서울: 한국교육개발원, 1986), 35-36.

10) 서원순, 학교경영에서 교사의 바람직한 의사결정 참여방법 분석(건국대학교 교육대학원 석사학위논문, 2003), 8.

용하고, 학교가 가진 지식과 기술 등을 지역사회에 제공하며, 지역사회와의 긴밀한 유대 관계를 만들어 나갈 수 있다.

3) 학교경영의 영역

남정걸은 학교경영의 과업과 과정의 두 차원으로 학교경영의 영역을 다음과 같이 개념화했다. 첫째, 과업이란 교육 목표·내용, 교수·학습 과정, 평가를 포함하는 교육과정의 운영, 교내 자율장학, 교직원과 학생의 인사관리, 물적 시설과 설비 및 환경의 관리, 재정의 운용, 학교와 대외 사회와의 관계를 말한다. 둘째, 과정이란 과업을 수행하기 위해 계획을 수립하고, 조직을 구성하여 합리적, 합목적적으로 조직이 운영되도록 영향력을 행사하는 리더십을 발휘하고, 그 결과를 평가하는 연속적·순환적 기능으로 구성된다.[11)]

안병환 등[12)]은 여러 학자의 견해를 다음과 같이 종합하였으며, 다음의 내용은 학교경영의 영역을 구체적인 학교교육의 실현 측면을 중심으로 보았다.

① 교육과정 운영: 교육목표를 달성하기 위한 교육과정의 운영 문제와 시간의 편성, ② 학생 생활지도: 학생들의 교내외 생활 및 활동에 관한 안내, 지도활동으로서의 상담, 진로, 건강 및 여가, 태도 및 성격 지도 등이 포함될 수 있고, 적성 존중, 적합한 기회 제공, 도덕성 및 개성 신장 등의 측면이 주요 관심이 됨, ③ 경영 조직의 편성: 학교를 합리적으로 운영하기 위하여 직원회, 교무분장, 기획위원회, 부장회의, 학년회의 등 운영조직을 편성하고 각 분야의 활동을 연락하고 조정, ④ 학생관리: 입학, 재학, 퇴학, 특히 의무취학을 위한 여러 문제, ⑤ 교직원 인사관리: 교직원의 채용, 능력 발전, 사기 앙양 문제, ⑥ 시설 및 재정 관리: 교지, 교사, 운동장 등의 제 시설이나 교재, 교구 등 제 설비를 실제 교육에 알맞도록 정비하는 문제와 학교를 운영 및 관리하기 위하여 필요한 제반 회계, 경리를 교육 실정에 맞도록 합리화 등, ⑦ 사무관리: 학교경영 활동을 수행하는 과정에서 수반되는 제반 기록과 장부의 작성 및 보관, 공문서 처리 등, ⑧ 학교 홍보 관리: 학교의 우수한 특색 사업, 노력 중점 사업, 교육과정 측면에서 우수한 사항을 타 교육기관에 홍보하여 일반화될 수 있는 내용은 각종 언론매체에 게재, ⑨ 대외관계: 학부모와의 관계, 지역사회와의 관계 등이다.

11) 남정걸, 교육행정 및 교육경영(경기: 교육과학사, 2012), 430.

12) 안병환, 신재흡, 이기용, 교육행정 및 교육경영(서울: 청목출판사, 2012), 311-312.

4) 학교경영의 특징

일반적으로 교육조직이 다른 조직과 크게 다른 몇 가지 특징을 살펴보기로 한다.

첫째, 학교는 개인의 능력을 개발시키고 공인된 가치와 신념을 가르치기에 명료한 목표를 추출하기가 쉽지 않다.

둘째, 교육은 목표가 성취되고 있는지를 측정하는 것이 상당히 어렵다. 상업조직에서는 이익의 증감을 쉽게 알아낼 수 있으나, 교육조직에서는 인간의 행동 변화나 경영목표의 측정이 불가시적인 경우가 많다.

셋째, 학습 과정은 모든 것이 특수성과 불확실성을 갖는 인간관계로 형성된다. 즉, 인간의 다양성이 측정상의 문제를 야기한다.

넷째, 학교조직은 공유된 가치, 훈련 및 경험을 가진 동일한 전문적 배경을 가지고 있는 교원들이 경영한다. 따라서 전문가로서 교사는 자율성의 부여를 요구하고 학습 상황의 질적 통제를 싫어한다.

다섯째, 학교조직은 내적으로 이중 구조화되어 있고, 외적 조직의 경영구조가 있다.

여섯째, 학교조직의 구성원은 고정화되지 않고 유동적이다. 학교경영을 하는 경영자나 중간관리자 및 실무자들은 공립학교의 경우 일정 기간이 되면 순환근무를 하여야 한다. 따라서 업무의 지속성, 책임성 등이 집단에 귀속되기 때문에 책임의 한계가 모호하다.[13)]

2 학교경영조직

학교경영조직을 교직원 조직, 수석교사제, 교과운영 조직, 교무분장 조직, 직원회 등으로 나누어 살펴보고자 한다.

1) 교직원 조직

교직원 조직은 학교 규모에 따라 그 크기가 결정되는데, 학교에는 학생의 교육을 담당

13) 김명한, 김주환, 김동오, 박홍순, 신간교육행정 및 경영(서울: 형설출판사, 1989), 276.

하는 교장, 교감 및 교사가 있으며, 행정사무와 기타 사무를 담당하기 위하여 직원이 있다. 학생수 100명 이하인 학교 또는 학급 수 5학급 이하인 학교 중 일정 규모 이하의 학교에는 교감을 두지 않으며, 43학급 이상의 초·중학교 및 고등학교에는 교감 1인을 더 둔다. 초·중등학교에는 배치 기준에 따라 보직교사를 둘 수 있다. 초·중학교 및 고등학교에는 행정직원 1인 이상을 두되, 학교별 배치 기준은 관할청이 정하도록 되어 있다. 초·중등교육 법령을 중심으로 학교 규모에 따른 교직원 조직을 살펴보면 다음과 같다.

① 초등학교

- 초등학교에는 교장, 교감 외에 각 학급마다 교사 1인을 배치하며, 6학급 이상의 분교장에는 교감을 배치할 수 있다. 다만 6학급 미만의 학교에서는 교장 및 교감이, 12학급 미만인 학교에서는 교감이 각각 학급을 담당할 수 있으며, 분교장에 배치된 교감은 학급을 담당하여야 한다.
- 초등학교에는 각 학급의 담당교사 외에 체육, 음악, 미술, 영어, 기타 교과의 전담을 위하여 교과전담교사를 둘 수 있으며, 그 산정 기준은 학교별로 3학년 이상 3학급마다 0.75인으로 하되, 학교별 배치 기준은 관할청이 정한다.
- 초등학교에는 학급의 담당교사와 교과전담교사 외에 보건교사, 전문상담교사 및 사서교사를 둘 수 있다. 다만, 18학급 이상의 초등학교에는 보건교사 1인을 두어야 한다.
- 초등학교에는 교사 중 학급 수의 다소에 따라 보직교사를 둘 수 있다. 다만, 장관이 지정하는 연구학교에는 학급 수에 따른 배치 기준보다 보직교사 1인을 더 둘 수 있다.

② 중학교

- 중학교에는 교장, 교감 외에 3학급까지는 학급마다 3인의 교사를, 3학급을 초과할 때는 1학급이 증가할 때마다 1.5인 이상의 비율로 이를 더 배치하며, 3학급 이상의 분교장에는 따로 교감을 배치할 수 있다.
- ①항의 교사 외에 3학급당 1인 이상의 실업과 담당 교사를 더 둔다.
- 중학교에는 ① 및 ②항의 교사 외에 실기교사, 보건교사, 전문상담교사 및 사서교사를 둘 수 있다.
- 중학교에는 교사 중 학급 수의 다소에 따라 보직교사를 둘 수 있다. 다만, 체육중

학교와 11학급 이하의 학교로서 장관이 지정하는 연구학교에는 학급 수에 따른 배치 기준보다 보직교사 1인을 더 둘 수 있다.

③ 고등학교

- 고등학교에는 교장, 교감 외에 3학급까지는 학급마다 교사 3인을, 3학급을 초과할 때는 1학급이 증가할 때마다 2인 이상의 비율로 이를 더 배치한다.
- 고등학교에는 ①항의 교사 외에 3학급마다 1인 이상의 실업과 담당 교사를 더 둔다.
- 고등학교에는 ①항 및 ②항의 교사 외에 실기교사, 보건교사, 전문상담교사 및 사서교사를 둘 수 있다.
- 고등학교에는 교사 중 학급 수의 다소에 따라 보직교사를 둘 수 있다. 다만, 실업과를 설치한 고등학교 및 체육고등학교와 8학급 이하의 학교로서 장관이 지정하는 연구학교에는 학급 수에 따른 배치 기준보다 보직교사 1인을 더 둘 수 있다.

이상과 같은 학교경영조직을 계통표로 그리면 [그림 12-1]과 같다.

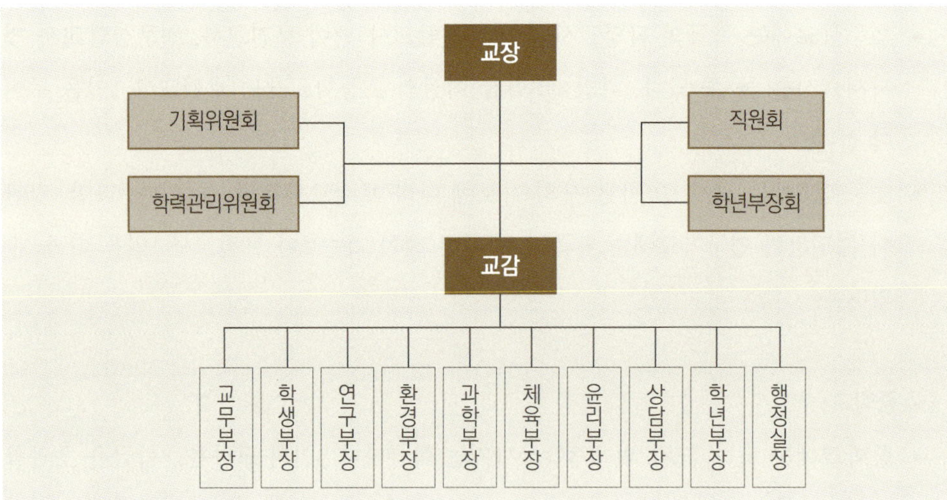

[그림 12-1] 학교경영 조직표

학교의 교직원 조직을 법정 기준에 의하여 구성하되, 다음과 같은 원칙을 고려하는 것이 좋다.[14]

14) 김영돈, 학교경영의 이론과 실제(서울: 교육과학사, 1980), 78-79.

첫째, 학교에는 경험이 많은 원로교사, 원숙한 중견교사 그리고 신임교사의 수가 균등하게 배정되어야 한다.

둘째, 남녀 교사의 수가 적절하게 배정되어야 한다.

셋째, 교사를 전공별로 배치해야 한다.

넷째, 사무처리에는 행정적 기술과 능력이 필요하기 때문에 각자의 능력과 재능을 고려하여 잘 배분해야 한다.

2) 수석교사제

우리나라의 수석교사제는 관리직 지향의 교원자격체제를 개선하여 교단교사를 우대하자는 취지에서 제기된 제도이다. '2급 정교사→1급 정교사→교감→교장'으로 이어져 있는 교원자격체제는 교사들로 하여금 '좀 더 잘 가르칠 수 있는 직위'로의 자격제도가 아니라 '가르치는 일을 벗어나 관리직'으로 진출을 유도하는 성격이 강하다는 비판이 제기되면서 도입되었다.

교육과학기술부에서는 수석교사제를 2008년부터 2011년까지 4년 동안 시범 운영하였으며, 2011년 6월 29일 국회에서 여야 합의로 「초·중등교육법」 제19조에 "초등학교·중학교·고등학교·공민학교·고등공민학교·고등기술학교 및 특수학교에는 교장·교감·수석교사 및 교사를 둔다"고 규정함으로써 수석교사 관련 법률 개정안이 통과·공포됨(2011. 07. 25.)에 따라 법제화가 되었다. 동법 제20조(교직원의 임무) ③항에는 "수석교사는 교사의 교수·연구 활동을 지원하며, 학생을 교육한다"라고 명시되어 있다.

수석교사는 교사 중의 교사(teacher of teacher)로서 수업전문성과 수업지도성이 뛰어난 교사로, 지식을 서로 공유하고 지속적으로 발전시키는 촉진자 및 지원자 역할을 담당하여 수업의 전문성을 향상하도록 교내 장학, 수업의 코칭, 멘토링, 컨설팅 등을 수행하는 교사를 의미한다.[15] 김혜숙 등[16]은 교과 및 수업 전문성이 탁월한 교사로, 자신의 전문성을 다른 교사와 공유할 수 있는 의지와 역량을 가진 교사를 수석교사라고 정의하였다.

외국의 사례에서 국가나 지역에 따라 수석교사(master teacher, 미국 템플시), 평생직교

---

15) 박승란, 수석교사제 시범운영의 성과 요인과 선발기준 분석(인천대학교 대학원 박사학위논문, 2011), 6-7.

16) 김혜숙, 백승관, 김희규, 수석교사제 도입에 관한 기초 정책 연구(서울: 교육인적자원부, 2007), 16.

육전문가(career professional, 미국 홈즈그룹), 우수교사[accomplished teacher, 미국 국가교직전문서기준위원회: NBPTS], 상급기술교사(advanced skill teacher, 영국), 우수교사(excellent teacher, 영국), 전문적 지도성을 갖춘 최우수 교원(professional leadership, 호주), 고급교사(중국), 우수교원(일본) 등의 다양한 명칭으로 불리고 있다. 용어에는 차이가 있지만, 공통점은 교단교사의 전문성과 수월성을 고양하고 지원하려는 취지에서 도입된 명칭이라는 점이다.[17)]

우리나라의 수석교사제가 논의된 배경을 살펴보면 다음과 같다.[18)]

첫째, 교수·학습 활동에 전념할 수 있는 여건을 조성해야 한다. 현행 교원 자격 내지 직급은 교수활동 중심의 자격 구분과 관리활동 중심의 자격이 혼합된 형태로 되어 있다. 이는 어떤 점에서 교사의 궁극적인 목표가 경영, 관리 활동을 담당하는 교감, 교장이 되도록 제도적으로 유도되고 있는 것이다.

둘째, 승진의 문호가 극히 협소하다는 점이다. 어느 직종에서나 승진의 문호는 제한되어 있지만, 수평적으로 되어 있는 교직의 경우에는 더욱 그러하다. 승진 기회의 부족 현상은 교직을 기피하는 주요한 요인이 되므로 현행 경영, 관리직으로의 직위 상승이 아닌 교사로서의 전문성 심화를 유도하는 새로운 승진 개념이 정립될 필요가 있게 된 것이다.

셋째, 교사의 자격 내지 직급이 매우 단조롭게 구분되어 있다는 점이다. 현행 경영, 관리를 주로 담당하고 있는 교감과 교장 직급을 제외하면 교사의 직급이나 자격 구분은 2급 정교사와 1급 정교사로 되어 있다. 1급 정교사가 된 후에 법정으로 규정된 자격이 아닌 부장교사가 되거나 교감, 교장으로 승진 또는 교육 전문직으로 전직되지 않으면 30년 동안 1급 정교사로 머물게 된다.

넷째, 교내 장학 활성화를 통한 교원의 전문성 제고이다. 전문직으로서의 교직의 속성상 전문성 신장을 위해서는 일상적이면서 계속적인 노력이 필요하다. 그런 관점에서 볼 때 교원들의 전문성 신장과 동기유발에 큰 역할을 할 수 있는 것이 바로 장학이라고 할 수 있다. 그러나 오늘날 교원들을 대상으로 이루어지는 교육청 장학은 단위학교의 특수성이나 교원들의 개별적인 욕구와 특성을 제대로 고려하지 못한 채 일반적인 형태의 장학으로 이루어지기 때문에 교원들의 수업 개선에 만족할 만한 수준에 도달하지 못한다고 볼 수 있다.

17) 이윤식, "수석교사제 도입의 다양한 논의와 국내외 시행사례". 한국교원단체총연합회(교원정책포럼 자료집, 2006), 3-27.

18) 이은미, 수석교사제 운영방안 연구(고려대학교 교육대학원 석사학위논문, 2008).

다섯째, 교사의 직무 분화를 통한 학교 개혁이다. 오늘날 학교의 교원 직무체계는 교무 업무 분장 중심의 업무체계로 운영되어 사무적 효율성만을 강조한 나머지 교원의 전문직적인 능력 발휘와 지원적 기능 수행을 어렵게 하고 있다는 비판을 받고 있다. 학교교육의 질적 향상을 도모하기 위해서는 무엇보다도 교원의 전문성 제고가 우선되어야 하며, 이를 위해서는 교사의 직무체계를 재조정하는 학교 개혁이 뒤따라야 한다.

수석교사제를 법제화하여 시행하는 과정에서 나타난 문제점을 제도적인 측면과 운영적인 측면으로 구분하여 살펴보면 다음과 같다.[19] 먼저, 제도상의 문제점으로는, 첫째, 수석교사의 위상이 불분명하다는 점이다. 학교 현장에서는 수석교사가 직급인지, 보직인지, 자격인지 명확하게 인식하지 못하고 있기 때문에 이를 승진 규정과 관련해 법적으로 규정해야 한다. 둘째, 업무에 대한 법적인 규제가 불분명하다. 학교장의 교육 방침이나 철학에 따라 수석교사의 역할 범위도 상당히 규제되고 제한되는 경향이 있다. 셋째, 학교 내 역할 형성에 있어서 구성원과의 갈등 상황이 초래된다. 관리직의 수업 '장학'과 수석교사의 수업 '지원'은 중복적인 장학이 되기 때문에 장학의 효과를 반감시킬 수 있다. 넷째, 수석교사에게 지급하는 '연구 활동비' 명목의 수당과 교감의 수당 간의 불균형으로 인해 관리직과 근본적으로 갈등이 초래될 수 있다.

운영상의 문제점으로는, 첫째, 직무 분화에 따른 권한의 차별화를 들 수 있다. 관리자가 아닌 수석교사란 위치에서 동료나 후배 교사를 지도하는 데 어려움이 있고, 비전공 교과에 대한 전문성 제공에 한계가 있으며, 변화 지향 시대에 교수, 학습에 대한 이론 지식과 방법을 교직 경력만으로 감당하기에는 무리가 따를 수 있다. 둘째, 보직교사와의 역할 관계 정립이 모호하다. 보직교사와의 불분명한 역할 관계 설정으로 조직 운영에 갈등 양상을 드러내고 있으며, 역할을 수행하고자 할 경우에 중복되거나 상충되는 점이 있다. 셋째, 수석교사제에 대한 몰이해를 들 수 있다. 수석교사를 하나의 직급체제로 인식하여 역할 수행의 개념보다는 교사에 대한 처우 및 복지제도로 이해하는 경향이 있으며, 영구직제를 요구하여 도입 취기가 변질될 수 있다. 넷째, 합리적 정원 관리가 어렵다. 영구직제의 경우 필요로 하는 인원 관리가 지나치게 제한되어 질 관리에 한계가 있고, 재임명제의 경우 심사의 공정성과 객관성에 의문을 제기하는 구성원 간에 갈등이 야기된다. 다섯째, 예산 확보가 어렵다. 수석교사제에 소요되는 예산의 확보가 미흡하여 형식적으로 운영되고 있으며, 수업 경감에 따른 대체 인력의 확보 예산도 체계적으로 설정되

19) 김혜숙, 백승관, 김희규, 전게서(2007).

어 있지 않아 현실적 한계를 보이고 있다.

이러한 제도적이고 운영적인 측면에서 제기된 문제들을 합리적으로 해결할 수 있는 방안을 모색하여 수석교사제가 잘 정착되도록 교육 당국과 교육 관련 집단들의 노력이 절실히 요구된다.

3) 교과운영 조직

교수·학습을 위한 조직으로는 학급담임제와 교과담임제가 그 중심을 이루고 있다. 학급담임제(non-departmentalization)는 한 사람의 교사가 한 학급의 전 교과 또는 대부분의 교과뿐만 아니라 생활지도 전반에 걸쳐 직접 책임지는 교육조직의 형태이며, 초등교육에서 널리 채택되고 있다. 학급담임제는 장단점이 있는데, 교과지도 면에서는 교과 간 상호 통합과 교육과정의 용이성과 생활지도 면에서는 교사가 아동과 같이 생활하게 되므로 아동의 성격, 개성, 가정환경 등을 철저히 파악할 수 있는 장점이 있는 반면에, 특정교과만 취급할 가능성, 능력이 부족한 담임교사로 말미암아 학생의 피해 가능성, 전 교과를 담당함에 따라 교과학습을 심화시키지 못할 가능성 등의 단점이 있다.

교과담임제(departmentalization)란 교사가 한 교과 또는 상호 간에 관련이 깊은 교과의 몇 개를 담당하여 한 학급 또는 몇 개의 학급 지도를 분담하는 체제이다. 초등학교에는 각 학급의 담당교사 외에 체육, 음악, 미술, 영어 기타 교과의 전담을 위하여 교과전담교사를 둘 수 있으며, 그 산정 기준은 학교별로 3학년 이상 3학급마다 0.75인으로 하되, 학교별 배치 기준은 관할청이 정한다고 규정하고 있다. 중등학교에서는 교과담임제가 실시되고 있는바, 중학교에는 교장, 교감 외에 3학급까지는 학급마다 3인의 교사를, 3학급을 초과할 때는 1학급이 증가할 때마다 1.5인 이상의 비율로 이를 더 배치하며, 3학급 이상의 분교장에는 따로 교감을 배치할 수 있다. 고등학교에는 교장, 교감 외에 3학급까지는 학급마다 교사 3인을, 3학급을 초과할 때는 1학급이 증가할 때마다 2인 이상의 비율로 이를 더 배치한다고 규정하고 있다.

교과담임제 역시 장단점을 가지고 있는데, 장점은 각 교사가 담당교과 연구나 교과의 전문지도가 가능하고 학생들은 여러 교사와 접촉하게 되어 자기 개성을 신장할 수 있는 기회를 가질 수 있는 반면, 단점은 각 교과 간의 연결이 불충분해서 통합교육과정으로 다룰 때의 곤란함과 교사의 생활지도가 특정된 시간에만 이루어지기 때문에 생활지도를 경시하기가 쉬운 점이 있다.

4) 교무분장 조직

교무분장의 의미, 원칙, 그리고 절차에 대해서는 앞에서 설명한 바 있다. 교무분장 조직은 학교 규모의 대소, 학교사무의 다소, 그리고 지역사회의 특수성 등에 따라 학교경영자가 결정하기 때문에 일률적이지 않다. 그러나 교무분장 조직은 교직원의 적응이나 수용 여하에 따라 학교경영의 성공을 좌우할 만큼 매우 중요하다. 교무분장을 조직할 때 고려해야 할 일반적인 사항은 다음과 같다.

① 업무 수행 시 각 부처 간의 협조 관계
② 전년도의 목표 달성 여부 평가
③ 학급담임 배정의 적절성
④ 행정 보조 인력의 배치 유무
⑤ 업무 구분 및 교사의 배치 방법
⑥ 보직교사 임명의 만족 정도
⑦ 업무 배정 시 성별, 연령의 고려 여부
⑧ 교무분장 조직에 대한 인사위원회의 구성 여부
⑨ 교직원의 적성, 능력, 의사 반영 정도
⑩ 업무 분배의 공평성 및 한계의 분명성

5) 직원회

직원회의 성격과 기능 등에 대해서도 앞에서 설명한 바 있다. 그 의미를 간단히 제시하면 다음과 같다. 직원회란 학교경영상 전 직원의 참여와 협력을 바탕으로 한 협의기구로, 학교에서 습관적으로 실시되고 있는 교원 및 사무직원의 모임을 말한다. 이 직원회는 법규적 관점에서 보면 교장의 자문기관 또는 보조기관이지, 의결기관은 아니다. 즉, 직원회는 교육법규상 반드시 설치해야 할 규정은 없으나 「교육법」 제75조에 규정된 학교장의 학교경영권에 대한 자문기관 또는 보조기관적 성격을 띠고 있다.

교장은 직원회 결정이 부당하다거나 법령에 저촉된다면 이를 거부할 수가 있다. 그러나 직원회 심의를 거쳐 의결된 것은 교장의 권한 일부를 직원들에게 위임한 것이고, 따라서 의사결정권도 배분한 것으로 보아 교장은 이에 충실히 따라야 할 것이다.

직원회가 일정 사항에 대하여 교사의 부분적 의결권을 허용하는 교장의 자문기관인 동시에 직원회 소집, 주재, 최종결정권은 교장의 권한이므로 직원회에 앞서 교장은 자신의 전결사항과 자문을 받을 위임사항을 사전에 분명히 하여 주지시킬 필요가 있다. 직원회는 학교에서 가장 중요한 최고의 기관이기 때문에 비록 의결기관은 아니라고 하더라도 교직원은 직원회에 적극 참여하여 의견을 표명하는 것을 교원의 권리와 의무라고 생각해야 한다.

3 학생관리

학생관리란 학생에 관한 인사행정(pupil personnel administration)을 의미한다. 학생 인사행정은 학생의 잠재적 가능성을 실현시키기 위하여 학생의 성취를 도와주는 봉사행정이다. 학생행정의 영역은 의무취학행정, 학생신분에 관한 행정, 학생지도행정, 학생복지행정, 병사 및 학생보건에 관한 행정의 다섯 가지 분야로 구분할 수 있다. 이 영역 중에서 학생의 신분 변동과 후생복지에 관한 행정을 중심으로 학생관리를 논의하고자 한다.

1) 신분 변동

학생의 신분은 취학, 입학, 전학과 편입학 등에 의하여 취득되며, 제적, 퇴학, 졸업 등에 의하여 상실되고, 휴학, 징계, 복학 등에 의하여 변동된다. 이러한 학생 신분에 관한 기준은 법령과 각급 학교의 학칙에 의하여 규정되어 있다.

입학은 취학의 허가, 즉 학교시설을 이용하여 취학하게 되는 공식적 절차의 첫째 관문이며 학년 초 30일 이내에 하게 된다. 입학은 의무교육 단계와 상급학교 단계에서 설명될 수 있다. 의무교육 단계인 초등학교의 교장은 학령 아동의 입학에 대한 가부를 결정할 수 없다. 학교장은 시·읍·면장으로부터 적령 아동을 무조건 받아들여야 한다.

제적과 퇴학은 학생의 신분을 잃게 하며, 학생으로서의 권리와 특권도 상실케 한다. 일반적으로 제적은 복학이 불허되나 퇴학은 복학이 가능하다는 차이가 있다. 의무교육에서는 제적이나 퇴학이 있을 수 없으며, 고등학교 이상의 지원교육 단계에서 자의 혹은 타의에 의한 퇴학이 있을 수 있다.

휴학, 전학, 편입학, 각종 징계, 즉 정학, 근신 등도 학생 신분의 변화를 의미한다. 진학, 유급, 월반, 능력별 졸업제 등도 학생 신분과 관련된 기준에 의하여 시행된다. 자율

경쟁체제의 도입으로 교육의 질적 수준 향상을 목적으로 하는 월반제(학년별 속진제)는 1995학년도부터, 교과목 속진제는 1997년도부터 초·중·고교 교육과정에 도입되었다. 학년별 속진제에 따른 진급 대상 학생은 각급 학교와 시·도 교육청에 각각 초심판별위원회와 재심판별위원회를 두어 초등학생은 3학년 이상, 중·고교생은 1학년 이상부터 심사한다.

2) 후생복지

학생들의 후생복지 증진은 학교행정에 있어서 매우 중요한 문제 중 하나이다. 학교의 후생복지제도는 장학금제도, 학교복지시설, 취업 및 진로 등으로 크게 대별할 수 있는데, 여기서는 이 문제를 중심으로 고찰하기로 한다.

장학금제도는 학생의 후생복지 정책 가운데 가장 두드러진 것 중 하나이다. 성적이 우수한 자, 면학에 지장을 받을 정도로 가계가 곤란한 자, 국가 및 사회와 학교에 공로가 있는 자 등을 대상으로 특별한 유인을 마련하려는 제도이다. 이 제도는 교육의 기회균등과 수월성을 보장하고 국가 및 사회의 필요를 효율적으로 충족시키기 위한 매우 중요한 정책 수단 및 교육제도라고 할 수 있다. 장학금의 종류로는 국비 유학 장학금, 각종 기업체, 사회단체, 장학재단, 동창회, 독지가 등이 지급하는 장학금들이 있으나 급격한 학생수의 증가로 말미암아 장학금제도는 더욱 확충되어야 할 처지에 있다.

건강한 학교생활은 학교의 후생복지정책 가운데 중요한 영역의 하나이다. 그것은 안전하고 건전한 환경, 건강한 하루의 학교생활, 사회적·정서적 건강에 바람직한 대인관계 등을 갖추는 것이다. 학생들이 이러한 학교생활을 유지하기 위하여 교육 당국은 이를 뒷받침할 수 있는 후생복지시설을 제공할 책임이 있다. 그러나 아무리 훌륭한 복지시설을 갖춘다고 할지라도 그 시설의 목적과 용도가 바람직하지 않으면 안 된다. 따라서 학교복지시설은 교수·학습 활동의 조장, 학생의 건강 보호 및 색감과 미의 조화를 조장하는 환경이어야 한다.

복지시설의 확충과 더불어 오늘날 절실히 요청되는 것은 재학 중이나 또는 졸업한 이후에 있어서 취업 및 진로 지도의 시책을 강화해 나가는 일이라고 하겠다. 학교에 따라서 사정이 다르지만 일부 마이스터고등학교나 특성화고등학교의 경우 그 필요성이 더욱 절실하며, 이 역시 학생행정에 있어서 중요한 과제이다. 일부 고등학교의 학생 진학률 감소, 고학년 실업 등은 취업 및 진로 지도의 필요성을 절실하게 요청한다. 이를 위하여 학생후생복지 개념의 정립, 기구와 요원의 정비 등이 선행되어야 함은 물론이고, 각종 정보제공과 홍보활동 강화 등이 수반되어야 한다.

또한 「학교보건법」(1967)에 의거하여 학교환경의 정화, 식품위생, 신체검사 등 각종 보건관리가 요청되고 있다. 급식은 1950년대에 영양실조를 막는 수단으로 시작되었다. 이제는 건전한 식생활의 보급에 역점을 두고 부분적으로 시행되고 있다. 또한 양호교사제도는 초·중등학교에 있어서 보건을 위한 시책으로서 중요한 의의를 가지고 있으나 아직도 정원의 확보가 미흡한 실정이다. 대학에는 보건진료소 등이 설치되어 있으며, 학생들의 보건을 위하여 중요한 역할과 기능을 담당하고 있다.

4 학교경영의 기법

본 절에서는 학교를 보다 과학적이고 합리적으로 경영하는 데 도움을 줄 수 있는 새로운 학교경영 기법인 목표관리, 정보관리체제, 기획예산제도, 과업평가계획기법 등에 대하여 살펴보고자 한다.

1) 목표관리

목표관리(Management by Objectives: MBO)는 드러커(Drucker)가 그의 저서 『경영의 실제(The Practice of Management)』에서 목표와 자기통제에 의한 관리(management by objectives and self control)를 강조함으로써 주목을 끌게 되었다. 체제이론을 기초로 개발된 목표관리는 명확한 목표 설정, 권한의 위임과 책임의 규정, 참여와 상호 협력 및 최종 산출의 평가 등을 통하여 관리 계획과 업적 평가 방법을 개선하고, 조직 구성원의 동기유발을 도모함으로써 궁극적으로는 조직의 효율성을 증진시키려는 것이다.

목표관리 기법은 조직의 목표, 경영목표, 경영방침 등 목표를 설정하고, 이를 계속 수정 및 보완해 가면서 설정된 목표와 구체적인 경영활동과의 연계를 유지, 강화함으로써 목표달성을 촉진하는 작용이다. 따라서 목표관리는 경영의 전 과정을 통하여 경영의 모든 영역에 걸쳐 이루어져야 한다. 따라서 목표관리의 목적은 조직 구성원들이 각기 서로 다른 분야에서 활동하고 있지만, 그러한 활동을 조직의 공동 목표를 달성하는 데 모으도록 조직의 운영을 개선하는 것이다.

2) 정보관리체제

오늘날 행정 및 경영에 있어서 컴퓨터를 이용한 정보관리체제(Management Information System: MIS)는 괄목할 만한 발전을 하고 있다. 학교경영에 있어서 학교사무관리의 현대화, 효율화를 위하여 정보관리체제를 활용하는 것은 매우 유용하다. 정보관리체제는 자료기기, 절차, 소프트웨어, 그리고 인적자원의 총합으로서 조직의 하부 체제들을 통합해 주고, 조직운영 계획 수립과 통제에 관한 의사결정에 필요한 정보를 제공해 주는 기능을 담당한다.[20]

여기서 관리란 경영자들이 자신들의 조직을 운영하는 데 관련되는 제반 활동을 의미하며, 정보란 자료와 구별되는 것으로, 당면한 과제에 알맞도록 제시되어 있는 처리가 된 자료를 말하는 것이다. 그리고 체제는 공동의 목적을 위해 결합된 요인들의 총체이다. 따라서 정보관리체제란 정보교환이라는 매개체를 통하여 조직운영의 하위체제들을 결합시킴으로써 조직의 산출을 적정화하려는 것이다. 그리고 관리정보체제의 개발 과정은, ① 필요한 정보의 확인, ② 정보체제의 설계, ③ 구체적 적용, ④ 관련 인사들의 참여, ⑤ 정보체제 운영조직, ⑥ 정보체제 운영, ⑦ 정보체제의 보호와 평가로 되어 있다. 이러한 정보관리체제는 의사결정과도 관계가 있다. 즉, 의사결정과 정보처리가 비록 동일한 것은 아니지만 상호 의존적이므로 실제로 분리할 수 없게 되어 있다. 정보관리체제는 사무처리체제의 질적 향상에 기여하며, 관리의 반복적이고 일상적인 결정에 대해 자동적인 의사결정이 이루어지도록 프로그램화할 수 있으며, 최종적이고 중요한 결정은 자동적으로 이루어지지 않고 다만 정보를 제공함으로써 최고경영자의 의사결정에 보조를 하는 것이다.

3) 기획예산제도

기획예산제도(Planning-Programming-Budgeting-System: PPBS)는 교육계획의 공식화된 접근방법이다. 이것은 대안의 개발과 평가, 선택, 환경 개선, 동일한 목적을 이루도록 의도된 상이한 프로그램의 산출을 비교하는 데 초점을 맞춘다. 이것은 기타 교육적 우선순위 문제와 관련하여 한 목적에 지출하는 것이 바람직한가에 주의를 기울인다. 기획예산제도는 정책결정자나 행정가가 제한된 자원을 가장 적절히 배분하여 정책 결정의 합

---

20) Lester R. Bittel, *Encyclopedia of Professional Management*(New York: McGraw-Hill, 1978), 520.

리성을 추구하는 예산편성 공식이다. 따라서 기획예산제도는 계획의 재정적 측면(예산편성)과 실질적 측면(목적과 목표)을 결합시키는 것이라고 볼 수 있다. 즉, 기획 수립과 장단기적 예산편성을 유기적으로 연관시킴으로써 자원 배분에 관한 의사결정을 합리적으로 일관성 있게 행하려는 제도이다.

이러한 기획예산제도의 방법과 절차는, ① 목표 달성을 위한 기본계획 수립, ② 누가, 무엇을, 누구에게, 언제, 어디에서, 어떻게 할 것인가에 대한 프로그램의 체제화, ③ 프로그램의 목표에 따른 계획 수립, ④ 해당 연도별로 목표 달성을 위한 예산편성, ⑤ 프로그램의 목표달성도 평가 순이다. 그리고 기획예산제도를 이용할 경우 그 이점은 계획이 교육목표와 직결되며, 학교경영체제의 통합적 경영관리가 가능하며, 예산 절약, 능력의 질적 향상 및 목표관리 체제 발전 등이다.

그러나 기획예산제도는 다음과 같은 문제점도 있다. 즉, 경험적 판단을 경시할 가능성이 있으며, 경제성만을 추구하여 목표 상실의 가능성이 있으며, 중앙집권화 강조로 하위 체제가 위축되며, 정보의 질에 따라 효과가 좌우되어 측정이 곤란하다는 것이다. 하지만 학교경영에 있어서 새로운 교육 프로그램을 개발하고 그 효과를 다른 대안과 비교하는 데 있어서 기획예산제도는 객관적 기준에 비추어 가장 효과적인 해답을 제공해 줄 수 있을 것이다.

4) 과업평가계획기법

과업평가계획기법(Program Evaluation and Review Technique: PERT)은 프로젝트형의 작업에 대한 공정 계획 수법으로 개발한 것인데, 프로젝트 계획에 있어서 공정과 비용을 계획하고 통제하는 데 필요한 정보를 관리자에게 제공하도록 설계된 종합적 관리 기법이다.

과업평가계획기법은 하나의 사업을 세부 작업활동과 작업 수행단계 등으로 세분하고 이것들의 선후관계와 인과관계를 따져서 사업 추진의 공정을 도표화하여 사업을 보다 합리적이고 체계적으로 수행하도록 계획하는 방법이다. 그 절차는, ① 세부 작업활동으로 구분(선후관계, 인과관계 규명), ② 세부 작업활동 간의 관계 및 공정 작성, ③ 소요되는 시간 추정, ④ 가장 핵심이 되는 공정 결정, ⑤ 주요 공정에 대한 관리를 중심으로 과업을 수행한다. 이러한 과업평가계획기법의 장점으로는 분석과 평가를 신속, 정확하게 할 수 있고, 예상되는 애로사항의 파악 가능, 효과적인 인적·물적 자원 활용, 상황 변화에 쉽게 대처할 수 있으며, 의사소통과 정보교환이 원활하다는 것이다.

5 학교경영의 평가

1) 학교경영 평가의 의미

학교경영에 있어서 평가활동은 학교경영 전 과정을 대상으로 하여 교육목표를 얼마나 달성하였는가를 알아봄으로써 학교경영의 비합리적·비효율적인 부분을 개선해 나가는 데 목적을 두고, 학교경영의 성과를 총괄하여 평가하고 그 결과를 환류시키는 기능이 발휘되는 단계이다. 간단히 말하면 학교경영 평가의 목적은 교육목적 달성을 위하여 학교경영 개선에 필요한 자료 또는 정보를 얻어서 각 학교경영 관리층이 학교경영 과정의 각 단계에서 의사결정을 시키는 것이다. 스터플빔(Stufflebeam) 등은 평가의 목적은 의사결정을 돕기 위한 정보제공에 있다고 보았다. 그들은 이러한 의사결정의 단계로서 계획(planning), 조직(structuring), 실천(implementing) 및 순환(recycling)을 들고, 이와 관련하여 배경평가(context evaluating), 투입평가(input evaluation), 과정평가(process evaluation), 산출평가(output evaluation)의 네 가지 평가를 제시하였다. 이는 학교경영 평가에 체제개념을 평가와 관련하여 [그림 12-2]와 같이 설명할 수 있음을 의미한다.[21]

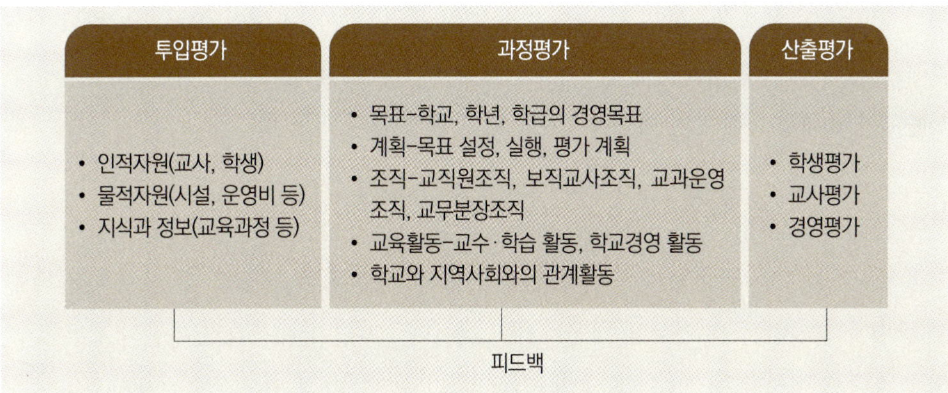

[그림 12-2] 학교경영 평가체제

출처: Phi Delta Kappa National Study Committee on Evaluation, Daniel L. Stufflebeam, Walter J. Foley, William J. Gephart, Egon G. Guba, Robert L. Hammond, Howard O. Marriman, Malcolm M. Provus, *Education and Evaluation and Decision Making*(Illinois: F. E. Peacook Publishers Inc., 1971), 124-130.

---

21) Daniel L. Stufflebeam, *Education and Evaluation and Decision Making*(Illinois: F. E. Peacook Publishers Inc., 1971), 124−130.

평가활동은 학교경영 전 과정에서 이루어진다. 즉, 배경평가, 투입평가, 과정평가 및 산출평가가 수행된다. 배경평가에서는 교육·경영 목표의 설정을 포함한 경영 계획 수립, 경영의 여러 결정 과정의 타당성을 평가하고, 투입평가는 기획의 최종단계에서 이루어지는 것이기는 하지만 실제로는 기획 과정의 모든 세부적 단계에서 실시된다. 과정평가는 모든 활동과 절차가 계획대로 운영되고 있는가를 평가하여 현장에서 그 일을 담당하는 사람들에게 시정조치하는 것을 말한다. 산출평가는 학교경영의 성과를 종합적으로 판단하는 과정이다.

한편, 학교경영 평가에 대한 의의는 학교경영의 목적이나 수정 보완, 학교경영 수행절차의 개선과 새로운 방법 선택 및 결정, 구성원 각자의 자체평가(self-evaluation)의 기회, 구성원의 개인적인 성과의 향상 및 업적에 대한 보상, 그리고 학교경영 과정의 선정과 확인을 함으로써 구성원이나 학교체제를 보호하는 것이라고 할 수 있다.

2) 학교경영 평가의 영역

학교평가는 학교경영체제가 목적하는 바를 수행하기 위하여 그 체제에 학생, 교원, 교육과정, 재원, 시설, 지역사회 등의 요인을 투입하고, 그 과정에서는 여러 수준별 경영체제의 기능들이 상호작용하며, 산출에서 투입의 요인들이 전환되어 성과로 나타난 것을 그 목표의 도달도로 평가하는 것이다. 학교경영 평가를 구성하는 투입평가, 과정평가, 산출평가에 대한 구체적인 내용을 살펴보면 다음과 같다.

(1) 투입평가 영역

투입평가는 교육목표 달성을 위하여 인적·물적·재정적 운영 등과 같은 제 자원의 활용 방법을 결정하는 데 정보를 제공하려는 것이다. 그 평가 내용으로 다음과 같은 준거 및 요소들을 예시할 수 있다. ① 교원 수(학생 1인당), ② 학생 수(정원당), ③ 사무직원 수(학생 1인당), ④ 시설투자액 및 증가 면적(학생 1인당), ⑤ 도서구입비(학생 1인당), ⑥ 연구, 연수비(교원 1인당), ⑦ 교원 보수(교원 1인당), ⑧ 납입금(학생 1인당), ⑨ 수업 비용(매시 학생 1인당), ⑩ 실험실습비(학생 1인당), ⑪ 장학금(학생 1인당), ⑫ 학교운영비(학생 1인당), ⑬ 주당 교과 시간 수, ⑭ 수업일수, ⑮ 교원의 전문적 능력, ⑯ 학생의 질적 수준, ⑰ 전년도 교육목표 달성도 등이다.

(2) 과정평가 영역

과정평가 영역은 학급경영, 학년경영 및 학교경영 수준별로 다음과 같이 예시할 수 있다.

학급경영 과정평가 영역은, ① 교과 진도, ② 학습자료의 이용, ③ 교재 연구 및 학습 준비, ④ 생활지도, ⑤ 학습 미도달자 지도, ⑥ 특활지도, ⑦ 과외활동 지도 등이다.

학년경영 과정평가 영역으로는 ① 학년경영 계획 실천 과정, ② 교육과정 시간 운영, ③ 동 학년 교사협의회 운영, ④ 학년 내 교과진도 조정, ⑤ 교수·학습 자료 및 매체 활용, ⑥ 교재 연구 및 발표, ⑦ 교과전담 교수제 운영, ⑧ 시간표 운영, ⑨ 교사 간의 협조, ⑩ 학년경영 참가, ⑪ 학급경영록 및 결재 등이 있다.

학교경영 과정평가의 영역은, ① 학교조직의 적합성, ② 학교경영에 대한 교원, 학생의 참여정도, ③ 교육과정 운영의 합리성, ④ 지원·관리 이용 자료의 효율성, ⑤ 대외 협조 관계 등이다.

(3) 산출평가 영역

산출평가 영역은 학급경영, 학년경영 및 학교경영 수준별로 다음과 같이 예시할 수 있다. 학급경영의 산출평가 영역은, ① 학업성취도, ② 학습 태도 및 행동 발달, ③ 학습 흥미, ④ 기초 학습 능력 등이며, 학년경영의 산출평가 영역으로는 ① 학년 교육목표 달성도, ② 학업성취도, ③ 학습 태도, ④ 학습 흥미, ⑤ 기초 학습 능력, ⑥ 교사의 수업 기술, ⑦ 교사 간의 협조, ⑧ 학년경영 참여도, ⑨ 교수·학습 자료 및 매체 활용도 등이다.

학교의 산출평가는 다음과 같은 내용의 도달도를 평가하고 그 결과를 환류시킨다. ① 교육·경영 목표 도달도, ② 학업성취도·진로지도 성과, ③ 행동 발달 및 체력 증진 성과, ④ 교사 연구 및 연수 성과, ⑤ 학교시설 및 설비의 확충 성과, ⑥ 예산관리의 적합성, 관리제도의 과학성, ⑦ 교직원의 사기, 경영 참여의 성과, ⑧ 학생, 교직원의 복지와 사회봉사, ⑨ 학부모, 지역사회의 반응도 등 이러한 준거를 계량화하여 학교교육과 학교경영의 성과를 양과 질의 면에서 종합적으로 평가한다.

3) 학교경영 평가의 절차 및 방법

달톤(Dalton)은 학교경영 평가의 절차 및 방법을 순환 과정 모형을 통하여 제시하였다. 그는 평가의 절차를 평가 계획, 정보수집, 정보 활용의 세 단계의 과정으로 나누어서 제시하였는데, 이를 구체적으로 살펴보면 다음과 같다.

제1단계는 평가 계획이다. 여기서는 실시하려고 하는 평가가 어떤 목적으로 하는 것인가를 명백히 하고, 학교평가의 기준이 되는 당해 학교의 교육목표와 경영목표를 정확히 상세화하여 측정 가능한 기준치로서 계량화하는 분석적 작업을 하여야 된다. 특히 유의하여야 할 점은 학교경영평가의 기준은 여러 관계 법령, 국가적 요청, 학교의 교육목표와 경영목표, 지역적 강조점 등이 고려되고, 투입–과정–산출의 체제적 흐름에 따라 학교의 특수성을 감안하여 평가할 수 있도록 해야 한다.

다음에는 기준에 맞는 신뢰로운 척도(관찰·조사 척도)나 평가도구(질문지, 검사지 등)를 만들고, 관찰이나 협의회, 면접에 대한 준비를 하는 등 구체적인 방법을 계획하고 구안하는 일이다. 학년경영, 학급경영의 각 수준에서도 이에 준하여 계획을 세워서 구조적인 학교경영평가가 되도록 실시한다. 평가 계획을 수립하는 데 있어서는 다음과 같은 점을 고려한다.

① 학교평가에서는 교육목표, 경영목표 자체가 평가 대상이 되어야 하고, 또 그것이 평가의 기준이 되어야 한다.
② 학교경영의 실태를 파악하고 인식하는 것과 평가를 혼동해서는 안 된다. 교육목표의 도달도를 재고 경영의 병리를 발견하는 것이 중요하다.
③ 부분적 평가의 집합이 평가가 아니며 체제로서 경영을 구조적으로 분석해야 한다.
④ 학교평가는 학교경영체제의 과정적 순환 기능의 일환이며, 그 하위 체제로서 체제목적이 명백하다는 점을 이해하여야 한다.
⑤ 학교평가의 기준은 불변하는 것이 아니며, 경영체제의 변화나 보다 큰 체제의 영향에 따라 변하기도 한다.
⑥ 학교평가에는 전문가의 지도 및 조언이 필요하다.
⑦ 학교평가는 부단히 실시하는 것을 원칙으로 하되, 학교평가는 학년 말에, 학년·학급 평가는 학기말에 정기적으로 실시하는 것이 바람직하다.

제2단계는 정보의 수집단계로서 활동 계획의 관찰과 모니터링 활동이 전개되는 과정이다. 이 단계에서는 학교평가의 구체적 활동을 하는 데 있어서 정보 자료를 분석해 낼 수 있는 과학적 측정 기술이나 자료수집의 합리적 사고와 태도가 중요하다. 그러므로 아무리 잘 개발된 도구가 있더라도 평가자가 훈련된 유능한 능력을 가지고 있지 않으면 좋은 평가를 해낼 수가 없다. 학교평가의 방법적 유형으로는 학교자체평가와 학교협동평가의 두 가지로 구분할 수 있는데, 학교자체평가는 학교마다 그 학교의 실태에 맞게 교직원 중에서 평가위원을 선출하여 학교평가를 하는 것이다. 학교협동평가는 지역단위의 학교경영 책임자인 학교장들이 서로 협동하여 평가위원을 선출하여 각 학교를 순회하면서 지역단위로 각 학교에 대한 자율적인 협동평가를 하는 것이다. 특히 정보수집단계에 있어서 학교평가를 실시하여 얻은 자료로 정보처리를 하는 데 있어 유의할 점은 다음과 같다.

① 학교평가의 모든 영역의 자료는 가능한 한 상식 수준에서 이해될 수 있는 것이어야 한다.
② 수집하여 분류된 여러 영역의 자료 간의 관계는 종합적으로 한 장의 그림처럼 제시되어야 한다.
③ 여러 영역에 대한 복합적 질문에 의하여 수집되는 정보는 조작 가능한 자료원으로부터 얻는 것이 좋다.
④ 한 대안에 대한 정보는 경비, 실제 과정, 절차 등을 통합하여야 한다.

제3단계는 정보의 활용단계이다. 여기서는 정보의 분석 및 해석에 관한 의사소통은 물론이고, 다음 단계에서 취해야 할 의사결정까지 포함한다. 따라서 정보의 활용은 수집된 자료로부터 평가된 것이어야 하며, 상식으로 설명할 수 있는 정보라야 하고, 의사결정자와 의사소통이 될 수 없는 정보는 필요가 없다는 점을 학교평가자들은 이해하고 있어야 한다. 학교에서는 평가위원이 선정되면 이들에 대한 오리엔테이션(orientation)을 잘하는 일이 중요하다. 그리하여 자료수집자, 측정자로서 충분히 훈련되고, 또 수집된 자료의 유능한 처리자가 되도록 하여야 한다.

적용하기

❶ 학교조직을 경영하는 것과 일반 조직을 경영하는 것은 어떠한 차이가 있는지 설명하시오.

❷ 학생관리 측면에서 오늘날 현실에 맞는 훈육 방법과 생활지도 방안을 학교장의 입장에서 설명해 보시오.

❸ 학교경영 평가의 세 가지 영역을 설명하고, 평가를 받기 위해 준비해야 할 각 영역의 내용이 무엇인지 설명하시오.

역량강화하기

평생학습은 당신을 젊게 할 것이다

평생학습은 당신을 젊게 할 것이다.

평생학습을 하게 되면 뇌세포가 늙지 않는다.

뇌세포가 건강하면 육체적으로도 건강을 유지할 수 있다.

사람은 호기심이 없어지면서부터 늙는다.

배우면 젊어지고 삶을 즐길 수도 있게 된다.

– 피터 드러커

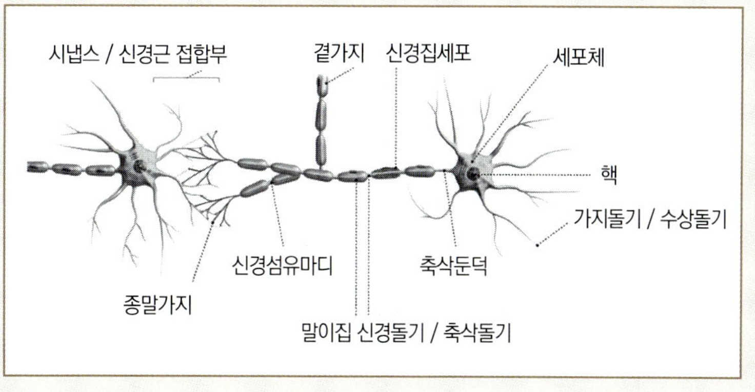

교육칼럼 12

공부의 끝은 언제인가

대학수학능력 시험을 준비했던 학생들은 이 시험이 끝나기를 얼마나 기다렸던가? 시험이 끝나면 많은 굴레에서 해방될 것이라는 강한 기대감을 가지고 있었을 것이다. 많은 학생은 수능이라는 중요한 관문을 통과하게 되면 그 결과와 관계없이 공부라는 큰 짐을 다 내려놓은 느낌이 들 것이다. 그러나 홀가분한 기분을 맘껏 누리는 것도 잠시 잠깐에 불과하다. 주위의 많은 사람이 진정한 공부는 대학에 입학해서 하는 것이라면서 더 큰 무게로 그들을 압박하기 때문이다.

그럼, 과연 공부의 끝은 어디인가? 한마디로 공부의 끝은 없다고 할 수 있다. 시대적 변화의 물결을 따라가거나 변화의 물결을 선도하고자 하는 사람에게는 더더욱 그렇다. 그래서 오늘날 평생교육 내지는 평생학습이라는 용어들이 우리 주변에서 유행어처럼 사용되고 있다.

전통사회에서는 한번 습득한 지식이나 정보만으로 평생을 살아가는 데 아무 어려움이 없었다. 그러나 지식정보화 사회에서는 정보의 생명주기가 매우 짧아지고 있기 때문에 습득한 정보의 생명력이 오래가지 못한다. 그렇기에 새로운 지식과 정보를 획득하는 데 일정 기간이 따로 정해진 것이 아니라 평생에 걸쳐 이루어져야 하는 것이다.

미래학자인 엘빈 토플러는 "21세기의 문맹자는 글을 읽을 줄 모르는 사람이 아니라 학습하고, 교정하고, 재학습하는 능력이 없는 사람이다"라고 주장했다. 이는 인간이 가지고 있는 지적 능력을 지속적으로 계발하기 위해 노력하지 않으면 이 시대의 문맹자로 전락할 수 있다는 경고의 메시지이다. 일본 에도시대의 유학자인 사토 잇사이(佐藤一齊)는 "젊어서 배우면 어른이 되어서 일을 할 수 있다. 어른이 되어서 배우면 늙어서 보잘것없이 쇠하지 않는다. 늙어서 배우면 썩지 않는다"라고 하였다. 평생교육의 중요성을 강조하는 말이다.

평생교육이라는 용어는 1965년 12월 프랑스 파리에서 개최된 유네스코 국제회의에서 랭그랑(Lengrand)에 의해 정식으로 소개되었고, 그 후 전 세계에 혁신적인 교육이념으로 전파되었다. 요즘의 사회를 '평생학습사회'라고 일컫는다. 이는 우리가 일을 하면서도 학습하고, 여가를 즐기면서도 학습하는 사회에 살고 있다는 것이다. 평생학습사회는 전 세계적인 흐름이자 불가피한 시대적 요청이 되고 있다.

1996년 6월 독일 쾰른에서 개최된 G8 정상회담에서 발표한 '쾰른헌장-평생학습의 목적과 희망'에서 평생학습의 주요한 과제가 제시되었다. "……다음 세기는 변화와 유동성의 계기가 될 것이다. 따라서 국민들이 유동적인 세상, 급변하는 세상에서 살아남기 위해서는 교육과 평생학습이 뒷받침되어야 하며, 국가는 국민들에게 교육과 평생학습의 기회를 보장해야 한다"는 것이다. 국가로부터 평생학습의 기회를 보장받기 위해 많은 도시가 평생학습 도시로 선정되기를 기대하고 있다.

우리는 교육과정을 단계적으로 코스를 이수하는 개념에 익숙해져 있어서 고등학교 3년의 코스를 마치고 대학교 4년의 과정을 마치면 모든 공부가 끝나는 것으로 오해한다. 그러나 배움에는 졸업이 없다. 학교교육에서는 어떻게 졸업장을 따느냐보다는 무엇을 공부하고, 어떻게 공부하느냐에 더 많은 관심을 집중해야 한다. 자기주도적인 평생학습 의식을 학교에서 학생들에게 제대로 심어주어야 한다.

나이가 많아서 혹은 때가 아니어서 무슨 일을 시작할 수 없다는 생각이 들거든 자신이 지금 내면의 비관적인 목소리에 사로잡혀 있음을 알아야 한다. 분명히 이 목소리는 거짓말쟁이이다. 남아프리카공화국의 넬슨 만델라는 84세의 나이에도 불구하고 화가로 데뷔하였다. 그는 1990년에 출옥한 뒤 18년간 수감 생활을 했던 로벤섬을 소재로 한 판화를 제작하였으며, 얼마 전 '만델라 작품전'을 열어 많은 사람에게 감동을 주었다. 또 〈더 페이퍼체이스(The Paper chase)〉라는 영화로 에미상을 수상한 존 하우스먼은 70대에 본격적인 연기를 시작했으며, 미국 전 대통령인 지미 카터는 퇴임 후의 봉사활동으로 인해 존경받는 세계적인 인물이 되었다.

과연 예수님은 제자들을 몇 년의 교육과정으로 가르치셨는가? 제자들을 만나 승천하시기까지 3년의 교육과정을 마쳤다고 할 수 있는가? 아니다. 예수님이 제자를 가르친 공생애 3년은 우리가 생각하는 3년이 아닌 평생 기간임을 알아야 한다. 예수님은 제자들을 평생 동안 자기 일생과 목숨까지 바쳐 가르치셨으며, 제자들뿐만 아니라 전 인류를 구원하기 위해 모든 것을 바치셨다. 승천하신 후에도 성령님이 유비쿼터스(Ubiquitous, 언제 어디서나 존재함)하게 우리 마음속에 찾아오신다. 예수님은 지금도 성령으로 오셔서 우리를 진리에 이르도록 인도하시고 바른길로 가도록 가르치신다. 그분의 가르침을 본받아 우리도 평생에 걸쳐 배우는 자세를 버리지 말아야 한다. 인간은 자기가 알고 있는 범위 안에서 생각하며 살아간다. 사고의 폭을 넓히고 삶의 범위를 확장하기 위해서는 더 많은 것을 학습해야 한다. 낡은 지식은 버려 버리고 항상 새로운 지식을 받아들여야 한다. 주변 환경과의 끊임없는 상호작용을 통해 새로운 에너지를 보충해야 한다. 그래야만 영적으로나 육적으로 건강한 생활을 할 수 있다. 배움에는 끝이 없음을 명심해야 한다.

찾아보기

인명

내용

ㅇ

ㅈ

저자 소개

유 평 수(柳坪洙)

전북대학교 대학원 졸업(교육학박사, Ph.D.)
미국 The Pennsylvania State University, Visiting Professor
전 전주대학교 교직지원부장
전주대학교 기초융합교육원장
전주대학교 교육대학원장
전주대학교 사범대학장
현 전주대학교 사범대학 교수
(사)교육종합연구원 이사장

[주요 논문]

· 간호대학생의 자기주도 학습능력이 임상수행능력에 미치는 영향: 문제해결능력과 그릿의 매개효과. 아시아연구. 2025.
· 학교폭력 예방과 대처를 위한 교사의 교육적 개입 경험에 관한 질적연구. 지방교육경영. 2024.
· 중국 대학생의 셀프리더십, 자아존중감, 문제해결능력, 진로성숙도의 구조적 관계. 중국지역연구. 2023.
· 중국 초등학교 교장의 변혁적 리더십, 교사 잡크래프팅, 긍정심리자본, 직무만족의 구조적 관계. 아시아연구. 2023 외 다수

[주요 저서]

· 학교현장실습의 이론과 실제. 도서출판 한글. 2025.
· 교육행정과 교육경영. 양서원. 2018.
· 교육행정학특론. 풍남. 2016.
· 학교현장실습(공저). 공동체. 2016 외 다수.

교육행정학

Educational Administration

2025년 8월 25일 1판 1쇄 인쇄
2025년 8월 30일 1판 1쇄 발행

지은이 • 유평수
펴낸이 • 김진환
펴낸곳 • (주) 학지사
04031 서울특별시 마포구 양화로 15길 20 마인드월드빌딩
대표전화 • 02)330-5114　　팩스 • 02)324-2345
등록번호 • 제313-2006-000265호

홈페이지 • http://www.hakjisa.co.kr
인스타그램 • https://www.instagram.com/hakjisabook/

ISBN 978-89-997-3518-9　93370

정가 25,000원